韩丛耀 主编

中国新闻传播技术史

A History of Chinese Journalism and Communication Technology

广电卷

金文中 杨志明 编著

南京大学出版社

国家社会科学基金重大招标项目"多卷本《中国新闻传播技术史》"（项目号：14ZDB129）结项成果（结项证书号：2020&j015），获得国家社科基金办部分资助。

首席专家：韩丛耀

子课题负责人

朱永明　于德山　韩　雪

韩丛耀　贾登红　金文中

项目组主要成员

朱永明　于德山　韩　雪　王　灿

李　兰　陈　希　谢建国　许媚媚

贾登红　王　慧　金文中　杨志明

总 序
Preface

在人类社会漫长的文明进程中，科学技术起到了至关重要的作用。其中，信息传播技术，尤其是新闻传播技术，更是有如推进人类文明进程的铲道车。

人类的物质技术是支撑人类文明的有形脊梁，它架构起了人类的精神场域，不仅规范了人类的日常行为，更引导着人类文明发展的可能走向。人类的信息保存与思想传播的媒介，也由口语、文字、图像、印刷、摄影、电影、广播、电视逐步演进至现今的数字网络方式。这些信息保存与传播的方式，并非相互取代之关系，而是互相借鉴、累积，成为今日人类文明的共同记忆与文化遗产。

新闻类信息虽说不如政治、经济、军事对社会发展有直观而显著的影响，在持久影响方面，却隐匿而沉着地决定着人类文明的基本走向。欲行大道，必先辟路，传播技术披坚执锐，一马当先。

一

人类的信息储存与传播技术是由一种被称为"媒介"的物质文明承载的，最初主要由口语传播信息，后来由文字与口语共同传播信息。为了解决文字信息的保存和复制问题，人类又发明了印刷技术。

人类的终极梦想是复制世界，而用于复制文字信息的印刷术是一种针对信息传播文本的复制技术，不能满足人们复制现实的强烈愿望。于是人类在进一步完善视觉书写技术时，尤其是对相似性（类比性）图像倾注了大量的心血，产制了许多描写和叙述现实物象的图像。图像在能指和参照物之间应用了一种质的相似性，它模仿甚或重复了事物的某些视觉特征。为了追求图像对现实物象时间与空间的记录性和视觉形象的指涉性效果，人类不断发展完善视觉传播技术，又先后发明了摄影传播技术，以及以摄影为母体的电影、电视传播技术。现在，人们在数字技术的支撑下将口语传播技术、文字传播技术、图（影）像传播技术融合在一起，通过互联网进行多维传播。

人类社会就是在这一次次的复制技术、技术复制中发展起来的。

迄今为止，这种以语文（语言、文字、抽绎性符号等）为主要载体的线性、历时、逻辑的记述和文本复制的传播方式，以及以图像（图形、图绘、影像、结构性符号等）为主要载体的面性、共时、感性的描绘和现实摹写的传播方式，依然是人类社会信息的主要传播手段和技术程式。

信息传播技术的文明形态可视为人类文明形态构建中纲领性、砥柱性的脊梁，尤其是与人们日常生活紧密相关的新闻传播技术，已经内化为人类文化基因，渗透到现代社会每一个人的思想和文化血液之中。随着今日数字化时代信息与网络技术的成熟，信息传播的内容、工具与服务三者之间，不仅产生了前所未有的交融，而且获得了空前的整合发展机会。新闻传播技术决定了新闻传播内容的呈现方式。

纵观古今中外的新闻传播行业，如果以技术形态为中心视点，整个新闻传播行业无外乎文字传播技术、图像传播技术、摄影传播技术、电影传播技术、广播传播技术、电视传播技术和网络传播技术，人们形象地称其为文、图、声、影、网的新闻传播技术。

就具体的新闻技术而言，可分为采集新闻的技术、编辑新闻的技术和传播新闻的技术。就新闻媒介形式而言，可分为文字新闻传播技术、图（影）像新闻传播技术、电影新闻传播技术、广播新闻传播技术、电视新闻传播技术和网络新闻传播技术。而更深入的研究则要剖析新闻文本的生产技术、构成技术和传播技术，并且要诠释新闻的物质生产形态、技术构成形态和传播技术形态。只有这样，才能全面且深刻地阐明新闻传播的技术基础、媒介形式、社会场域和"历史原境"的重构，新闻传播技术史才能真正地反映新闻传播发展的历史轨迹，成为有"源"可溯的"信史"。

就中国的新闻传播技术而言，信息的摹写和复制技术大约经历了四个阶段：一是手工摹写阶段。手工摹写阶段是信息传播的"原始"时期，持续时间非常长，大致到唐宋版刻印刷技术诞生之前。手工摹写阶段的特点是，信息的采集、构成与传播等阶段均依赖手工，与口语相比，信息尤其是造型式信息具有唯一性、难以复制等特点。由此，限制了信息制作的数量与传播的广度，也影响了信息新闻性的发挥。二是手工复制（刻印）阶段。这一阶段也是我国信息传播的"史前史"时期，大致持续到晚清画报诞生之前。手工刻印是在手工摹写的基础上，将传播的信息翻刻于石砖、木质、金属等材料之上，再将其大量翻印到纸质材料之上。唐宋以来，随着佛、道等宗教文化与商业文化的不断发展，手工刻印技术开始大规模应用于文化、经济、宗教等领域，带动形成了中国古代信息传播的一个个高峰期。三是机械复制阶段。从晚清画报开始，通过引入和使用西方石印、铅印、胶印等现代印刷技术，传播的信息被制作成印刷版面，开始通过印刷机大规模复制印刷。正是通过这一传播技术的发展，中国近代诞生了真正意义上的新闻与新闻媒体。四是数字复制阶段。大约从20世纪70年代开始，数字复制与传播技术被大规模地运用到新闻传播活动之中，并逐渐大众化。目前，数字复制技术的核心内涵为语、图、文的音像信息多媒体再现，涉及跨媒体出版技术、印刷色彩管理技术、泛网络化的数字生产技术、印刷数字资产管理技术和计算机集成印刷与管理技术等关键技术，这也预示了新闻传播的智能化、即时化、个性化、按需化和跨媒体化等发展趋势。

在人类文明发展进程中，人们始终面临着信息处理、信息储存与信息传播的问题。许多科学家与发明家不断投入心血，期盼能提出一种与时俱进、功能周到的信息处理技术方式，协助人们进行庞杂的数据处理工作。如同美国传播学者尼尔·波斯曼所言，技术的变迁所带来的不单是工具数量的增减，而是引发了一种生态性的、整体性的变迁。[①]换言之，当我们看到某一种技术被一个社会普遍接受、使用后，我们看到的并不是"多了一个工具"或是"多了一种做事情的方法"，而是人们身处其中并据以行动的社会环境的整体性转变。

需要警惕的是，人们在复制摹写信息时，不仅瓦解了原作的单一性，也建构起新的"形象"。复制摹写技术带给这个时代、这个社会的最大冲击，是带来了作品的非真实化、事物的非真实化以及复制信息对社会和世界的非真实化。

[①] ［美］尼尔·波斯曼著：《技术垄断：文化向技术投降》，何道宽译，北京：北京大学出版社，2007年，第134页。

现代复制摹写技术旋涡似的吸引着人们，没有人能抗拒，也没有人能逃脱。由于复制技术发展迅猛，复制摹写对人类社会的影响也越来越广泛，它已渗透到人类生活的每个领域，从天文到地理，从艺术到科学，从考古到工业，从宏观到微观，无所不在，无所不为。复制摹写技术已成为一种不可或缺的社会生产力，成为一种人们创造性活动的助力，成为推动社会变革的重要工具。就目前状况而言，复制摹写技术以不同的方式渗入不同的文化之中，带来了有形和无形的变革。信息的复制摹写技术造就了一个大众的文明。

二

以媒介技术的本质特征为原点，以各项传播技术的原理及技术流变为基础，结合历史"原境重构"的考察方法，我们可以发现，新闻信息主要通过以下几类应用传播技术实现传播。

文字传播技术。 "文字是人类岁月的记忆"[1]，在早期口语传播的年代中，历史只能通过人类的大脑记忆被留存；文字产生后，人类的大脑记忆容量被突破，音形语义成为人类岁月的记忆，文字也成为人类文明产生的重要标志。当文字符号转化为信息与新闻的社会性交流工具时，相应的传播技术就成了文字新闻快速、广泛、有效传播的重要保障。

中国的文字技术发展较为复杂，早期随载体而得名者，有甲骨文、金文、陶文等。一方面，作为记忆的延伸，这些记录的使用对象多以官方、贵族或知识分子为主，这些记录类似政府的文书档案，或是在家族中世代相传，在信息传播的功能上并不突显。另一方面，因为庞大的载体体积与重量，信息水平传播的范围也受到了极大限制。

中国古代四大发明之一的印刷术是中华民族贡献给世界的最伟大的技术发明之一，它开创了人类表征社会的基本技术形态，是媒介信息社会现代性的开端。从纸、笔、刀、版、墨、砚、刷，直至活字印刷的发明与使用，无不凝聚着我国古代

---

[1] Wilbur Schramm. *The Story of Human Communication: Cave Painting to Microchip*. New York: Harper & Row, 1988, 77.

劳动人民的技术智慧和科学理想。从公元前2世纪西汉出现了具备新闻传播功能的机构"邸"，到唐代出现了"敦煌进奏院状"，再到清末现代意义上"新闻报纸"的刊布发行，以文字为主体的中国古代书写、复制传播技术发展同中华文明的发展同步，成为中华文明传播和发展切实可靠的技术保障，甚至可以说，没有中国古代传播技术的发展和进步，就不会有中华文明的辉煌。

本课题对中国近现代新闻传播技术史的考察重点放在清末民初和中华人民共和国成立后两个历史时期，其中又以后者为重。对清末民初阶段的技术史分期，主要以这一时期与新闻传播密切相关的"采、印、发"过程中的几种重要技术（印刷技术、电报技术、交通与新闻等）为核心内容进行概括、梳理和阐述。

图像传播技术。从技术原理上讲，图像与影像（摄影、电影、电视等机械工具生产的图像）的本质区别是，图像对现实物象是"非等比复制"，而影像（机具图像）对现实物象是"等比复制"。图像是一种结构性的视觉传播符码，它是经过作者观念抽绎的选择性物象描写与表征，它的现实指涉性很强。在从古至今的新闻信息传播中，图像传播表现出一种绝对的优势，图像技术的特性决定了信息传播的样态。

图像是人类最古老而又不断绵延更新的文化基因，每一个视觉图式都映现着人类的精神范式。从类人拿起第一根木棒、掷出第一块石头起，它就伴随着人类，表征着人类的情感与其对自然、对世界的认知，记刻着人类走过的所有历程，形成自类人到人类，直至今天的完整的文化基因谱系。人类在地球上已生存了数百万年之久，但人类社会有文字记载的历史只有数千年，并且在这数千年的历程中，人类大部分文明进化形态仍然隐含在视觉书写的图像范式之中未被领悟。

图像形态是一个民族最悠久的文化符码，它不但是一种象征形态，而且是一种相似形态，更是一种迹象形态。它痕迹性地或者说生物性地葆有这个民族的文化基因，它比文字更古老、更直观、更形象。图像天生具有视觉传播的指涉性、象征性、类比性、痕迹性等优势，自然地留存着人类物质文明的和非物质的原生形态，正是其所蕴含的无比丰盈的人类历史文化内核，使人类在面对一场场巨大的自然灾难和历经一次次社会动荡后，仍有复生与崛起的力量。

图像为人类的信息交流提供了基础，也为新闻信息提供了巨大的传播空间，更为我们详尽了解和分析人类在世界中的作用提供了条件。时至今日，图像新闻已渗透到人类社会新闻传播的方方面面，无所不及。世界的"现实"，本质上已不属于物象自身，而是属于人与物之间的关系，属于人们阅读图像新闻后所产生的意义。图像新闻传播已成为现代传播的一种最有效的方式和途径，成为一种不可或缺的社会生产力（如文化建设、新闻宣传、国际传播、信息交流、舆论引导、伦理构建、政治诉求等），成为一种创造性的人类思维活动，成为人类观察自然、社会和自身的有效工具，成为一种文化的力量。

摄影传播技术。摄影术是人类社会近两百年来最伟大的发明之一，它改变了人类的命运，加速了社会现代化的进程，深刻地影响着人们的日常生活和社会的政治地图。它与自然、社会和人的密切程度是任何一种媒介传播技术都无法比拟的，如同水和空气一样融入人类社会的日常生活。

摄影技术可以复制现实时空的神奇功能一旦运用于传播领域，即开辟了新闻信息传播的新天地。摄影融入生活。摄影对信息的传播，改变了千百年来人们认知世界的方式。摄影因为传播而强大，传播因为摄影而改变。人类社会由此开始了真正意义上的从实体社会向信息社会的转变。在传播新闻信息时，新闻影像的现实指涉性很强，表现出一种绝对的传播优势，成为当今媒体传播的最有效的技术手段。新闻摄影的技术特性甚至可以决定新闻传播的实现样态。

我们"从印刷人（Typographic Man）时代走向图像人（Graphic Man）时代的这一步，是由于照相术的发明而迈出的"[1]。维尔纳·卡尔·海森伯认为"技术变革不只是改变生活习惯，而且要改变思维模式和评价模式"[2]。这一点在新的传播环境，尤其在以互联网为主要依托的数字新闻摄影技术中体现得十分明显。数字新闻摄影技术创造了全新的"议程设置"环境，信息的传播者和接收者之间的界限被模糊了，每个人都既是新闻影像信息的传播者，又是新闻影像信息的接收者，并同时具有媒介和内容的双重身份。

电影传播技术。1895年电影技术的发明，就像在天空上点燃了太阳，它的光华

---

① ［加］马歇尔·麦克卢汉著：《理解媒介：论人的延伸》，何道宽译，南京：译林出版社，2011 年，第 219 页。
② ［加］马歇尔·麦克卢汉著：《理解媒介：论人的延伸》，何道宽译，南京：译林出版社，2011 年，第 83—84 页。

使人眩晕，使人迷恋。它使得人类的传播媒介得到一次超时空的提升，人类真正进入视觉传播时代，传播话语的声音显得格外洪亮。

电影从一开始就在信息传播和历史纪实方面显示出它的独特优势。从默片到有声片，从黑白到彩色，每一次技术改革都对人类社会产生了巨大的影响。电影技术的进步历程记录着人类社会的现实和理想，电影技术真实书写了人类历史的视觉档案。电影传播技术对人类文明所起到的作用是非常独特的。

从本质上来说，电影（胶片电影）与摄影没有什么不同，它们都是一种技术性图像。以摄影为母体的电影是利用了人类的视觉暂留。视觉暂留也被称为视觉记忆，时间一般在50~200毫秒。也就是说，如果我们每秒能给出20格画面的话，那么人类的视觉就分辨不出其中的间隔。电影机的放映速度是每秒24格，在人们看来画面是连贯流畅的，并无间隙。简单地说，即摄影以较慢的速度将图像一幅一幅给我们看，于是我们看到"静止的图像"，而电影（胶片电影）则以小于50毫秒的换幅时间将图像一幅一幅给我们看，于是我们看到了"活动的图像"。

广播传播技术。婴儿的第一声啼哭，意味着一个新生命的诞生，声音被比拟为人类在这个世界上的"第一知觉登记簿"。声音对人类具有生物学上的遗传性、物理学上的定义性、心理学上的依赖性和社会学上的文化性特点。声音是人类最古老的传播媒介，也是最大众化的传播媒介，不管社会、科技、文化如何发展，声音将永远伴随着人类社会，伴随着人类的信息传播，伴随着人类生命的全过程。

就字面意义而言，传播即广播，即广为播散，广为播散就是传播。字面的意义也传递出广播这种专门传播技术的本质和目的。作为传播技术的广播是一种运用声音传递信息的技术。到目前为止，它依然是受众最广、速度最快、效率最高的信息传播技术。

美国学者威尔伯·施拉姆曾言，"历史，是被人记住的话"[1]，直到文字出现前，人类的历史只能靠口耳相传，以说故事、唱诗歌的方式来延续。美国学者罗伯特·默顿强调，在文字发明以前，各民族中历史传承的唯一方法，是通过说故

---

[1] Wilbur Schramm. *The Story of Human Communication*: *Cave Painting to Microchip*. New York: Harper & Row, 1988, 77.

事、唱诗歌一代一代延绵下去，默顿特别以"口语公布"（Oral Publication）来说明口语传播的独特性。[①]作家伊林也指出，人本身就是一本活生生的书，它有手有脚，它不是放在书架上，它会说话，还会唱歌。口语传播的实例，有荷马的史诗、基督教的《圣经》、佛教的经典与儒家的《论语》等，口语传播技术在人类历史的知识传承中，占有非常重要的地位并且具有极为深远的影响。人类具备面对面以口语传递和接收信息的能力，只是信息的记载仅能依靠大脑，同时囿于时空的阻隔，面对面口语传播信息的范围是相当有限的。

现代广播技术正向着数字化和网络化方向发展，这意味着更快的传播速度、更好的传播覆盖性和渗透性。广播在满足人们信息需求的同时也缩小了城乡信息差，使人们的文化价值观念产生了持续的潜移默化的改变，直接影响到人们的生活方式。

电视传播技术。电视传播技术已经成为今日人类社会文化构成的一部分，也是国家重要的新闻传播手段。电视技术引领着新闻传播界的技术革新和传播技术的革命，电视传播技术是一个国家科学技术水平的综合反映，电视技术样态的变化直接反映出一个国家科学技术的进步。今天的电视传播已经融合了多种媒体技术，开始出现新的传播信息技术形态。

1926年，电视技术的诞生和应用，宣告了综合运用文字、图像、声音的新传播时代的来临。电视技术的不断完善和发展，造就了传播的划时代格局。在电视发明之前，大众传播媒介传递的信息仅仅限于文字和图像的结合，但有了电视技术之后，格局就不同了。声音与图像、文字可以借助电子设备大量而且极迅速地进行共时传播，全世界真正进入信息共享、历时即时共存的传播时代。电视的普及使得视像成为继文字、声音之后又一信息传播的重要手段。

电视的意义，在于它改变了时空的距离、地域的差异，使人们仿佛生活在地球村里，这就是信息时代的显著特征。信息时代之前不能做的事，甚至是很难想象的事，现在都可以做到了。

需要警惕的是，在电视传播时代，图像不断地以极其强悍的态度侵入极私密化

---

① ［美］罗伯特·默顿著：《美国社会学传统》，陈耀祖译，台北：巨流图书公司，1987年，第11—13页。

的家庭，以视觉霸权的手法侵犯人心；电视图像成了一种消费时尚，更重要的是，这种图像会变成一种技术性伪真的手段。

网络传播技术。网络传播技术开启了信息传播技术的新模式。从通信到媒体，从媒体到自媒体，网络传播技术的发展是催生这种信息传播形态变化的内在动力，同时也是这种信息传播形态变化的技术保障。网络传播技术决定了网络信息的形态，网络信息是完全依靠网络传播技术的发展而发展起来的新的媒体。

19世纪初，英国数学家巴贝奇便首次提出了计算机的构想。而在第二次世界大战期间，美国政府投入大量资源进行计算机的研发。第一部能够执行庞杂运算任务的计算机ENIAC（Electronic Numerical Integrator and Computer）于1946年诞生，并在20年内进入商业领域。到了20世纪70年代，随着微处理器工艺的成熟，个人计算机也就逐渐地进入人们的生活。在技术成熟后，计算机以惊人的速度处理着数量惊人的各类信息。互联网至今也历经了约50年的发展。它于20世纪90年代进入人们的日常生活，串联起世界各地不同的人群与思想。

计算机的出现，促成不同于以往的媒体技术的产生，信息载体的发展相当迅速，信息表达的媒介从文字、符号、图像转换到"0"与"1"，载体的容量更是以无法预测的速度持续增加。计算机的发展带来信息载体的发展，包含以纸为介质的媒体，如打孔卡、打孔纸带等；也包含以磁性物质为介质的媒体，如磁带、卡带、匣带、磁鼓、软盘、硬盘等。数字化传播和储存的精神也只能就此时彼刻来诠释其时代意义，未来的信息传播技术能到达哪里，或许也是无人能预测的。

数字技术下的网络信息几乎融合了所有的媒体形式。技术决定样态，新闻传播也不例外，新闻传播技术决定新闻传播业未来的样态。但同时我们也会记住1939年世界科学技术博览会的口号（"你能想到的，科学技术都能实现"）和1999年世界科学技术博览会的口号（"科学技术实现的，你还没有想到"）。到2059年世界科学技术博览会开展时，它的口号会是什么？

以上简要地描述了几类应用传播技术，必须强调的是，这种分类是论述性的而非定义性的。在现实的社会生活中，所有媒介的技术再现都是异质的，所有媒介的再现技术都是混合的。

三

世界上每一种事物都有其固定不变的物理成分，都有凸显其本质特征的技术因子。当我们将研究的视点锚固在信息生成与传播的技术元素上，通过对传播技术的研究和人类文明进程的分析，就可以找到构成人类文明与传播技术的最大公约数。因为任何社会信息都有其共轭的物象，而共轭关系是可以建模讨论的。

我们知道，最严密的科学研究应是任何人都无法对其自身的特征提出异议，而只能考虑其可能性的。对人类文明与传播技术的研究就是确定信息传播的可能性之极限，在定性的前提下取得定量的表征数据，取精用宏，尽微至广。

在人类文明发展进程中，人类如何看待历史与时间，在不同的文化背景下，有着相当多元的看法。古希腊人认为，人类文明是由传说中的黄金时代、白银时代、青铜时代、英雄时代一路衰退到黑铁时代。这是认为人类文明的演变是由高位向低位衰退，最终将面临毁灭的命运史观。罗马人认为，时间就是一种价值观与传统的延续，因此罗马人尊重传统，慎重地保存过去所留下的种种制度与纪念物。19世纪的欧洲，历经资本主义发达与全球扩张，"进步"成了当时欧洲思维的基调。① 对技术与文明进程的省思以及伴随而生的各种争论，仍将是历史哲学家们所关注的议题。

20世纪对人类文明来说，是一个重要的转折点。在科技上，石油、原子能与计算机，先后成为人类社会运作最重要的动能，给予人类文明在发展上难以衡量的驱动力；在政治上，人类面临两次惨绝人寰的世界大战，死者千万，继而又历经冷战时期。这种科技与政治上的巨变，是19世纪之前人类未曾面对过的。而在社会上，充斥着各种千禧年主义的流言，加上金融危机的推波助澜，似乎人类的命运即将在迈向历史的巅峰之际急转直下，回到石器时代。

然而我们已经看到，20世纪结束了，但是历史并未走向终结，21世纪已安然地来到了第19个年头。以微软窗口操作系统为例，Windows 98、Windows XP、Windows Vista、Windows 7.0、Windows 10.0 问世时，大家都认为当时的窗口操作系统已经发展到了最高位。但是事实证明，由于商业趋力与来自市场的实际需求，计

---

① ［英］齐格蒙特·鲍曼著：《流动的现代性》，欧阳景根译，上海：上海三联书店，2002年，第172页。

算机产业仍会不停地推陈出新，提供各项新产品与新服务。人类文明的演变也是一样，目前在进行的数字化工作，只是为了让人类文明更快、更好地传递下去。人类不能自我膨胀，认定此刻正在主宰历史的最高点；也不要轻视自己在漫长人类文明发展中所扮演的角色。人类社会如何发展自有它的规律，我们可以认知，但无法主宰。

如果说，早期对新闻传播的技术需求是为满足社会的信息和知识的传播，那么在数字化之后，人类的需求逐渐多元化、精致化，新闻传播的发展环境日趋复杂，早已超出纸张墨水的限制。在社会强力建构的形塑之下，新闻传播技术不断变革以回应变化和需求，高科技成了最受重视的香饽饽，传统技术只能黯然引退，以往那种"老师傅式"的工作方式也成为高效率的阻碍。从单一技术角度来看，传播技术的发展似乎带给人更多的自由与选择，但是从整个技术系统来看，技术发展带来的是全盘控制与更少的选择。新闻传播行业竞相投资各类高科技机器设备、竞相争抢访问流量的结果，是无可避免地落入雅克·埃吕尔对现代技术自动化与单一性的批评，各家新闻传播行业的数字化产品产出质量差异不大，失去活版印刷时代各家应有的手工技术特色和人文色彩，人的价值隐没在新技术中，技术价值反而无法彰显。而新闻传播业为提高竞争力，以符合高科技设备的工作能量，必须争取更多业绩，降低投资成本，将数字化所结余的流程效益，全数投入移动产品阅读量的竞赛之中。人在技术滚轮中拉扯的力量愈来愈大，到达某一个极致后，在技术与社会互动之下，或许将再度迎来另一个技术发展的新阶段。相信人类可以看到，借由目前的努力，下一个时代的人类也将有机会，通过不断更新的传播技术认识千万年来祖先所经历的演化与冒险。

作为信息传播尤其是新闻传播的介质和载体，传播技术的发展与变化对于人类文明发展具有重要的影响。从社会发展历程来看，任何一种传播技术的出现都会带来一种新的信息传播模式，而新的传播技术形态必将构建一种新的文明形态。传播技术就如同人类文明道路上的铲道车，总是在人类社会文明发展的前夜提前出发，为人类社会的文明发展道路清除阻碍。

我们深知，中国新闻传播技术史的书写应该以新闻传播技术发展史为主线，外延为中国的科学技术史，内涵为中国新闻传播的思想史。在古为今用、洋为中用的现代中国，新闻传播技术决定着媒介的形态，因此在科学技术史学的视野下构建中国新闻传播技术史学的结构动力学框架是学术自觉的必然选择：一是建立中国传播技术史学独特的叙述性结构；二是厘清新闻传播技术与其他传播技术的边界。

一位以色列学者曾经对笔者说：中国人如此注重思想史的书写令人震惊，也产生了令人震惊的理论科学成果；但中国人如此轻视技术史的书写也同样令人震惊，并产生了同样令人遗憾的技术科学成果。他的话至今令我心痛，因为他说得不错，中国历史上的情况确实如此。而传播技术与文明进程的关系研究一天没有列入中国学术研究的必备清单并让相关问题得到切实解决，中国学术研究的科学性就仍要接受国际学术界的质疑。

虽然中国新闻传播技术史的书写是艰难的，但我们仍然执着地寻找书写新闻传播技术史的文化架构——一个属于新闻传播技术自身历史的文化架构，并试图去确定文化架构的核心。因为每个文化架构都有一个神圣的核心，它是文化、社会和政治的汇聚之所，这个神圣的核心有助于社会和政治的定位，有助于社会成员认清自身及自身所处。

韩丛耀

2019年6月6日

目　录
Contents

第六章 广播发射技术的发展 ⋯⋯⋯⋯⋯⋯⋯⋯⋯⋯⋯⋯⋯ 169

Chapter 6 Development of Radio Transmission Technologies

导　论

Introduction

一

新闻传播技术涉及面很广，本卷只叙及广播与电视技术。为研究广播电视传播新闻的技术史，我们还应溯源到广播电视的发明历史。

人类早在公元前就发现了电现象和磁现象。但到18世纪以后，人们才开始对电和磁的本质进行研究，逐步摸清了它们的内在联系，并发现了诸多规律。在此期间，数十位科学家为之贡献了毕生精力，使电磁学理论日臻完善。其中，伏打、安培、欧姆、法拉第、奥斯特、楞次、麦克斯韦、赫兹等人的贡献尤为突出，为后世所景仰。

在电磁学有了深厚的理论基础，相关方面的实验也有了丰富的积累之后，1837年，英国的库克和惠斯登发明了电报。1840年，莫尔斯又发明出"莫尔斯电码"，这就使电报走向实用化。1875年，贝尔发明了电话，它使语音可以通过导线进行远距离传输。电报和电话的发明孕育了广播电视。在广播电视发明之前，电报和电话都对新闻传播起到了至关重要的作用。

无线电的发明使电磁学在应用领域产生了质的飞跃，从此人类可以摆脱导线等有形介质的束缚，而在空间通过电磁波以无线的形式传递能量。无线电发明之后，人们又对电磁波进行了深入研究，对不同频段电磁波的性质有了较深的认识和较好的掌握，并对不同频段电磁波的应用进行了相应的开发。

电磁波最早是被用于通信的。1895年，波波夫和马可尼分别利用电磁波进行了电报通信实验，开创了人类通信史上的新篇章。自此，人类进入了用无线电传递信息的新纪元。

1902年，斯塔布菲尔德通过无线电传播了人类的声音，走出了利用无线电传播声音的第一步。1906 年圣诞节前夕，费森登成功地进行了人类第一次正规的无线电广播。自此，无线电广播被正式发明。此后，便出现了集采集、编辑、制作、播出为一体，并利用无线电向受众传送声音节目的大众传媒机构——广播电台。世界上第一座有正式营业执照的广播电台是 KDKA 广播电台，它于 1920 年诞生于美国的匹兹堡。

1925 年，贝尔德发明了机械扫描电视。1929 年至 1931 年，兹沃尔金试制成功了电子电视系统和电视显像管及电子摄像管。1935 年至 1936 年，休恩伯格又研制出质量更高的摄像管和显像管及完整的电子电视系统。在此基础上，1936 年底，世界上第一座正规的电视台在英国伦敦成立了。

电是运动速度最快的物质之一，电的发现带来了广播和电视的发明。广播和电视借助电传播声音和图像，传播速度极快，所以它们成了传播新闻最得力的媒介。

新闻传播是人类之间交往的重要内容，也是人与人相互联系的纽带，可以说人类对新闻的需求是永恒的。

广播电视行业的出现，为人们更广泛地了解社会提供了帮助。而人类大多是通过获取各类新闻来了解社会，所以新闻传播就成了广播电视行业的主业。

二

1871 年，电报传入中国，1877 年，电话传入中国，自此中国出现了电信产业。电信产业的兴起带动了新闻事业的发展。

1923 年，美国人在上海开设了中国第一座广播电台。自此，中国掀起了兴建电台的热潮。北洋政府、国民政府都为宣传各自的政治主张而建了服务于自己的广播电台，民间也建立了大量的民营电台。这些电台在中国开创了利用广播传播新闻的先河。

中国共产党对新闻宣传非常重视。早在 1931 年 11 月，就在江西苏区成立了"红中社"。长征到陕北后，于 1937 年 1 月将"红中社"更名为"新华社"。1940 年，新华社创办了"延安新华广播电台"。1943 年，该台因发射机元件损坏无备件更换而停播，但到 1945 年日本投降后，局势稍有好转，就抓紧恢复了播出。延安新华广播电台诞生在物质条件极为贫乏的条件之下，又受到战火的洗礼，但无论条件多么艰险，她都坚持播音。自 1945 年恢复播出到现在，已历时 70 多年，一次也没有停播，这也是中国广播的一大特点。

1949 年 6 月，中华人民共和国成立前夕，中共中央决定成立中央广播事业管理处。中华人民共和国成立后，中央广播事业管理处又改组为中央广播事业局，成为与新华社、人民日报社并列的中央三大新闻机构之一。之后经过几次机构调整、名称更换，最后于 2018 年，定名为国家广播电视总局。其下辖的中央人民广播电台、中国国际广播电台和中央电视台是国家级三大主流媒体。

中央人民广播电台的前身是延安新华广播电台。中国国际广播电台的前身是延安新华广播电台对外广播部。中央电视台于 1978 年正式定名，其前身是 1958 年创建的北京电视台。

党和国家非常重视广播电视新闻宣传工作。中华人民共和国成立之初，中共中央要发表什么重要文件或政令时，常常指令：先播出，再见报。中央电视台成立之后，党中央也曾明确提出，将重大新闻的发布由中央人民广播电台每晚 8 时首播的《各地人民广播电台联播》（现称《全国新闻联播》）提前到中央电视台每晚 7 时首播的《新闻联播》，重要新闻应首先在《新闻联播》中发布。中央人民广播电台每天早晨的《新闻和报纸摘要》和晚上的《全国新闻联播》、中央电视台每天晚上的《新闻联播》都已成为两台新闻类的主打节目，也成为民众获取新闻信息的权威来源。

为提升广播电视的覆盖率和民众的收听收视率，中华人民共和国成立之后，相关部门曾因时因地制宜地制定过四种广播覆盖政策，即建收音站、建有线广播网、搞大功率覆盖和以小点多布的形式建转播台。自 1983 年第十一次全国广播电视工作会议提出"四级办广播，四级办电视，四级混合覆盖"的方针，并确定把调频作为对内广播的主要覆盖手段之后，各地又开始大建调频、电视发射转播台，依此提升调频广播和电视的覆盖率。到 20 世纪 90 年代中期，我国已建成一个可覆盖 80% 左右人口[①]的广播电视无线覆盖网。

为巩固覆盖效果，国家广电总局还曾在 20 世纪末到 21 世纪初，组织实施了"三小站"工程、"村村通"工程、西新工程、农村无线覆盖工程等工程。

---

① 陈超英：《我国广播电视人口覆盖率的现状与展望》，《广播电视信息》，1995 年第 12 期。

中国建广播电视覆盖网有三大特点：一是政府参与，二是计划周密，三是公益性。

建广播电视覆盖网是在政府的支持下进行的，政府通过一些政令、指令从政策上给予支持；通过投资、拨款等措施从资金上予以保证。建覆盖网是有周密计划的，在什么地方建台、规模多大、机器发射功率的等级、使用的频率等，都经过相关部门在精细调研和严密计算后做出规划，然后依规划而实施。这就避免了人力、物力、财力及频率资源等方面的浪费。

中国所建成的广播电视无线覆盖网都属于公益事业，不进行商业运作，不以牟利为目的。其所追求的是社会效益和政治效益，其效益的衡量标准是人口覆盖率。这一点对新闻传播具有特殊意义。它能使民众主动或被动地获取新闻资讯，增加了新闻传播的广泛性。中国新闻传播之广、受众之多举世无双。

三

广播电视发明至今不过百年左右，历史虽短，但发展速度极快。因它们总是把先进的科技融入自己的领域，使自己始终处于高新科技的前沿。

广播自发明以来，先后经历了调幅广播、调频广播、立体声调频广播、数字广播等发展历程。电视自发明以来，先后经历了机械扫描电视，电子扫描的黑白电视、彩色电视、高清电视、数字电视等发展历程。它们发展的跨度之大、速度之快，在众多行业中位居榜首。

若统观其技术发展历程，可概括为两个方面：一是元器件的进化，二是信号处理方法的进化。元器件的进化可分两大阶段：一是电子真空器件阶段；二是半导体固态元件阶段。信号处理方法的进化也可分两大阶段：一是模拟技术阶段，二是数字技术阶段。

设备的性能通常从三方面去衡量：一是能量指标；二是质量指标；三是稳定可靠性。

元器件从电子真空器件进化到半导体固态器件是电子技术在应用领域的一次飞跃。它使电子设备从体积大、耗能高、效率低的状态下挣脱出来。在固态设备中，能耗和效率已不再是主要问题。

从模拟技术发展到数字技术是电子技术在应用领域的又一次飞跃。在模拟技术中，人们总纠结于节能高效。如在广播发射机的发展过程中，乙类屏调发射机之所以进化到 PDM、PSM、DM 等制式的发射机，无不是为了提高整机效率。

数字技术打破了传统的信号处理方法，它把一切模拟信号都变成脉冲信号，这就可使放大器脱离甲、乙、丙类的工作状态，统一用丁类放大状态处理，达到模拟技术不可能达到的能量转换效率。

对数字信号的处理就是对脉冲信号的处理，从取样到编码，皆可去粗取精，突出精华去其冗余，所以经数字处理后的信号质量远优于模拟信号。数字设备的电声指标也远优于模拟设备。即在数字设备中可做到能量指标和质量指标的兼顾。

对数字信号的处理过程就是对等幅脉冲的处理过程，它不会产生噪声和失真的积累，所以即使进行多次处理也不会使指标变坏，因此它非常适合远距离传输。

对脉冲的处理可以采用最合理的排列组合，以便在传输时最大限度地利用时间和空间。这就出现了编码技术和压缩技术。从某种意义上讲，编码技术和压缩技术是数字技术的核心。

数字技术可以看成一种复杂的计算技术。复杂的计算需要庞大的计算设备支持，而分立件设备无论从运算速度上还是体积上都难以胜任偌多繁杂的计算。直到集成电路技术逐渐成熟并被广泛应用，数字技术才得以飞速发展。所以，大规模及超大规模集成电路是数字技术的支撑。

数字技术是否能得到推广，并走向实用化，很大程度上取决于标准。在信息处理过程中，如无标准规范，无论是设备制造者还是设备使用者，都将无所适从；在信息传递过程中，如不遵从标准，无论是信息发布者还是信息接收者，都将不知所云。由此可见，标准应看作数字技术的生命。

四

广播电台、电视台的技术发展，主要体现在设备更新和工作流程的改变。而工作流程的改变又是依从于设备更新的。广播、电视传播新闻的链路是：制播→传输→发送→接收。每个环节的技术发展基本都遵循了从设备改造入手，随之改变工艺流程的规律。

在中国，电台、电视台的设备更新，既受当时国内政治经济形势的制约，又受技术发展程度的限制。基于此，我国电台、电视台设备更新的历程一般可分为艰苦创业、自力更生、大量引进和飞速发展四个阶段。

广播电台、电视台的制播中心，开始都使用电子管设备，操作都为人工手动。20 世纪 70 年代，设备更新成半导体设备。到 20 世纪 80 年代，逐步用引进的国外先进设备替代了大部分国产设备。到 20 世纪末，中央和地方的电台、电视台，其设备基本都完成了数字化改造，部分播出设备实现了自动化。到 21 世纪初，各类工作站、非线性编辑机被广泛应用，计算机技术、网络技术也融入电台、电视台的编播系统，这就颠覆了制播节目的传统工艺流程，从人工采、编、录、播的制播工艺发展到新闻采集电子化、编辑计算机化、集稿互联网化、录制工作站化、播出全自动化的现代化工艺流程。

广播电视的传输手段基本都是由电缆发展到微波、数字微波，又发展到卫星和光纤传输。其中数字微波、卫星和光纤传输都采用数字技术。

调幅广播发送环节是由模拟广播发射机（栅调机及屏调机）发展到准数字广播发射机，即 PDM、PSM、DM 等制式发射机；再发展到数字广播发射机，即 DAB、DRM 发射机。在上述发展过程中，屏调机阶段基本都是全电子管设备。PDM、PSM、DM 发射机阶段，小功率机（10kW 以下）基本实现了全固态化；大功率机的前级也实现了固态化，只在末前级和末级保留了电子管。

调频广播发送环节是由单声道发射机发展到立体声发射机，其组成元器件也是由全部采用电子管过渡到全部采用半导体器件。由于其功率等级与调幅广播发射机比起来要小得多，所以在 21 世纪初它们都已经实现了全机固态化。在当代的全固态调频发射机中，由于其应用数字技术的程度不同，在程式上又有全模拟、半数字和全数字之分。

电视传播形式目前有 4 种，即无线开路传播、有线闭路传播、卫星直播传播和互联网传播。无线开路传播是通过发射机发射。无线电视发射机经历了双通路、单通路、数字高清等制式的沿革，所用元器件则经历了从全电子管、小功率机全固态化到大功率机单电子管化（只在末级采用电子管）的进化；制式上开始是模拟的，到高清发射机则全部采用数字技术。有线传播、卫星传播及互联网传播，全部采用数字技术，所用元器件也都是固态化设备。

在工作模式方面，凡是配备小功率全固态设备的发射台站，无论是调幅广播、调频广播还是电视，其值班形式逐步由坐班制（值班员面对机器值班）过渡到无人值班、有人留守的接近现代化的值班模式。

在广播接收环节中，调幅广播接收机经历了矿石收音机、直放收音机、超外差收音机等程式的演变；调频广播接收机一般只有超外差接收程式。在发展过程中，它们所采用的元器件都是由电子管发展到半导体管再发展到集成电路。

目前的模拟广播收音机逐步向多功能发展，不但可全波段收音，而且可以录放音、播放 MP3 等。操作也逐步智能化，可进行电调谐、自动锁频、数字显示等。其体积也愈加小，愈加袖珍便携。

在电视接收机中，目前民间仍以模拟电视机为主，如需接收数字电视，多经数字机顶盒进行信号转换。模拟电视接收机在发展过程中先后经历了黑白、彩色、高清等几个阶段。在此期间，显示器经历了从阴极射线显像管（CRT）到平面显示器（液晶、等离子、LED）的更替；元器件经历了从电子管、半导体管到集成电路的变更。发展到目前，已趋于固定模式，即屏幕大型化、显示平面化、图像高清化、线路集成化、操作智能化。随着电视机功能及性能的进化，它已逐步成为名副其实的家庭多媒体终端。

五

广播电视的监管监测体系是广播电视行业中一个不可缺少的环节。监管监测虽是一个整体，但细分应是监管和监测两大项目。监管是通过法律法规来维护电磁波的空间秩序，并规范其传播内容，使之不危害国家安全及不触犯法律法规；监测是通过技术手段对广播电视的运行进行跟踪监测，使之保质保量地安全运行。

政府一直极为重视广播电视的监管，因为它是保障国家安全及政权稳定的一项措施。而监测则是随着广播电视传输覆盖技术的发展而发展的。

我国监测事业始于 20 世纪 50 年代，是由建监测台起步的。随着广播电视事业的发展，监测事业也迅速发展起来。纵观我国监测事业的发展历程：监测台站由点状布局发展到网状分布；监测设备由电子管设备发展到全集成电路设备；监测技术由模拟发展到数字；监测手段由人工发展到自动。到 21 世纪初，我国已拥有一个融数字技术、计算机技术、网络技术为一体的现代化监测系统，它与传输覆盖系统并驾齐驱，为广播电视传输覆盖系统的安全运行保驾护航。

第一章
电媒介传播新闻的溯源

Chapter 1
Origins of News Communication by Electronic Media

电和磁都是自然现象，它们被人类发现并掌握其规律之后，便发挥出巨大的潜力。不必说它们作为能源对人类生产生活做出的巨大贡献，只说基于它们所发明的广播和电视就彻底打破了人们的闭塞状态，使人类向现代文明迈进了一大步。

第一节　电磁学理论的奠基

一、静电现象的发现与研究

公元前 600 年，希腊人就发现了电现象。当时希腊哲学家泰勒斯（如图 1-1 所示）经过实验得出结论：电与摩擦有关。当皮毛与琥珀摩擦后，琥珀会吸引像羽毛一类的轻微物体。他把这种吸引力叫作"电"。在英文中，"电"（electricity）就是希腊文"琥珀"一词的音译。

我国东汉时期的王充在其哲学著作《论衡·乱龙》中也写道"顿牟掇芥，磁石引针"，意即琥珀甲壳之类的物质可以吸引芥菜籽、干草末等又轻又小的物质，磁铁矿石可以吸引小铁针。这些都揭示了日常生活中常见的电磁现象。

图 1-1　希腊哲学家泰勒斯

当时，人们对电磁现象只停留在发现阶段，直到 1580 年前后，人类才开始对电磁现象进行仔细研究。首先是英国女王伊丽莎白的御医、英国皇家科学院的物理学家威廉·吉尔伯特。他是用实验方法进行科学研究的开拓者之一，他力求通过观察与实验，从理论上解释自然界的现象。

威廉·吉尔伯特经过对电、磁现象的仔细研究，明确提出电是物质的概念，同时又提出地球是一个大磁体的概念。1600 年，他将其研究成果撰写成物理学史上第一部系统阐述电和磁的科学著作《论磁》。

之后，德国马德堡市的市长、科学家格里克于 1663 年发明了摩擦起电机（如图 1-2 所示）。英国科学家弗朗西斯·霍克斯比于 1709 年制造出能产生电的手摇发电机（如图 1-3 所示）。

图 1-2　格里克的摩擦起电机

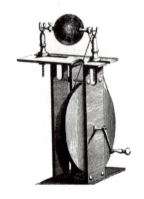

图 1-3　霍克斯比的手摇发电机

在此阶段，人们对电现象只停留在表面认识上。直到 1734 年，法国科学家查尔斯·杜菲才通过实验对电的本质进行了研究，并得出"电性分正负，且同性相斥、异性相吸"的结论。这是电学最基本的原理，它可解释一切电现象。

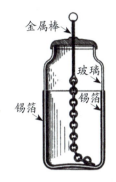

图 1-4　莱顿瓶示意图

之后，荷兰莱顿大学的物理学家又制造出能储存电荷的"莱顿瓶"（如图 1-4 所示）。

截止到 18 世纪中叶，人们对电的研究，无论是电荷的产生（摩擦起电机）、电荷的存储（莱顿瓶）或电荷的转移（火花放电、电击等），都只停留在静电范畴。

二、动电的研究

对动电的研究是从研究电流开始的。世界上最早研究电流的人被公认是意大利解剖学教授伽伐尼。伽伐尼曾花费整整 10 年的时间去研究"动物电"。1791 年，他将研究结果写成论文公布于学术界。伽伐尼的主要论点是电存在于动物体中。当时的学术界绝大多数人都认同这个观点。

但意大利物理学家伏打对此抱有异议。伏打认为电不是存在于生物体中，而是潮湿的东西接触到不同的金属才产生的。1799 年，伏打依据自己的想法发明出世界上第一个电池——"伏打电堆"，使其观点得到学术界的认同。

伏打电堆能提供可控持续电流，这为人们对电现象的研究提供了物质基础。很快，电池便成为进行电磁学和化学研究的得力工具。正因为有了伏打电堆，英国化学家汉弗里·戴维才能进行电离实验，分离出钠、钾、钙等元素。这既促进了化学的发展，又反过来阐明了伏打电堆的工作原理，指出这类电池的电流来自化学作用。

电池能实现化学能到电能的转换，为人类提供了可通过人工方法将其他形式的能转化成电能的新思路。有了伏打电堆，就使电的取得方式变得非常方便，它带动了后续电气相关研究的蓬勃发展，使电气给世界带来现代文明。

伏打的贡献卓著，为纪念他，科学界将电压（电动势）的量度单位定为伏特（Volt），就是将其名字 Volta 中的尾部字母 a 去掉。Volt 通常简写为 V。

利用伏打电堆提供持续电流的便利，人们开始对电流的效应进行研究。

率先进行此项研究的是丹麦物理学家奥斯特，他深受康德哲学思想的影响，认为各种自然力都来自同一根源，可以相互转化。他一直坚信电和磁之间有某种关系，电可以转化为磁。他把注意力集中到电流和磁体有无相互作用的问题上。1820 年 4 月，他终于通过实验发现了电和磁的联系。1820 年 7 月 21 日，他通过论文《论磁针的电流撞击实验》正式向学术界宣告发现了电流的磁效应。

以安培为代表的法国物理学家对奥斯特的发现迅速做出反应。1820 年 9 月初，安培通过进一步的实验发现：一切磁现象都起源于电流或电荷的运动。1821 年 1 月，他提出分子电流假说。这个假说已为现代物理学所证实：原子和分子的磁性，是由于电子绕原子核转动或电子自身的迅速自旋而产生的。1826 年 12 月 4 日，安培确定了"安培定律"。1827 年，安培出版《电动力学现象的数学理论》一书，该书是电磁学史上的经典论著，它对以后电磁学的发展有深远的影响。

安培对电磁学的发展可谓功不可没，为纪念他在电学上的杰出贡献，学术界就用他的名字"安培"（简写为 A）来作为电流强度的量度单位。

德国物理学家乔治·西蒙·欧姆通过实验发现了电流与电压的关系，并确立了电阻的概念。他在 1827 年出版的《伽伐尼电路的数学研究》一书中将他的发现确定为"欧姆定律"。欧姆定律阐明了电压（电动势）、电流、电阻三者之间的相互依存关系和严格的数量关系，它是电学理论最基本的公式。英国科学促进会为纪念他，决定用他的名字"欧姆"（用符号 Ω 表示）来作为电阻的量度单位。

三、电磁感应现象的发现

当奥斯特在 1820 年发现电流的磁效应后，许多物理学家便试图寻找它的逆效应。英国物理学家法拉第通过大量实验发现了"电磁感应现象"，即导体切割磁感线或导体处在变化的磁通量中，能使导体两端感应出电动势。

电磁感应的发现，为建立完整的电磁理论奠定了坚实的基础，也为电的应用开辟了广阔的前景。正是由于电磁感应的发现，才有了电动机、发电机和变压器，才有了电力的远距离传输，才有了无线电理论和无线电技术。毫不夸张地说，它对欧洲第二次工业革命起了关键性的作用，它促进了社会的发展，使人类文明向前迈进了一大步。

第二节　电报的发明

一、电报发明的前奏

早在人们进行静电研究的时期，就有人想把电应用于通信。最先进行尝试的是英国人摩尔逊，他在 1753 年发明了一种电报装置，用 26 条导线分别代表 26 个英文字母。发电报的一方按文本字母顺序在导线上加静电，接收一方在各导线上加小纸条，当纸条因静电作用飘起时，就证明有电信号传到，依次把字母顺序记录下来，便可还原成原文本。因这种设备所需要的导线太多，设置庞杂，且静电传输的距离有限，所以该项发明没得到推广。

伏打电堆发明后，很快就被用于电解。于是又有人想用电解的原理进行通信。首先进行此种尝试的是西班牙工程师萨瓦，他在 1804 年发明了一种电报装置，将许多代表不同字母和符号的金属线浸在盐水中，当电流通过时，盐水被电解，产生出小气泡，他根据这些气泡辨识出字母，从而接收到远处传来的信息。这种方法可靠性很差，且速度很慢，所以不具备实用性。

奥斯特发现电流的磁效应之后，安培首先提出可以利用电流使磁针摆动的方法传递信息。对此设想，俄国外交官希林首先进行了尝试。他的思路是：磁针在有电流通过时会产生偏转，电流的强弱能决定磁针偏转角度的大小，磁针偏转角度的变化可以传达种种信息。基于此种构想，他于 1829 年制作出人类历史上第一台电磁式单针电报机，还发明了一套电报电码。该套装置共用 8 根导线传输：1 根用作传送开始时的呼叫，1 根用作电流返回的公共导线，其余 6 根各接 1 个磁针指示器，用作传送信号，根据磁针偏转角度来表达不同的信息。电报机试验成功后，希林建议当时的俄国政府设立电报试验线路。1837 年，俄国皇帝指定一个专门委员会，按照希林的意见，在圣彼得堡建立了电报线路，不过此时希林已经病逝。

二、电报的发明

1836 年 3 月，从印度退役的英国青年军官库克带回一部希林电报机。一回到英国，他就着手对这台机器进行改进。但因遇到了许多电学方面的难题，所以他去请教在伦敦国王学院任教的英国著名物理学家查尔斯·惠斯登。两人一见如故，情投意合，遂成莫逆之交，之后便并肩"战斗"。1837 年 6 月，他们研制出比希林电报机先进得多的电报机，并申请了第一个电报机专利。同年 7 月，他们做了五针式电报机示范表演，信号传输距离约为 1 英里（1 英里约为 1.6 千米）。1839 年 1 月 1 日，他们又研制出一种更先进的电报机。至此，电磁电报机基本定型。

自 1825 年英国建成世界上第一条铁路后，铁路交通迅速发展。当时迫切需要一种不受天气影响、没有时间限制又比火车跑得快的通信工具。因此，库克和惠斯登设计制造的有线电报，很快便在英国铁路公司的铁路线上投入使用。之后，物理学家雅可比在俄国发明了电磁式电报记录仪，用电磁铁代替磁针，改变了由人直接观察磁针摆动的接收方式，增加了收报的可靠性。

上述电报机的共同弱点是每根导线只能通过电流的"有、无"来传递两个信息。如果传递复杂信息就必须用两根以上的导线，然后再将它们所传的信息组合。这不但复杂，而且增加了线路的建设成本，给实用造成困难。为此人们迫切需要一种能用最少的导线传递最多信息的装置。

三、莫尔斯电码

将这种理想变为现实的人是美国画家塞缪尔·莫尔斯。1832 年，莫尔斯从法国学画归来，返回美国。途中，他被医生杰克逊演示的"电磁铁"功能所吸引。莫尔斯产生了要用电来传递信息的设想。从此他毅然告别了绘画艺术，一心扑到研究电报的事业上。

半路出家，举步维艰。莫尔斯刻苦学习，认真钻研，终于在 1835 年底，用旧材料组装成一台电报机。但这台电报机灵敏度低，传输距离短，达不到实用程度。为对电报机进行改进，莫尔斯又向著名的电磁学家约瑟夫·亨利求教，在亨利的指导下，莫尔斯对他的电报机做了较大改进。

1836 年，莫尔斯受到电流关断时产生火花的启示，构想出新的设计方案：有火花是一种符号，没火花也是一种符号，没有火花的时间长度还是一种符号，这三种符号组合起来就可以代表多个字母和数字。这样，只要用导线传递有火花和无火花两种信号就可以传递信息，这就是"莫尔斯电码"的雏形。

实际使用的莫尔斯电码是由两种基本信号和不同的间隔时间组成的。短信号为"点"（·），读"嘀"（Di）；长信号为"划"（—），读"嗒"（Da）。"·"的时长为 0.1 ~ 0.4 秒，"—"的时长为"·"的时长的 3 倍。"·"和"—"的组合可以代表字母、数字及其他符号。由于各国文字不同，电码符号也不尽相同，各国都有代表本国文字的电码符号。如中国就是用 4 个数字代表一个汉字。

该种电报机的工作程序是：发报员通过按电键发出电码"·"和"—"，收报员把听到的"嘀""嗒"声抄录，之后再将之译成电文。

莫尔斯在取得编码的突破后，马上投入到把设想变成实用装置的工作中去。经过一年的努力，他终于在 1837 年研制出一台传递电码的电报机。1838 年 1 月，莫尔斯进行了 3 英里收发电报的试验。1840 年 4 月，莫尔斯的这项发明申请到了专利。

莫尔斯申请到专利后，仍旧反复试验，不断改进自己的设备，使通信距离逐渐增大。他带着改进后的电报机去了华盛顿，说服了几位议员向国会提出议案，争取政府拨款修建实验性电报线路。不料议案被否决，莫尔斯只得又回到纽约。此时的他穷困潦倒，贫病交加，研发工作就此中断。他准备重操旧业，但因笔墨生疏，连作品也卖不出去，这使他陷入绝境。但否极泰来，一天他突然收到通知，国会重新讨论，终于通过了拨款修建电报线路的提案。1843 年，莫尔斯用国会赞助的 3 万美元修建了从华盛顿到巴尔的摩的长 64 千米的电报线路，该线路于 1844 年开通。这是世界上第一条商用电报线路。

1844 年 5 月 24 日，在美国国会大厅里举行了一次隆重的电报通信试验，莫尔斯亲自按动电报机电键。随着一连串嘀嘀嗒嗒的声音，电文通过电线传到了数十千米外的巴尔的摩。他的助手准确无误地把电文译了出来。这是人类历史上第一份有实用价值的长距离电报通信，所传电文是《圣经》中的一句话："上帝啊，你创造了何等的奇迹！"莫尔斯的电报宣告成功。1844 年 5 月 24 日成了国际公认的电报发明日。

莫尔斯的电报因为使用了编码，所以具有简单、准确和经济实用的特点。莫尔斯电码已成为现代电报通信的基本传输方法。

莫尔斯电报的成功轰动了世界，他的电报很快风靡全球。自 1844 年世界上第一条电报线路开通起，莫尔斯的电码和电报机，以其实用性而陆续被欧洲各国所采用。1850 年英国和法国的穿越多佛尔海峡的海底电缆建成，1852 年伦敦和巴黎间实现了直接通报。1855 年，地中海到黑海的海底电缆建成，完成了英、法、意直到土耳其的电报通信线路。19 世纪后半叶，莫尔斯电报已在全世界范围获得广泛应用。早期的电报机如图 1-5 所示。

图 1-5 早期的电报机

电报的发明，开创了人类利用电来传递信息的历史。因为电流的速度接近光速（3×10^8 m/s），所以信息传递的速度大大加快了。这种速度是以往任何一种通信工具所望尘莫及的。

电报为大众提供了快速有效的通信手段，因此它得以迅速发展，很快便形成了庞大的通信网络。在广播发明之前，电报通信行业担负着新闻搜集和传输的任务。作为现代重要传播媒介的通讯社，也是在电报技术发明之后才发展壮大起来的。

四、电报首次用于新闻传播

用"莫尔斯电码"传递信息（包括新闻）的方法得到迅速推广。据记载，最早使用电报进行新闻报道的是：1844 年 5 月 25 日（星期六）下午两点，美国华盛顿的记者使用莫尔斯电码给《鲍尔齐莫亚爱国者》报主编发电报，全文是"一小时前，关于俄勒冈议案应提交给会议全体人员的动议被否决。赞成的 79 票，反对的 86 票"。[①]纽约《太阳报》对此评论说："这是消灭了距离的新闻。"同年 8 月 6 日，英国首次发出报道用的电报，是从温莎古堡发给《泰晤士报》的，报道阿尔弗雷德王子诞生的消息。电报是在上午 7 时 50 分发出的，40 分钟后，登载这条消息的《泰晤士报》就发行了。

科学发展至今，电报已不再是主要的通信手段。随着电子邮件、手机短信及微博、微信的日渐普及，电报基本已被取代。如今，一般人已不再用电报通信。传统的电报新闻（即电讯新闻稿）也由计算机、互联网及手机的信息所代替。

目前，很多国家和地区已宣布终止电报服务。可以说，电报在经历了辉煌、完成了历史使命之后，光荣退休了。

第三节　电话的发明

19 世纪后半叶，当莫尔斯电报被广泛应用时，人们开始注意到电报的缺点，即必须经过第三方（电报局）进行收发报和编译电码的程序才能把信息由发报方传递给收报方。并且收、发报双方都不能即刻获得对方的反馈信息，这就不能及时进行双向的交流。基于电报的这种缺陷，人们开始探索一种能直接传送人类声音的通信方式，这就是现在人们所说的"电话"。

---

① 松鹰著：《莫尔斯　贝尔　贝尔德》，太原：希望出版社，2014 年，第 44 页。

一、电话的早期研究

最早发明电话的人是美籍意大利人安东尼奥·梅乌奇。梅乌奇曾热衷于电生理学研究，但他偶然发现了电可以传输声音。从此，他就转向这方面的研究。1850至1862年，他制作出几种不同形式的声音传送设备，称作"远距离传话筒"。但梅乌奇生活穷困，交纳不起250美元的专利申报费，无法保护自己的发明。1870年，他患上了重病，不得不以6美元的低价卖掉自己发明的通话设备。三年之后，梅乌奇沦落到靠领取社会救济金度日的地步。1874年，梅乌奇寄了几个"远距离传话筒"给美国西联电报公司，希望能将这项发明卖给他们。然而，他没有得到答复，而且连寄去的机器也不知去向。后来，他为此提起诉讼，法院也同意审理这个案件。但1889年梅乌奇去世了，诉讼也就不了了之。

直至100多年后的2002年6月15日，美国众议院才通过269号决议，确认梅乌奇为电话的发明人。如今，梅乌奇的出生地佛罗伦萨竖立着一块纪念碑，上面写着"这里安息着电话的发明者——安东尼奥·梅乌奇"。

二、贝尔对电话研制的贡献

对电话研制做出最大贡献的人还是大家所熟悉的美籍苏格兰发明家亚历山大·格雷厄姆·贝尔。贝尔出生于语言学世家，父亲是当时著名的语音学者。贝尔继承了父亲的职业，帮助丧失听力的人学习说话。为此，他系统地学习了人的语音、发声机理和声波振动原理。大学毕业后，他任美国波士顿大学语言学教授。他的母亲和妻子都是聋人，他在为聋人设计助听器的过程中，萌生了用电流强度变化模拟声音变化并进行传递的想法。在随后的两年时间里，贝尔刻苦学习并掌握了电学知识，再加上他原有的语言学知识，这就为他的研究打下了坚实基础。他辞去教授职务，一心投入到发明电话的工作中。

开始，他的思路受莫尔斯电报模式的束缚，加之他谙熟音乐，所以他想用莫尔斯电码的方法传送音乐。他的想法得到企业家桑德士的全力支持，桑德士给他提供了巨额实验经费和宽敞的实验室，并给他雇请了一位年轻的工程师沃特森做助手。

他们把用电流传送音乐的研究称作"调和音讯"。在沃特森的协助下，贝尔对调和音讯的研究进展迅速。到 1874 年，已可用一根导线同时发出 10～20 种莫尔斯电码。不过，贝尔的理想是把人的声音直接用导线传送到远方，但这种想法遭到桑德士的极力反对，所以贝尔只得继续进行调和音讯的研究。

机遇总是留给有准备的人。1875 年 6 月 2 日下午，贝尔和沃特森在做调和音讯实验时，意外地发现电流可以直接传送声音。贝尔兴奋至极，当即决定不再研究调和音讯，而专门研究电话。当晚贝尔便赶制出设计图，第二天，沃特森便照图装配了电话机。实验是成功的，虽然通话的声音不太清晰并且很微弱，但是用这种方法确实可以传送声音。电话也就由此诞生了。

1875 年 6 月 2 日被公认为电话诞生的日子，而贝尔他们的实验地——美国波士顿法院路 109 号也被载入史册。至今它的门口仍钉着块铜牌，上面刻着："1875 年 6 月 2 日电话诞生在此。"

又经过大半年的改进，贝尔他们终于制成了世界上第一台实用的电话机。1876 年 2 月，贝尔呈交了电话专利申请。该申请于 3 月 3 日被批准。1876 年 3 月 7 日，贝尔获得了电话的发明专利。1876 年 6 月 25 日，贝尔在费城的世界博览会上演示了他的电话。

1877 年，在波士顿和纽约之间架设的第一条电话线路开通，两地相距 300 千米。从此，公众使用电话的时代到来了。同一年，有人第一次用电话给《波士顿环球报》发送了新闻消息。[①]

1877 年 7 月 9 日，贝尔和其同事一起成立了"贝尔电话公司"，它就是"美国电报电话公司（AT&T）"的前身。由于贝尔发明了世界上第一台实用的电话机，又创建了贝尔电话公司，所以被誉为"电话之父"。

电话是一个时代的产物，它凝聚着多位科学家、发明家的智慧和汗水。除梅乌奇和贝尔外，美国发明家艾利沙·格雷也独立发明了电话，只不过申请专利的时间比贝尔晚了几个小时而未获得电话发明专利权。美国著名大发明家托马斯·阿尔瓦·爱迪生发明了炭精式送话器，该种送话器比贝尔的永磁式送话器更灵敏。故后

---

① 陈霖著：《新闻学概论》，苏州：苏州大学出版社，2007 年，第 227 页。

来的电话机中，送话器基本上都采用爱迪生的发明，而受话器则采用贝尔的发明。古老的电话机如图1-6所示。

图1-6　古老的电话机

随着科技的发展，电话已从有线过渡到无线，从固定过渡到移动，从单一通话功能过渡到多种功能。如果说电报技术是日薄西山，那么电话技术就是如日中天。电话已成为现代人生活的必需品，人们愈来愈离不开它。

另外，电话也成为信息（包括新闻信息）传播的有力工具，在目前几乎人手一机（手机）的状况下，若从新闻传播的角度看，恐怕它是任何形式也不能比拟的传播媒介。

随着电话的发明，还衍生了另外一门技术，即有线广播。1880年，俄国人奥霍罗维奇成功研制出用导线把剧院里的音乐节目传输出去的播音设备。同年夏，在美国萨拉托加的大联盟旅馆，有800人通过电话欣赏了在麦迪逊广场举行的音乐会。1893年，匈牙利人普斯卡把布达佩斯市700多条电话线连起来，定时报告新闻，这被称为"电话报纸"，有线广播就此产生。1924年，苏联正式开办了有线广播。之后，德、法等国也利用电话网传送广播节目，逐渐发展出能输送多套节目的有线广播网。

第四节　电磁波

一、电磁波的发现

在1831年法拉第发现电磁感应现象之后，很多科学家开始对电磁感应现象进行研究。其中，俄国物理学家海因里希·楞次所做的贡献令人瞩目。他根据奥斯特发现的"电流的磁效应"和法拉第发现的"电磁感应现象"，得出推论：电磁感应所产生的"感应电流"一定也会产生磁场。于是，他开始对此进行研究。在掌握了大量实验数据的基础上，他总结出"感应电流所产生的磁场总是阻碍原磁场变化"

的结论：当原磁场的磁通量增加时，它所产生的感应电流生成的磁场方向与原磁场方向相反，磁力抵消，相当于阻碍其增加；当原磁场的磁通量减少时，它所产生的感应电流生成的磁场方向总是与原磁场方向相同，磁力叠加，相当于阻碍其减少。此规律符合能量守恒定律。根据此规律就可以判断出感应电流的方向，这就是楞次于 1834 年发表的"楞次定律"。

在 1831 年之后，法拉第也没有停止对电磁感应的研究。通过数十次实验，他终于找出了在各种条件下变化的磁场与它所产生的感应电流之间的定量关系。1851 年，他发表了"电磁感应定律"。从现象的认识到定律的发现，证明人类已从定性的理解过渡到定量的掌握，这是认识上的飞跃。"楞次定律"和"电磁感应定律"完善了对"电动生磁，磁动生电"这一物理现象的描述。

英国物理学家麦克斯韦在全面总结了电磁学的研究成果，归纳了法拉第等人的理论之后，提出：电场和磁场不是彼此孤立的，而是相互联系、相互激发的，它们共同组成一个统一的电磁场。1864 年，麦克斯韦进一步将电场和磁场的所有规律综合起来，概括成描述电场与磁场的四个方程，即麦克斯韦方程组，从此建立了完整的电磁场理论体系。该理论指出：电磁波是交变的电场和磁场，它以横波的形式存在，以光的速度传播，可以穿过真空、气体、液体和固体。这不仅科学地预言了电磁波的存在，而且揭示了光、电、磁现象的内在联系及统一性，完成了物理学的一次大综合。他的研究成果为现代无线电电子行业奠定了理论基础。图 1-7 为麦克斯韦和麦克斯韦方程组。

$$\begin{cases} \nabla \cdot D = \rho_0 \\ \nabla \times E = \dfrac{\partial B}{\partial t} \\ \nabla \cdot B = 0 \\ \nabla \times H = j_0 + \dfrac{\partial D}{\partial t} \end{cases}$$

图 1-7　麦克斯韦（左）和麦克斯韦方程组（右）

德国物理学家海因里希·鲁道夫·赫兹在深入研究麦克斯韦的电磁理论后，决定用实验来证明它的正确性。根据麦克斯韦电荷运动能产生电磁波的理论，赫兹于 1885 年设计了一套电磁波发生器（亦称振荡偶极子）。该发生器由初、次级感应线圈和电容器及放电球组成。给初级感应线圈加电，次级线圈与电容器组成的振荡回路便会产生振荡，振荡电压将使该回路两端的放电球放电，产生电火花。按照麦克斯韦的理论，此火花应该产生电磁波。为验证电磁波是否存在，赫兹又设计了一个简单的电磁波探测器（亦称共振偶极子）。它就是一段弯成环形的导线，两端各焊一个放电球，球间留有火花隙。

赫兹认为，假如电磁波存在，根据法拉第的理论，电磁波的磁场便会在电磁波探测器（弯成环形的导线）上产生感应电动势，此电动势将使放电球间产生电火花。从1886年10月25日起，赫兹就集中精力对这种"电火花实验"进行一系列的研究。虽经多次失败，但他仍孜孜不倦。终于在1887年的一天，赫兹在暗室中看到电磁波探测器的火花隙中间迸发出一个微弱的火花。经调整探测器与发生器间的距离和方位，他终于清楚地看到电火花在探测器的火花隙间不断地跳跃。至此，赫兹成功地用实验方法观察到电磁波在空间的传播。

1888年1月，赫兹又进行了对电磁波传播速度的探求。其结果如麦克斯韦预测的一样，电磁波的传播速度等于光速，即 3×10^8 m/s。1月21日，赫兹完成了著名论文《论电动力学作用的传播速度》。因此，1888年1月21日被定为"电磁波发现日"。

电磁波的发现开拓了电能可以用无线的形式传递的新领域，自此也就产生了"无线电"这门新技术、新学科。赫兹的贡献是伟大的，他完成了电磁学从理论到实践的跨越。为纪念他，科学界把频率的单位定为"赫兹"（Hz）。

二、电磁波的性质

自1888年赫兹用实验的方法确定了电磁波的存在之后，人们便开始对电磁波的本质及性质进行深入的探索和研究。

自然界中振动的物体会产生波。电磁波可认为是由电子振动所产生的波。因为从物理意义上可解释为：当导体两端加上交流电压时，电子将在导体上相邻原子间往返跳动。电子的这种跳动就相当于振动。它生成的磁感线将不停地变化，变化的磁感线又激发出变动的电场线，变动的电场线再激发出变动的磁感线……环复一环，层层扩展，这就形成了"电磁波"。

电磁波既然是波，它就有波的共性，但它又有自己的个性。

1. 共性方面

电磁波也有三要素，即频率、振幅和相位。电磁波在传播中也有波速和波长。其波速（c）、频率（f）和波长（λ）三者之间同样遵从以下关系：$f=c/\lambda$，$\lambda=c/f$，$c=f\cdot\lambda$。因波速是固定的，即 3×10^8 m/s，所以区分电磁波往往只用频率或波长即可。

电磁波在传播过程中，也会产生反射、绕射、折射、衍射和干涉。相同频率的电磁波也会发生共振（谐振）。

2. 个性方面

电磁波是能量传播的一种形式，但它不像物体质点振动那样是波及周围质点随之振动而形成波，而是振动的电子激发出变动的磁感线，再以磁动生电、电动生磁的形式向外传播能量。电磁波在向外传播的途中，虽然遇到电子或质子也能使之振动，但它的传播并不需带电粒子随之振动。也就是说，电磁波的传播不需要目前我们所认知的有形物质做媒介，而是以辐射的形式向外传播，因此它在真空中也能传播。这是它与物体质点振动产生波的本质区别。近代物理学认为，电磁波是电场和磁场的统一体，它既具有能量，也具有物质性。电磁波的能量是通过场的作用传播的。

电子振动虽然都是以电磁波的形式向外传递能量，但电子振动的频率不同，所形成的电磁波辐射能力及传播形式也各不相同。一般来讲，频率越低，辐射能力越差。我们常以 100 kHz 为界，低于 100 kHz 的电磁波辐射能力很差，高于 100 kHz 的电磁波辐射能力逐渐加强，且频率越高，辐射能力越强。此外，辐射能力强的电磁波由于频率不同，其传播方式也有差异：频率较低的，如 100 kHz ~ 2 MHz 的电磁波多沿地面传播，通称"地波"；2 MHz ~ 50 MHz 的电磁波沿地面传播时会很快被地面吸收，所以它多以"天波"，即通过电离层反射的形式来传播；50 MHz 以上的电磁波则多以直线辐射的方式来传播。当然任何性能的改变都是逐渐的，所以上述频率划分的界限也只是一个参考。

物体质点相对于电子来讲要粗笨得多，所以自然界中其他物体的振动频率不可能达到很高。而电子则不同，其振动频率可以达到极高，所以电磁波的频率范围要比物体质点振动的频率范围宽得多。电磁波的频率范围为零至无穷。

三、电磁波频谱

不同频率的电磁波有不同的特性，用途也不一样。我们通常把电磁波按频率划分成频段，每个频段各具名称，同一频段电磁波的特性和用途基本相同。为便于人们观察比较，我们又常把频率由低到高的电磁波排列起来，标明它们的特性，这种排列称频谱。

频谱中频段的划分因着眼角度不同而有差异，通常以整数波长为界定。除特极长波和波长长于红外线的电磁波外，其余皆是频率每增长 10 倍就换一次波段名称。

频谱中的波段也可以从各种专业的角度来划分，如从广播电视专业的角度就可把电磁波分成次声波、声波、超声波、无线电波等不同波段，各波段具有不同的性能和用途。比如：

次声波：它不能为人的听觉器官所感知，但能被人体感受到。它多为巨大物体震动所产生，如地震时人就有明显的摇晃感。

声波：人的听觉器官能感知它而听到声音。人对声波频率的感觉表现在音调的高低上。频率越低则音调越低，听起来较沉闷；频率越高则音调越高，听起来较尖脆。人对声波振幅的感觉表现在响度，即音量上。振幅越大，响度越大，即音量越高；否则相反。人耳对声波相位则不敏感。声波经电声器件转换成的电信号，通称音频电信号或低频电信号。

超声波：人的听觉器官无法感知它。它可用于工业和医疗，如工程上的超声探伤仪、医院的 B 超机等。

无线电波：它是无线广播电视传输所用的波段。这个波段范围又有如下较细的划分：

广播波段：长波广播（LW）为 150 kHz ～ 285 kHz；中波广播（MW）为 525 kHz ～ 1605 kHz；短波广播（SW）为 3 MHz ～ 30 MHz。

电视频道 DS1 至 DS4：49.75 MHz ～ 83.75 MHz。

调频（FM）广播：88 MHz ～ 108 MHz。

电视频道 DS5：85.25 MHz ～ 91.75 MHz，由于它与调频广播重叠，目前已经停用。

电视频道 DS6 至 DS12：168.25 MHz ～ 222.75 MHz。

电视频道 DS13 至 DS24：471.25 MHz ～ 565.75 MHz。

电视频道 DS25 至 DS68：607.25 MHz ～ 957.75 MHz。

上述电视频道中，DS1 至 DS12 所用的波长在米的数量级，所以通称米波频道，用 VHF 表示；DS13 至 DS68 所用的波长在分米的数量级，所以通称分米波频道，用 UHF 表示。每个电视频道所占带宽为 6.5 MHz，为防邻频干扰所设的保护带宽为 1.5 MHz，所以两频道的间隔为 8 MHz。DS5 和 DS6 之间及 DS12 和 DS13 之间的空闲频率设置了有线电视增补频道 37 个（即 Z1 至 Z37），每道间隔 8 MHz。

微波波段：1 GHz ～ 300 GHz，用于广播电视信号的传输。

红外线：它是热能的携带者，能传递热能。

光波：它能被人眼感知，从而使人类直观地了解世界。人眼对光波频率差别的感觉表现在色彩的差别上，由低到高依次是红、橙、黄、绿、蓝、靛、紫等颜色。

紫外线：它不为人眼所看见，它具有较强的消毒杀菌能力。

X 射线：亦称伦琴射线。它有极强的穿透力，多用于医疗和工业。

γ 射线：它可以是宇宙射线，即来自宇宙的高能粒子流，属电磁辐射范畴；也可以是物质蜕变产生的放射性射线。

无线电频率资源是国家重要的战略性资源。随着无线电技术的飞速发展，人类对无线电频率资源的需求越来越大，致使无线电频率资源日渐紧缺。因此，必须合理规划，节约使用，方可持续发展。

第五节　广播的发明

一、无线电磁波首先被用于通信

第一个将电磁波运用于通信实践的是俄国物理学家亚历山大·斯捷潘诺维奇·波波夫。1895 年 5 月 7 日，他在圣彼得堡俄国物理化学协会的年会上，展示了他发明的无线电收发报装置。接收装置是一台"雷电指示器"，它可以接收大气中雷电所产生的电磁波；发送装置是一只火花振荡器。波波夫和其助手利用这套装置成功地演示了不用导线传递电报信号。此次实验的成功，预示了利用电磁波进行远程通信的可能性。

1896 年 3 月 24 日，波波夫再次给圣彼得堡的科学家作讲演，并成功地表演了约 250 米距离的无线电报通信。他用莫尔斯电码发出了世界上第一份有明确内容的无线电报，内容为"海因里希·赫兹"，表达了他对这位英年早逝的电磁波发现者的崇敬。

波波夫是第一个探索无线电通信的俄国科学家。为纪念他，苏联把 5 月 7 日定为无线电节。

真正将无线电报推向实用，并一生致力于该项事业的研究，且取得辉煌成就的人是意大利科学家伽利尔摩·马可尼。1894 年，年仅 20 岁的马可尼了解到几年前赫兹所做的有关电磁波的实验后，就有了利用电磁波远距离发送信号的设想。这种通信不需要线路，可以把信息传送到不能架设线路的海上船只以及陆地上的移动交通工具上。在这种信念的驱动下，经过一年的努力， 1895 年，马可尼成功地发明了一种装置，在他父亲的花园里进行了通信实验，获得成功。同年秋天，他就把电磁波通信的传送距离扩大到 2.7 千米。于是，他请求意大利政府邮电部资助他的这项研究，但遭到拒绝。他只能到英国去寻求机会。

1896 年初夏，他带着自己发明的设备来到英国，得到了这个陌生异国的援助。1896 年 12 月 12 日，马可尼在英国伦敦科技大厅成功地演示了无线电报的通信实验，并由此获得了这项发明专利。马可尼和他发明的无线电报机如图 1-8 所示。

1897 年，他和助手又在英国进行了跨海通信实验。在海岸上与 4.8 千米外的小岛进行通信，效果良好。同年 7 月，马可尼成立了无线电报及电信有限公司，同年又将其改名为"马可尼无线电报有限公司"。1899 年，他建立起跨越英吉利海峡的法国和英国之间的无线电通信。

1901 年 12 月，他决定用他的发报系统证明无线电波不受地球表面弯曲的影响，第一次使无线电波越过了英国康沃尔郡的波特休和加拿大纽芬兰省的圣约翰斯之间的大西洋，距离约 3400 千米。1903 年，他实现了英国与加拿大之间远距离跨洋的商用无线电通信。

1909 年，马可尼荣获诺贝尔物理学奖。由于他对无线电通信的卓越贡献，马可尼在西方被人们誉为"无线电之父"。

无线电报很快就风靡全世界，它不但用于私人通信、商务联系、海上救援，也用于新闻信息的发布与传播。如1917年11月7日俄国"十月革命"的当天清晨，列宁草拟的《告俄国公民书》这一篇向全世界宣告无产阶级革命胜利的宣言就是通过无线电报发出的。[1]

图1-8　马可尼和他发明的无线电报机

无线电报发明之后，对无线电话的研究也就提上了日程。然而，无线电话通信的实验都失败了。其原因就是当时用于产生无线电波的设备是火花放电振荡器，这种振荡器噪声很大，无法从中辨别清楚说话的声音。

二、无线电调幅广播的发明

第一个尝试用无线电传送语音及音乐的人是美国发明家内森·巴纳特·斯塔布菲尔德。

斯塔布菲尔德只读过小学，但他如饥似渴地自学了电气方面的知识。1886年，他从杂志上看到赫兹关于电磁波的文章，受到启发，试图将无线电应用到广播上。经过不断地刻苦钻研，他终于获得成功。

1902年，斯塔布菲尔德在美国肯塔基州穆雷市进行了世界上第一次无线电广

---

[1] 张文编：《无线电原理（上册）》，北京：高等教育出版社，1958年，第2页。

播实验。他把话筒和发送装置放在穆雷广场，又在附近的村庄里放置了5台接收机。他让自己的儿子在话筒前说话，吹奏口琴。收音机收到了这些声音，实验获得成功。

此次实验成功之后，斯塔布菲尔德又在费城进行了广播实验，亦获成功。因此，他的此项发明获得了华盛顿专利局的专利。

斯塔布菲尔德是第一个将声音通过无线电发送出去再接收回来，实现了真正意义上的广播的人。为此，肯塔基州立穆雷大学（亦称"莫瑞州立大学"）至今还竖着无线电广播之父纪念碑（如图1-9所示）。碑上写着："1902年，内森·B.斯塔布菲尔德（1860—1928），无线电广播的发明者，在这里通过无线电传播并接收了人类的声音。他在10年前就完成了实验。他的家就在此以西100英尺[1]处。"[2]

美籍加拿大物理学家费森登曾在爱迪生的实验室工作，并在几所大学任教，一生发明项目颇多，获得了500多项专利，但最引人注目的发明是对无线电波的调制方法。1900年，他在美国气象局进行无线电实验时，产生了用无线电波传送人的声音的想法。于是他潜心进行对无线电广播的研究和实验（如图1-10所示）。

图1-9　肯塔基州立穆雷大学中竖立的无线电广播之父纪念碑

图1-10　费森登在进行无线电广播实验

---

[1] 英尺：英美制长度单位，1英尺为0.3048米。

[2] 金文中、李建新编著：《广播影视科技发展史概略》，北京：中国广播电视出版社，2013年，彩图插页第1页。

经过几年的努力，费森登发明了对无线电波的调制方法，就是使连续高频电磁波的幅度随声音信号的强弱变化。这就是调幅广播的原理。

1906 年 12 月 24 日，圣诞节前夕的晚上 8 点钟左右，他用高频交流发电机作为发射机，将麦克风（送话器）装到发射机上，采用调幅的方法，通过马萨诸塞州布朗特岩城国家电气公司 128 米高的无线电塔，成功地进行了一次语音和音乐的无线电广播，使行驶在大西洋上的轮船报务员们用事先准备好的无线电接收机收听到了乐曲和圣诞故事。这是人类第一次进行的正式的无线电广播。

从此以后，便出现了集采集、编辑、制作、播出为一体，并利用无线电波向一定区域的受众传送声音节目的大众传播机构——广播电台。它是利用无线电波传送声音的新闻传播工具。

从 1909 年开始，美国就相继出现了各种不同性质的实验性广播电台。1920 年 8 月 31 日，美国底特律 8MK 实验电台广播了关于密歇根州州长的新闻，这条新闻被认为是世界上最早通过广播传播的新闻。

1920 年 11 月 2 日，美国西屋电气公司（Westinghouse Electric Corporation）在美国的匹兹堡开办了世界上第一座有正式营业执照的广播电台——KDKA 广播电台。其工作频率是 833 kHz，发射功率为 100 W。该台首次播送的新闻就是沃伦·加梅利尔·哈丁击败詹姆斯·米德尔顿·考克斯当选为总统的消息。[1]

1922 年，世界各个大国皆相继成立广播电台。当年 2 月，法国邮电部正式成立巴黎广播电台，并把埃菲尔铁塔当成它的天线塔；当年夏，苏联在莫斯科建立了世界上功率最大的广播电台，于当年 11 月播音；当年 12 月，英国广播公司在伦敦正式开播。到1922 年底，美国的广播电台已发展到 500 家。上述所有电台都播出新闻，这就极大地推动了新闻的传播。至此，新闻传播已从电报、电话那种点对点的传播进化到点对面的传播。无线电广播成了新闻传播的主要手段，一直延续到互联网时代。

---

[1] 程曼丽著：《外国新闻传播史导论》，上海：复旦大学出版社，2007 年。

三、无线电调频广播的发明

美国工程师阿姆斯特朗于 1933 年发明了调频广播技术。所谓调频就是使连续高频电磁波的频率随声音信号的强弱变化。他的调频广播与费森登的调幅广播只是技术手段上有差异，从传输声音的角度看，作用是一样的。不过两者使用高频电磁波的频率不同。调幅广播使用长、中、短波三个频段，长波频段的范围是 150 kHz ～ 285 kHz，中波频段的范围是 531 kHz ～ 1602 kHz，短波频段的范围是 1.8 MHz ～ 29.7 MHz。调频广播使用超短波频段，范围是 88 MHz ～ 108 MHz。

长、中、短波频段的电磁波传播不受地球曲率的影响，以天波和地波的形式传播；超短波频段的电磁波只能在视线范围内进行直线传播。调频广播在声音的传输质量方面要比调幅广播好得多，听起来音调丰富，音质悦耳。

1939 年，阿姆斯特朗在美国建立了第一个调频广播发射站。

第六节　电视的发明

当声音可以通过导线或电磁波进行远距离传输后，人们就开始考虑固定图像和活动影像的远距离传播问题。实际上自莫尔斯试制出第一台实用的电报机后，科技界就开始思考通过线路发送固定图像的可能性。

一、电视发明的技术奠基

1843 年，英国电气工程师亚历山大·贝恩发明了一台最原始的传真机，并获得专利。1856 年，意大利神父乔瓦尼·卡塞利发明了一种能够传递文字和固定图像的传真电报机。1865 年，卡塞利用他发明的传真电报机实现了巴黎到里昂之间的乐谱画面的传送。

活动影像的传送则是在光电效应被发现和扫描技术被发明之后才被提上研究日程的。

1865 年，英国科学家约瑟夫·梅发现了硒元素的光电效应。即当硒元素受光线照射后，能向外发射电子，发射电子的多少取决于照射光线的强弱。1873 年，约瑟夫·梅正式发表了关于硒元素光电效应的报告。光电效应从理论上揭示出物体的影像可以通过电子信号进行传播，这就为电视的发明奠定了理论基础。

1883 年 12 月，俄裔德国科学家尼普科夫发明了尼普科夫圆盘。该圆盘上按螺旋形规律打上若干个小孔，圆盘后面放有被灯光照亮的景物。当圆盘旋转起来时，便对这景物图像进行顺序扫描。透过小孔看盘后面的景物，就会出现一个个的亮点和暗点，这是由圆盘上的小孔分解而成的。这些或明或暗的小光点作为景物的小单元，形成一个个光信号。这些光信号通过硒光电池可转换成对应的电信号，这些电信号被通过线路传送到另一个同步旋转的圆盘扫描接收器中去。在那里，这些电信号先被还原成光信号，再经同步旋转的圆盘扫描，使光信号逐个通过圆盘上的小孔映射到接收屏幕上，就能还原出景物图像。

1884 年 11 月 6 日，尼普科夫向柏林专利局申报了他这项发明的专利。其专利中谈到传送图像的三个基本步骤：一是把图像分解成像素；二是将像素逐个传输；三是将快速逐一出现的像素在人眼中融合为一，还原成原图像。尼普科夫在这里提出的实际是电视的传输概念，所以该专利是世界上第一个有关电视的专利。

二、机械电视的发明

尼普科夫的设想引起了英国科学家约翰·洛吉·贝尔德的极大兴趣，他立志要发明电视。贝尔德身体羸弱、家境贫寒，客观条件极差。他没有工作室，就用卧室充当；缺乏实验经费，就把别人看作废品的物件拿来做实验器材；没有助手，就将一个名叫"比尔"的人头木偶当作同伴。贝尔德信念坚定、意志坚强，对发明电视的执着追求鼓舞着他。经过长时间的艰苦奋斗和无数次失败，终于在 1925 年 10 月 2 日，他通过发射机把比尔的脸部图像传送到邻室的接收机上。他不满足传送的是一个静物图像，就跑到楼下出租商店临时抓了一个店堂伙计，让他站到发射机前。不一会儿，接收机上就出现了这位伙计的脸。这是通过电视设备传送的第一个真人面孔（如图 1-11 所示）。贝尔德成功了。

贝尔德并不满足，他对自己的设备不断地研究改进（如图1-12所示），到1926年1月，贝尔德发明的设备有了明显的改善。他当即给英国皇家科学院写了一封信，请求皇家科学院的研究人员实地观察。1926年1月26日，科学院的研究人员应邀光临贝尔德的实验室。当贝尔德从一个房间把比尔的面孔和其他人的面孔传送到另一个房间时，应邀前来的专家们一致认为，这是一件令人难以置信的伟大发明。演示的成功引起极大的轰动，这是贝尔德研制的电视第一次公开播送，至此，机械黑白电视正式诞生。世人也将这一天作为电视诞生的日子。赞助商们很快意识到这项发明的市场前景，于是纷纷投资。贝尔德也成立了贝尔德电视发展公司，该公司是世界上最早的电视公司之一。

图1-11　贝尔德最早传送的真人面孔图像　　图1-12　贝尔德在进行电视设备的研究改进

1928年，第五届德国广播博览会在柏林隆重开幕。在这盛况空前的展示会中，最引人注目的产品就是新发明的电视机。电视让人们的生活进入了一个奇幻的世界。贝尔德是电视的发明者，为彰显贝尔德的突出贡献，后人尊称他为"电视之父"。

三、电子电视的发明

贝尔德的电视是根据尼普科夫圆盘的原理发明的，属于机械扫描电视。机械扫描电视的图像比较模糊、粗糙，这是机械扫描电视的致命缺点。为从根本上克服这种缺陷，人们又发明了电子扫描电视。

电子扫描电视简称电子电视。它的产生借助于电子摄像管、电子显像管及电子扫描技术的发明。

1897 年，德国物理学家卡尔·费迪南德·布劳恩制作出世界上第一个阴极射线管（CRT），如图 1-13 所示。

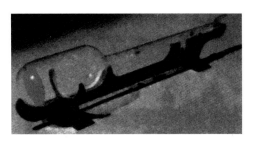

图 1-13　世界上第一个阴极射线管

该管是在玻璃真空管壳内的一端装上发射电子的阴极。从阴极发射出的电子在穿过聚焦电极后聚成直径很小的电子束，即阴极射线。管子侧壁分别摆放一对水平的和一对垂直的平行金属板做偏转电极，水平电极加电后可使电子束做上下垂直偏转运动，垂直电极加电后可使电子束做左右水平偏转运动。管子另一端的管壁上均匀地涂上一层硫化锌或其他矿物质的细粉，构成荧光屏。电子束经聚焦、偏转、加速后打在荧光屏上，使其发出光点。随着偏转电极电压的变化，电子束也随之做偏转变化，从而使荧光屏上的光点移动，此称"扫描"。荧光屏上变化的光点可显示不同的图形。这就是电视显像管的雏形。

布劳恩阴极射线管是后来的电视、雷达等显示器的基础。由于布劳恩做出了这些卓越贡献，1909 年，他与马可尼共同荣获诺贝尔物理学奖。

1907 年，英国科学家坎贝尔·斯文顿和俄国科学家伯瑞斯·罗辛曾经计划改动阴极射线管，使其能够以电子的方式"探察"到图像，这就是电子扫描。其目的就是最终用电子扫描代替尼普科夫的机械扫描。

美籍俄裔科学家弗拉迪米尔·兹沃尔金运用了斯文顿和罗辛的设计思路，于1929 年成功研制了电子电视系统和电视显像管，又于 1931 年，成功研制了电子摄像管。

兹沃尔金的电子摄像管的结构及原理是：图像由一个透镜聚焦在排列着光电管的屏幕上，对于接收到的光，光电管会按比例产生电流，这就将图像变成了电脉冲。因为光电管是按顺序启动的，所以电脉冲也按顺序产生并传送。兹沃尔金设计的电子显像管的结构及原理是：用顺序的电脉冲产生电子流去轰击显像屏上的感光元素，使感光元素按顺序产生一个个强弱不同的光点。感光元素的发光时间可持续 1/30 秒，由于视觉暂留，人的眼睛不会感觉光点跳动而是看到一个完整的画面。兹沃尔金发明的摄像管、显像管为电子电视的发明奠定了技术基础。

致力于电子电视研究的不只是兹沃尔金一个人。早在 1922 年，年仅 16 岁的美国科学家菲洛·泰勒·法恩斯沃思就构思了利用无线电传递图像的系统，并于 1926 年获得了电子电视的发明专利。英籍俄裔科学家休恩伯格也领导一个小组进行电子传真技术的研究。他们在 1932 年制成了一个电子电视摄像管。但由于技术不完善，拍摄的图像不够清晰。又经过几年的努力，到 1935 年，休恩伯格研制出图像清晰的摄像管。但他仍不满足，又进一步研究质量更高的摄像管。他呕心沥血、夜以继日，终于在 1936 年制成有 405 条交叉扫描线的摄像管。由于新摄像管的扫描线数量比原来增加了十几倍，所以图像清晰度大为增加。休恩伯格领导的小组还研制出包括摄像管、显像管及接口设备在内的完整的电子电视系统，并提出帧频和行频的标准，得到英国政府的授权采用。

1936 年 11 月 2 日，英国广播公司（BBC）在伦敦市郊的亚历山大宫（如图 1-14 所示）建成了世界上第一座正规电视台。

该台开始使用的是贝尔德发明的机械电视系统。四个月后，即 1937 年 3 月，

图 1-14　英国伦敦市郊的亚历山大宫

改用休恩伯格研制的电子电视系统。至此，电子黑白电视取代了机械黑白电视。

除英国外，其他国家也在进行电视播出的研究及实践。其中，美国是世界上最早进行电视实验的国家。1928 年 5 月 10 日，美国第一套电视节目就在斯克内克塔迪试播。当时为收看这次播出，美国通用电气公司还生产了 12 部电视接收机供公司的大亨们享用。这也是美国生产的第一批电视机。1936 年，德国博世（Bosch）公司建造了第一个真正的电视转播室，通过它转播了柏林奥林匹克运动会，这是人类历史上的第一次电视转播。1937 年，英国人通过电视直播了国王乔治六世的加冕仪式。苏联也在 1939 年建了电视台。

1939 年后，第二次世界大战影响了电视的发展。欧洲诸国对电视的研究几乎停顿，电视工业也濒临停产。直到战争结束后，欧洲的电视事业才又迅速恢复，并很快进入繁荣期。到 1953 年，法国、荷兰、德国、墨西哥、古巴、加拿大、日本、菲律宾等十多个国家均已建立了电视台。

在第二次世界大战期间，美国本土基本没受战争的影响，所以美国人能继续完善电视的接收和发送系统。1937 年，美国已有 17 座电视试验台。1939 年 4 月 30 日，美国总统罗斯福主持的纽约国际博览会的开幕式就进行了电视直播。自那时起，美国开始了固定的电视节目播放，在当时可以接收电视节目的设备有上千个。

1940 年，美国的古尔马研制出机电式彩色电视系统。1951 年，美国试播了一种与黑白电视不兼容的场顺序制电子彩色电视，没被推广。1953 年，美国联邦通信委员会（FCC）批准了 NTSC 兼容制电子彩色电视的推行。1954 年，美国全国广播公司、哥伦比亚广播公司采用 NTSC 制式首次播出彩色电视节目，美国无线电公司（RCA）也推出世界上第一批彩色电视机。自此，电视由黑白时代进入彩色时代。

电视的出现，缩短了人们了解外界的时间和距离，加速了人们的知识积累，从整体上加快了人类文明的进程。彩色电视的出现，更使人们足不出户便可欣赏五彩缤纷的世界。可以说，电视改变了社会面貌和人们的生活。随着社会的发展，电视已成为人们的家庭成员，成为人类不可或缺的朋友。

电视的出现，使新闻节目的制作、传播又多了一种手段。用电视传播新闻，既可口头播报，又可跟踪采访，还可现场转播。电视传播新闻既体现了新闻的真实性和时效性，又增强了受众的现场感，其优势是其他传媒手段所不能比拟的。

1962 年，美国第一颗能传送电视信号的通信卫星"电星一号"发射成功，同年美国哥伦比亚广播公司率先使用了便携式电子摄像机。从此，世界上任何地区发生的新闻都能通过卫星进行电视直播，电视开始以超人的姿态关注每一个足以改变历史进程的事件。如 1963 年美国总统肯尼迪遇刺事件，当消息通过合众社的电讯传出后，10 分钟之内，美国三大电视网便全部中止了其他所有节目的播出，专程跟踪报道此条新闻。人们围坐在电视机旁，关注着事件的每一点进展。1963 年的美国《新闻周刊》评价说："电视成为全美国人生活的中心，如同吃饭、睡觉一样重要……曾经是最不被看好的、最不受重视的媒介，此刻变得让人们无法回避。"

电视的发展又引出一个分支，即有线电视。有线电视也称电缆电视，它是通过光缆和电缆以有线的形式向用户传送视频节目的技术手段。世界上最早发展有线电视的国家是美国。20 世纪 40 年代末，美国就在一些偏远乡村安装了一种被称为"公用天线电视"的系统，以解决当地居民收看电视难的问题。

20 世纪 60 年代，有线电视开始在美国一些中小城市出现，当时只是为解决这些城市居民看电视难的问题。20 世纪 70 年代，美国的大、中城市也开始出现有线电视，此时的有线电视是为解决让居民能看多套电视节目的问题。

自 20 世纪 60 年代开始，有线电视便进入欧洲、亚洲，进而遍布全世界。世界上较发达的国家如英国、法国、德国、意大利、日本等都在发展有线电视，其发展程式基本与上述美国的发展程式相仿。

20 世纪 70 至 80 年代，广播电视节目实现了卫星传输，加之光纤传输技术及大功率宽带放大器技术日臻成熟，这给有线电视的发展创造了有利条件，使有线电视得到迅速发展。比如，英国邮政局于 1979 年就在伦敦开通了世界上第一个有线电视网络系统。

20 世纪 90 年代以后，光纤 / 同轴电缆混合（HFC）系统成为有线电视传输的主要手段。HFC 系统增加了传输带宽，这不仅使有线电视传输的电视节目套数增加了，而且使数据传输、交互电视、视频点播、高速互联网接入、电子商务等多种综合性服务业务得以开展。

到 21 世纪初，由于数字化技术在有线电视系统中的应用和社会信息化发展的需要，一些国家便将有线电视网、电信网和计算机网（互联网）"三网融合"。世界上最早研究通过有线电视网高速接入互联网的国家是美国。通过有线电视系统高速接入互联网使有线电视网络的发展进入一个全新时期。

结 语

人类早在公元前 600 年就发现了电现象，但直到 16 世纪才开始对它进行深入研究。18 世纪末，人类发现了电流。随之，伏打发明了电堆；奥斯特发现了电流的磁效应；法拉第发现了电磁感应现象；楞次研究出楞次定律；法拉第研究出电磁感应定律，至此才基本完善了"电磁"理论。电磁理论促使电走进实用领域。之后，麦克斯韦预言了电磁波的存在；赫兹又用实验的方法证实了麦克斯韦的预言，从此无线电诞生了。无线电的发明使电学应用发生了实质性飞跃，它催生了广播和电视。这使人类交流信息的形式产生了根本性变化。

18 世纪中叶以前，当人类对电的研究还停留在静电范畴时，英国人摩尔逊就试图用静电传递信息。但直到希林利用电磁原理制作出有实用价值的电报机，人类才实现了远距离即时信息交流。之后贝尔又发明了电话，它使人类远距离信息交流由代码变成了语音的形式。

无线电实践的探索者是波波夫和马可尼，他们在 1895 年分别利用电磁波进行了无线电通信。在此基础上，斯塔布菲尔德进行了无线电广播实验。但对无线电广播做出卓越贡献的是费森登和阿姆斯特朗，他们分别在调幅和调频广播的理论及实践领域有传世的建树。

1925 年，贝尔德发明了机械电视，之后在众多科学家的努力下，机械电视进化成电子电视。

广播和电视的出现使人类的信息交流方式的发展向前跨越了一大步。信息传播摆脱了直接利用声光传递，而是利用电磁媒介进行远距离传输，这就使人类实现了"千里眼、顺风耳"这一亘古之梦。

第二章
清末及民国的电媒介技术

Chapter 2
Electronic Media Technologies in late Qing and the Republic of China

清朝末年至民国初年，西方技术逐步传入中国。代表西方先进技术的电报、电话的引入，促进了中国新闻事业的发展。广播的引入更使中国的新闻传播事业向前迈进了一大步。

第一节　清末民初的电报与电话

清末，电报、电话等西方先进技术传入中国。然而，当时上至皇帝大臣，下至黎民百姓，大多对西方的新生事物不太感兴趣。有些人不但不接受，而且从内心抵制。比如，有一次外国人在同文馆向清朝官员演示如何发电报时，一位翰林就曾说："中国四千年来，没有过电报，固仍泱泱大国也。"① 这就足以代表当时朝野的思潮。

---

① 张建伟：《同文馆逸事》，《中国青年报》，2005 年 3 月 2 日。

一、电报与新闻传播

1. 电报传入中国

1861 年，俄国公使带头向清政府提出要在京津架设电报线路，遭到了清政府的拒绝。

1870 年，英国公使照会总理衙门，要求铺设由广州到上海的海底电缆，清朝官员由于没有维护领海权的观念，便答应了。先例一开，各国竞相在中国铺设海底电缆。英国、俄国、丹麦就架设了香港—上海及长崎—上海的水下电缆，同时还不断谋求中国内陆的电报权，但遭到清政府的拒绝。1871 年 4 月，它们违反清政府不准海缆登陆的规定，由丹麦大北电报公司出面，秘密从海上将电缆引出，沿扬子江、黄浦江敷设到上海市内登陆，并设立了电报房，开展英文电报业务。图 2-1 为清末丹麦大北电报公司在上海的电报房。

图 2-1　清末丹麦大北电报公司在上海的电报房

1871 年 6 月 11 日，经过海底电缆的联通，形成了一条上海—香港—伦敦—纽约—旧金山的电报通信干线，第一次实现了中美间的越洋通信。自此，中国与世界各地正式开始了电信联络，但这也使中国的通信和新闻传输命脉被外国人握在手中。

2. 电报使中国新闻业迈入电讯时代

连接全球的电报通信网络，促进了通讯社的发展。早在 1867 年，英国路透社为扩大对远东商业行情的搜集，就在上海设立了代理处，其任务是搜集中国相关消息供其伦敦总社使用。因当时中国至伦敦的电报线路尚未开通，所以它搜集到的中国各方面新闻消息，先由邮讯递达新加坡，再以有线电报转发伦敦。

当时《泰晤士报》远东地区通讯员盖德润就是远东信息的供应者，他以上海为基地，把东方的消息报道到英国乃至全世界去。在 1867 年，上海就成为远东新闻信息的集散地。①

1871 年 8 月，随着上海到香港、伦敦、纽约、旧金山及长崎的海底电缆开通，大北电报公司在中国逐步形成了以上海为中心的国际电报通信网。1872 年 2 月，路透社上海代理处升级为路透社远东分社，其主要任务仍是采集中国的新闻资料供路透社总社采用，同时也向中国境内的英、中文报纸发稿。路透社远东分社的成立，标志着中国近代新闻通讯业的开始，也预示着中国近代新闻业将向电讯时代迈进。虽然路透社远东分社曾一度垄断了中国的新闻通讯市场，但它也为中国新闻通讯事业的发展开辟了道路。

当时的清政府并未从新闻传播的角度去认识电报的重要作用，而是从军事防务上意识到电报的实用性。1874 年，日本攻打我国台湾，当时清军还是用跑马驿站的通信方式，终因信息不畅、贻误军机而失利，这才使李鸿章等一些洋务派人士开始思考洋人在战争中的通信方式，并开始重视电报的作用。

1877 年，在李鸿章的支持下，丁日昌在台湾建立第一条电报线路。这是中国人自己修建、自己掌管的第一条电报线路，它开创了中国电信业的新篇章。

1879 年，国内外战事频起，清政府为沟通军情，派李鸿章多次与大北电报公司交涉，由中国出钱，委托其修建大沽（炮台）、北塘（炮台）至天津，以及从天津兵工厂至李鸿章衙门的电报线路。这是中国政府按照自己的意愿在大陆建的第一条军用电报线路。1880 年，李鸿章又在天津设立电报总局，发展电报通信业务，但也仅限于军务、商务和民间通信。

1881 年 4 月至 12 月，中国建成天津至上海全长 1500 多千米的津沪电报线路，并设立了镇江、苏州、上海等 7 处电报分局，于当年年底正式开业，收发公私电报。这是中国自主建设的第一条长途公众电报线路。

---

① 马光仁主编：《上海新闻史（1850—1949）》，上海：复旦大学出版社，1996 年，第 25 页。

1884 年，电报由通县架到京城。这就使电报发挥了更大的作用。在中法战争中，电报崭露头角，为清军打赢中法战争做出了贡献。中法战争之后，中国电报业进入一个快速发展时期。1887 年，清政府又花重金敷设了福州至台湾的闽台海底电缆。这是中国自主建设的第一条海底电缆，它的建成使台湾与大陆联通，对台湾的开发及军事防务都有重要意义。从 1884 年到 1899 年，全国共架设电报线路 2.75 万千米。至此，电报线路已遍及十几个省份，形成了初具规模的电报网。1906 年，清政府在邮传部设立"电政司"，管理全国电政。自此中国的电报事业基本走上正规发展之路。图 2-2 所示为清末国人在操作电报机。

图 2-2　清末国人在操作电报机

电报网络建成后，开始只是用于军事防务，后来各级政府的政令等官方电文也靠电报传送。《明清档案概论》中说，当时官方电文（电牍）可以分为三类，即电旨（皇帝下行电报，用于传谕旨）、电奏（臣工上行电报，用于传官员的奏呈）、电信（臣工平行电报，用于传衙门间的官府行文）。[1] 这说明电报已开始服务于国家管理机构。

电报的兴起，对中国新闻事业的发展起了重大的促进作用。路透社远东分社自 1872 年成立开始，就为中国的英文报纸《字林西报》提供新闻电讯稿。这标志着近代中国英文报刊率先跨进了新闻电讯时代。

自 1882 年初开始，颇具影响力的中文报纸《申报》开始刊登电传谕旨。谕旨

---

[1] 倪道善编著：《明清档案概论》，成都：四川大学出版社，1990 年。

是封建王朝最重要的政治信息，也是京报（邸报）的重要内容。津沪电报线路自投入运行后，就立即被申报馆用来搜集电传谕旨。之后，为拓展新闻范围，申报馆不断寻求突破，由专登电传京报上的谕旨扩展到刊登"津郡官报"的电讯以报道地方政事。

这种不断扩大新闻报道范围，就预示着近代中国新闻电讯时代即将来临。一些中文报纸还利用电报的快捷性电传新闻，发行"号外"。如1874年5月4日，《循环日报》就发行了中文报纸的第一张"号外"。[1] 这些都是由电报技术的盛行给新闻传播带来的进步。电报与报纸联手使报纸更具时效性和影响力。

全国电报通信网络的建成，为近代新闻业的发展提供了技术保障。随着1895至1898年第一次国人办报高潮的到来，近代报刊刊登电报新闻的数量不断增加，并成为报刊常设栏目之一。这充分反映出新闻界对电报认识的深入，并积极将电报作为获取新闻的手段。但电报是商业运作，其高昂的电报费用也的确让报馆望而却步。为此，很多报馆会翻译欧美报刊上的电报新闻充当素材，以节省电报费。

为争取传播新闻的权益，报人们积极行动，不断呼吁电报局降低电报费。在新闻界的抗争下，1899年8月，中国电报总局颁布《传递新闻电报减收半价章程》，对新闻电报实行优惠，降低了报馆使用电报传递新闻的成本。随着电报价格的调整，报刊刊登新闻电讯的数量不断增加。

中华民国成立后，接管了清政府的邮传部，改组为交通部。电信属交通部管辖。1912年5月4日，交通部颁布《饬各电局新电报收费办法电》，进一步降低了新闻电报费用。因开设报馆的成本下降，新报馆如雨后春笋般纷纷创设。报纸的本报"专电"等专栏也成为新闻报道常态，这标志着中国近代新闻业已迈入电讯时代。

3. 无线电报引入中国并参与新闻传播

继有线电报之后，无线电报又于1895年问世。它也很快传到中国。我国最早使用无线电报的地方是广州。1899年，广州督署、马口等要塞以及广海、宝璧等江防军舰上就设立了无线电报机，用作军事防务通信。

1905年，北洋水师向意大利购买了7部马可尼电火花式无线电报机，分别安装

---

① 卓南生著：《中国近代报业发展史（1815—1874）》，北京：中国社会科学出版社，2002年。

在北洋舰队的 4 艘军舰上以及北京南苑、天津和保定的行营中，供军务使用。其中功率最大的发报机的通报距离可达 150 千米。

1911 年，德商西门子德律风（电话）公司向清政府申请，要求在北京、南京设立无线电试验电台，进行远距离无线电报通信试验。试验电台分别设在北京东便门和南京狮子山，试验结果良好。辛亥革命时，南北有线电通信阻断，南北通信就靠这两地的试验电台。

1913 年，北洋政府成立北京无线电报局，装设 1 部 5 kW 无线电发报机，局址设在东便门外。

1919 年 4 月，北京无线电报局迁至天坛，并在东便门原址设立了远程收报处，应用真空管式无线电接收机直接接收欧美各国的新闻广播。6 月 28 日，该处将直接收到的中国出席巴黎和会代表拒签《凡尔赛和约》的消息，报传给正在总统府前静坐示威的学生，鼓舞了"五四"后的反帝爱国运动。在此之前，国外新闻的传递均由设在上海的大北电报公司（丹麦、挪威、俄国及英国联合经营）、大东电报公司（英商经营）和太平洋电报公司（美商经营）三家所控制。这次直接接收欧美各国的广播新闻打破了上述三家公司的垄断局面。

1924 年，又在沈阳故宫八角亭设置了无线电接收机，接收世界各国的新闻，并与德国、法国订立了单向通信（即单向接收欧洲发至中国的电报）协定。同年秋天，沈阳北大营长波电台竣工，装设了 1 部 10 kW 真空管发报机，实现了与迪化（今新疆乌鲁木齐）和云南的远程通信。

1927 年 6 月，沈阳大型短波电台竣工，装设了 1 部 10 kW 德制无线电发报机。年底，成立了沈阳国际无线电台，与德国建立了双向通报电路，这是中国与欧洲直接通信的开始。

1928 年，又增设了 1 部美制 10 kW 短波发报机。沈阳国际无线电台承接北京、上海、天津、汉口等地的国际电报转发业务，成为当时我国最大的国际电台。

1930 年，上海国际电台建成。当年 12 月，与旧金山、柏林、巴黎建立了直达无线电报通信，正式开通中美、中德、中法电路。这是当时唯一由国家经营的国际电报通信机构。

4. 电报催生中国的新闻通讯社

有线电报及无线电报引进中国，为新闻信息的传递提供了便利条件，也对中国通讯社的诞生起了一定的催生作用。

1904 年初，我国第一家通讯社——"中兴通讯社"在广州诞生，这标志着我国新闻事业发展到了一个新的高度。中兴通讯社是中国人最早创办的民营通讯社。它的发稿对象是广州和香港地区的报纸。此外，"国闻通讯社"也是一家成立较早且颇具影响力的民营通讯社。它 1921 年创办于上海，所发稿件为政治新闻、外文报纸摘译新闻等。

中国国民党也于 1924 年 4 月在广州成立了官方通讯社——"中央通讯社"，该社的主要业务是发行新闻稿，向世界各地的新闻机构提供新闻文稿和新闻图片，向有关部门供应西方主要通讯社的英文电讯，并提供经济新闻及海外商情等。

到 20 世纪 30 年代，国内公、私营通讯社达到数百家。所有这些通讯社传递新闻信息的主要工具就是有线或无线电报。

电报技术对新闻传播的贡献是巨大的。它改善了新闻采集及传递的方式，极大地提高了新闻报道的时效性，成为现代新闻业先进、可靠的技术保障。

二、电话与新闻传播

1. 电话传入中国

继有线、无线电报引进中国之后，1877 年，电话也被引进中国。首先引进并使用电话的应算是上海轮船招商局，它曾请西方人给安装了从金利源栈房到招商局公务厅之间的对讲电话。

正式开展电话业务是在 1882 年 2 月，当时丹麦大北电报公司在上海外滩 7 号安装了第一部磁石式人工电话交换机，从此，外商开始在中国经营电话业务。1900 年，英商瑞记洋行开办了上海华洋德律风公司。1901 年，丹麦人濮尔生在天津设立电话所，并将电话线延伸至北京，经营京津往来业务。

1903 年，慈禧太后为掌握军事信息，架设了紫禁城通往颐和园和各兵营的公用电话线，这才有了中国人自己掌控的电话。1904 年，北京第一个面向社会的电话局在东单二条胡同开业，用户多为外国使馆及部分衙门，总数不满百。到1911年，京城电话装机容量已达3000门，使用范围也急剧扩大，包括京城政府机构、外埠驻京机构、皇族官邸、达官贵人、驻京外籍人士、银行、医院、学校、工厂、会馆、报馆书局、店铺等。[①]

2. 电话参与新闻传播

用电话传递新闻在历史资料中也有记载。如陕北新华广播电台在河北井陉县播出期间，编辑部距播音室40多千米，中间又隔一条水流湍急的滹沱河，有时遇到河水上涨，编辑部的稿件无法通过人工方法送到播音室，就用电话口头传送重要新闻。当时电话质量不高，声音微弱，杂音又大，所以传者和听者都很费力。虽传输效果不佳，但也能解燃眉之急。[②]

电话的出现，使民众语音信息的摄取量大为增加。在中国，史料中虽无明文记载利用电话传播新闻的资料，但电话是传播信息的有力工具，所以不可能不对新闻传播起到积极促进作用。

第二节　民国时期的广播

一、外国人在中国办的电台

世界上第一座广播电台——KDKA广播电台成立约两年之后，美国商人奥斯邦就在上海开设了中国第一家广播电台。该电台是奥斯邦在华经营的中国无线电公司和上海英文《大陆报》联合创办的，被称为"奥斯邦电台"。该台设在上海外滩广东路3号大来洋行的顶楼（如图2-3所示），1923年1月23日正式播音，呼号为XRO，频率为1500 kHz，发射功率为50 W。它每晚播出1小时，播出的内容是上海本埠新闻等国内外新闻以及娱乐、宗教节目等。此台开办的主要目的是推销奥斯邦经营的中国无线电公司所经销的美国电子管收音机。同年1月25日，该台播出了

---

① 王光越：《宣统三年北京电话史料》，《历史档案》，1994年第2期。
② 温济泽：《新华社在西柏坡的往事》，《神州》，2008年第7期。

图 2-3　奥斯邦电台旧址（上海外滩广东路大来洋行）

孙中山先生的《和平统一宣言》。

1923 年 3 月 7 日，北洋政府交通部致电各有关地方电政机关，要求查处外国人私设电台之事。3 月 14 日，北洋政府交通部发布"严行取缔上海西人所设之无线电学会及公司"的公告，奥斯邦电台属取缔范围。由于上述法令及该公司内部人事变动等原因，该台于 4 至 5 月间关闭，其存在时间仅几个月。

继奥斯邦电台之后，很多外国商人看到商机，也纷纷在中国开办广播电台。1923 年 5 月 30 日，上海国际无线电学会秘书长、美商新孚洋行主人戴维斯，试办了一座学术试验广播电台——"新孚洋行广播电台"。台址在上海南京路 50 号新孚洋行楼上，当晚就进行了第一次试验播出，发射功率为 50 W。该台以不定期广播的形式向顾客展示该公司销售的收音机。1924 年 8 月初，该台停办。

1924 年 5 月，美商开洛电话材料公司租用原奥斯邦电台的全副播送设备，开办了"开洛广播电台"。该台的播音室设在上海市江西路（今江西中路）62 号开洛公司内，发射机架设在福开森路（今武康路）一块草地上。播出时的呼号为 KRC，频率为 822 kHz，发射功率为 100 W。该台联合了《申报》等新闻机构，每天播报当天新闻。为打开公司收音机的销路，该台还免费提供播送设备给报社及各商家使用。此台是影响最大、持续运营时间最久的外商电台，后因开支巨大，无法维持正常运营而于 1929 年 10 月停止播出。该台在上海连续播音达 5 年有余。

奥斯邦电台、新孚洋行电台和开洛电台是中国历史上最早的三座外商开办的广播电台，均由美国人开办。

此后，日本、英国、法国、德国及苏联等都在中国建了电台。其中苏联所办的电台称"苏联呼声"，它虽是以苏商的名义所办，但实际隶属于苏联塔斯通讯社上海分社。该台于 1941 年 8 月 1 日正式播出，呼号为 XRVN。该台的华语频率为 1470 kHz，播音室设在上海静安寺路（今南京西路）992 号；俄语频率为 1480 kHz，播音室设在天主堂街（今四川南路）620 号。发射机装在九江路 220 号，发射功率为 500 W。该台是一个以宣传为目的的电台，主要播送苏德战争进展情况的新闻，并介绍苏联在文学、艺术及科学技术等方面的成就。1945 年 8 月 9 日，苏联对日宣战后，该台被日军接管；几天后日本无条件投降，该台又恢复播音。1947 年 1 月 6 日，淞沪警备司令部与上海市警察局会同外交部驻沪办事处代表以"外国人不得在华设电台"为由，勒令将该台关闭。

上述诸台除苏联呼声外，其余均属商业电台。这些电台除做商业推销外，都播上海本埠新闻等国内新闻，所以它们都对新闻传播起到促进作用。

二、北洋政府的官办电台

1924 年 8 月，北洋政府交通部颁布了《装用广播无线电接收机暂行规则》，使广播电台的建立和收音机的组装有法可依。1925 年 2 月，交通部派人在北京试验广播收音，发话机设在电话东局，用无线电话发送新闻、音乐；收音机设在中央公园（今中山公园）的来今雨轩。试验基本成功。正欲筹建广播电台之际，因政局突变而停止。

1926 年，北洋政府派员参加在华盛顿召开的国际无线电信会议，会后中方代表访问了美、日及欧洲诸国。他们看到这些国家无线电广播事业的兴起及效益，回国后便吁请政府设立广播电台。当时在北洋政府执政的奉系军阀张作霖对此表示支持，遂责令东北无线长途电话监督处出资，拟分别在天津、北京、奉天（沈阳）、哈尔滨等四个城市筹建广播电台。最先建成广播电台的是哈尔滨，之后依次是天津、北京和奉天。

1922 年 2 月，针对中国权益问题的华盛顿会议做出关于"各国在华无线电台应将全部设备移归中国接管"的决议。1922 年 9 月 28 日，根据该决议东三省保安军（奉系军队）陆军整理处代表中国政府，收回哈尔滨南岗区苏联人管制的无线电台，改名为东三省无线电台。1922 年 11 月 30 日，该台划归东三省陆军整理处接管，纳入军事系统，由我国早期的无线电专家刘瀚主持工作。

1923 年 2 月 10 日，刘瀚开始试办东三省无线电新闻通信业务。在我国，这是首次把电报通信从军用中解放出来，发展新闻电讯和商业电讯业务。这在中国新闻事业史上，开创了电讯新闻的新阶段。此时，刘瀚发展广播的设想，在有关上司的积极支持下得以实施。刘瀚全力以赴改装马可尼野战电话机，修改电路、更换晶体、提高功率，终于在 1926 年 7 月末将马可尼野战电话机改装成广播发射机。之后他又自制话筒并组装收音机，为进行广播试验做应有的准备。

1926 年 8 月，在刘瀚的主持下，在哈尔滨举行了历时 4 天的播音试验展览。发射台设在王兆屯铁路平房内（现动力区文治街 165 号），发射机就是他自己改装的那部机器；天线用 30 米高的木杆支撑；播出用的电力由内燃机带动发电机供给。收音地点设在南岗博物馆和普育小学之间的一座房屋内，房中安装一台大型收音机，供参观者收听。此次试验获得圆满成功，得到各界代表的赞赏。之后刘瀚将所有设备移至哈尔滨市道里外国八道街 18 号，并用这些设备于 1926 年 9 月 22 日建立了哈尔滨广播无线电台。经有关部门审批，该台合法注册，这标志着中国人自己建的第一座广播电台正式诞生。（如图 2-4 所示）

图 2-4　刘瀚（左）和哈尔滨广播无线电台旧址（右）

1926 年 10 月 1 日，哈尔滨广播无线电台正式播出，呼号为 XOH，频率为 1070 kHz，发射功为 100 W。每天播出 2 小时，节目内容为新闻、音乐、演艺及钱粮行市等。哈尔滨广播无线电台成立之后，刘瀚又筹措资金购置了上海美商开洛公司的一部 1 kW 广播发射机，并选哈尔滨市南岗区长官公署街（今民益街）为新台址筹建新楼。

1927 年底，在新台址建成一座集编播与发射于一体的两层楼。1927 年 12 月底，进行发射机和播出设备的安装调试。1928 年 1 月 1 日，哈尔滨广播无线电台启用新台址播出，呼号为 COHB，频率为 674 kHz，发射功率为 1 kW。在当时它是我国发射功率最大的无线广播电台。该台用三种语言播出，即汉语、俄语、日语。1929 年，由于日本的侵华行为遭到民众的痛恨，该台便将日语节目改成英语节目播出。

1931 年九一八事变后，哈尔滨广播无线电台积极宣传抗日，部分工作人员也积极参加抗日活动。1932 年 2 月 5 日，哈尔滨沦陷，日本关东军的铁蹄踏进哈尔滨广播无线电台。台内所有工作人员拒不降日，弃台出走。

1927 年 5 月，北洋政府交通部开办的天津广播无线电台开播，频率为 666 kHz，发射功率为 500 W。同年 9 月，北京广播无线电台开始播音，呼号为 COPK，发射功率为 20 W。1928 年，该台被国民政府接收，改名为"北平广播无线电台"（如图 2-5 所示）。1932 年，该台呼号改为 XGOP，频率为 950 kHz，发射功率为 100 W；1935 年，又将发射功率增至 300 W。

图 2-5　北平广播无线电台

1928 年 1 月，奉天广播电台正式开始播音。呼号为 COMK，频率为 706 kHz，发射功率为 2 kW。发射机为法国巴黎电气公司制造，天线是由 2 座 41 米高的铁塔支撑的 75 米 T 型天线。该台每天分时段播出，时长共计 5 小时，节目内容为新闻、气象、商情、音乐、戏曲等。

据 1929 年的调查统计，奉天广播电台所敷设的转播专线最多，发射功率在全国官办电台中最大，并最早采用了水冷技术。在当时，奉天广播电台的技术和设备在全国是一流的。[①]

据统计，北洋政府时期（1912 年至 1928 年），全国共建广播电台 10 余座，不过这些电台的规模都很小。当时全国有收音机 1 万余台，多集中在部队军官、政府官吏、富商巨贾及外国人手中。

三、国民政府的官办电台

1927 年 4 月 18 日，南京国民政府正式建立。当时，政府要员陈果夫凭他收听美商广播电台的感想，深信广播的威力，遂有在南京建立广播电台的设想。经与有关方面洽商，国民政府委托相关部门向美商开洛公司订购了一套美制 500 W 中波广播设备。编播部门选址在南京中山东路西祠堂巷 8 号（现江苏人民广播电台大楼的楼裙下）；发射台选址在南京丁家桥中央党部后院西南角的一块空地，在那里建了机房，安装了铁塔。

1928 年 8 月 1 日，电台开始播音，该电台的全称是"中国国民党中央执行委员会广播无线电台"，简称"中央广播电台"。呼号为 XKM，频率为 1000 kHz，功率为 500 W，每天播出 3 小时。中央广播电台当时在国内属大功率台，但还是由于发射功率不够大而覆盖面积较小。即使在南京市，距离发射台较远的地方收听效果也较差。国民政府中央广播电台的发射台如图 2-6 所示。

1931 年 7 月，由行政院拨款购置德国德律风根公司的全套无线电广播设备和 75 kW 广播发射机，并将发射台迁址到江东门外北河口，由德国西门子公司负责建

---

① 黄学友主编：《沈阳广播史话》，沈阳：沈阳出版社，2005 年。

造。台内架设 2 座高 125 米的发射塔,发射机于 1932 年安装调试完毕,7 月投入试播,于孙中山先生诞辰(11 月 12 日)正式开播,呼号为 XGOA。该台当时的机房如图 2-7 所示。

图 2-6 国民政府中央广播电台的发射台

图 2-7 1932 年建成的江东门发射台机房

该台当时为东南亚第一大台,在边远地区也能清晰收听。之后,国民政府又陆续在杭州、北平(北京)、广州、上海等地办起 20 多座电台,抄收及转播中央广播电台的新闻节目,以扩大其政治影响。

抗日战争全面爆发后,1937 年 11 月 23 日,中央广播电台停止在南京的播出,举台西迁。先移至长沙,继而迁往汉口,最后抵达重庆。1938 年 3 月 10 日,该台在重庆恢复播出,发射功率为 10 kW。

抗日战争胜利后,1946 年 5 月,该台随国民政府迁回南京,5 月 5 日,在南京恢复播出。1948 年冬,中央广播电台开始将 6 部发射机之中功率较大的 3 部及部分其他设备拆卸运往中国台湾。1949 年 4 月南京解放后，该台改在中国台湾继续播出。

国民政府除建了中央广播电台外，还建了上海广播电台、上海市政府广播电台、中国国际广播电台、军中广播电台等。其中，中国国际广播电台规模最大。当时正处在抗战全面爆发之际，沿海各省相继沦陷，海外交通也全部阻断。为使国际人士及海外侨胞及时了解中国的抗战情况，国民政府交通部汉口电信局于 1938 年利用功率为 4 kW 的报话两用机向国际进行广播。之后，国民政府又在重庆建立"中央短波广播电台"，于 1939 年 2 月 6 日开始播音，使用 15 种语言对外广播。对北美广播的呼号为 XGOX，对欧洲和亚洲广播的呼号为 XGOY。对北美及欧洲的广播为定向广播，对南美、日本、东俄、我国南部及东北部的广播为不定向广播。当时发射机的功率为 25 kW，在欧洲和澳大利亚收听也十分清晰。这是国民政府创办的第一个国际广播电台，它在宣传抗日、鼓舞全国人民斗志方面起了一定的积极作用。4 个月后，该台奉命改组，与中央广播电台合并，统称"中央广播电台"。1940 年 1 月，中央广播电台所有大功率短波机连同人员及经费，统归国民党中央宣传部国际宣传处管辖，改名为"中国国际广播电台"，每日播音 14 小时。1949 年，该台迁往中国台湾。

据统计，到 1947 年底，国民政府所管辖的电台共有 41 座，发射总功率为 421 kW，全国约有收音机 100 万台。[①]

四、民营广播电台

1923 年奥斯邦在中国建立了第一座广播电台之后，中国的民办电台也一度繁荣。到抗日战争全面爆发前，民办电台有 70 多座。这些电台绝大多数都集中在经济发达的上海和天津。

中国人创办的第一座民营广播电台是"新新广播电台"。该台于 1927 年 3 月 18 日正式播音，台址设在上海市南京路新新公司 6 楼。新新广播电台的呼号是 XGX，后改为 XLHA。该台所用的发射机是该公司无线电技师邝赞利用公司所经营

[①] 左漠野主编：《当代中国的广播电视（上）》，北京：中国社会科学出版社，1987 年，第 13 页。

的器材和 211 型电子管自行设计安装的，发射功率为 50W。该台开办的目的是推销该公司自己装配的 109 型矿石收音机，但也播出新闻和娱乐节目。1941 年 10 月 31 日，新新公司 6 楼起火，该台被焚，此后再未恢复。

除新新广播电台外，当时在上海建的还有亚美广播电台、大中华广播电台、东方广播电台、华美广播电台、福音广播电台、大陆广播电台及中联广播电台等。中联广播电台是上海唯一的一座由中国共产党地下组织主办，以民营商业电台为掩护的广播电台。该台 1946 年 3 月 10 日正式播音，之所以定名为"中联广播电台"，是有联合中国一切进步力量的寓意。其呼号是 XGCA，发射功率是 500 W，频率为 1140 kHz。该台的主要工作人员均为中国共产党地下组织成员。该台在报道上海学生运动方面做出了贡献。1946 年 6 月 23 日，上海爆发了有数万群众参加的反内战示威大游行，中联广播电台排除干扰，及时将实况广播出去。因该台的宣传报道活动引起了国民党当局的注意，所以在 1946 年 7 月，国民党当局以整顿电台为借口将该台封闭。

除上海外，在天津、北京也有很多民营电台。民营电台的功率都较小，大的不过数十瓦，小的只有几瓦。这些民营电台基本都是商业电台，以做商品推销广告为主，但也间插播出新闻，对新闻传播起了辅助作用。

国民政府虽允许民间开办广播电台，但对电台的设置、数量、分布、功率及广播内容等方面加以种种苛刻的限制。1946 年 8 月，国民政府在上海一次就封闭了 54 家民营电台。当时被批准开办的 22 家民营电台，也只分配到 10 个频率，两三个电台共用一个频率，轮流使用。[1] 当时的民营广播是很不景气的。

五、日伪电台

1931 年九一八事变后，日本帝国主义侵占了我国东北地区。1932 年 3 月，清朝末代皇帝爱新觉罗·溥仪从北平偷抵东北，在日本军队的支持下，成立了伪满洲国。

---

[1] 左漠野主编：《当代中国的广播电视（上）》，北京：中国社会科学出版社，1987 年，第 13 页。

伪满洲国设置了四个特别市，即"新京"（长春）、奉天（沈阳）、哈尔滨和大连。伪满洲国所建的广播电台皆称放送局，在上述四个城市所设的放送局称"中央放送局"，其他城市所建的放送局称次级放送局。在"中央放送局"中，大连放送局和"新京"放送局规模较大。

1905年，日本侵占大连。1925年7月，日本关东递信局在大连建"大连放送局"，这是日本侵略者在我国设立的第一座广播电台，也是我国东北境内的第一座广播电台。

大连放送局的局址设在今中山广场10号的大连电话局内，利用部分房间做播音室；发射台则设在沙河口区受信所内。该台1925年8月9日开始播音，呼号为JQAK，频率为645 kHz，发射功率为500 W。该台的建立仅比日本国内东京、名古屋两座电台晚4个月，但其规模不亚于东京、名古屋两地的电台。

1936年，大连放送局在沙河口区民权街建新局舍，播音室仍设在大连电话局内，发射台改迁至大连湾柳树屯送信所。此时，它又增设了"海外短波放送"，发射功率为10 kW。1933年之前，大连放送局只用日语进行广播。收听对象主要是日本人。播出的内容主要有新闻、音乐、讲演、气象、市场行情及教育节目等。1933年以后，为加大对中国人的奴化教育，又开办了汉语节目。1938年4月，大连放送局改称"大连中央放送局"。1945年8月15日，日本投降当晚，"大连中央放送局"停止一切文字节目的播出。8月24日，苏军将该放送局占领。至此，日本人建立的"大连中央放送局"宣告终结。1945年12月19日，中共大连市委以大连市政府的名义接管"大连中央放送局"，并将其改名为大连广播电台。

"新京"放送局位于长春大同大街601号。1933年4月，"新京"放送局开始播音，呼号为MTAY，频率为570 kHz，发射功率为1 kW。1933年，日本在大连成立了"满洲电信电话株式会社"，简称"电电"。它成立后，立即接管了大连、奉天、"新京"、哈尔滨四个放送局。为扩大殖民主义宣传和对抗国民政府的广播，1934年11月，"新京"放送局改成长波广播电台，频率为180 kHz，发射功率提高到100 kW，成为当时世界上屈指可数的大功率电台之一。1935年，"电电"本部从大连迁到长春，并建成"电电大楼"（如图2-8所示），"新京"放送局设在该楼北翼。

1936年11月，"新京"放送局又增加了一台10 kW中波发射机，频率为560 kHz。

从此，"新京"放送局开始用两套节目广播，加大了殖民主义宣传力度。1937年七七事变后，"新京"放送局改称"新京中央放送局"。1941年太平洋战争爆发后，又改称"新京放送总局"。1945年8月中旬，日本投降。中共派抗联和苏军一起接收了"新京"放送总局，改名为长春广播电台。

1931年九一八事变后，日本关东军占领了奉天广播电台（时称辽宁广播电台）。之后以"奉天放送局"的名义进行广播。1938年，又将其扩建并升格为"奉天中央放送局"（如图2-9所示）。

图 2-8 "新京中央放送局"（"新京"电电大楼）　图 2-9 "奉天中央放送局"

1945年8月日本投降后，中共地下组织保护了电台设施，该台以沈阳广播电台的名义恢复播出。之后经过苏军军管、国民党接收等种种波折，直到全国解放，该台才回到人民手中，改名为沈阳人民广播电台。1954年8月与辽东、辽西两电台合并，成立了辽宁人民广播电台。

1932年2月，日本侵占了刘瀚创建的哈尔滨广播无线电台。1932年7月将其更名为哈尔滨放送局。1938年5月，又将其升级为"哈尔滨中央放送局"。1945年8月15日中午，"哈尔滨中央放送局"在播出日本天皇裕仁宣读投降诏书的录音后，结束了它的罪恶历史。

1945年8月20日，中国共产党的代表刘亚楼随同苏联红军进驻哈尔滨，接管了"哈尔滨中央放送局"。它改名为哈尔滨广播电台进行播音，成为中国共产党领导的第一座地方广播电台。

日本侵略者在中国每侵占一地，便接收当地广播电台变成他们的放送局或改变呼号进行广播。1937年8月27日，日军占领张家口后，建立了伪蒙疆放送局。当时只将"电电"公司特派员带去的一部 10 W 广播发射机架在太平公园中，便成立了广播电台。该台 9 月 10 日开始播出，呼号为 XGCA，频率是 834 kHz。之后，又将发射功率扩大到 500 W，台址也迁到上堡蒙古营 13 号。1938 年 11 月 1 日正式开播，用日、汉两种语言混合播出。1943 年 1 月 21 日，该台一分为二：第一台仍在原址，用原机原频率，每天以播汉语节目为主，间插播出几十分钟的蒙古语节目；第二台设在南郊宁远，使用 10 kW 发射机，用 1175 kHz 的频率播出日语节目。

除伪蒙疆放送局外，日本侵略者还在上海成立了大上海广播电台和上海广播电台国际台；在天津成立了天津广播电台；在广州成立了广州市无线电广播电台等。

据统计，在 1931 年到 1945 年的 14 年里，日本侵略者在中国开办了数十座广播电台。日本侵略者在我国东北地区建的电台如图 2-10 所示。

图 2-10 日本侵略者在我国东北地区建的电台

第三节 解放区的新闻机构及广播电台

一、红中社

1930 年 12 月至 1931 年 1 月，红军在第一次反"围剿"战斗中，先后缴获了国民党张辉瓒部和谭道源部各一台 15 W 无线电收发报机（当时被称为"电台"），并俘虏了几名报务员。由于其中一部电台的发报部分被损坏，只剩收报部分可用，所以两部电台剩下一部半，这就是红军历史上著名的"一部半"电台。

这是红军首次拥有电台。被俘的报务员中，王诤、刘寅等人想加入红军，所以就以他们为骨干，以一部半电台为设备，成立了红军第一支无线电通信队。无线电通信队每天抄收国民党中央通讯社发的新闻，编成"参考消息"，供红军领导人参阅；同时监听敌军动向，为红军指挥员提供准确的军事情报。

1931年5月，红军在第二次反"围剿"战斗中，又缴获了国民党公秉藩部一台100 W的大功率收发报机。当年9月下旬，红军无线电通信队就用这台收发报机，与当时设在上海的党中央取得联系，从此结束了只靠秘密联络员和地下交通员与中央联系的历史。

1931年11月7日，中华苏维埃第一次全国代表大会在江西瑞金召开，选举产生了中华苏维埃共和国临时中央政府。同一天，建立了红色中华社，亦称"红色中华通讯社"，简称"红中社"。其诞生地如图2-11所示。红中社对外发布的第一条新闻就是中华苏维埃第一次全国代表大会的召开。它是通过红军无线电通信队

图2-11　红中社诞生地

播发的，用的就是上述100 W收发报机，呼号是CSR（Chinese Soviet Radio），意即中华苏维埃无线电台。

中华苏维埃无线电台的主要任务是播发新闻和革命根据地及红军革命战争的消息；同时还负责抄收国民党中央通讯社的新闻电讯及国民党内部的通报，提供给苏维埃中央政府和红军领导人员参考。上海和各革命根据地都可以抄收到中华苏维埃无线电台播发的新闻。

1933年5月，中国共产党和中国工农红军的第一个新闻电台成立了，该台的业务归红中社领导。它的任务就是由红军无线电通信队抄收国民党中央通讯社每天播发的电讯，然后编辑油印成册，送党中央、中央军委相关负责人参阅。

1934年10月，红中社随红军主力长征，1935年11月到陕北。11月25日，红中社的文字广播在陕北瓦窑堡恢复，呼号仍为CSR。同时，该台继续抄收国民党中

央通讯社的电讯，出版刊物《无线电日讯》。所用设备是陕北红军在战斗中缴获的 50 W 报话机。

二、延安新华广播电台

1940 年，一台由共产国际援助、苏联生产的无线电报话机被送抵延安。有了这部无线电报话机，中共中央决定筹建广播电台。

台址选在延安西北 19 千米处一个叫王皮湾的小山村对面的山沟里。此山沟荆棘丛生，乱石密布，沟坡上长满稠密的杨柳树和尺把高的杂草，人迹罕至。沟坡的半山腰处被凿出两孔窑洞，一间做机房（如图 2-12 所示），一间做播音室。三棵粗大树干被捆接竖起，架设天线。

图 2-12　王皮湾的发射机房旧址

由于这部无线电报话机经长途运输受损严重，所以修复它是艰巨的任务。当时只有一个清华大学没毕业就投身革命，在武汉从事过两年报务工作的技术人员傅英豪有相关经验，就以他为主力组成机务组，对设备进行修复组装。机务组人员克服重重困难，先修复了受损的器件，再摸索组装，夜以继日地奋战几个月，终于把它安装调试成无线电广播发射机。

延安无电，给发射机供电是个严重问题。开始时用的是陕北自产汽油带动发电机。但因汽油质量差，运行不稳定，且造价太高，所以之后就改用烧木炭产生煤气（一氧化碳）代替汽油，驱动汽车引擎，再带动发电机发电，效果有很大改进。

来自苏联的这部报话机，标称功率是 1 kW。但由于电力不足，所以载波功率不过 500 W。加声音调制后，实际功率只有 300 W 左右。

播音室也非常简陋。十几平方米的一间窑洞，墙壁和门窗上挂着当地土制的羊毛毡做隔音及吸音设备。一张木桌、一个条凳、一盏油灯、一个话筒、一本字典、一台破旧的手摇留声机，还有二十几张旧唱片，这就是当时播音室的全部家当。

经过几次试播，终于在 1940 年 12 月 30 日正式播出，这就是延安新华广播电台。呼号是 XNCR（X 代表中国，NCR 是新华广播电台的英文缩写），频率为 6 MHz，发射功率为 300 W。每天播音两次，每次 1 小时，广播内容主要是中共中央和陕甘宁边区政府的重要文告及国内外新闻等，广播稿件由新华社供给。[1]

1943 年 3 月，由于电子管损坏无备件可换，延安新华广播电台停止播音。

1945 年 8 月 15 日，日本投降。中共中央决定恢复延安新华广播电台的播出，新台址选在延安西北 10 千米处的盐店子。

恢复播出最主要的工作是装配电源。当时，技术人员对从敌人手中缴获的一台锅炉和一台直流发电机进行改造，装配成一台简陋的蒸汽发电机组，与原来木炭炉、汽车引擎带动的发电机交替使用，解决了恢复播出的电源问题。

早在 1943 年延安新华广播电台播音中断后，机务人员就把原来的广播发射机组装成一台文字广播发射机。1945 年 8 月日本投降后，中央决定再将这台文字广播发射机改装成口语广播发射机。被改装的发射机当时还担负文字广播任务，不能停播，所以只在文字广播休播时才能加紧试验，在文字广播开始前又恢复原状。为加快改造速度，技术人员装了一个用 50 W 扩大机改成的调幅器。它与原机可分可合，分时原机做文字机，合时原机做口语机，这就为设备的改造赢得了时间。设备装调完成后，进行了几次试播。

1945 年 9 月 5 日，延安新华广播电台正式恢复播出，呼号仍是 XNCR，功率为 300 W。此时的播出仍以新华社编发的国内外新闻为主。在解放战争时期，许多重要新闻都是经毛泽东、刘少奇、周恩来等中央领导人审阅后广播出去的。[2]

① 《当代中国的广播电视》编辑部选编：《中国广播电视大事记》，北京：广播学院出版社，1987 年，第 1 页。
② 杨波主编：《中央人民广播电台简史》，北京：中国广播电视出版社，2010 年，第 28 页。

在1947年3月至1949年3月的两年时间内，因战事和局势的变化，延安（陕北）新华广播电台经过了四次迁址。第一次是由盐店子迁到好坪沟战备台，第二次是由好坪沟迁到河北涉县沙河村的第二战备台，第三次是由河北涉县沙河村迁到张胡庄发射台，第四次是由张胡庄发射台迁进北平。这就是历史上著名的延安（陕北）新华广播电台的四次转移。

这里应重点提到的是好坪沟战备台。好坪沟是延安东北90多千米处瓦窑堡境内的一个小山村。战备台就设在该村村口的一座门楼里。门楼分上下两层，下层的门洞堵起来做发射机房；上层的小观音庙被隔成两半，一半做播音员宿舍，一半做播音室。播音员宿舍有通往地面的台阶而播音室没有，所以播音员只能通过不足尺宽的沿墙悬空小道由宿舍往返播音室。这是我国广播史上最简陋的播音室。

1947年3月14日中午，延安新华广播电台在盐店子播完音后撤退，晚上就由好坪沟战备台代播。3月19日国民党军队占领延安，3月20日延安新华广播电台改名为"陕北新华广播电台"播出。3月28日下午，国民党军队离播音地点只有十几里地了，晚上11点多，陕北新华广播电台在好坪沟小观音庙里播完了青化砭大捷的新闻报道后，结束了在陕北的最后一次播音。之后便埋藏机器、连夜转移，撤离了好坪沟。好坪沟是广播史上存在时间最短的一个台址，只有14天；也是条件最艰苦的一个台址，工作于战火纷飞之中。但她立下了卓著功勋，在中国共产党的广播史上写下了光辉的一页。

因当时陕北已沦为战场，所以陕北新华广播电台这次离开陕北，转移到河北涉县沙河村的第二战备台（如图2-13所示），该台由邯郸新华广播电台筹建。陕北

图2-13 陕北新华广播电台在河北涉县的发射机房

台的编播人员经过一个多月的长途跋涉，穿过道道封锁线来到河北涉县沙河村。在此转移期间，邯郸新华广播电台用陕北新华广播电台的呼号播出，使陕北新华广播电台的声音一直没有中断。

1948 年 3 月，中共中央领导离开陕北，5 月下旬到达河北省西柏坡。根据中央指示，陕北台也随新华社迁到河北省西柏坡村附近，播音室和发射机房设在张胡庄。5 月 22 日，陕北台在河北涉县沙河村播完了最后一次节目，第二天就改在张胡庄的播音室和发射台播出。张胡庄发射台使用的发射机是用缴获的美制报话机改装的。9 至 10 月间，张胡庄的电台又搬到河北井陉县。播音室在窟窿峰，发射台在天户村。此时的发射机是军委三局的同志将解放石家庄缴获的日本造发射机进行改装而成的，把原发射机的功率从四五百瓦提高到 3 kW。当时的技术设备是陕北台历史上最好的。[①]

1949 年 1 月 31 日，北平和平解放。3 月，解放军总部进驻北平。3 月 25 日，陕北新华广播电台随党中央进了北平。当天，陕北新华广播电台改名"北平新华广播电台"在北平播出。

1980 年，经中共中央宣传部批准，1940 年 12 月 30 日被定为我国人民广播事业创建的纪念日。1940 年延安新华广播电台开播时所用的那部发射机，在延安新华广播电台由盐店子转移到好坪沟后，便被疏散到晋绥解放区。解放军收复延安后，它作为筹建西北新华广播电台的主要设备，从山西运回延安。西安解放后，它又被用牛车从延安运到西安，改成中波机，一直工作到 1953 年。1956 年，这部发射机作为珍贵历史文物，放进中国人民革命历史博物馆展出，被誉为"人民广播功臣机"（如图 2-14 所示）。

图 2-14 人民广播功臣机（曾用于延安新华广播电台开播）

---

① 温济泽：《新华社在西柏坡的往事》，《神州》，2008 年第 7 期。

三、张家口新华广播电台

1945年8月15日，日本无条件投降。8月23日下午3时许，张家口解放。8月24日上午，解放军接管了市区南郊宁远的日伪无线电发射台、市郊东山坡的日伪蒙古通讯社及市区内的日伪蒙疆放送局。

1945年8月24日下午5时许，日伪蒙疆放送局首次以人民广播电台的名称对外播音，宣告张家口市解放。8月28日上午8时，延安新华广播电台与张家口台通话，传达了新华总社的决定：张家口台定名为"张家口新华广播电台"，呼号是XGNC。用两个频率播出，中波频率是1299 kHz，功率为500 W；短波频率是9625 kHz，功率为10 kW。每天播出内容除晋察冀边区新闻等节目外，每晚必须转播延安新华广播电台的全部节目。其他时间可选择转播。

后来，受战火影响，张家口新华广播电台于1946年10月10日晚9时进行最后一次播出后，便拆掉设备向河北省阜平县转移。

经过约二十天的长途跋涉，1946年10月底，张家口新华广播电台转移到河北省阜平县一个位处山沟，名叫栗园庄的村子里。11月末开始筹建电台恢复工作。经过数十天夜以继日的艰苦奋斗，终于在年底建成了新台。

新台址就在栗园庄的半山坡上，建了两间机房和一间播音室。发射机是自己组装的500 W发射机，又自装了播控设备。由于缺少钢板，有些设备只能装在木制机箱内。天线则用木杆支撑，架设在机房后面的小山包上。播音室也极为简陋：为隔音，播音室的墙是双层墙内填装麦糠；内墙上挂白布，地上撒麦糠再铺旧地毯，以利吸音。电力供应就利用近旁的胭脂河水进行水力发电，另备2台汽车引擎做备用动力源。

新台定名为"晋察冀新华广播电台"，1947年1月1日开始试播，以转播延安新华广播电台的节目为主。1947年5月1日正式播出。

1948年5月，中共中央转移到河北平山县西柏坡，陕北新华广播电台随之迁移。为集中力量加强宣传，新华总社和晋察冀中央局决定终止晋察冀新华广播电台的播出，将之并入陕北新华广播电台。1948年7月1日，晋察冀新华广播电台的编制撤销，全体人员转到西柏坡附近的封城村，同陕北新华广播电台会师，人员编入陕北新华广播电台。

1949年3月,陕北新华广播电台随党中央进北平,先后改称"北平新华广播电台"和"北京新华广播电台"。北京新华广播电台播音实况如图2-15所示。

图 2-15　北京新华广播电台播音实况（播音者为著名播音员齐越）

四、邯郸新华广播电台

1945年底,解放区军民在河南焦作缴获了两部美制导航机。为此,晋冀鲁豫中央局和晋冀鲁豫军区决定利用这些设备在太行山区建广播电台,台址定在峰峰矿区。

从1946年3月初开始,相关技术人员便对两部导航机进行改造,他们利用废旧器材,制造所需部件,日夜奋战,反复试验,终于在5月将导航机改制成输出功率为250 W的广播发射机。正当准备播音之时,战火蔓延至邯郸。为保护电台设施的安全,1946年6月,峰峰矿区的广播设备全部被转移到涉县境内。

新台址选在河北省涉县县城东北22.5千米处的沙河村。这里是三条山谷的交汇地,周围是高大的土山,中间地形隐蔽。电台设在沙河村一户地主家的庭院,利用其房后5孔旧窑洞,东边的一孔做发射机房,西边的一孔做播音室。25米高木杆支撑的发射天线架设在附近较高的场地上。播音室设施也极为简陋,为增强隔音效果,天花板上钉着叠成褶的白土布,四壁挂着本地产的灰羊毛毡,地上铺着织花地毯。室内只有一个播音桌、一只话筒和一把绒垫椅。

1946年9月1日下午6时,该台正式播出。呼号为XGHT,频率为1250 kHz和

6122 kHz。该台称"邯郸新华广播电台"（以下简称邯郸台），也称"晋冀鲁豫新华广播电台"，还称"华北新华广播电台"。该台每日播出两次，由于没有录音设备，所以全部稿件都靠播音员直播。

为增加发射功率，邯郸台1946年10月15日停机改造，将发射功率提高到500 W，并将1250 kHz的频率改成6096 kHz，12月15日恢复播音。恢复播出后的邯郸台，每天中午和晚上转播延安新华广播电台的节目，晚上整点还播出重要新闻和社论等。

1947年3月，陕北形势吃紧，上级命令邯郸台做好随时接替陕北台的准备，保证陕北新华广播电台的声音不中断。从3月15日起，邯郸台仅用了10天时间就做好了各项准备工作。机务人员将一部频率为1250 kHz的250 W中波机改造成频率为7500 kHz的短波机，并架设一副定向天线；电力人员安装了一台锅炉和一台汽轮发电机，发电功率为1 kW；编辑人员试编全国性稿件；播音人员试模仿陕北台播音员的声调、感情和语气，以求播音风格与其一致。自3月25日起，邯郸台的全体同志便每天晚上都认真监听陕北台的广播。3月29日晚，已经过了播出时间，仍没听到陕北台的呼号。陕北台已于3月28日晚11点多撤离了好坪沟，因为战事紧张，通信受阻，所以邯郸台没有接到上级的代播命令。此时突然出现敌台仿冒陕北台播音，邯郸台便在有关领导的指挥下，毅然开机，接替了陕北台的播出。由于决定果断，陕北台没有中断，因此事后受到有关部门的嘉奖。3月30日，经上级批准，邯郸台正式接替陕北台的播音，仍以"陕北新华广播电台"之名向全国播出。

此时的邯郸台实际是担负两个台的播出任务。1947年4月25日，第一批陕北台的编播人员到达沙河村，6月中旬，第二批陕北台的人员到达新华社临时驻地涉县西戎村。之后两台交接工作，邯郸台停止代播。自此两台并肩战斗在同一地点。

1947年7月，邯郸台编辑部搬到西戎村，由新华社集中领导。1948年8月1日，该台开设了专对解放军广播的记录新闻。其主要内容是战地情况、解放区建设、对地方广播及对国民党军队广播等相关新闻。

1948年5月23日，新华社连同陕北台一起北上平山县西柏坡。1948年6月初，邯郸台编辑部又搬回沙河村，坚持邯郸台的播音。1948年冬，邯郸台停止自办节目，成为陕北新华广播电台的转播台。

1949 年 3 月 23 日，邯郸新华广播电台奉命结束广播工作。机务人员与陕北台合并，发射机运往北平，自此邯郸新华广播电台的编制撤销。

延安（陕北）新华广播电台、张家口新华广播电台和邯郸新华广播电台是解放区成立最早的三个新华广播电台。

五、东北新华广播电台

1945 年 8 月 15 日，日本宣布无条件投降。8 月 19 日，苏联红军进驻哈尔滨，红军政治部接管了"哈尔滨中央放送局"。第二天，将"哈尔滨中央放送局"改名为"哈尔滨广播电台"对外播出。

1946 年 3 月下旬，苏军撤出哈尔滨，哈尔滨广播电台停播。4 月 28 日，我军解放哈尔滨，停播 1 个多月的哈尔滨广播电台恢复播出。由于战局变化，我军又决定暂时撤出哈尔滨。随着我军的撤出，哈尔滨广播电台于 5 月 28 日停止播出。

为防止广播设备落入敌人之手，上级决定将哈尔滨广播电台的全部设备拆运至佳木斯。从哈尔滨到佳木斯约有 400 千米，搬迁一路艰辛。

原建在佳木斯南岗区的日伪广播电台已被破坏成一片瓦砾，不可利用。为此，设备运抵佳木斯后，决定选新址建台。为防止敌人空袭，新台址选在离市区 10 多千米的东北军政大学合江分校的院内。

新建台条件十分艰苦。办公室和宿舍十分简陋，四面透风，难耐严寒。机房、编辑部、播音室均由车库改建。播音室没有正规隔音设备，就在墙上钉草垫子，再绑上再生布；没有地板，就在水泥地面上铺半尺厚的蒿草，再在上面铺上由哈尔滨带来的地毯。天线设计成对西南定向，支撑天线的是 5 根捆接起来的高大松木杆。经过 2 个多月的艰苦劳动，一切准备就绪。8 月中旬，该台投入试播，被中共东北局宣传部命名为"东北新华广播电台"。

1946 年 9 月 23 日，东北新华广播电台正式播出，呼号是 XNMR，频率为 972 kHz，发射功率为 1 kW。该台除自办节目外，主要是转播延安新华广播电台的节目。因离延安太远，收听效果极差。但机务人员克服重重困难，用一台质量较好的美国收音机，每天定时抄收延安台播报的新闻，较好地完成了转播任务。东北新华广播电台工作人员抄收新闻稿件的工作场景如图 2-16 所示。

图 2-16 东北新华广播电台工作人员抄收新闻稿件的工作场景

哈尔滨解放后，1947 年初，中共中央东北局准备重建哈尔滨新华广播电台。因旧址已被敌人破坏，只剩门窗和屋顶，唯有地下电缆和天线铁塔尚可利用，所以就在此基础上重建新台。发射机由东北民主联军的无线电工厂提供，输出功率为 500 W。1947 年 4 月 20 日，哈尔滨新华广播电台正式开播。播出内容除转播陕北新华广播电台的节目外，还有自办的新闻和文艺节目。

1947 年 11 月至 1948 年 1 月，东北新华广播电台奉命由佳木斯迁回哈尔滨，利用哈尔滨新华广播电台的设备以东北新华广播电台的名称继续广播，原哈尔滨新华广播电台停止播出。

六、华东新华广播电台

1948 年 3 至 4 月间，我军解放了山东境内津浦铁路以东的大部分地区。在解放战争不断取得胜利的大好形势下，华东解放区军民迫切希望建立广播电台。1948 年 5 月上旬，中共中央华东局决定创建华东新华广播电台。台址选在山东省临朐县城西 1 千米处的程家庄。

早在抗日战争时期，宋庆龄就通过上海"保卫中国同盟"购买过一批广播发射机散件，赠送给华中地区的新四军。由于战争原因，这批广播器材先后经过几次埋藏和转移，辗转于山东滨海的村子里及胶东乳山县的山区中。由于多次转移和地下埋藏，这批器材已经破损。到 1948 年春天，这批器材才被从胶东转运到鲁中山区五莲县洪灵子村。

1948 年 5 月 16 日，华东军区通讯局委派一个工作组，到洪灵子村装配发射机。为了把残缺不全的设备组装起来，技术人员克服极大困难，苦干一个多月，安装调试好一部 500 W 短波广播发射机。8 月 21 日，将这部发射机连同两部柴油发电机及其他一些设备，先后运进临朐县城西的程家庄。之后，又用 6 根树干接成 30 米的长杆，靠近大树竖立起来，用来架设发射天线。

播音室是借用一间民房改建的。为隔音和吸音，门窗缝隙都用绒布条堵起来，并在四壁挂上战争中缴获的毛毯。机务员和播音员在同一间屋里，话筒由机务员控制。华东局还通知贸易部门给电台购买了电唱机、收音机和钟表等。

1948 年 9 月 12 日，该台以"华东新华广播电台"的名称投入试播，呼号为 XNEC。12 月 20 日，该台正式播音。此时，华东新华广播电台除原有的 500 W 短波发射机外，又增加了 3 部短波发射机：一部功率为 600 W，频率为 5020 kHz；一部功率为 400 W，频率为 6222 kHz；一部功率为 1 kW，频率为 9900 kHz。这 3 部发射机中，1 kW 机为备机。

该台每天播出 5.5 小时，主要节目是战地新闻、解放区介绍等，还转播陕北新华广播电台的节目。

1948 年 9 月，济南解放。在战斗中缴获的一台被打坏的 2 kW 无线电话机，经技术人员修复后，被留给华东新华广播电台使用。

1948 年 11 月，淮海战役爆发。华东新华广播电台的工作人员为配合淮海战役的宣传，改进技术设备，增加发射功率，并延长了播音时间。我军攻克济南后，工作人员又利用在济南缴获的短波发送设备，临时将程家庄台里的部分播音设施搬到济南，借用一个学校的教室作为播音室，进行战地广播。

随着解放战争的节节胜利，1949 年 2 月下旬，华东新华广播电台的人员和设备全部离开临朐，迁到济南播音，程家庄的播音结束。

1949 年 5 月 27 日，上海解放。中国人民解放军军管会接管了上海广播电台，当晚，该台便以上海人民广播电台的名称开始播音。当年 7 月，设在济南的华东新华广播电台停止播音，部分人员和部分机器迁往上海。

1949 年 9 月 1 日，华东新华广播电台以"上海人民广播电台一台"的名称，用 800 kHz 和 5985 kHz 两个频率对华东地区广播。主要节目为华东新闻和华东通讯等，并办有对中国台湾的广播节目。

1950 年 4 月 1 日，"上海人民广播电台一台"正式更名为"华东人民广播电台"，用 800 kHz 和 6743 kHz 两个频率播出。

1954 年，六大行政区被撤销，至此华东人民广播电台也完成了历史任务，同年 12 月 31 日，华东人民广播电台结束播出。

结　语

1871 年，电报引入中国。1877 年，电话也引入中国。这些新事物引起李鸿章等一些洋务派官员的重视，他们开始主持发展中国的电报、电话通信业务。这对当时国家的军事防务及民间的商务活动起到了积极作用，同时也对中国的新闻事业起到了促进作用。

1923 年，美国商人奥斯邦在上海开设了中国第一家广播电台。此后的约 20 年间，在中国本土建的广播电台达上百座，这些电台大致分五大类：外商电台、北洋政府官办电台、国民政府官办电台、民营电台、日伪电台。这些电台除了宣传自己的政治主张和从事商业活动外，都播发新闻，进行新闻传播。

1940 年 12 月 30 日，中国共产党领导的人民广播电台——延安新华广播电台正式播出。该台是在物质极端匮乏的条件下建成的，1943 年就因元件损坏无备件可换而停播。

1945 年日本投降后，延安新华广播电台克服重重困难恢复播出。此后因战局变动，此台曾经过四次迁址，但从未中断播音，为中国人民的解放事业建立了不朽功勋。

除延安（陕北）新华广播电台外，还成立过张家口新华广播电台和邯郸新华广播电台。这是解放区成立最早的三个人民广播电台。北京解放后，这些台进京，经过组合调整，发展成为现在的中央人民广播电台。

除上述三个新华广播电台外，在解放区还成立过东北新华广播电台和华东新华广播电台，她们都为中国人民的解放事业做出过应有贡献。

第三章
中华人民共和国的广播电视新闻机构

Chapter 3
Radio and Television News Agencies
in the People's Republic of China

广播电视传播新闻是一个系统工程。从新闻搜集到新闻发布再到新闻传播，需要一个庞大的媒体机构支撑。此机构组织严密，分工明确，在国家政府的严格掌控之下运行。

第一节　新华通讯社

一、新华通讯社的前身

新华通讯社的前身是 1931 年 11 月 7 日在江西瑞金成立的红色中华通讯社，即"红中社"，其旧址如图 3-1 所示。

红中社是在中国共产党领导下成立最早的新闻机构。1931 年 12 月 11 日，中华苏维埃共和国临时中央政府机关报《红色中华》创刊，《红色中华》报与红中社是同一个班子，是报纸和通讯社合一的新闻机构。红中社在土地革命时期的艰苦条件下创建和发展，起到党中央的喉舌和耳目的作用，为中国革命做出了重要贡献。

红中社坚持每天对外播发文字新闻，内容包括：受权发布的中华苏维埃共和国临时中央政府的文件，革命根据地建设的新闻，红军部队的战斗捷报以及根据电台

图 3-1　红色中华通讯社旧址

抄收的国民党中央通讯社等媒体的新闻电讯而选编成的国民党统治区的消息和国际新闻等。

红中社通过无线电台向外发布新闻。随着中央苏区与各苏区之间无线电联系的逐步建立，各地红军胜利的消息和苏维埃政权建设等方面的新闻不断地汇集到红中社，而红中社播发的新闻也越来越多地被刊载到各苏区的报纸上。除上海的中共中央秘密电台抄收红中社的新闻外，当时的湘赣、鄂豫皖、湘鄂西、川陕、闽浙赣等苏区都有电台抄收红中社的新闻。这些新闻稿在当地报纸上刊登时，文头皆注明为"红中社电"。[1] 其影响极其深远。

红中社播发的新闻还曾辗转传播到海外。据史料记载，在苏联出版的《苏维埃中国》一书中和在巴黎出版的《救国时报》上，都曾刊载过红中社播发的新闻。一些外国驻华记者也曾以红中社所发新闻为根据对外发稿。[2]

红中社担负的另一重要任务就是抄收国民党中央通讯社及外国通讯社所播发的新闻，并编印成内部参考刊物，提供给苏维埃中央政府和红军领导人参阅。这份参考刊物初期的名称为《无线电材料》，后改名为《无线电日讯》，它就是今天新华社主办的《参考消息》的前身。红中社成立初期，抄收和播发新闻均由军委电台兼职承担，1933 年 5 月，成立了专门抄收新闻电讯的新闻电台（当时的电台就是无线电收发报机——编者注）。新闻电台行政领导归中央军委，业务领导归红中社。

---

① 万京华：《从红中社到新华社》，《百年潮》，2011 年第 8 期。
② 万京华：《从红中社到新华社》，《百年潮》，2011 年第 8 期。

这部新闻电台可称为我党我军的第一部新闻电台，其任务是抄收国民党中央通讯社每天播发的电讯，直接送红中社，由该社译电员译成中文，然后油印，送给党中央、中央军委负责同志参阅。[①]

1934 年 10 月，红中社随中央红军长征。原承担播发红中社新闻任务的中华苏维埃无线电台（CSR）及其工作人员随军长征，红中社的新闻广播暂时停止，但电台的抄报工作仍继续进行。1935 年 11 月 7 日，红中社随中共中央机关到达陕甘边革命根据地的瓦窑堡。11 月 25 日，红中社文字广播在瓦窑堡恢复播出，广播呼号仍为 CSR，《红色中华》报也恢复发行。同时，红中社继续抄收国民党中央通讯社的电讯，出版刊物《无线电日讯》。此时的红中社，同长征前一样，仍兼负通讯社与报社的双重任务。所用设备是陕北红军在战斗中缴获的功率为 50 W 的发报机。

二、中华人民共和国成立前的新华社

随着抗日民族统一战线工作的开展，红中社的工作条件逐渐得到改善，工作内容也逐渐增多。1936 年 6 月下旬，红中社又随中共中央由瓦窑堡迁到保安县。1936 年 10 月，中国工农红军第一、二、四方面军在西北胜利会师，红军第一、四方面军的新闻电台合并，抄收电讯的工作大大加强。1937 年 1 月中旬，红中社随中共中央机关从保安县迁到延安。此时，为适应全国抗日民族统一战线的新形势，中共中央决定，红色中华通讯社改名为"新中华通讯社"，简称"新华通讯社"或"新华社"，其在延安的旧址如图 3-2 所示。此时，《红色中华》报改名为《新中华报》，通讯社和报社仍是同一个机构。

图 3-2　延安新华社旧址

---

① 万京华：《从红中社到新华社》，《百年潮》，2011 年第 8 期。

当时，用无线电台（即无线电收发报机）传播新闻已成为国际上新闻信息传播的重要手段。世界主要通讯社，以及国民党中央通讯社，都使用无线电台播发新闻，供报刊等媒体采用。新华社管辖的新闻电台是延安获取国内外新闻信息的主要来源，它除继续抄收国民党中央通讯社的新闻外，还可以抄收到不少外国通讯社的电讯，如日本同盟社、法国哈瓦斯社、苏联塔斯社、美国合众社、德国海通社等。这些电讯消息不断汇总到新华社，再从这里被编印成供中央参考的内部刊物，同时提供给报纸和通过无线电台对外播发消息。

1940年12月30日，新华社创办了延安新华广播电台。该台于1947年3月20日改名为"陕北新华广播电台"。陕北新华广播电台在河北播音时期，即自1948年5月23日在张胡庄播音起到1949年3月24日在窟窿峰播音结束，前后共10个月，播出稿件均由新华社供给。

抗日战争时期，新华社在华北、晋绥、晋察冀、山东、华中等各抗日根据地相继成立了40多个新华分社，组成了新闻通信系统。发布新闻的手段也由单一的国内文字广播发展到国内文字、口语广播和对外英文广播。当时，由于敌人的分割封锁，新华社就成为抗日根据地对外发布新闻的唯一渠道。

新华社在解放战争时期发展迅速。当时，新华社肩负着通讯社、中央机关报（《解放日报》）和新华广播电台等三重任务，是党中央指挥解放战争及向国内外宣传报道的主要工具。

1947年3月，战火蔓延至延安，中共中央决定战略转移，于3月18日主动撤离延安。中央对新华社转移工作做了明确决定：新华社总社一分为二，总社的主体转移到太行山区的涉县，从事新华社的中外文字、口语广播，另一部分被命名为"四大队"的小分队跟随党中央转战陕北。

1948年3月，经过一年多的转战，我军取得了陕北战场的胜利。为更方便地指挥全国解放战争，党中央转移到河北平山县西柏坡。4月，涉县的新华总社也北上平山县西柏坡，与陕北来的"四大队"会和。两部分人员重新融为一体，恢复新华社机构，驻在西柏坡附近的陈家峪。新华社进驻陈家峪之后，成立了编委会。编委会下设的第一编委会主管编辑部工作，第二编委会主管广播部的工作。

1948年8月，上述两个编委会和有关编辑部门又抽调一批骨干人员从陈家峪集中到西柏坡中央大院，成立了新华社"总编室"，其旧址如图 3-3 所示。

图 3-3　西柏坡新华社总编室旧址

新华社总编室在党中央的直接领导下工作。这时的新华社集通讯社、党报、广播电台于一体，向海内外传递中共中央和中国人民解放军总部的声音。当年新华社的文字广播、口语广播、英文广播的主要稿件都是在这里编发的，重要的战报和其他稿件由总编辑修改后送刘少奇或周恩来审阅，有的最后送毛主席审阅和修改，最重要的由毛主席亲自撰写。[①]

从 1948 年 8 月新华社总编室成立到 1949 年 3 月新华社迁往北平，虽然只有半年多的时间，但它是新华社历史上具有重大意义的一个时期，它为以后迎接全国胜利在政治上和组织上做了充分的准备。

1949 年 1 月 31 日，北平和平解放。3 月 25 日，新华社随中共中央进入北平。之后，便根据中央的决定，逐步调整新华社在全国各地的组织结构，在各大区建立总分社，各省、自治区、直辖市建立分社；在解放军部队中也建立总分社、分社、支社等各级组织机构。新华社逐步成为一个统一集中的国家通讯社。

三、中华人民共和国成立后的新华社

1949 年 10 月 1 日，中华人民共和国成立。10 月 19 日，中央人民政府委员会第三次会议通过政务院所属机构的设置，确定政务院设立新闻总署。新华社作为

---

① 陈丽芬：《西柏坡时期的新华通讯社》，《党史博采》，2002 年第 11 期。

政务院的下属机构，归新闻总署管辖。中华人民共和国成立之初，新华社的大门如图 3-4 所示。

图 3-4　1950 年时的新华社大门（现宣武门西大街 57 号）

1950 年 3 月，中共中央发出"关于改新华社为统一集中的国家通讯社的指示"，[①] 规范了其组织机构和发稿权限，使新华社成为国家级消息总汇。

新华社自诞生之日起，就在党中央的直接领导下开展工作，肩负着党和人民赋予的神圣使命，发挥喉舌、耳目、智库和信息总汇的作用，为党带领全国人民取得革命胜利、建设胜利及取得改革的重大成果做出了重要贡献。

1982 年 8 月 23 日，第五届全国人民代表大会常务委员会第二十四次会议决议，定新华社为国务院的一个部级机构。1988 年，新华社被改为国务院直属事业单位，其总部设在首都北京。

新华社不但是中国的国家通讯社，还是法定的新闻监管机构。经过几十年的不断完善和发展，新华社目前已成为世界性现代通讯社，其分支机构遍布世界各地。

在国内，除台湾地区以外的其他各省、自治区、直辖市及香港、澳门特别行政区均设有新华分社。在一些重点大、中城市设有新华支社，在重要地区设有记者站，

---

① 中国社会科学院新闻研究所编：《中国共产党新闻工作文件汇编中卷（1950—1956）》，北京：新华出版社，1980 年。

在台湾地区派有驻点记者。在中国人民解放军、中国人民武装警察部队中均设有新华社分支机构。

在境外，于亚太地区（香港）、亚欧地区（莫斯科）、欧洲地区（布鲁塞尔）、中东地区（开罗）、非洲地区（内罗毕）、北美地区（纽约）、拉美地区（墨西哥城）及联合国（联合国总部）等处均设立了新华总分社，在上述各区内的各国或地区均设立了新华分社。这就建成了覆盖全球的新闻信息采集网，并形成了多语种、多渠道、多层次、多功能的新闻发布体系。

新华社的主要编辑部门有国内新闻编辑部、国际新闻编辑部、对外新闻编辑部、参考新闻编辑部、新闻摄影编辑部和体育新闻编辑部。它们每天24小时不间断地用中文、英文、法文、俄文、西班牙文、阿拉伯文、葡萄牙文和日文等多种语言向国内外各类用户提供文字、图片、图表、音频、视频等各类新闻信息。

新华社锐意改革，不断进取，与时俱进。近些年来，新华社全面推进战略转型，由传统新闻产品的生产向现代多媒体新闻信息业态拓展，由面向媒体向直接面向终端受众拓展。初步建成融通讯社业务、报刊业务、电视业务、网络业务、金融信息业务、新媒体业务和多媒体数据库业务等为一体的全媒体机构。

目前新华社创立的网站有新华网、中国新华新闻电视网（CNC）和金融信息平台"新华08"。其中新华网创建于1997年，是中国重点新闻网站之一。它每天24小时用多种语言，通过多媒体形式不间断地向全球发布新闻信息；开通30多个地方频道，承办中国政府网、中国平安网、中国文明网等大型政府网站，形成了中国最大的国家级网站集群。

新华社还与中国移动合作推出"盘古搜索"，并努力将之打造成为"国内一流，世界领先"的搜索引擎。

中国新华新闻电视网是新华社主办的跨国新闻电视台，电视新闻采集量日均800分钟，居国际电视新闻行业之首位。开通的中文台、英语台每天24小时不间断播出新闻节目，节目信号用卫星覆盖亚太、北美、欧洲、中东、非洲等地200多个国家和地区，覆盖人口约55亿，并进入中国香港、中国澳门、新西兰奥克兰等地170万户有线电视家庭终端。

新华社还创办手机电视台、网络电视台，并与中文台、英语台一同在苹果产品终端上线，在利用新媒体全球传播渠道方面取得突破。

金融信息平台"新华08"是新华社采用先进的信息与通信技术自主研发的综合性金融信息服务平台。其产品内容涵盖宏观经济、外汇市场、货币市场、证券市场等诸多领域，形成以计算机终端为核心，视频终端、网站和《金融世界》杂志同步发展的多终端产品业态，受到海内外用户好评。

新华社编辑出版并公开发行的报刊有20多种，其中包括《新华每日电讯》、《参考消息》、《中国证券报》、《瞭望》、《环球》、《半月谈》、《中国记者》、《摄影世界》、《金融世界》、《世界军事》、《中华人民共和国年鉴》（中、英文版）等，单期总发行量最高时超过千万份。

新华社主办的中国全球图片总汇是国内规模最大、内容最权威、产品最丰富的新闻图片库。每天实时更新各类新闻图片、图表2000余张。新华社还拥有国家级的中国照片档案馆，馆藏照片超过500万张，其中最早的有19世纪末清朝时期拍摄的照片。

新华社多媒体数据库是中国媒体行业最大的多文种多媒体数据库，也是世界上最先进的多媒体数据库之一。目前已存储上亿条文字信息，千余万张新闻图片和图表，几万小时的音、视频新闻信息。

此外，新华社还大力加强国际传播能力建设，参与国际竞争，不断提升舆论引导能力和国际传播能力，增强在国际传媒领域的地位及影响力。

新华社还注重加强对外交流合作，发起并成功承办诸如世界媒体峰会、"国际儿童日"大型公益活动和24小时环球直播报道等全球性重要会议、重要活动。

新华社是许多国际新闻组织成员，目前已同世界100多个国家和地区的通讯社或新闻机构签署了新闻交换、人员交流和技术合作等方面的合作协议。

新华社发布新闻的传输手段也是与时俱进的。最早是书写文字手稿，通过电报机发送电码传送；后来利用大功率无线发射台传输电讯稿和利用广播播送记录新闻进行口语传送；再后来利用传真机、摹写机传递图片文件；直到目前用音像记录设备采集新闻并利用视音频工作站进行编辑后通过互联网传送。新华社总是积极将新技术运用于自己的业务领域，用新技术武装自己，使自己跻身于世界先进技术之行列，向世界性现代国家通讯社和国际一流的现代全媒体机构加速迈进。

第二节　国家广播电视总局

一、中华人民共和国成立前的广播管理机构

延安新华广播电台为新华社所筹建，中华人民共和国成立前也一直归新华社领导。

1949 年 6 月 5 日，中共中央发通知提出：为了适应广播事业日趋扩大的需要，中共中央决定将原新华总社口头（口语）广播部扩充为中央广播事业管理处，领导并管理全国广播事业。该处与新华社是平行组织，同受中共中央宣传部领导。

二、中华人民共和国成立后的广播电视管理机构

1949 年 10 月 1 日，中华人民共和国中央人民政府成立。根据 1949 年 9 月 27 日中国人民政治协商会议第一届全体会议通过的《中华人民共和国中央人民政府组织法》的规定，于 1949 年 11 月 1 日，成立了中央人民政府新闻总署。新华通讯社、中央广播事业管理处等单位归其管辖。

1949 年 11 月，依据《中华人民共和国中央人民政府组织法》，组建了中央人民政府出版总署，其前身是当年 2 月成立的中共中央宣传部出版委员会。出版总署归政务院领导，管理全国的出版事业。

1949 年 12 月 16 日，中央人民政府政务院第十一次政务会议决定正式成立中央广播事业局。1949 年 12 月 21 日，原归中共中央宣传部领导的中央广播事业管理处改组为中央广播事业局，归新闻总署领导。

中央广播事业局的任务是：一、领导全国各地人民广播电台；二、直接领导中央人民广播电台对国内和对国外（名称为"北京广播电台"）的广播；三、普及人民广播事业；四、指导和管理各地私营广播电台；五、培养和训练广播事业干部。各地人民广播电台同时领导和管理所在地方的广播事业和广播工业。[1] 中央广播事

---

[1] 左漠野主编：《当代中国的广播电视（上）》，北京：中国社会科学出版社，1987 年，第 34 页。

业局与新华社、人民日报社并列为中央三大新闻机构。

1952 年 8 月 7 日，中央人民政府委员会第十七次会议根据 1951 年 12 月 7 日政务院第一百一十四次政务会议通过的《关于调整机构紧缩编制的决定（草案）》，通过决议，撤销中央人民政府新闻总署。新闻总署撤销后，将新华社、中央广播事业局划归政务院文化教育委员会直接领导。

1954 年 9 月 15 日，第一届全国人民代表大会第一次会议在北京召开。9 月 20 日，通过了第一部《中华人民共和国宪法》。宪法规定设立中华人民共和国国务院，撤销政务院。政务院的全部职权由国务院行使。当月，按照国务院组织法的规定，撤销了归政务院领导的出版总署。在文化部内部设立出版事业管理局，简称"出版局"，行使原出版总署的职责。原归政务院管的中央广播事业局，其技术、行政业务由国务院文教办公室（二办）领导，宣传业务由中共中央宣传部领导。

上述管理体制自 1954 年起，执行到 1966 年。

1966 年至 1976 年，中央广播事业局处于军管时期，此段时间中央广播事业局被列为中央直属部门。

1977 年至 1982 年，中央广播事业局行政归国务院领导，宣传业务归中宣部领导。

1982 年 5 月，全国人民代表大会决定撤销中央广播事业局，成立广播电视部。该部成为国务院组成部门。

1985 年 7 月，根据国务院批示（国函〔1985〕115 号），在文化部内设立国家版权局，并将原设在文化部内的出版局改称国家出版局。国家出版局与国家版权局为同一个机构、两块牌子。

1986 年 1 月，第六届全国人大常委会第十四次会议通过了《全国人民代表大会常务委员会关于将广播电视部改为广播电影电视部的决定》，成立了广播电影电视部，将文化部电影局并入该部。改名后的广播电影电视部既是新闻宣传单位，又是制片、电影、电视事业的管理机关。

1987 年 1 月，国务院决定，撤销设在文化部内的国家出版局，设立直属国务院的新闻出版署，并且保留国家版权局，继续保持一个机构、两块牌子的形式。

1998 年 6 月，根据《国务院办公厅关于印发国家广播电影电视总局职能配置、内设机构和人员编制规定的通知》（国办发〔1998〕92 号），将广播电影电视部改组为国家广播电影电视总局（正部级）。国家广播电影电视总局为国务院主管广播电视宣传和广播电影电视事业的直属机构。

2001 年，新闻出版署更名为新闻出版总署，升格为正部级机构。

2013 年 3 月 14 日，国务院将新闻出版总署、国家广播电影电视总局的职责整合，组建国家新闻出版广播电影电视总局，随后更名为国家新闻出版广电总局，加挂国家版权局的牌子。

国家新闻出版广电总局是根据第十二届全国人民代表大会第一次会议批准的《国务院机构改革和职能转变方案》和《国务院关于机构设置的通知》（国发〔2013〕14 号）设立的新闻、出版、广播、电影和电视领域的国家管理部门，为正部级单位，是国务院直属机构。其办公地点在北京广播大厦。

国家新闻出版广电总局负责新闻出版、广播电影电视和信息网络视听节目的法律、法规的草拟，宣传创作方针政策的确定，舆论、创作导向的把握，事业、产业发展的规划，节目的进口和收录、宣传及交流的管理监管等一系列与影视娱乐相关的业务。国家新闻出版广电总局下辖媒体包括中央人民广播电台、中国中央电视台（对内称中央电视台）和中国国际广播电台等。

为加强新闻舆论工作，加强对重要宣传阵地的管理，充分发挥广播电视媒体的作用，国务院机构改革方案提出，在国家新闻出版广电总局广播电视管理职责的基础上组建国家广播电视总局，作为国务院直属机构。不再保留中华人民共和国国家新闻出版广电总局。2018 年 3 月，第十三届全国人民代表大会第一次会议批准了国务院机构改革方案。2018 年 4 月 16 日，中华人民共和国国家广播电视总局正式揭牌。

第三节 中央人民广播电台

一、中华人民共和国成立初期的中央人民广播电台

1949 年 1 月 31 日，北平和平解放。当晚 8 点，军管会的车开到西长安街 3 号国民党北平广播电台所在地，当时该台还正在播音。负责接管电台的军管小组组长徐迈进当即写了一个通告，让齐越（当时是陕北新华广播电台播音员）送进播音室，交给正在值班放唱片的播音员，看着他播出去。于是播音员按照通告所写播出："各位听众！从今天起，北平宣布解放，本台奉人民解放军北平市军事管制委员会命令，立即停止广播，等待接管。从后天，2 月 2 日上午起，北平新华广播电台使用本台原来波段播音，请注意收听。"[1] 通告反复播出了几遍之后，机器关闭。至此，国民党北平广播电台停止播出。

1949 年 2 月 2 日，北平新华广播电台开始播音。

1949 年 3 月 25 日，陕北新华广播电台从河北省平山县迁到北平，用北平新华广播电台的名称播出，当天清晨人们从广播中听到的首则新闻就是："各位听众，陕北新华广播电台从今日迁到北平广播，改名为北平新华广播电台。"原北平新华广播电台则改名为北平人民广播电台。到 9 月 1 日，两台合并，北平新华广播电台称"北平新华广播电台第一台"，北平人民广播电台称"北平新华广播电台第二台"。

1949 年 9 月 27 日，中国人民政治协商会议第一次全体会议一致通过决议，把北平定为首都并改名为北京。当天晚上，北平新华广播电台改名为"北京新华广播电台"播出。

1949 年 10 月 1 日，中华人民共和国成立。这一天，北京新华广播电台在天安门城楼上进行了开国大典的实况转播，原陕北新华广播电台播音员齐越和原晋察冀新华广播电台播音员丁一岚担任了开国大典实况转播的主持人。毛泽东主席宣告"中华人民共和国中央人民政府今天成立了！"的庄严声音通过北京新华广播电台的广播传向全世界，传到亿万人民心中。

---

[1] 杨沙林著：《用生命播音的人——忆齐越》，北京：中国广播电视出版社，1999 年，第 72 页。

1949 年 12 月 5 日，北京新华广播电台第一台正式定名为"中央人民广播电台"，北京新华广播电台第二台改名为"北京人民广播电台"。

中央人民广播电台建台之初，台址是在西长安街 3 号，即国民党北平广播电台的旧址。

20 世纪 50 年代初，中央人民广播电台迁入复兴门外粉楼（真武庙二条中央广播局老 302 宿舍楼，现已拆迁）。

1959 年，中央人民广播电台又迁入复兴门外新建成的广播大厦。该大厦 1953 年秋开始设计，1955 年 12 月动工，1958 年底建成。建成之初的北京广播大厦，如图 3-5 所示。

图 3-5　1958 年建成的北京广播大厦

中央人民广播电台通常简称"中央台"，英文简称 CNR（China National Radio），隶属于国家广播电视总局，是中华人民共和国的国家广播电台。它与国家广播电视总局下辖的中国中央电视台（即中央电视台）、中国国际广播电台并称为权威的中央三大台。

中央人民广播电台成立之初，正值国内百废待兴之际。在此艰难状况下起步，中央台的全体人员发扬延安精神，艰苦奋斗、发愤图强，到 1956 年我国社会主义改造基本完成之时，已初步具备国家电台的规模，无论在宣传业务上还是在技术建设上都较建台之初有了较大的发展。此时，中央台已有两套面向全国的综合节目，全天播音时间由 1949 年的 5 小时增加到 23 小时 55 分钟。另外还有一套民族语言广播和一套对中国台湾广播。[1]

1960年，由于我国进入三年困难时期，中央台精简了机构，压缩或停办了部分节目。

1965年，以毛泽东主席为首的党和国家领导人为广播事业题词，体现了党和政府对人民广播事业的关怀和重视。尤其是毛泽东主席的题词"努力办好广播，为全中国人民和全世界人民服务"给全体广电职工以极大的鼓舞。

到1965年，中央台共有4套节目，2套对全国广播的综合节目，1套文艺节目（1960年增设）和1套对中国台湾的广播节目。[2]

1966年至1976年，受时局的影响，中央台封停了很多节目。

1974年10月，中央台的调频广播正式播音，并通过调频链路下传中央台第一套节目，使各地广播电台与之联播。

二、改革开放后的中央人民广播电台

1976年之后，广播事业迎来了春天。自1978年党的十一届三中全会召开到20世纪末的二十几年时间，是中央人民广播电台振兴改革、发展最快的时期。

1980年5月5日，中央人民广播电台调频立体声文艺节目（中央台第三套节目）开始播出，标志着中央台在广播制式上由"调幅"拓展到"调频"。

1979年以后，中央台每年都有新的改革呈现。1979年至1983年，中央台加强了自采自编工作，不再单纯依靠报纸和通讯社，体现了广播电视宣传工作"扬独家之优势，汇天下之精华"的特色。1986年至1987年，中央台调整和改革节目布局，达到"加强新闻，精办专题，搞活文艺，扩大服务"的目的。1988年，中央台改进了新闻节目的布局，基本做到了整点有新闻、次次有更新，实效性强的新闻随时插播。1992年，中央台建立了比较现代化的新闻制作中心，新闻采编播实现了"一条龙"的连续运行，绝大部分节目实行直播，进一步发挥了广播优势。

---

[1] 杨波主编：《中央人民广播电台简史》，北京：中国广播电视出版社，2010年，第13页。
[2] 杨波主编：《中央人民广播电台简史》，北京：中国广播电视出版社，2010年，第16页。

1994 年，中央台对第一、二、三套节目进行全面改造，同时创办了新闻舆论监督节目《新闻纵横》。该节目连续两年被列为中共中央宣传部组织评选的中央级新闻单位十大名牌栏目，并于 1999 年获得首届"中国新闻名专栏"奖。1998 年，中央台改革和调整节目，推出了早、中、晚三大新闻板块。[1]

1998 年，坐落在广播大厦西南方位的中央人民广播电台大楼建成（如图 3-6 所示），中央台由广播大厦搬到此楼。新楼的技术条件较旧楼有很大改善，并且实现了设备从模拟向数字化的转化。到 1999 年底，中央台每日播出已达 136 小时，较 1978 年每天播出 73 小时增加了近 1 倍。

图 3-6　中央人民广播电台大楼

21 世纪初，中央人民广播电台积极推进"频率专业化、管理频率化"的改革。在节目定位、频率建设、运营机制、管理体制等方面进行探索和创新，相继推出中国之声、经济之声、音乐之声、都市之声、中华之声、神州之声、华夏之声、民族之声、文艺之声、老年之声、香港之声、中国乡村之声、藏语频率、维语频率、娱乐广播、中国高速公路交通广播及央广健康（电视）、央广购物（电视）

---

[1] 杨波主编：《中央人民广播电台简史》，北京：中国广播电视出版社，2010 年，第 19 页。

等约20套专业化节目，用中波、短波、调频乃至电视频道对全国进行全天候、全地域的覆盖。

中央人民广播电台自延安新华广播电台创办之日起，就以传播新闻节目为主要任务，因新闻通过广播传播是最易为人民群众所接受的传播形式。早在1949年6月13日，广播事业管理处就发出通知，从6月23日起，各地新华广播电台一律转播北平新华广播电台20：30至21：30的新闻、综合报道、评论、国际时事节目。这就是后来的《全国各地人民广播电台联播》节目的起源。

1949年10月1日，北京新华广播电台在天安门城楼上做了"开国大典"的实况广播，全国各地方广播电台同时联播。这是中国广播史上第一次全国范围的实况广播。

1984年10月，中央人民广播电台成立新闻中心，将所有新闻编采部门合并成一个配置合理的系统机构，实现了对全台新闻宣传业务工作的统一领导。

中央人民广播电台有两档历史最悠久、涉及范围最广泛、信息量最庞大、听众最众多的新闻品牌节目，它们就是早晨的《新闻和报纸摘要》和晚上的《全国新闻联播》。

《新闻和报纸摘要》是中央人民广播电台新闻节目乃至各类节目中最有影响力的节目，被称为"新闻总汇"，已成为亿万人民了解最新信息的重要渠道，已伴随几代人成长。《新闻和报纸摘要》节目的前身是1950年4月10日开办的《首都报纸摘要》。1955年4月4日，该节目改称为《中央报纸摘要》。1955年7月4日，又易名为《新闻和报纸摘要》。半年后，改称为《新闻和中央报纸摘要》。1960年11月7日，易名为《新闻和首都报纸摘要》。1967年1月26日，又恢复了《新闻和报纸摘要》的名称并沿用至今。

《全国新闻联播》最初的名称是《全国各地人民广播电台联播》，该节目于1951年5月1日开播。1955年7月4日正式定名为《各地人民广播电台联播》，播出时长是每晚半小时。1995年10月更名为《全国新闻联播》并沿用至今。

中央人民广播电台每天早晨的《新闻和报纸摘要》和晚间的《全国新闻联播》相互配合，形成了以早晚两档重点新闻节目为龙头的全天候新闻播报模式。

中央人民广播电台是用广播传播新闻的主体。它的第一套节目历史最悠久，是中国国家广播电台最具权威性的新闻综合频率。2004 年 1 月 1 日，第一套节目正式改版为"中国之声"（China Radio）。2009 年再度改版，每天 24 小时不间断播音。全国有 2000 多部调频发射机暨中、短波发射机转播，达到全国范围内的无缝隙覆盖。

"中国之声"在频率策划、频率设计等方面都较好地体现了专业化的特征，它以整点、半点为主轴，以新闻名牌节目为穿插，以"早、中、晚"三大新闻密集区为主体支撑，打造出了一个相对纯净的新闻频率。[①]

第四节　中央电视台

20 世纪 50 年代初期，世界上电视这一新型传播媒介开始蓬勃发展。

在这种国际背景下，中国也开始酝酿创办自己的电视事业。当时抗美援朝刚结束不久，国民经济有所恢复，第一个五年计划也刚刚开始，中央做出如此决策，是非常果断且具有前瞻性的。

一、筹建阶段

为创办我国自己的电视事业，1953 年，中央广播事业局派遣 10 名技术人员赴捷克斯洛伐克学习电视技术。

1954 年，在国务院文教办公室的一次会议上，传达了毛泽东主席关于要办电视和对外广播的指示。[②]

1955 年 2 月 5 日，中央广播事业局向国务院报告，提出在北京建立一座中等规模电视台的计划。周恩来总理于 2 月 12 日批示："将此事一并列入文教五年计划讨论。"[③] 自此，中国的电视事业进入筹备期。

1956 年 5 月 28 日，刘少奇副主席在听取中央广播事业局的工作汇报，谈到发展电视工业时，他主张先发展黑白电视，后发展彩色电视，并指示电视发射机和接

① 张斌：《从中央台看中国广播改革创新的历史沿革》，《现代传媒》，2007 年第 4 期。
② 赵玉明著：《赵玉明文集（第二卷）》，北京：中国广播电视出版社，2014 年，第 27 页。
③ 赵化勇主编：《中央电视台发展史（1958—1997）》，北京：中国广播电视出版社，2008 年，第 3 页。

收机最好自己生产。①

当时国内有能力生产广播电视设备的只有北京广播器材厂。

1956 年秋，日本工业展览会在北京召开。会上展出了一套日本产黑白电视播送设备。展厅中摄像机边展边摄，通过 7 GHz 小微波把信号传送到安装在西直门城楼上的 50 W 电视发射机中进行开路发射，城内设置了若干个接收点进行接收。北京广播器材厂的领导和一些技术人员到展会和西直门城楼观看了电视播发的全过程，了解了电视发送设备的梗概，当时就下决心将这项先进技术拿下来。于是厂领导向上级建议，把这套设备买下来以供研究借鉴。

1956 年 12 月，北京广播器材厂、中央广播事业局科研所、清华大学无线电系经过协商，决定三方联合研制全套黑白电视播发设备。此时，赴捷克斯洛伐克学习电视技术的人员已学成回国，中央广播事业局便指派章之俭同志率这些赴外学习人员参与了这项研制工作。

研制初期，在清华大学无线电系实验室进行电路试验，在北京广播器材厂厂区进行具体装配试验。经过一段时间的前期准备工作，到 1957 年夏，研制工作全面展开。

三方通力合作，攻克一个又一个难关，终于在 1958 年 3 月 12 日，北京广播器材厂制造的 1 kW 黑白电视图像发射机和 500 W 伴音发射机调试成功，发射范围为 25 千米。7 部摄像机也同时装试完毕，图像质量尚佳。②

1958 年 3 月 17 日，我国第一套黑白电视播控及发送设备进行了开路试播。当天，国营天津无线电厂研制的接收机也做了现场接收试验，双方均获成功。③

在此段时间，中央广播事业局也在积极筹办成立电视台的诸项事宜。1957 年 8 月 17 日，中央广播事业局党组决定成立"北京电视试验台筹备处"。1957 年 12 月，又派代表团赴苏联和德意志民主共和国进行考察访问，学习和借鉴其办电视的经验。该代表团于 1958 年 3 月学成回国。

1958 年 3 月至 4 月，进行电视设备的安装。广播大厦的 10 楼定为电视发射机房，

① 乔云霞主编：《中国广播电视史》，北京：中国广播电视出版社，2007 年，第 109 页。
② 赵化勇主编：《中央电视台发展史（1958—1997）》，北京：中国广播电视出版社，2008 年，第 4 页。
③ 陈刚主编：《中国电视图史》，北京：中国传媒大学出版社，2019 年，第 3 页。

图像及伴音发射机安装于此。天线采用双层蝙蝠翼天线，安装在楼顶，发射机与天线间用同轴电缆双馈连接。天线标高 80 米，覆盖半径约 25 千米。播出机房设在广播大厦西南侧 4 楼的一个大房间里，在此安装了电视播控中心的全套设备。该层拐角一个不足 60 平方米的会议室被改造成演播室，安装了 7 部摄像机。这就是当时电视台的播出设施。

图 3-7 所示为北京广播器材厂制造的我国第一部黑白电视发射机。

图 3-7　北京广播器材厂制造的我国第一部黑白电视发射机

二、开播之初

1958 年 5 月 1 日 19 时整，中国第一座电视台——北京电视台开始进行试验播出。播出频道为二频道；播出时间为每周 2 次，每次 2 ～ 3 小时；播出内容是新闻节目、社会教育节目和文艺节目等。

经过 4 个月的试验播出，北京电视台于 1958 年 9 月 2 日开始正式播出。自此，中国电视事业正式诞生。

1958 年 7 月，又研制出中国第一辆 3 讯道电视转播车。当年国庆节，北京电视台用该转播车，转播了天安门广场庆祝大会的实况和晚上焰火晚会的实况。1959 年，北京电视台将电视发射机的功率增加到 5 kW。

1964 年 12 月，毛泽东主席为北京电视台题写了台名。自 1965 年元旦起，毛泽东主席题写的台名被作为台标正式使用。

1965 年，开始筹建北京月坛发射台。北京电视台依靠自己的技术力量，克服重重困难，经过三年艰苦努力，终于在 1968 年建成了月坛发射台。该台安装了北京广播器材厂生产的 10 kW 发射机，并在月坛公园内建成 1 座 185 米高的电视发射塔，塔顶装有 6 层蝙蝠翼电视发射天线。该台启用后，提高了电视播出质量，扩大了覆盖范围，覆盖半径达到 40 千米。

在黑白电视正式播出的第二年，即 1959 年初，广播科学研究所与北京广播器材厂及有关院校合作，开始研究彩色电视，仅用一年多的时间就研制出全套国产彩电演播设备和发射机。1960 年 5 月 1 日，北京电视台以 NTSC 制式进行彩色电视试验播出，取得初步成果。但由于当时国家经济困难而停止了继续试验。

三、开播彩色电视

1969 年，我国又启动彩色电视的研究。1970 年 1 月，在全国电视专业会议上重新确定要集中力量研制彩色电视。当时国外的彩色电视技术已有较大的发展，一些发达国家都已开播了彩色电视。

为学习国外先进技术，使中国尽快搞出彩色电视，1972 年 10 月，我国派出代表团，赴法国、瑞士、联邦德国、荷兰、英国等国家进行考察。代表团回国后，召开了全国广播电视专业会议。会上，代表们进行了认真讨论，根据考察结果，结合当时中国的情况，权衡利弊，最终决定采用可与黑白电视兼容的 PAL 制作为我国彩色电视制式。会议还决定由北京电视设备厂（它原是北京广播器材厂的"电视设备车间"，于 1971 年 5 月 1 日与原厂剥离后成立了"北京电视设备厂"）和上海广播器材厂分别对 PAL 制彩色电视的相关设备进行研制。

经过半年多的奋战，北京电视设备厂研制出我国第一部 1 kW 彩色电视发射机；上海广播器材厂研制出一套由 3 个摄像机讯道组成的彩色电视中心播出设备。

1973 年 4 月 14 日（一般说成 5 月 1 日），北京电视台开始用八频道在北京地区试播彩色电视节目。二频道仍播出黑白电视节目。同年 10 月 1 日，北京电视台彩色电视频道正式播出，发射机功率扩大到 7.5 kW。自 1977 年 7 月 25 日开始，北京电视台二、八两频道的节目全部改成彩色播出，完成了我国电视由黑白向彩色的过渡。

1978 年 5 月 1 日，北京电视台正式改名为"中央电视台"，对外称"中国中央电视台"。其台标用英文缩写 CCTV（China Central Television）表示。

1982 年，中国彩色电视的制式正式确定为 PAL-D 制。

1986 年，中央电视台彩电中心大楼（如图 3-8 左图所示）建成，中央电视台迁入该新址。1994 年，中央电视塔（如图 3-8 右图所示）建成。2008 年，中央电视台总部大楼（如图 3-9 所示）建成。

图 3-8　中央电视台彩电中心大楼（左）暨中央电视塔（右）

图 3-9　中央电视台总部大楼

四、迅速发展时期

经过约 60 年的发展，特别是改革开放以来，中央电视台发展异常迅速，目前已成为以电视传播为主业，集电影、互联网、报刊、音像出版等多种业务为一体，相互支撑的庞大的多媒体宣传机构。

自 1999 年以来，中央电视台坚持"频道专业化、栏目个性化、节目精品化"的改革理念，先后开办电视剧频道、戏曲频道、新闻频道、少儿频道、音乐频道、社会与法频道等多个专业频道，完成了专业化频道的布局。2005 年，又开始实施"品牌化"战略，注重频道自身建设，突出专业频道特色。

中央电视台在栏目建设方面，鼓励创新，注重营造自身风格，提高栏目品质。全台目前播出的栏目约 400 个，其中不乏观众喜闻乐见的名牌栏目。

在节目创作方面，高度重视节目质量，鼓励出精品。中央电视台拥有先进的节目制作设施，制作能力强大，所播节目中自制节目约占总播出量的 75%。

中央电视台还拥有世界先进水平的移动数字卫星新闻采集系统（DSNG），可随时随地对重大新闻事件进行现场直播。目前，中央电视台的节目制作、播出、传输、卫星转发、新闻回传等环节全部实现了数字化。

据统计，截至 2013 年，中央电视台拥有近 40 万小时的节目资源，年播出总量约为 23 万小时；截至 2020 年底，中央电视台共开办了 22 套开路电视节目、20 多个数字电视付费频道、28 个网络电视频道、22 个高清电视频道和 1 个 4K 超高清频道。

中央电视台还使用多种外语和汉语方言对国内外播出，国内电视人口覆盖率几近 100%。通过卫星传送，对外播出的中文国际频道、英语新闻频道已覆盖全球。

截止到 2010 年 12 月初，中央电视台在欧洲、美洲、俄罗斯、非洲和亚太地区建立了 5 个中心记者站，在全球共设有 14 家记者站，并在中国台湾地区建立了记者站点。由于有此庞大的记者采集网点，因此能及时报道世界各地的重大新闻事件。

中央电视台自成立之日起，就把办好新闻节目作为自己的首要任务。1976 年 7 月 1 日，北京电视台就根据全国各省级电视台协商的意见，第一次试播了全国电视新闻联播节目，这就是《新闻联播》的雏形。1978 年 1 月 1 日，《新闻联播》正式创办，并商定全国各电视台每天 19 点定时转播《新闻联播》节目。

党中央明确提出，自 1982 年 9 月 1 日起，将重大新闻的发布从中央人民广播电台晚 8 点的《各地人民广播电台联播》提前到中央电视台晚 7 点的《新闻联播》，重要新闻首先在《新闻联播》中发布。这标志着中央电视台第一次成为一个独立的新闻发布机构。

《新闻联播》始终坚持"宣传党和政府的声音，传播天下大事"的栏目宗旨，牢牢把握舆论导向，持续雄踞全国同行业栏目收视率第一，成为中央电视台最具权威性、影响力最大的新闻节目。

2003 年,中央电视台又开办专业新闻频道（CCTV–13），当年 5 月 1 日进行试播，7 月 1 日正式播出。这是中国第一个每天 24 小时播出的专业的新闻电视频道，它通过地面开路播放和卫星传输覆盖全国。

中央电视台还开辟多个新闻栏目，如《朝闻天下》《新闻直播间》《新闻 30 分》《中国新闻》《晚间新闻》等，定时或滚动播出。

中央电视台还利用互联网资源进行新闻传播业务的拓展。

2012 年 11 月 1 日,中央电视台新闻中心官方微博"央视新闻"在新浪网正式上线，通过微博这一高效的传播渠道，以首发新闻、独家报道、图像优势为特色，与更多网友分享优质的实时信息、新闻资讯、观点评论等；并将网络舆情及时反馈到节目中，进一步拓展央视新闻的传播渠道，扩大影响力，拉近与网民的距离。

2013 年 4 月 1 日，"央视新闻"官方微信公众号正式上线，每天通过微信为大家带来新闻资讯，其内容均为当天的热点新闻。

2013 年 5 月 1 日，"央视新闻"搜狐新闻客户端正式上线，这是央视新闻继微博、微信之后向移动新媒体的又一次进军。

2013 年 7 月 23 日，"央视新闻"手机客户端正式上线。基于中央电视台遍布全球的记者资源及雄厚的视频制作力量，该客户端每天 24 小时滚动更新，向用户提供"看得见的新闻"。它是央视移动互联网内容发布的主要平台。

至此，央视新闻新媒体"微博、微信、客户端三步走"战略已初步成型。三大平台相辅相成，微信突出"互动"，客户端以"视频"见长，而微博主打"首发"。三个平台的用户数在 2013 年岁末已突破 5000 万。央视新闻新媒体，从无到有，从弱到强，做得越来越好。

第五节　中国国际广播电台

一、延安新华广播电台的对外广播

1941 年 12 月 3 日，延安新华广播电台开始办日语广播节目，这是中国共产党领导的广播电台首次开办对外广播节目，也是中国国际广播电台的前身。当时的对外广播机构就设在一座土窑内（如图 3-10 所示）。

1947 年 9 月 11 日，位于太行山麓河北省涉县的陕北新华广播电台（即原延安新华广播电台）正式播出英语节目。这是新华广播电台对外广播的第二种外语节目。

图 3-10　延安最早对外广播机构的诞生地

1949 年 6 月 20 日，北平新华广播电台开播汉语广州话、闽南话、潮州话节目。

1950 年 4 月 10 日，中央人民广播电台专门组建了国际广播编辑部，负责对国外广播稿件的编辑、翻译和播音工作。当天，就开播了越南语、泰国语、缅甸语、印尼语及汉语客家话节目。至此，中央台已使用了 6 种外语和 4 种汉语方言对外国人及国外华侨广播，对外广播的呼号也改为"Radio Beijing"，即"北京广播电台"，并开始使用单独的频率。

在此后 20 多年的时间里，又先后开播了 33 种外语以及汉语普通话广播。到 1976 年 7 月，对外广播共有 39 种外语（对拉丁美洲广播的克丘亚语于 1980 年停播）及汉语普通话和 4 种方言节目。[1]

---

[1] 赵玉明著：《中国广播电视史文集（续集）》，北京：北京广播学院出版社，2000 年。

二、成立中国国际广播电台

1978 年 5 月 1 日，我国的对外广播机构正式更名为"中国国际广播电台"（简称"国际电台"或"国际台"）。但对国外广播的呼号仍用"北京广播电台"（Radio Beijing）。

1993 年 1 月 1 日起，统一使用中国国际广播电台的呼号"China Radio International"，简称"CRI"。[①]

1997 年，中国国际广播电台迁入北京市石景山区鲁谷小区新建的办公大楼（如图 3-11 所示）。

图 3-11　1997 年投入使用的中国国际广播电台大楼

中国国际广播电台是中国向全世界广播的国家广播电台，其宗旨是"向世界介绍中国，向中国介绍世界，向世界报道世界，增进中国人民与世界人民之间的了解和友谊"。1987 年，邓小平专门为该台题写了台名"中国国际广播电台"。

三、飞速发展时期

经过几十年的发展，中国国际广播电台正努力实现由单一媒体向综合媒体转变，

[①] 胡耀亭、陈敏毅主编：《中国国际广播电台发展史·第一卷（1941—2000）》，北京：中国国际广播出版社，2011 年，第 150 页。

由对外广播向国际传播转变，由本土媒体向跨国媒体转变，已初步成为现代化、国际化的新型综合传媒机构。

中国国际广播电台在世界重要国家和地区设有6个驻外记者总站、32个驻外记者站；并在国内各省、自治区、直辖市建有记者站，拥有庞大的信息网。

中国国际广播电台目前使用61种语言（包括英语、法语、德语、意大利语、日语、西班牙语、世界语、朝鲜语、蒙古语、俄语等51种外语，广州话、客家话、闽南话、潮州话等4种汉语方言，维吾尔语、哈萨克语、柯尔克孜语、藏语拉萨方言、藏语康巴方言等5种中国少数民族语言，及汉语普通话）向全世界播出节目、传播信息。每天累计播出时间达数千小时。图3-12所示为中国国际广播电台对外无线广播的部分发射天线。

图 3-12　中国国际广播电台对外广播的发射天线

目前，中国国际广播电台在国内开展的主要业务是调频广播、电视广播及与地方台合作；在国外开展的主要业务是开办海外电台；此外，还开展新媒体业务、出版业务以及开办广播孔子学院等。

中国国际广播电台对国内开办了3套调频广播节目和2套电视节目。3套调频广播是"英语综合广播""国际流行音乐广播"和"环球资讯广播"；2套电视节目是《环球奇观》和《环球购物》频道。

"英语综合广播"于1984年在北京正式开通，频率为91.5 MHz，通称FM 91.5，亦称"EASY FM（轻松调频）"。它是中国国际广播电台对内开办的第一套外语调频广播。1989年扩版成国内首家准音乐频道，用英语向国内受众推介经典和流行的欧美音乐。1992年进一步开办了中英双语音乐节目。1999年，随着中国国际广播电台对内第二套调频广播的开播，"轻松调频"进一步确定了自己的定位，即音乐加英语新闻。每天播出新闻时事、专题报道、音乐娱乐、英语教学等各类节目。2004年，"轻松调频"在上海开通，之后又相继在合肥、拉萨、兰州、厦门等城市开通并进入互联网，至此形成一个广受欢迎的国际化品牌节目。在北京和互联网上每天24小时播出，其他城市则是部分或全程转播。

"国际流行音乐广播"于2003年4月16日在北京地区开始播出，之后陆续在广州、上海等地开播。北京地区的播出频率为88.7 MHz，在广州地区的播出频率为88.5 MHz。国际流行音乐广播亦称"Hit FM（劲曲调频）"，每天24小时滚动播出当今乐坛的热门金曲，是国内独一无二全天候播出的国际流行音乐频率。它除了向潮流追随者们全面提供世界各大排行榜上名列前茅的最新动感歌曲，也为执着于经典的爱乐者们准备了大量耳熟能详的名歌金曲。目前，它已成为很多人生活中不可或缺的音乐伴侣。"劲曲调频"的动感、时尚、与国际接轨的品牌形象已深入人心。

"环球资讯广播"（CRI News Radio）于2005年9月28日在北京地区正式开播，频率为90.5 MHz。环球资讯广播集合中国国际广播电台独特的资源优势和语言优势，每天24小时播音，其中有17小时为直播形态。环球资讯广播设置早、中、晚、夜四大新闻板块，辅以整点、半点的新闻快递，实现了新闻的即时滚动播出。环球资讯广播内容涵盖时政、财经、旅游、体育、留学、生活、娱乐等多个方面。

中国国际广播电台从1999年10月开始制作并向全国传送国际新闻电视节目。目前，中国国际广播电台电视节目制作中心每天制作和传送上星的电视节目已超过5个小时，用户遍及全国100多个频道及台站。

《环球奇观》频道是中国国际广播电台打造的全国性数字电视频道，每天24小时滚动播出各类国际信息，融娱乐性、知识性和人文性为一体。

《环球购物》频道是经国家广电总局批准的、拥有全国落地资质的电视购物频道，致力于向受众展示中国制造的高端品牌商品以及国际知名品牌商品。

2009年10月，中国国际广播电台与广西人民广播电台联合开办了"北部湾之声"电台，开创了国家级外宣媒体与地方媒体合作的全新模式。目前，中国国际广播电台在内蒙古、吉林、黑龙江、云南等省（区）全面建设边境电台，积极打造面向周边国家和地区的边境电台广播网。

中国国际广播电台在海外开办的第一座调频电台是肯尼亚内罗毕调频台，该台于 2006 年 2 月 27 日开播，频率为 91.9 MHz。2006 年 11 月 19 日，中国国际广播电台开设的老挝万象调频台正式开播，频率为 93 MHz。2011 年 11 月 29 日，中国国际广播电台开设的意大利罗马调频台正式开播，频率为 100.5 MHz。至此，中国国际广播电台在海外共建了 70 座调频台。这些境外台每天播出节目的总时长超过 1500 小时，覆盖 70 多个国家和地区。

中国国际广播电台开展的新媒体业务有：开设"国际在线"网站，开通 CRI 手机广播电视和建立网络台（CIBN）。

中国国际广播电台开设的"国际在线"网站是中央重点新闻网站之一。目前，已发展成为由 61 种语言组成的中国语种最多的网络平台。"国际在线"的访问者来自世界 180 多个国家和地区，日均页面浏览量达 1900 万次。此外，通过开展对外合作，转载"国际在线"内容的境外网站不断增加。据不完全统计，世界范围内链接"国际在线"各语种网站首页的网站已有约 15000 个。到目前为止，"国际在线"已经陆续开通了约 20 家环球网络电台。

2007 年 4 月和 6 月，中国国际广播电台分别在中国联通和中国移动平台上开通 CRI 手机广播电视。CRI 手机广播电视除集成了中国国际广播电台自己的广播、电视、互联网多语种信息资源外，还整合了地方电台、电视台的节目内容。2009 年 7 月 16 日，中国国际广播电台推出面向移动互联网用户的"移动国际在线"英文版。用户可以通过手机随时浏览"移动国际在线"提供的新闻、财经、娱乐、旅游资讯，并可通过"移动国际在线"学习简单实用的汉语。2011 年，"移动国际在线"的法文版、西班牙文版正式上线。目前"移动国际在线"已吸引来自世界各地 5000 多个城市的访问者。

2011 年 1 月 18 日，中国国际广播电视网络台（CIBN）正式成立。它是新媒体领域的国家广播电视播出机构，是中国国际广播电台利用网络、数字等新媒体技术创建的无疆界、跨媒体的综合传播网站。该网络台以多语种、多类型、多终端为特色，向全球受众提供优良的综合信息服务。信息内容涵盖时事、政治、经济、文体、旅游、社会及汉语教学等诸多方面。

中国国际广播电台还拥有中国国际广播出版社和中国国际广播音像出版社，承办 30 多种中外文报刊，向国内外发行，如《世界新闻报》和《国际广播影视》。

《世界新闻报》以报道国际新闻为主，内容涉及国际政治、经济、文化、体育、教育、科技、社会等领域，面向全国发行。《国际广播影视》（2016 年更名为《国际传播》）是一本面向国内外公开发行的反映国际广播影视传播情况的综合性期刊。其宗旨是向读者提供世界各国广播影视的发展情况及其动态，以及有关国际广播、电影、电视、互联网等媒体的最新潮流趋势。

经国家汉语国际推广领导小组办公室（简称国家汉办）授权，中国国际广播电台与中国孔子学院总部携手，于 2007 年 12 月 6 日创建了广播孔子学院。广播孔子学院依托条件成熟的国外听众俱乐部和民间友好机构，利用多语种、多媒体的优势，秉持"用母语教汉语"的理念，先后在肯尼亚、日本、俄罗斯、蒙古、意大利、澳大利亚等地兴建了十几家广播孔子课堂，用 30 多种外语向世界各地的学员教授汉语，宣讲传播中华文化，并开发编制了《每日汉语》《实景汉语》等深受学员喜爱的多语种教材，搭建了无线广播、网络广播、互联网电视等多媒体、多终端的汉语教学平台，推出和承办了《你好，中国》等重要文化推广项目，成为各国人民学习汉语言文化、了解当代中国的重要渠道，极大地拉近了与受众的距离，并受到所在地政府和教育文化部门的重视和关注。

第六节　地方广播电视台

一、地方广播电台

中华人民共和国建立之初，我国实行了大行政区管理休制。当时全国被划分为东北、华北、华东、西北、中南、西南六大行政区。除华北并入中央外，其他五大行政区都设大区一级的行政机构。

各大行政区将已接收并整编的旧电台和自己建立的新华广播电台都改成人民广播电台。当时，全国除中央人民广播电台以外，还设有东北人民广播电台、华东人民广播电台、西北人民广播电台、中南人民广播电台和西南人民广播电台等五大行政区电台。此外还有各省、地区的人民广播电台。

东北人民广播电台始创于1946年9月23日，在佳木斯以"东北新华广播电台"的名称正式播出。1948年7月，东北新华广播电台改称"东北新华广播电台（总台）"，简称"东北台（总台）"。1948年11月沈阳解放后，东北台（总台）迁到沈阳，并于12月25日开始播音。1949年5月1日，该台改名为"沈阳新华广播电台"。[①]1950年5月1日，该台又改名为"东北人民广播电台"。

华东人民广播电台的前身是华东新华广播电台。上海解放后，该台迁入上海，曾以"上海人民广播电台一台"的名称播音。1950年4月1日，该台正式更名为"华东人民广播电台"。

西北人民广播电台于1949年1月5日成立于延安，用原延安新华广播电台的设备播音。当年5月25日西安解放，该台迁入西安，6月1日在西安用"西安新华广播电台"的名称播出，后改称"西安人民广播电台"，1950年9月又改称"西北人民广播电台"，10月1日正式播出。

中南人民广播电台于1949年2月13日在河南郑州建立，开始称"中原新华广播电台"，当年5月22日进驻武汉，自此以"武汉新华广播电台"的名称播音。1950年5月改称"中南人民广播电台"，当时的台址如图3-13所示。

图3-13　位于武汉的中南人民广播电台

---

① 赵玉明主编：《中国广播电视图史》，广州：南方日报出版社，2008年，第80—81页。

西南人民广播电台于1949年11月重庆解放后筹建，1950年5月1日正式以"西南人民广播电台"的名称播音。

1954年，全国六大行政区被撤销。随之，各大区的人民广播电台也被撤销，被并入当地的省级人民广播电台。

各省级人民广播电台大部分都建于1952年以前。到1959年1月1日西藏人民广播电台开始播音后，全国除台湾外的各省区市都建立了省级人民广播电台。

各省级人民广播电台大部分都是在接收旧电台的基础上建立的。建设者们克服了建国初期的物质条件困难，艰苦创业，使地方广播事业初具规模。之后便经历了三年困难时期。

1962年7月27日，国务院批转中央广播事业局关于全国广播事业调整方针和精简工作的报告，提出了"紧缩规模、合理布局、精减人员、提高质量"的方针。根据中央的要求，各地方广播电台相继压缩编制、削减人员，这使地方广播事业一度状态低迷。

1964年，国民经济状况开始好转，广播事业也开始复苏。但好景不长，1966年开始，地方广播事业再度受挫。1967年1月11日，中共中央发出《关于广播电台问题的通知》，规定地方广播电台实行军事管制（即军管），只转播中央人民广播电台的节目。1月23日，中共中央又发出《关于广播电台问题的补充指示》，指出在实行军管时期，地方广播电台可以自编一部分节目。由于当时各地方台的编辑部门基本处于瘫痪状态，所以绝大部分地方台除气象预报以外仍是全部转播中央台的节目，地方台几乎变成了转播台。此种状况持续到军管结束。

自1971年起，虽然允许地方台自办少量节目，但限制较多。直到1978年改革开放后，地方台才又获新生，重新起步。

立体声调频广播的出现给地方台增添了活力，各地方台纷纷开办调频广播。到20世纪末，各地方台开始实行频道专业化，大部分台都开办了新闻频道，专事新闻类节目的播出。

21世纪初，网络技术逐渐普及，电台节目的传播又增添新手段，如虎添翼。各地方台纷纷进行网上广播，之后又运用多媒体技术，在网上推出视频广播，至此，地方台广播才真正呈现兴旺发达的景象。

各省、自治区下辖的地、市级广播电台成立时间参差不齐。如国民政府在这些地区已建有广播电台的，中华人民共和国成立后这些台则被整编成人民广播电台。如唐山，1947 年以前国民政府就建了唐山广播电台；1948 年 12 月 12 日随着唐山市的解放，该台被整编成唐山人民广播电台播出。有些地区建台则较晚，直到 20 世纪 80 年代才建立地区级人民广播电台。如内蒙古自治区的兴安盟（地级行政区），1980 年才组建地区级兴安人民广播电台。

全国很多地区级广播电台都建于 20 世纪 50 年代末，后因 60 年代初的国民经济困难而下马，1964 年国民经济好转后重新上马，1966 年之后再度受创，直到 1978 年改革开放以后才开始复苏。

1983 年第十一次全国广播电视工作会议上提出的"四级办广播"政策给地、县级的广播事业带来了机遇，自此这些基层的广播事业才开始腾飞，搞调频广播、实行频道专业化、进行网上广播等，逐渐撵上时代的步伐。

二、地方电视台

继 1958 年 9 月 2 日北京电视台正式开播后，一些大城市也相继开办了黑白电视广播。如：当年 10 月 1 日，上海电视台试播；12 月 20 日，哈尔滨电视台试播；等等。到 1961 年底，全国拥有地方电视台 19 座。但很快受时局影响，这些台纷纷停播。1968 年之后，停播的电视台才陆续恢复播出。

据统计，1971 年，全国已建电视台有 32 座。其中中央 1 座，省级 27 座，省辖市级 4 座。[1] 从 1979 年 5 月 16 日作为地方台的北京电视台开播起，到 1985 年 8 月 20 日西藏电视台正式成立止，全国各省、自治区、直辖市均有了电视台。

1973 年 10 月 1 日，中央电视台的彩色电视节目正式开播后，当年年底，上海、天津、成都等地就开始试播彩色电视节目。到 20 世纪 70 年代末至 80 年代初，各地方电视台也都完成了由黑白电视到彩色电视的转换。

无论是地方广播电台还是地方电视台，它们都一直在不遗余力地从事新闻传播

---

[1] 左漠野主编：《当代中国的广播电视（下）》，北京：中国社会科学出版社，1987 年，第 12 页。

工作。它们是新闻信息的源头，也是新闻接力传播的交接点，独具中国特色，作用不可小觑。

结 语

中国共产党领导的成立最早的新闻机构是"红中社"。该社随红军长征到陕北后，改名为"新华社"。1940年12月，新华社创办了延安新华广播电台。中华人民共和国建立后，新华社归新闻总署管辖。

1949年6月5日，中共中央决定成立中央广播事业管理处，领导并管理全国广播事业。中华人民共和国成立后，该处升格为中央广播事业局。后经多次机构调整，目前定名为国家广播电视总局。该局下辖三大主要媒体：中央人民广播电台、中央电视台和中国国际广播电台。

中央人民广播电台的前身是延安新华广播电台，目前已具有中国之声、经济之声等约20套专业化节目的规模，用中、短波及调频电视频道对全国进行每天24小时全地域覆盖。其《新闻和报纸摘要》和《全国新闻联播》是重要品牌栏目，备受几代中国听众的重视和喜爱。

中央电视台创建于1958年，目前已成为以电视传播为主业，集电影、互联网、报刊、音像出版等多种业务为一体的多媒体宣传机构。《新闻联播》是中央电视台最具权威性、影响力最大的新闻节目。

中国国际广播电台创办于1941年12月。目前中国国际广播电台实现了由单一媒体向综合媒体转变，由对外广播向国际传播转变，由本土媒体向跨国媒体转变，已初步成为现代化、国际化的新型综合传媒机构。中国国际广播电台目前使用61种语言向全世界播出，每天累计播出时间达数十小时。

中央人民广播电台、中央电视台和中国国际广播电台与各地方广播电视台一起，共同支撑着中国的新闻传播事业。

Chapter 4
Technologies of Radio and Television Coverage

中华人民共和国成立之后,赋予了广播电视"党的喉舌"的使命。为此,广播电视事业的发展受到国家严格的控制,运行受到相关职能部门的严格管理。中国的广播电视事业不追求经济效益,只讲究社会效益。而社会效益最直接的衡量标准就是人口覆盖率。为提升人口覆盖率,国家无论是在政策上还是在资金上,都给予了最大的支持。

第一节 扩大中、短波广播覆盖的技术措施

中华人民共和国一成立,中国共产党就决心领导中国人民走社会主义道路。为使全国人民能步调一致地按党中央的部署行动,就必须有一个得力媒体传达政令,宣传政策。当时的媒体有两种,一种是报纸,一种是中、短波广播。与报纸相比,广播是先进快捷的宣传工具。特别是面对那些数以亿计的不识字的民众,广播的作用是其他媒体不能比拟的。因此,党和政府对广播极为重视,当中共中央要发表什么重要文件或政令时,常常指令:先播出,再见报。[①]为使广播成为党中央与民众沟通的得力工具,扩大电台的覆盖率和提高民众的收听率是中华人民共和国成立初

[①] 黄艾禾:《创建电波上的新中国》,《先锋国家历史》,2009 年第 10 期。

期亟待解决的问题。为解决此问题，中央广播事业局曾实施过四项技术措施：建收音站、建有线广播网、搞大功率覆盖和以小功率、多布点的形式进行转播。

一、建收音站

1949年3月，党中央进北京时，全国解放区共拥有广播电台24座，发射总功率约为40 kW。[①] 随着全国的逐步解放，到1949年底，全国共有广播电台49座，发射总功率约为138 kW（中央台1座，78 kW；地方台48座，总计60 kW）。[②] 当时全国约有5亿人口，其中约八成是文盲。因此，无线电口语广播是民众获取中央政令和新闻信息的重要渠道。

然而，由于经历了抗日战争和解放战争，我国国民经济已惨遭创伤，人民生活水平已低到不能保证温饱的程度。当时我国工业基础极为薄弱，基本没有电子工业，收音机靠进口，价格十分昂贵，一般人买不起。有的城镇平民和乡村农民甚至都没见过收音机。广播要传下去，除需要有传输、覆盖系统外，还需要有接收群体。怎样使广大民众成为广播的受众，是当时急需解决的问题。

鉴于此，1950年4月22日，中央人民政府政务院新闻总署发布了《关于建立广播收音网的决定》（以下简称《决定》）。这是中华人民共和国成立后第一个由政府公布的有关无线电广播的政令。《决定》要求：全国各县市人民政府及人民解放军部队中，均应酌量设置收音员。其任务是收听或记录中央和地方人民广播电台播发的新闻和其他重要内容，由相关部门的工作人员编成小报、墙报（黑板报），在政府机关、部队驻地及居民中分发和张贴；并组织听众收听重要节目。

《决定》还要求：全国各机关、团体、工厂、学校亦应酌量设置收音员，其任务同上。

依据《决定》，在1951年底，各省（自治区、直辖市）人民政府都下发了有

[①]《当代中国的广播电视》编辑部选编：《中国广播电视大事记》，北京：北京广播学院出版社，1987年，第16页。

[②] 刘洪才、郗世杰主编：《广播电影电视专业技术发展简史（上 广播电视）》，北京：中国广播电视出版社，2007年，第118页。

关加强收音站工作的指示。据统计，到 1952 年底，全国共建收音站 23700 多个，设置收音员 4 万余人。

收音员有两项主要工作，一是抄收"记录新闻"，另一是组织群众收听重要新闻的广播。

所谓"记录新闻"，就是在广播电台播完正常节目后，又播发的专供各地电台、报纸以及收音员记录的重要新闻。播音员在播"记录新闻"时语速缓慢，每分钟约播报 25 个字，每句话要重复两三遍，以便于记录。一条新闻播完以后，再用正常速度重播一遍，以供校对。此种形式源起于延安新华广播电台，在当时的新闻广播中，"记录新闻"大约占三分之一的时间。[1]"记录新闻"在 20 世纪 50 年代至 60 年代仍较盛行，在相当长的时间里起到了"语言通讯社"的作用。进入 70 年代以后，摹写机和传真机兴起，新的传送新闻的手段逐步取代了"记录新闻"。1978 年 11 月 6 日，"记录新闻"完全被撤销。[2]

收音员的工作都很辛苦，往往要在深夜 11 点到凌晨一两点钟抄收电台广播的"记录新闻"。次日清晨再将抄收的"记录新闻"交给有关人员编印成小报发行。如果来不及编印，就由收音员口头对民众宣讲或写成黑板报给民众观看。

对重要新闻，收音员还要组织群众收听。这在有电的城市还比较简单，只要用一台收音机、一台扩音机、一只高音喇叭，把听众聚集起来收听即可。若是在既不通电，交通又不便利的偏远山村，组织群众收听广播就很困难。收音员要背负或肩挑几十斤重的收音器材，翻山越岭才能到达目的地（如图 4-1 所示）。因当地民众住得偏僻，很少接触外界事物，所以一遇到收音员来组织大家收听广播，会像过节一样兴奋。

1955 年 3 月，国务院又发布《关于在边远省份和少数民族地区建立收音站的通知》，决定在云南、贵州、西康、甘肃、青海、新疆、广西、海南和内蒙古建立收音站，并拨给这九个地区 1500 部收音机，以加强对边远省份和少数民族地区民众的政策宣传及使他们能获得更多的新闻信息。图 4-2 就展现了内蒙古自治区的猎民

---

[1] 左漠野主编：《当代中国的广播电视（上）》，北京：中国社会科学出版社，1987 年，第 111 页。
[2] 左漠野主编：《当代中国的广播电视（上）》，北京：中国社会科学出版社，1987 年，第 112—113 页。

图 4-1　收音员肩挑收音设备下乡　　　　图 4-2　内蒙古自治区的猎民在收听广播

在收听广播的情形。

在当时的情况下，用收音站传播新闻是一种很好的形式，该形式持续到有线广播网在城乡普及。

二、建有线广播网

有线广播就是将播音、收转或录制的音频信号经扩音机放大后，再经传输线路输送给扬声器（喇叭）播出，供听众收听。户外收听多使用高音喇叭，入户收听则多用舌簧喇叭。各种喇叭的外形结构如图 4-3 所示。

中国最早的有线广播出现在东北解放区。1946 年，黑龙江省哈尔滨市和齐齐哈尔市就建立过以转播上级广播电台节目为主的城市广播站。

1951 年 12 月，中央广播事业局在部署第二年工作时提出，在全国广泛建立收

图 4-3　户外高音喇叭（左）、入户舌簧喇叭（中）、舌簧喇叭纸盆（右）

音站的基础上，要有重点地在有电的中小城市推广有线广播。根据这一决定，1952年4月，吉林省九台县建立了全国第一座有线广播站。

在城镇、农村、牧区建有线广播网是我国广播覆盖的一项技术措施。与无线广播相比，有线广播建设成本低，适合在农村、牧区推广。

1955年11月，毛泽东主席在《征询对农业十七条的意见》中提出要求："在七年内，建立有线广播网，使每个乡和每个合作社都能收听有线广播。"根据这一指示，1956年1月颁布的《一九五六年到一九六七年全国农业发展纲要》中第32条提出："从一九五六年起，按照各地情况，分别在七年或者十二年内，基本上普及农村广播网。要求大部分农业、林业、渔业、牧业、盐业和手工业的生产合作社都能收听广播。"为此，1956年，全国掀起了建设农村有线广播网的高潮。

据统计，1956年底，全国建成的县级有线广播站约有1460个，入户扬声器有50余万只。[1]

中央广播事业局在1955年至1966年召开的历次全国广播工作会议上，都强调要积极发展农村有线广播。因此，从1956年以后，有线广播网的建设热潮持续未退。

1958年，由于受"大跃进"思潮的影响，有线广播站的数量出现过快增长，但一些新建的广播站质量不佳。

之后，又遇到1960年至1962年的国民经济困难，全国有线广播系统精减人员、压缩经费，这些都导致有线广播网的发展出现滑坡。鉴于此，1963年至1965年之间，全国对有线广播网进行了一次大规模的调整、巩固和提高。

在建设农村有线广播网的同时，城镇有线广播网也在迅速建立。很多城镇都建设了广播专用线路和广播放大站，直接让广播喇叭进入城镇居民家中。

在发展城乡有线广播网的历程中，除国家投资兴建、归政府宣传部门领导的有线广播站外，还有为数众多的各单位建的有线广播站。这些广播站主要是工矿企业、机关学校、车站码头等单位所建。它们承担的主要任务是为本单位的需要服务，同时也转播无线电台广播的节目。它们也是中国有线广播网的一个重要组

---

[1] 左漠野主编：《当代中国的广播电视（上）》，北京：中国社会科学出版社，1987年，第361页。

成部分。

此外，在有线传输线路达不到的偏远农村，也建了自村独立的广播站。这些小广播站往往只用大喇叭广播。它们除转播广播电台的节目外，主要用于村内发布通知和广播重要事项等。

1966 年开始，有线广播受到极大关注，也得到超常规的发展。

1973 年 9 月，中央广播事业局在天津召开了全国广播规划座谈会。会上确定有线广播网建设的方针是：建设以县站为中心，以公社广播放大站为基础，以专线传输为主的农村有线广播网。为此，在 1974 年至 1976 年间，全国各公社普遍建了广播放大站，将县广播站直接送到用户的一级传输改为两级传输，即县广播站的信号先传到公社（乡），进行二次放大后，再传到各生产队（村），这就使传输质量有了明显的提高。此时，各县也开始架设广播专用线路。

1978 年，党的十一届三中全会召开以后，农村经济形势发生巨大变化，农村有线广播网也进入新的调整、巩固和提高阶段。

1984 年 4 月 7 日至 15 日，全国农村广播工作会议在河南洛阳召开。会议确定今后发展农村有线广播的方针是：以县（市）广播台（站）为中心，以乡（镇）广播站为基础，建设以专线传输为主，并与多种传输手段相结合，连接村村户户的质量高、效能好的农村有线广播网。依此方针，有线广播网得以加强。

20 世纪 80 年代以前，对于全国大部分县，有线广播台（站）往往是其唯一的新闻传播媒体。1984 年，全国农村有线广播喇叭已有约 8600 万只，农户普及率为 43%。在办得好的县，农户普及率可达 70% 以上，[①] 达到历史最好水平。

20 世纪 50 年代至 80 年代，中国有线广播的发展之快及应用范围之广在世界上是绝无仅有的。这也是一种具有中国特色的传媒现象。作为无线广播的补充和延伸，有线广播在新闻传播和导向功能上更具独特性。

20 世纪 80 年代末，随着电视进入家庭，有线广播开始萎缩。之后，又由于农村生产体制的变更，搞联产承包责任制，致使公社以下的有线广播站无人管理。很多地方由于缺乏维修人员和维护资金，致使传输线路失于维护，杆倒线断。农村有

---

① 左漠野主编：《当代中国的广播电视（上）》，北京：中国社会科学出版社，1987 年，第 375 页。

线广播的发展状态开始呈现低迷。

调频广播的兴起，给有线广播带来了生机。有些县的有线广播站开始借用调频广播的无线传输方式替代有线传输，在调频广播所覆盖的范围内继续进行有线广播。

20 世纪 90 年代中期，立体声调频广播、有线电视等多种传媒手段崛起，有线广播相形见绌，这就使很多地区的有线广播放大站相继关闭。到 21 世纪初，除极少数县仍保留有线广播外，全国大部分县的有线广播站均已关闭。至此，有线广播由于其技术手段的局限性，在完成了历史使命后自行淡出历史舞台。

三、搞大功率覆盖

无论是收音站还是有线广播网，其节目源皆来自无线广播电台。因此，加大无线广播电台的发射功率，扩大其覆盖范围，便成了那时的当务之急。为此，中央广播事业局推出了搞大功率覆盖的技术措施。搞大功率覆盖从三方面着手：一是加强对所接收的国民政府的旧发射台进行改造；二是新建一批大功率发射台；三是加强省级广播发射台的建设。

1. 加强对旧发射台的改造

中央广播事业局从国民政府接收的大功率发射台有北京 491 发射台、云南 501 发射台、吉林 523 发射台等。这里重点介绍 491 发射台和 501 发射台。

（1）491 发射台

1918 年 2 月，当时的北洋军阀段祺瑞欲借助日本之势称霸中国，遂让中华民国海军与日本三井物产株式会社合资兴建供海军通信使用的电台，时称"中国海军中央无线电台"，亦称"中华民国大无线电台"。

该台于 1920 年 4 月动工兴建，于 1923 年 7 月竣工投入使用。此即 491 发射台（简称 491 台）的前身。

1937 年卢沟桥事变后，日本侵略者将此台改成中、短波广播发射台，使之成为侵华宣传的阵地。抗战胜利后，国民政府于 1945 年 9 月接管了该台，并于 10 月 10 日以"北平广播电台"的名称播音。1948 年 12 月北平解放前夕，中共中央军委等部门派代表接管该台。当时该台已破败不堪，并已停止播音。

1949 年 3 月 8 日，该台恢复播出。因它是 1949 年第一季度恢复播音的，故中华人民共和国成立后定名为"491 台"。

1949 年 3 月 25 日，陕北新华广播电台进北平并改名为北平新华广播电台播出，491 台为其发射台。1949 年 4 月 22 日，该台播出了 30 万中国人民解放军横渡长江解放南京的新闻。4 月 24 日，播音员齐越根据有关领导的指示，以北平新华广播电台的名义，通过该发射台和南京国民党中央广播电台进行广播通话，指示对方遵守中国人民解放军"约法八章"，不要听信谣言，要保护机器设备。这次通话配合了我军对原国民党中央广播电台的接管工作。当天，南京广播电台开始播音，奉命转播北平新华广播电台全部节目。[①]

1949 年 10 月 1 日下午 3 点，北京新华广播电台又通过该发射台向全世界播出了中华人民共和国开国大典的盛况。

1949 年 12 月 5 日，北京新华广播电台正式定名为中央人民广播电台，491 台成为中央人民广播电台的发射台。

1948 年底该台被接管时，有两个机房，两部发射机。一部是 10 kW 短波机，另一部是日伪时期留下的日本造 100 kW 中波机。因中波机末级电子管损坏，只用末前级输出，所以实际发射功率为 10 kW 左右。

1949 年 3 月，为了加大发射功率，该台试用苏制 Γ–431 和 Γ–433 发射管对日本产的那台 100 kW 中波机的高频级进行改造。经几次试验，终于将其发射功率提高到 50 kW，之后又提高到 85 kW、100 kW。这是我国对接收电台中的大功率发射机进行的最有成效的恢复改造工作。

1949 年 9 月，又在该台安装了两部苏联制造的 15 kW 短波发射机。这是我国首次整机进口国外的发送设备。1951 年，我国第一副自己设计、制造并架设的高 250 米的钢结构中波拉线塔（发射天线）安装在该台。

1965 年，该台引进法国汤姆逊公司 350 kW 超蒸冷三极管自动调谐短波发射机，于 1968 年装调完毕并投入播出，用于对外广播。

经过几十年来十几次的扩建和改造，目前 491 台已有 6 个机房、近 30 部发射机，

① 《当代中国的广播电视》编辑部选编：《中国广播电视大事记》，北京：北京广播学院出版社，1987 年，第 17 页。

几十个频率轮换使用，总发射功率达到近 2500 kW，年播音约 10 万小时，承担着国家广播电视总局无线局四分之一的播出任务。播出的节目有中央人民广播电台和中国国际广播电台的节目，覆盖国内的东北、西北、华北、闽南地区和国外的东欧地区。

该台还承担着手机电视频道、北京电台的数字音频广播及标清电视等发射任务，堪称中国第一大无线电发射台。

（2）501 发射台

1937 年"七七事变"之前，国民政府就计划筹建昆明广播电台，台址选在昆明西山附近的普坪村。"七七事变"爆发后，该计划被搁置。1937 年 11 月 20 日，国民政府迁都重庆，该计划继续执行。1938 年上半年，决定将原置于广州、因抗战爆发而未安装的英国公司生产的 50 kW 栅调中波发射机及附属部件移运昆明。因战事紧张，沿途受阻，经海、陆转运，几番周折，才于 1940 年 2 月将上述设备运抵昆明。

设备到齐后开始装机，并架设了 1 副 183 米高三角形轻型结构的自立铁塔做发射天线。经过紧张的调试，于 1940 年 8 月 1 日以"昆明广播电台"的名称正式播音。

昆明广播电台的呼号是 XPRA，频率为 690 kHz，发射功率为 50 kW。这是抗战时期中国功率最大的中波广播电台，它每天播出 7 小时，使用语种除国语（民国时期的汉语普通话）外，还有粤、厦、潮等方言及英、法、越、马、泰、日等外语。覆盖范围除云南大部分地区外，夜间还可达川、赣、豫、湘、鄂等省及东南亚诸国。该台的广播为鼓舞国民抗日斗志、促进国际抗日合作做出过贡献。

1949 年 12 月，云南和平解放，中国人民解放军派员进驻昆明广播电台。因多年战乱，此时的昆明广播电台已是破败不堪。进驻人员组织台内员工抢修设备，于 12 月底恢复播出。1950 年 2 月 20 日，电台被正式接管。3 月 4 日，昆明广播电台正式被改编为昆明人民广播电台。

接管前，该台因交纳不起电费而将那部英国产 50 kW 中波机功率降低到 500 W 播出。1953 年初，台内组织技术力量对该机进行修复。当年 4 月 10 日，该机恢复到 50 kW，用普通话、厦门话、潮州话及英语对云南周边及东南亚地区广播，每天播出十余小时。

1955年5月1日，该台划归中央广播事业局，定名为521台。

1956年12月，我国决定在昆明建一座大功率发射台。台址选在昆明西南40千米处的平顶山。1958年8月中旬破土动工，1960年4月竣工。在此期间，安装了2部国产的500 kW自动屏调中波发射机，架设了18副天线铁塔，使该台成为当时世界上功率最大的发射台之一。

1957年，中央广播事业局协同521台的技术人员一起将英国产的50 kW中波机改造成70 kW自动屏调机。1959年10月，中央广播事业局决定将521台的这部70 kW自动屏调机连同183米的自立塔搬迁至平顶山，并在平顶山为其建新机房。521台全体职工克服重重困难，仅用80天就完成了搬迁任务。1960年元旦，70 kW自动屏调机在平顶山开播。至此，521台由普坪村迁址到平顶山。1961年至1963年间，521台又在平顶山台址安装了120 kW短波机2部、50 kW短波机6部，架设短波天线39副。上述设备于1965年初正式投入使用。

1965年元旦，521台正式更名为501发射台（简称501台），直属于中央广播事业局。图4-4所示为501台某机房的外景。

图4-4 501发射台某机房外景

经过几十年的持续建设，目前该台已拥有国内外先进的中、短波发射机近20部，天线30多副，发射功率达约5000 kW，是我国为数不多的大功率中、短波发射中心之一。

中央广播事业局除对旧有发射台491台和501台进行改造以外，对其他较大的接管台也着力进行了改造，如1956年9月，直属523台（原长春宽城子电台）就对一部日伪时期留下的、遭到严重损坏的100 kW中波机进行改造，将其改造成

150 kW 自动屏调中波机，这是我国第一部自行改造成功的、当时最大功率的中波广播发射机。

2. 新建一批大功率发射台

（1）542 发射台

经政务院批准，我国决定在北京房山区长阳镇境内建一座大功率中波广播发射台。这是中华人民共和国成立后建的第一座中波广播发射台，它是苏联援建项目，称"12 号工程"。该工程 1953 年 4 月正式启动，1954 年 3 月竣工，1954 年 4 月 16 日正式投入播出。由于开播时间是 1954 年第二季度，故定名为"542 发射台"。

该台甲机房装有 2 部苏联生产的 CB–150 型 150 kW 中波发射机，台内架设 4 副铁塔天线供该 2 部发射机使用。2 部发射机可单机工作，也可并机工作。4 副铁塔天线可对南方各省做定向发射。此 2 部发射机共用 639 kHz 这一个频率，播出中央人民广播电台第一套节目。

1999 年，该台将服役了 45 年的 2 部苏制 CB–150 型中波机更新成美国哈里斯公司生产的 2 部 DX–200 型 200 kW 全固态数字调幅广播发射机。

2001 年，该台的一个机房被改建成地球站，担负着中央电视台、中央人民广播电台、中国国际广播电台、中广卫星公司、中数传媒、电影频道及付费节目等的传输发射任务。

经过几十年的建设，542 台已逐步发展成为集广播发射、卫星传输为一体的综合台站。

（2）564 发射台

1953 年 6 月，经政务院批准，决定在北京房山区窦店镇建设我国第一座大功率短波广播发射中心。该工程也为苏联援建项目，称"13 号工程"。该工程于 1954 年 7 月动工，1956 年 6 月竣工。先建了一座甲机房，安装 2 部捷克产 100 kW 屏调短波发射机，1956 年 12 月正式播出。因该台是 1956 年第四季度开播，故定名为"564 发射台"。

1957 年至 1958 年，该台又建乙机房和丙机房。乙机房安装 2 部苏联产 120 kW 屏调短波发射机，丙机房安装 2 部北京广播器材厂生产的 120 kW 屏调短波发射机。

当时，该台的四周架设了 29 副呈 360 度环形分布的短波天线。台内设有一个调度室，该调度室除负责节目传送、节目调度、组织代播、换播及收测外，还负责天线倒换，其天线交换闸用的是6×30转向开关，它可使3个机房的6部发射机与29副天线中的任一副组合。这种天线交换系统在当时世界上是首次使用，达到了国际领先水平。

该台的任务是对外广播。其覆盖范围可达东欧、苏联远东、日本、东南亚等地区。

20世纪80年代后期，该台在北京广播器材厂的协助下，将丙机房的2部北广厂生产的120 kW屏调机改成PDM制式，并将其冷却系统由水冷改成蒸发冷却。1993年至1994年，在北京广播器材厂的协助下，该台又将甲机房的2部捷克产100 kW屏调机改成PDM制式，也将其冷却系统由水冷改成蒸发冷却。

2004年底，该台在甲机房南面盖了一座大机房，在此机房中安装了瑞士产500 kW PSM制式及北广产150 kW PSM制式的短波发射机共11部；并架设32副天线；又进行了台内的电力增容改造。原甲、乙、丙三个机房的旧机器及原6×30天线交换闸皆停用。2005年12月26日，这些新设备全部正式启用。

该台承担着中央人民广播电台和中国国际广播电台的对内、对外播出任务。其发射功率比建台之初扩大了近5倍，每天用近200个频时、30多种语言，对国内、外进行广播。服务区在国内可达东北、东南沿海、西北、西南等地；在国外可达东亚、东南亚、南亚、西亚及欧洲等地区。目前，该台技术设备先进，并实行了"无人值班、有人留守"的先进工作模式，成为现代化短波发射中心。

20世纪50年代，我国除新建了北京542台、564台以外，还建了福建552台、河南554台、陕西594台等多座大功率发射台。

1955年12月，在第三次全国广播工作会议上提出中波"大功率、天波大面积覆盖"的技术政策。基于此，20世纪60年代至70年代初，我国继续实施大功率发射台的建设，一批50 kW以上的大功率中、短波发射机相继投入使用。特别是一批国产500 kW特大功率中、短波发射机（这在当时是世界上最大和较先进的发射机），陆续在新疆、云南、江苏、陕西、河北等地的发射台中投入使用。

据不完全统计，20世纪60年代，在全国各发射台投入使用的国产大中功率中、短波发射机有约100部。

1968年，根据党中央有关"战备工程"的批示，我国将建设世界级超大功率发射台。为此，相关厂家生产了单机1000 kW等级的短波发射机和单机2000 kW等级的中波发射机，又分别安装在四川、河北、东北等战备工程所在地。[①]这些设备极大地加强了对国内外广播的发射实力。

3. 加强省级广播发射台的建设

在加强中央直属发射台建设的同时，省级发射台的恢复和建设也在进行。我们以陕西（中国共产党电台的始创地）及江苏（国民党中央电台的曾在地）为例，介绍地方发射台的建设情况，借此可了解当时其他省（区）广播电台的发展进程。

（1）陕西人民广播电台

1949年5月，西安解放。于当年1月在延安成立的西北新华广播电台迁入西安，播控设施安置在西安南院门，发送设备暂借西安电信局的1 kW短波机接替延安的播音工作。同年7月，延安新华广播电台开播时用的1 kW短波机从延安运抵西安，8月底，被改装成1 kW中波机，于9月20日试播，于10月1日正式播音。

开播时，该台是以"西安新华广播电台"的名称播出的，后改称"西安人民广播电台"。1950年，该台又改称"西北人民广播电台"（后文简称"西北台"），频率为1300 kHz，每天播出三次。

1950年4月，全国新闻工作会议后，西北台把对西安市广播的节目分出去成立了西安市广播电台，用1 kW中波机播出。西北台就只用1 kW短波机播出。

1951年10月，西北台从上海复旦电机厂购进一部2 kW中波发射机。12月底，该部机器用880 kHz的频率播出。

1952年，西北台在西安市南郊何家村西南新建1座发射台。当年11月，西北台将2 kW中波机和1 kW短波机相继搬迁到新建台播音。

1953年2月14日，陕西人民广播电台成立，并正式开播。它与西北台共用同一套播控设备、同一部中波发射机（2 kW）、同　个频率（880 kHz）播出。实际是一套设备，两套节目轮替播音。

1954年9月10日，随各行政大区的撤销，西北台的编制被撤销。西北台与西安市台一起并入陕西人民广播电台（后文简称"陕西台"）。

---

① 刘洪才、邸世杰主编：《广播电影电视专业技术发展简史（上 广播电视）》，北京：中国广播电视出版社，2007年，第125页。

由于陕西台中波发射机功率小，短波近距离又有静区，所以陕西很多地方的收音站都收不到陕西台的广播。基于此，1956年，中央广播事业局投资给陕西台在咸阳建了一座新发射台（当地称"第三发射台"），并配置了一部从捷克进口的30 kW中波发射机。

1956年9月，新发射台土建竣工，10月开始安装30 kW中波发射机及其附属设备。

1957年5月21日，30 kW中波机正式开播，替代了原来的2 kW中波机，频率仍然使用880 kHz。

1958年，全国中波广播网建设的方针由"先中央，后地方"调整为"中央与地方并举"，实行中央和省（区）两级办广播、两级覆盖的技术政策。于是各省（区）都相继扩大发射功率。

此时，北京广播器材厂也正式投产试制150 kW自动屏调中波广播发射机。1959年，中央广播事业局将北广产的150 kW自动屏调中波广播发射机分配给陕西台一部。陕西台为安装这部机器，对机房进行了扩建。150 kW自动屏调机于1960年10月1日正式播出，替代原30 kW中波机，频率用900 kHz。原30 kW中波机改频为540 kHz，转播中央台第一套节目。

150 kW自动屏调机开播后，全省收听效果有较大改善。但当时全国各地方台都在争相扩大功率，国外中波台的数量也在增加，且都在扩大功率，所以中波频段的干扰日趋严重。20世纪60年代以后，同频干扰已成为影响中波夜间收听效果的最重要因素。

1982年12月，陕西省政府同意将一部200 kW中波发射机调拨给陕西台替代150 kW自动屏调机工作。为此，1984年4月，发射台再次扩建机房，1985年8月至9月间将200 kW中波机搬迁至扩建的机房，1986年3月开始安装调试。之后，广电部又拨款购置一部762厂生产的50 kW屏调中波机，也安装在新扩建的机房中。1986年11月8日，上述两部发射机正式播出：200 kW机用693 kHz播出陕西台的节目，50 kW机用540 kHz转播中央台第一套节目。

至此，陕西台的发射功率较建台之初有了大幅提高。

（2）江苏人民广播电台

1949年4月23日，中国人民解放军解放南京，国民党中央广播电台随之崩溃。4月24日清晨，原国民党中央广播电台的江东门发射台，反复播出"这里是南京广播电台"，每隔15分钟一次，[1]以表示南京的广播电台仍存在，但已不是国民党的中央广播电台。1小时后，该台接到北平新华广播电台的联络呼叫；几个小时后，又接到北平新华广播电台的指示。当天晚上，江东门发射台便开始转播北平新华广播电台的节目。1949年5月18日，中国人民解放军军管会将南京广播电台定名为"南京人民广播电台"，自此江东门发射台便成了南京人民广播电台的发射台。该台当时的发射天线仍是建台之初所建的发射塔（如图4-5所示）。

图4-5 20世纪50年代初江东门发射台的天线铁塔

1952年8月7日，苏南行政区、苏北行政区和南京市合并，恢复江苏省建制。1953年1月1日，苏南人民广播电台、苏北人民广播电台和南京人民广播电台正式合并，成立江苏人民广播电台，江东门台为其发射台。此时该台的发射机为10 kW中波机。

1957年，该台经中央广播事业局批准实施功率扩大工程。该台借鉴它台的经验，依靠自己的技术力量，将10 kW中波机改造成150 kW自动屏调机，于1959年1月1日正式投入使用。

1982年8月，中央广播事业局批准江苏台使用短波频率对我国台湾地区广播。

---

[1] 肖雷：《南京解放的信号最早从这里发出》，《扬子晚报》，2013年5月24日。

该台购进 2 部 50 kW 屏调短波机执行此项任务。1985 年，又购进一台 PDM 制式 130 kW 中波发射机，替换已使用约 30 年的 150 kW 自动屏调机。

1984 年底，该台实施了扩建工程。土建工程于 1986 年竣工。之后新装和搬迁了 10 部中、短波发射机及其附属设备，并架设中、短波天线各一副，全部工程于 1991 年 10 月完成。

1993 年至 2001 年，江东门发射台又新增 5 部发射机和相关的天馈线及天调网络。

1993 年至 2005 年，该台对原有中、短波发射机进行更新改造，全固态 PDM 系列中波广播发射机，DX100、DX200 等大功率数字调制全固态中波广播发射机等都在该台得到应用，实现了全台中波发射机的全部固态化。

江东门发射台是江苏人民广播事业发展的重要基地。它所播出的节目从解放初期的一套发展到目前的七套。机器设备也实现了从电子管到全固态、从模拟到数字、从人工操作到自动化运行的进化。

2013 年 3 月 5 日，该台被国务院公布为第七批全国重点文物保护单位。2014 年 12 月，这座运行了 82 年，见证了历史巨大变革的江东门发射台完成了历史使命，停机撤台，设备拆迁到新址——南京市江宁区谷里镇莲花塘村。

除陕西和江苏外，其他省（区）的广播电台也基本都是在接收国民政府或日伪电台的基础上建立的，所以普遍存在设备陈旧、发射功率不足等状况。为此，中央与地方一起，加大投入，加速对这些台进行改造。

1958 年 4 月，第五次全国广播工作会议上提出广播工作也要有"大跃进"的精神。中央广播事业局指示各省级广播电台要使用 150 kW 发射机进行中波覆盖。为此全国各省（区）都开始添置 150 kW 中波发射机。有的是对自台的旧发射机进行改造，有的是购置厂家的产品，到 20 世纪 60 年代中期，我国绝大部分省（区）广播电台都有了 150 kW 大功率发射机，使覆盖区内的收听效果得到明显改善。

四、以小功率、多布点的形式转播

中华人民共和国建立初期，面对如此多的收音站、有线广播站及城乡居民家中的矿石收音机，加大无线广播的发射功率以提升覆盖能力是十分必要的。然而，即使是大功率覆盖也没能彻底解决边远地区民众收听广播困难的问题。因中波主要靠地波传播，虽也可以通过天波传播，但天波传播要靠电离层反射进行，电离层的高度与时间、地点、气候等都有关系，是一个不固定的因素，所以中波靠天波传播的覆盖范围很不确定，只在夜晚才稳定一些。中波地波传播的距离取决于发射功率，功率越大传得越远。其覆盖场型取决于天线，如天线不经特殊设计，中波的覆盖场型基本呈圆形。一般情况下，150 kW 的中波发射机若只靠地波，覆盖半径也只有一两百千米。距离再远，白天收听就比较困难。各省建的大功率中波台多在省会所在地，而各省的辖区又不恰好呈圆形，且省会也不恰好在圆心，所以各省大功率台的服务范围很多都落在邻省，自己省内却有很大的盲区。如为覆盖全省而扩大功率的话，不但会加大投资，而且会加大对邻省的干扰。如为覆盖全省而多建大功率台的话，不但浪费频率资源，而且会加大投资。大功率台不但建台投资大，而且运行维护费也相当高。仅用电一项，一部 150 kW 发射机所耗的电量就相当于一个上万人口的小城镇居民日用耗电的总量。在中华人民共和国成立初期，这对一个地区来讲是会不堪重负的。

当时，中央台已在北京、河南、吉林、陕西、福建、云南、新疆等地建了大功率发射台，对全国的覆盖有了明显的改善。但个别地区，尤其北部边疆地区，仍存在收听不好甚至收听不到中央台广播的问题。由于前述原因，中央也不可能通过再建大功率台的方法解决问题。

基于此，1973 年 9 月，中央广播事业局在天津召开的全国广播规划座谈会上确定了中波广播采取"以大、中、小功率相结合，以中、小功率为主，地波覆盖，同步广播"的技术政策。此即中波的小功率、多布点技术政策，简称"小点多布"。

实践证明，这是一项符合当时国情的技术措施。为落实此项措施，20 世纪 70 年代末至 80 年代初，小功率中波转播台像雨后春笋般建立起来。

先是中央台在各省（区）建小功率台，其形式分两种，一种是新建台，另一种是给已有的台配备发射机，基本使全国县级以上的城市都有了转播中央台节目的发射机。这些发射机的功率大多为 1 kW ~ 10 kW。

在这个时期，各省（区）的地级市也大都建立了地（市）级广播电台，其发射功率多为 10 kW ～ 50 kW。各省级广播电台也在地、县设小功率转播台或在已建台中配置小功率发射机，让它们转播省级广播电台的节目。这些发射机的功率大多为 1 kW ～ 10 kW。

中央台在各省（区）、地、县所建的小功率发射台，有转播台和实验台之分；给已有台所配备的发射机也有转播机和实验机之分。转播台（转播机）有固定的频率，转播固定的节目，其频率都纳入全国同步广播网。实验台（实验机）也称干扰台（干扰机），它是中央有关部门根据各地实际收测到境外"敌台"的数量和场强，为抵制外来敌对势力电磁波入侵而规划设置的。这些实验台（实验机）的功率和频率都是经过严格计算的，不许随便改动。在当时，它担负的任务比转播台更重要。在实验台（实验机）投入使用之初，播放的都是杂音干扰信号。到 20 世纪 70 年代末，实验台（实验机）开始用转播节目代替杂音干扰，所播内容多为中央台第二套节目或地方台第二套节目等所谓非规划频率的节目。实验机的功率多为 1 kW，频率由上级主管部门临时通知确定。

实验台与转播台也有合建的，即在一个台内既有转播机又有实验机，这些台既是转播台又是实验台，承担着双重任务，但转播机和实验机不能混用。一般在省（区）级大功率发射台及地级电台的发射台中都设有中央台的转播机和实验机。

图 4-6 所示为当时一个县级小功率中波转播与实验合建台的外景及机房设备。

1983 年 3 月 11 日至 4 月 10 日，第十一次全国广播电视工作会议在北京召开。会上提出 "四级办广播，四级办电视，四级混合覆盖"的事业建设方针及相应的

图 4-6　当时某县级小功率中波转播（实验）台的外景（左）及机房设备（右）

技术政策。同年 10 月 26 日，中共中央批转了广播电视部党组《关于广播电视工作的汇报提纲》，要求结合各地的实际情况执行。这就是在中国广播电视事业发展史上起着十分重要的作用的"中发〔1983〕37 号文件"（通称"中央 37 号文件"）。随着"四级办广播"的方针以中央文件（中央 37 号文件）的形式颁布，有些转播台或实验台又增加机器或使用实验机播出地方台的自办节目。

随着中央 37 号文件的贯彻落实，20 世纪 70 年代中期到 80 年代中期，我国中波广播的建设与发展达到鼎盛时期。

实际上，小点多布和大功率覆盖是各有侧重的。小点多布适用于国内覆盖；大功率覆盖则在对外广播和远距离传输方面占有优势，它还可以在一个较大的范围内起到电磁占空作用，以便有效地抵御外来电磁波的侵入。为此，我国小点多布和大功率覆盖是并行的，针对不同的覆盖目的，采用不同的覆盖手段；在不同的时期，又有不同的侧重。

第二节　扩大调频广播、电视覆盖的技术措施

调频广播和电视都在超短波频段工作，具有相同的传播特性，即直线传播。由于地球曲率的存在，所以调频广播和电视都只能在视线距离内传播，因此两者的覆盖方式相同。因为两者的工作频段相同，所以它们的发射机除结构和工作原理不同外，所用的器件基本相同，功率等级和附属设备也基本相同。因此，两者的发射台基本合建，即同一发射台中既有调频广播发射机，又有电视发射机。图 4-7 所示就是一座调频电视合建的发射台。

一、建调频广播覆盖网

1958 年 5 月 1 日，我国首次播出电视节目，并使用调频广播作它的伴音，这是我国最早出现的调频广播。此后北京广播器材厂又制造出一部专门用于广播，功率为 500 W，频率为 64.5 MHz ~ 73 MHz 的调频广播发射机，于 1959 年元旦在北京地区进行调频广播的试验播出。这是我国首次进行调频广播，后因三年经济困难而

图 4-7　建于高山上的调频电视发射台

终止试验，但其音质优美和抗干扰能力强的特点给人们留下深刻印象。

1963 年 11 月，调频广播网中间试验会议在天津举行。会上提出建立调频广播网的设想，中央广播事业局的领导做了《关于进行调频广播网试验》的报告。之后，国家科委拨款，决定让山东广播事业局在泰山顶上进行调频广播的试验。

因调频只能在视线距离内传播，所以为加大传输距离，必须增加发射天线的高度，为此多在高山建台。如让其进行大面积覆盖，就必须建很多台，环环相切，接力传输，这投资将极为巨大。所以它不如用中波小点多布进行覆盖来得便捷。因此，用调频的方式进行覆盖在当时并没被推广，只被用于传输，兼带覆盖任务。

1968 年 8 月 20 日，中央广播事业局在山东济南召开了总结调频中间试验经验座谈会，推广山东泰安（泰山）高山调频台的建设经验。会议认为，在我国运用调频进行节目传送是一条有效的途径。会议决定利用高山台建设北京至东北、北京至华北、北京至中南、北京至西北等四个方向的调频接力传输线路，为广大农村有线广播站传输中央台的广播节目并兼顾沿途的广播覆盖。此后，中央广播事业局便组织力量，实施了建调频传输网的工程，此即"820 工程"。

到 20 世纪 70 年代中后期，我国建成了北京—黄山、北京—哈尔滨、北京—秦岭三条调频线路。这些线路以传输为主要目的，承担的主要任务是传送中央台的广播节目，使中央台和部分省台的节目通过此网传到沿途各地；也兼起覆盖作用。

1974 年 10 月，中央人民广播电台就以调频广播的形式，通过上述线路下传第一套节目，使各地广播电台与之联播。

继此之后，又有 24 个省（区）相继建起本省（区）内的调频广播传输网，这些传输网主要是将中央台及省（区）电台的节目传输给本省（区）的地区级及县级广播电台（站）。

1975 年，中央广播事业局制订了《调频广播网和电视广播网规划方法》草案。从此调频的建台、设点及频率使用都被纳入规划。

1979 年 10 月，黑龙江人民广播电台成功研制立体声调频调制器，并用它进行了试验播出，这是我国第一次播出立体声调频广播节目。同年 12 月，中央广播事业局在哈尔滨召开了立体声调频广播调制器鉴定会，对该设备进行了鉴定并予以肯定，这标志着我国的调频广播进入了立体声阶段。

1980 年 12 月，广东人民广播电台立体声调频台正式播音。之后，上海、天津、辽宁、福建、湖南等地相继进行立体声调频广播的试验播出。

1983 年 3 月至 4 月，第十一次全国广播电视工作会议确定了"四级办广播，四级办电视，四级混合覆盖"的方针，并规定把调频广播作为对内广播的主要覆盖手段。从此我国就把建调频广播网当成了一项广播覆盖的技术措施。此后，各地便开始建调频台和调频转播台。

1983 年 5 月，广播电视部（即原中央广播事业局）技术局在广州召开了立体声调频广播制式鉴定和国家标准审定会。经过认真讨论，代表们一致建议采用"导频制"作为我国立体声调频广播的制式。会上还通过了与制式有关的"单声道调频广播"和"立体声调频广播"的国家标准（草案）。

到 1985 年，各省、市广播电台开始相继播出立体声调频广播节目。由于立体声调频广播的音质要比中、短波调幅广播好得多，所以受到人们的青睐。从此，我国的立体声调频广播迅速地发展起来。

20 世纪 90 年代初，科技的进步为建调频广播网提供了技术保障。首先是中央台和各省级台的广播电视节目上卫星，这就为各转播台提供了信号源；其次是小功率固态化调频广播发射机的技术成熟，这就为以小点多布方式建调频广播网提供了便利条件；最后是能接收立体声调频广播的收音机空前普及。基于上述三点，到20 世纪 90 年代后期，调频广播发展极为迅速。这段时间，各级广电部门对建调频广播网也极为重视，连续实施了"三小站"工程、"村村通"工程、西新工程及农村无线覆盖工程等，投入大量资金，建了大量的调频转播台站，并固定管理机构，拨付维护资金，保证这些站点能长久运行。

到 2008 年，我国已建成了一个覆盖能力可与中波广播覆盖网相媲美的调频广播覆盖网。

二、建电视覆盖网

由于电视信号只在视线距离内传播，所以要远距离传播，就必须依靠转播。转播有两种形式，一种是"差转"，一种是"直转"。所谓差转就是使用收发合一的差转机，将接收的电视信号进行解调放大，然后再调制到另一个频率上发射出去。差转台与被差转台之间的距离只能是视线距离，为实现远距离传播，只能进行多次差转，但多次差转会严重影响图像质量，所以差转一般不超过两次。所谓直转就是使用一般的电视发射机转播其他台的节目，这就需要信号源。信号源可来自接收机，也可以是录像带。1959 年，江苏省无锡市就建立了中国第一座电视转播台，用差转的方法转播上海电视台的节目。随后唐山也建立了转播台，转播中央电视台（当时称北京电视台）的节目。[①]

20 世纪 70 年代中期，随着电视机的普及和彩色电视的兴起，全国各县级以上的城市皆建立了电视转播台。但由于当时技术条件的限制，传送信号只能靠差转或传递录像带。当时很多转播台都以录像机作为信号源，即在欲转播的电视台附近用收录设施对该台所播的节目进行录像，然后再用飞机、火车、汽车等交通工具将录像带送至转播台，通过录像机播放录像带进行播出。这可不受距离的限制，却不能做到即时转播，有的甚至要滞后几天，这就严重地影响了新闻节目的时效性。

20 世纪 70 年代后期，广播电视节目开始通过邮电系统的微波网传输。到 80 年代中期，广播电视节目又开始用通信卫星传输。这就彻底摆脱了差转和异地传递录像带的转播模式，从根本上解决了节目信号源的问题。传输广播电视节目的微波站如图 4-8 所示。

[①] 左漠野主编：《当代中国的广播电视（下）》，北京：中国社会科学出版社，1987 年，第 212 页。

图 4-8 建于广袤草原上的传输广播电视节目的微波站

1983 年中央提出的"四级办广播，四级办电视，四级混合覆盖"的政策和技术的进步推动了我国广播电视事业的快速发展。1983 年至 1988 年，全国电视发射台、转播台的数量急剧增加，基本在全国形成了一个无线电视覆盖网。

20 世纪末到 21 世纪初，国内又实施了"三小站"工程、"村村通"工程、西新工程及农村无线覆盖工程等，这些工程对电视转播台有了空前的加强。据有关部门统计，截止到 2008 年底，全国共有电视发射台、转播台近 18500 座（其中 100 W 以上的发射台、转播台约有 3300 座），电视发射机 32600 余部，发射总功率约为 12000 kW。

第三节 为扩大和巩固广播电视覆盖实施的五项工程

为扩大广播电视的覆盖，国家广电总局曾组织实施过五项全国性大型工程，即："三小站"工程、"村村通"工程、西新工程、农村无线覆盖工程及无线数字化覆盖工程。

一、"三小站"工程

为提高边疆地区农村牧区广播电视的人口覆盖率，1990 年 10 月，当时的广播电影电视部在新疆召开了由新疆、西藏、内蒙古三个自治区参加的"三区会议"。

127

会议决定要在这些自治区旗（县）以下的乡（镇）建立小型卫星地面接收站、小功率调频转播台和小功率电视转播台，这就是"三小站"工程。

"三小站"中，是以小型卫星地面接收站作为信号源，它与50 W以下的调频发射机组合可构成小功率调频转播台，与50 W以下的电视发射机组合可构成小功率电视转播台。当时建的"三小站"如图4-9所示。

图4-9　当时内蒙古自治区某乡镇建的"三小站"

"三小站"在当时确实起到扩大广播电视覆盖的作用。但由于疏于管理和缺乏维护资金，到2000年，有半数以上的"三小站"陆续停机或关闭。没关停的"三小站"经后来的"村村通"工程、西新工程及农村无线覆盖工程等工程的充实而发展成规模较大的调频、电视转播台。

二、"村村通"工程

1998年1月，在北京召开的全国广播影视厅局长会议提出："要力争在2000年基本实现村村通广播、村村通电视。"据此，开展了"村村通"工程。

"村村通"工程分几个阶段进行。第一阶段是1999年至2000年，由国家和实施工程的省（区）联合出资，在已通电的行政村进行"村村通"工程建设。建设标准是通中央电视台第一套节目和省（区）电视台第一套节目及中央人民广播电台的第一套节目，此即所谓"2+1"标准（加号前是电视套数，加号后是广播套数，下同）。

第二阶段是 2001 年至 2002 年，仍由国家和地方两级投资，在已通电的行政村和部分已通电的自然村实施"村村通"工程建设。建设标准是通中央电视台第一套节目和省（区）电视台第一套节目及中央人民广播电台第一套节目和省（区）广播电台第一套节目，此即所谓"2+2"标准。

由于管理不善和缺乏维护资金及专职维护人员，到 2004 年，在各地已建成"村村通"的行政村和自然村中，又出现返盲现象。

第三阶段是 2004 年至 2005 年，国家广电总局又重点抓"村村通"工程。仍以国家和地方联合投资的形式，在新通电的行政村和 50 户以上已通电的自然村实施"村村通"工程建设。建设标准为"4+2"，即通中央电视台第一、第七套和少儿频道及省（区）电视台第一套电视节目（共 4 套电视节目），以及中央人民广播电台第一套及省（区）广播电台第一套广播节目（共 2 套广播节目）。

在 2004 年至 2005 年的"村村通"工程建设中，各地实施的技术方案已较为多样：一是在有条件与已建成的有线广播电视网联网的地区实行有线联网；二是在人口密集、居住集中的地区建小片有线广播电视网，即利用卫星接收信号建有线广播电视小前端，再通过有线或 MMDS（多路微波分配系统）传输，然后电缆入户；三是在人口较少、居住分散的地区搞模拟一机多发，无线覆盖；四是在人口稀少、居住极为分散的地区搞直播卫星个体接收。

为防止返盲，自 2005 年起，中央对已实现"村村通"的行政村每年拨给 1000 元的维护资金。各省（区）广电局也责成各县级广电局成立"村村通"工程维护管理中心，各装有"村村通"设备的村设广播电视站及"村村通"广播电视室，固定专人负责"村村通"设备的维护管理，这就使以前的返盲村绝大多数得以恢复。

三、西新工程

20 世纪 70 年代至 80 年代，依据小点多布、同步广播的原则在全国建设偌多小功率中波发射台，其目的就是要在全国范围内建立全天转播中央台第一、第二套节目和各省（区）台第一套节目的中波广播覆盖网。当时，我国处于计划经济时期，这些台都是由国家投资兴建，并由国家拨付维护经费，因此各地办台的积极性很高。

20 世纪 80 年代后期，彩色电视得到普及，其声影俱全且有声有色博得大众的喜爱，使人们产生重电视、轻广播的倾向。此时，城市里的立体声调频广播也随之兴起，以其优美的音质使中波广播相形见绌，所以人们喜欢听调频而不喜欢听中波，这就使中波广播受到冷落。20 世纪 90 年代以后，有线电视崛起，以其能接收多套电视节目而更获民众青睐。于是有些领导和一大部分民众产生了重有线、轻无线的心理。

综上所述，在当时，从上到下，已形成了一种"重有线、轻无线，重电视、轻广播，重调频、轻中波"的观念。

当然，中波广播自身也存在问题。中波广播主要靠地波传播。20 世纪 70 年代以前，我国城市保持着一种中国式的古朴，很少建高楼大厦。中波在这样的环境中传播，可谓畅通无阻，所以当时人们收听中波广播感觉清晰悦耳。20 世纪 80 年代以后，我国进入改革开放时期，经济迅速发展，城镇变化日新月异。无论大城市、小城镇，新建高楼大厦鳞次栉比。这些建筑都不再是中国旧有的土木结构，而是钢混结构，并且里边布满了错综复杂的供电网、通信网。我们试想，若把一座城市所有建筑的水泥砖石剥掉，裸露出的钢筋骨架及网络线路，无异于一片金属森林。它们都对中波的传播起屏蔽和干扰作用。不难想见，中波穿行于其中，将受到何等阻碍。此外，城乡工业用电量日益增加，供电网中的非正弦交流成分越来越大，杂波辐射也越来越多，加上交通、通信设备产生的干扰，都破坏了中波背景的纯净。所以人们感到在城里收听中波广播效果越来越差，这就是所谓的中波广播"进城难"。

20 世纪 80 年代中期，中央提出四级办广播、四级办电视的方针。在允许地、县级广电部门自办节目的同时，又要求地、县级政府所管辖的转播台（实验台）必须完整地转播中央台和省（区）台的第一套节目。在经费不充裕的情况下，利用有限的经费既要自办节目又要完成上级的转播任务，不免捉襟见肘。为此，地、县级相关部门出现"重视自办节目的播出而轻视转播工作"也属正常现象。况且当时物价上涨较快，上级拨付维护经费的定额却一直未变，在有些地区，上面拨付的经费甚至不够交纳电费。

此外，自改革开放以来，我国逐渐由计划经济向市场经济过渡。随着经济体制的转轨，效益至上的观念逐渐深入人心。在广电行业中，传媒手段日益多元化，在众多媒体的竞争中，就经济效益而言，中波广播是最低的。它只讲社会效益而不讲经济效益，因此在当时趋利的氛围中，它被冷落也是理所当然的。

基于上述诸种原因，到20世纪90年代中期，全国的小功率中波转播台（实验台）都呈现逐渐萎缩状态。除少数台能按规定的功率和时间维持正常播出外，其余大部分台都在降低功率和减少播出时间，有的甚至停机。这种现象在经济欠发达的边疆地区显得尤为严重。

广播电视的覆盖效果通常以人口覆盖率作为衡量标准，但人口覆盖率只是空间概念。实际上广播电视的覆盖率既有空间概念，又有时间概念。空间覆盖率是指覆盖的空间范围，包括覆盖的人口；而时间覆盖率是指播出的时间，也就是每天播出几小时。只有两者综合起来才能真正反映广播电视的覆盖率。两者综合考虑，我们可引入"时空覆盖率"这一临时概念。据调查统计，当时某些地区"时空覆盖率"指标完成最好的也只有上级规定指标的20%。[①] 这就是所谓"中波滑坡"。有些地区中波滑坡非常严重，中波广播已濒临崩溃。

2000年夏，中央组织政协民主人士到新疆、西藏等边疆地区考察工作。考察中发现，收音机中所收到的都是境外敌对势力的电台，却听不到中国的广播，为此感到事态严重。2000年9月15日，中共中央召开座谈会，听取各民主党派中央、全国工商联负责人和无党派人士关于实施西部大开发战略的意见和建议。与会人士反映了在西藏等地听不到、听不好我们自己的广播这一情况。这引起党中央的极大重视，就此做了重要指示：一定要大力加强西藏、新疆等边远省区广播覆盖与实验工作，积极开展反对西方敌对势力和民族分裂势力的斗争，把反动有害的宣传压下去，让党中央的声音进入千家万户，把中国的声音传向世界各地。

随后，由国家广电总局安排和部署，我国在西藏、新疆、内蒙古等3个自治区和广西、云南、青海、四川等4个省（区）的藏族自治州（县），组织实施了"西

---

① 金文中：《关于我区中波广播覆盖的现状及思考》，《内蒙古广播与电视技术》，2000年第2期。

新工程"。

西新工程分期进行，其中第一、二期主要是针对中波广播。

第一期西新工程是恢复播出期。实施时间是 2000 年 10 月至 12 月。任务是把已停的中、短波发射机全部开起来，并恢复"满时间、满功率、满调幅"的"三满"播出。在时间紧、任务重的情况下，实施西新工程省区的同志们不畏气候寒冷，克服交通不便等重重困难，都比较好地完成了任务。

第二期西新工程是全面加强期。时间是 2001 年 1 月至 12 月。任务是完成中、短波发射机的固态化改造，更新中波发射台及转播台的附属设备。

在第二期西新工程期间，还完成了 1 kW 以上中波转播台（实验台）的成建制上划，即原来归各地区或县广电局管理的转播中央台和省级台节目的转播台、实验台，统一将人员及设备成建制地划归省（区）广电局管理，并由中央有关部门拨付适当的维护费用。这一举措大大地加强了对中波转播台、实验台的管理力度，也使这些台增强了活力。

经过西新工程的实施，工程所涉及的发射台全部将旧的屏调式电子管发射机更新成 PDM、PSM、DM 制式全固态发射机，附属设备也全部更新成最新款式。图 4-10 所示为西新工程前某旗（县）级转播台的中波发射机，图 4-11 所示为经西新工程更新后某转播台的全固态中波发射机。

图 4-10　西新工程前某旗（县）级转播台的中波发射机

图 4-11　经西新工程更新后某转播台的全固态中波发射机

西新工程不但对所涉及台站的设备予以更新，而且中央有关部门还承担这些转播台的全部电费和部分维护经费。这些举措不但有效地遏制了中波滑坡，而且使中、短波广播得到全面的加强和发展，可以说，经过西新工程，中、短波广播迎来了第二个春天。

四、农村无线覆盖工程

2005 年 12 月 19 日，国家广电总局张海涛副局长在国家广电总局科技委员会七届三次会议的报告中提出"要加强农村广播影视建设，完善广播影视公共服务体系"，并指出"无线是广播电视公共服务的主要手段，也是我国农村地区接收广播电视的主要方式"。根据此讲话精神，国家广电总局科技司于 2006 年 8 月 16 日，下发了《关于加强全国农村中央广播电视节目无线覆盖技术规划方案的通知》。

2006 年 9 月 20 日，国务院办公厅也下发了《关于进一步做好新时期广播电视村村通工作的通知》（国办发〔2006〕79 号），文件指出，在"村村通"工程的基础上，进一步巩固农村广播电视建设成果和完善农村广播电视基础设施建设，充分利用广播电视的无线资源，发挥各地现有广播电视无线发射转播台（站）的作用，大力提高农村地区的广播电视无线覆盖水平，使广大农民群众能够无偿地收听收看到包括中央第一套广播节目、中央第一套和中央第七套电视节目，以及本省第一套广播电视节目等 4 套以上的无线广播和电视节目。

农村中央广播电视节目无线覆盖工程就此开始。该工程简称"农村无线覆盖工程"，它实际是"村村通"工程的延续。

农村无线覆盖工程自 2006 年开始实施。任务是在已建成的中、短波发射台及调频、电视转播台中，利用这些台站现有的人员和物质条件，再新增添适当数量的调频发射机和电视发射机，并更新改造这些台站的附属设备。农村无线覆盖工程实施后某县级调频电视转播台添置新设备后的机房内景，如图 4-12 所示。

农村无线覆盖工程实施程序是：先由各省（区）广电局派出若干个调研组到涉及农村无线覆盖工程的台站进行现场调研；然后由省（区）广电局与所辖地（市）级广电局负责人进行座谈、商讨，落实"农村无线覆盖"建设任务，并由省（区）广电局制订出工程建设实施方案；再之后就召开动员大会，由省（区）广电局领导与各地（市）广电局负责人签订责任状，并由省（区）财政厅以文件的形式联合下

图 4-12　农村无线覆盖工程实施后某县级调频电视转播台机房内景

发农村无线覆盖工程建设任务书。

农村无线覆盖工程所需器材、设备分两级进行招标采购，国家广电总局负责发射机的招标采购，省（区）广电局负责附属设备的招标采购。

工程完成后，由省（区）广电局组织并派出验收组，对相关台站进行全面验收。

2008 年，完成了转播中央人民广播电台"中国之声"和中央电视台第一套、第七套节目的设备更新改造；2010 年，完成了转播地方省级广播电台、电视台第一套节目的设备更新改造。至此，农村无线覆盖工程圆满结束。

五、无线数字化覆盖工程

为推进无线广播电视数字化转换工作，推进基本公共文化服务标准化、均等化，切实保障城乡居民听好广播、看好电视，2014 年，国家新闻出版广电总局和财政部联合印发《关于实施中央广播电视节目无线数字化覆盖工程的通知》（新广电发〔2014〕311 号），依此文件，在全国实施了中央广播电视节目无线数字化覆盖工程，简称"无线数字化覆盖工程"。

无线数字化覆盖工程的具体内容是：在原有发射、转播台站新增不同功率等级的地面数字电视发射机以及配套的附属设备和信号源机顶盒，使播出实现全程数字化。实施无线数字化覆盖工程后某县级转播台添置的新设备如图 4-13 所示。

图 4-13 实施无线数字化覆盖工程后某县级转播台添置的新设备

无线数字化覆盖工程的程序是：先派调研组到各台站对其基础信息进行调研，之后与相关专家商讨制订各台站的建设方案和技术方案，同时征求台站所在地的基层广电局意见。形成可行的最终方案后，再在中央和地方两级进行公开招标采购所需设备。中标企业将设备生产完毕后，地方广电局派工作组赴生产厂家对产品进行抽验，抽检合格后才准予发货。设备运抵各台站后，由各台站组织力量，协同厂家对设备进行安装、调试。之后进行验收，合格后方交付使用。

电视地面无线数字覆盖使用分米波段，执行 GB 20600-2006 DTMB 标准，编码采用 AVS+ 标准。每部发射机所用的频率由国家广电总局重新规划。发射机的功率等级为 50 W、100 W、300 W、1 kW 不等，所播出的信号皆为数字码流信号。当时，民众若用现有的电视机接收此种信号，需自购机顶盒，将所接收到的数字信号经机顶盒转换成模拟信号后再输送给电视机。此后新出的电视机，国家强制规定要内置机顶盒。

无线数字化覆盖工程是继有线电视整体平移后的又一得力技术政策，它加速了我国地面无线广播电视数字化改造的进程，为达到《广播影视科技"十五计划"和 2010 年远景规划》中提出的"2015 年停止模拟广播电视播出"的宏伟目标做出了贡献。

结　语

中华人民共和国成立后，党和政府对广播极为重视。为使广大民众听到广播，中央广播事业局曾实施过四项技术措施：建收音站、建有线广播网、搞大功率覆盖和以小点多布的形式建转播台。

在人民生活贫困、民间收音机极少的中华人民共和国建立之初，用收音站传播新闻是一种很好的形式。而相继推行的建有线广播网，也是非常符合我国当时国情的一项措施。中国有线广播发展之迅速及应用范围之广堪称世界之最。有线广播传播新闻的功能在当时领先于其他媒体。

在实施大功率覆盖措施中，我国曾从三方面着手。一是在重点城市及边疆省区建了多座中央直属大功率发射台；二是对接收的旧电台进行设备改造；二是加强省级台的建设，为其投资进行设备更新改造，增强它们的覆盖能力。

在实行小点多布建转播台的技术措施中，我国曾在全国范围建了一个遍布各市县的中波广播覆盖网。在1983年第十一次全国广播电视工作会议后，由于"四级办"政策的指导和广播电视节目上卫星解决了信号源问题以及小功率调频、电视发射机固态化技术的成熟，我国又迅速建成了一个以小点多布方式布局的调频、电视无线覆盖网。

为了进一步扩大广播电视的覆盖，国家广电总局又部署了三小站、村村通、农村无线覆盖等工程，有效地提高了边远地区及广大农村、牧区的人口覆盖率。在此期间又安排部署了西新工程，有效地遏制了无线中波、调频、电视覆盖率的滑坡，使这些基于公益事业而建设的广播电视无线覆盖网得以健康发展。

第五章
广播新闻制播技术的发展

Chapter 5
Development of Technologies of Radio News Production and Broadcasting

新闻通过广播传播，必须先把声音变成广播节目。此过程在广播电台的制播中心完成。制播中心所用的设备是声音拾取、记录及存储设备，如话筒、留声机、电唱机、录音机及音频工作站等。制播中心的工作流程是采、编、录、播，它是由训练有素的专业人员在严格的操作规程规范之下应用各种专业配套设备来完成的。

第一节　声音记录存储设备的发展历程

一、话筒

话筒的英文名称是 microphone，音译为"麦克风"，英文简称为 mic，音译为"麦兑"，简称"麦"。话筒是声电转换器件，它可将声音转换成电能。自电话发明之后，话筒就出现了，当时称送话器。当人们发明了录音技术后，就发现电话送话器噪声太大，不适用于录音。于是科学家们便致力于发明适合录音用的话筒。到 20 世纪中叶，各种适用于录音的话筒被逐一开发出来。话筒种类繁多，其中具有代表意义的有如下几种。

1. 炭精话筒

炭精话筒也称炭粒话筒，它是最早发明的话筒之一。其工作原理是利用声波挤压松散集聚的炭粒，使其电阻发生变化。当其串接于电路中时，就会使电路中的电流发生变化，从而使声音变成了电信号。该种话筒构造简单，造价低廉；但性能不好，噪声大、失真大。

2. 铝带式话筒

铝带式话筒也是早期研制出的一种话筒。其结构及工作原理是：将 2 ~ 5 微米厚、几毫米宽、几十毫米长的铝箔固定在永久磁铁的磁场中，当声波推动铝箔振动时，铝箔切割磁感线产生感应电动势，使声音变成了电信号。因其振动单元是带状铝箔，所以人们称之为铝带式话筒。该种话筒的优点是：频响平直、非线性失真小、动态范围宽，尤其对高频的响应能力较好。缺点是：输出信号小，机械强度低，话应外界环境的能力差（怕风、怕潮）。所以它一般只用于室内。

3. 动圈话筒

动圈话筒的基本结构及工作原理是：振动膜与音圈（绕有绝缘导线的轻骨架线圈）连在一起，音圈置于固定磁体的环形磁隙中。当振动膜在声波的作用下振动时，它便带动音圈振动而切割磁隙中的磁感线，从而在音圈两端产生感应电动势，这就将声音变成了电信号。它与铝带式话筒同属电动式话筒。动圈话筒的性能稳定可靠，具有良好的频率特性和低噪声。其结构牢固、经久耐用。此外，它几乎不受温度或湿度的影响，并能承受极高的声压，所以适合在强音源的环境中使用。

4. 电容话筒

电容话筒的构造及工作原理是：其振膜是一张极薄的镀金膜，它充当电容器的一个电极；与其相隔零点几毫米处固定的金属板充当电容器的另一个电极，两者构成一个小容量电容器。当振膜随声波振动时，振膜与固定极板间的距离随之变化，这就使其电容量发生变化，从而引起容抗发生变化。若使此变化的容抗接于放大器的输入电路，则放大器就可输出由声波转化成的电信号。

为使电容话筒正常工作，必须给电容两端加一直流电压，此电压通称"极化电源"。另外，由于电容话筒输出信号极小，输出阻抗又极高，所以应先对其输出的电信号加以放大并进行阻抗变换，之后才能与后续电路连接。这个放大兼阻抗变换的电路通称"预放大电路"，该电路通常集成在电容话筒内部。因有预放大电路，所以电容话筒工作时需要外加电源，此电源通称"幻象电源"。

加有预放大电路的电容话筒灵敏度非常高，比常用的动圈话筒灵敏得多。绝大多数电容话筒都能够精确地捕捉到很多人耳根本听不到的声音信号。

电容话筒的优点是：频率特性好，灵敏度高，噪声小，失真小，瞬态响应性能好，且无方向性，加"预放大电路"后输出的信号电平比较高。其缺点是：工作特性不稳定，低频段的灵敏度会随使用时间的增加而下降；寿命比较短；因工作时需要外加电源，所以使用不太方便。

电容话筒是一种专业录音话筒，适用于任何需要优质声音的场所。它是现场扩声或现场录音的最佳选择，录音棚中多用。

电容话筒出现于20世纪初，历史也较悠久。经过近百年的不断改进，目前已成为话筒界的主力军。由它派生出的大振膜电容话筒性能优良，被广泛地应用在广播电视系统；而由它派生出的驻极体话筒则由于其体积可做得很小，所以被广泛地应用于手机及便携式录音设备中。

话筒是用声音传递新闻信息的主要工具，尤其是广播电台和电视台，话筒是其必备的设备。它是新闻采访记者的耳朵，是播音主持人的嘴。广播电台、电视台的语音新闻节目都是通过话筒传播出去的。

20世纪20年代至40年代，电台所用的话筒都是炭精话筒和铝带话筒。如开国大典毛泽东主席在天安门城楼上讲话时，传声器用的就是炭精话筒。[1]

20世纪50年代，动圈话筒和电容话筒兴起，广播电台、有线广播站才开始使用动圈话筒和电容话筒。但部分农村、厂矿的有线广播站仍然使用炭精话筒，直至60年代初才逐渐将之淘汰。

20世纪70年代至80年代，传声技术发展很快，话筒种类也日渐增多。广播电台、电视台开始使用档次较高的专业动圈话筒和专业电容话筒。

20世纪90年代以后，中央及省级广播电台、电视台都将话筒更新成世界顶级的专业话筒，这些话筒的品牌有：德国的森海塞尔、美国的舒尔、奥地利的爱科技

① 刘洪才、邸世杰主编：《广播电影电视专业技术发展简史（上广播电视）》，北京：中国广播电视出版社，2007年，第3页。

（AKG）及日本的铁三角等。

二、留声机

留声机是声音的记录存储设备。1857年，久居法国的爱尔兰籍物理学家里昂·斯科特发明了声波振记器，亦称语音描记器，如图5-1所示。该发明于1857年3月25日取得专利。该描记器是最早的声音记录仪，它可将声音振动的波形描绘在用蜡烛熏黑的纸张上。但它只是记录下声波形状，并不能还原重放声音。

图5-1　里昂·斯科特发明的声波振记器

1877年11月，美国大发明家爱迪生研制出人类历史上第一部留声机——锡箔唱筒。12月，他申请了该项发明的专利。该留声机是将声波转换成金属针的震动，依据声波的强弱，金属针在圆筒形锡箔上刻出深浅不同的沟槽。当金属针再一次沿锡箔上刻出的轨迹行进时，便可重放出锡箔上记录的声音。因记录声音的沟槽是以深浅代表声音的强弱的，所以人们称之为"纵向录音"。1878年，爱迪生成立制造留声机的公司，生产上述锡箔唱筒。这是世界上第一代商品留声机。

1887年，德裔美籍发明家艾米利·伯林纳研制出一种平面型留声机。其结构是：使用圆片形（亦称碟形）涂蜡锌版代替爱迪生的锡箔圆筒作为录制和播放声音的载体，此载体通称唱片，它是在平面上转动的。录音时，采用金属针横向振动刻纹的方式记录声音，我们称之为"横向录音"。放音时，金属针划过唱片上的沟槽就能还原出声音。实际它就是后来唱片和留声机的雏形。伯林纳的发明获得了专利，并于 1888 年在美国费城展出。1891 年，他又研发出以镀金的铜模作为母盘，再以硬蜡作为原料（后来用虫胶作为原料），进行唱片复制的方法，使唱片有了批量生产的可能。1893 年之后，唱片就开始大量生产了。

1895 年，爱迪生成立国家留声机公司，生产、销售用发条驱动的留声机（如图 5-2 所示）。所谓发条驱动就是先用手摇的方法上紧发条，之后再让发条逐渐放松而带动唱片转动。这类似于机械钟表，发条被上紧后，发条在放松的过程中带动表针转动。

图 5-2　发条驱动的留声机

至此，留声机基本定型：手摇发条做动力驱动，用唱片记录声音，用钢针划动唱片上的沟槽带动振动膜发声并由大口径喇叭放音。唱片的制作工序是：用蜡版刻槽做成母盘，再用电铸法制出模具，然后用虫胶等材料灌制成唱片。

在录音机发明之前，留声机是唯一记录声音的工具。它不但被用于录制音乐，也被用于录制重要语音信息。当时的广播电台不但播送音乐借助留声机，播送名人讲话也靠留声机。如孙中山先生在 1925 年 3 月 12 日逝世后，3 月 26 日北平各界在北平中山公园社稷坛举行的悼念仪式上，就用播音器放送"国父演讲"的录音片给民众听。这里的录音片就是留声机的唱片。

三、电唱机

1924 年，贝尔实验室的马克麦斯菲尔德和哈里森将电子放大器应用于留声机，并成功设计了电气唱片刻纹头。从此，贝尔实验室成功地进行了电气录音，并因此获得电录音专利。电录音使录音技术得到很大提高。1925 年，世界上第一架电唱机诞生。同一年，美国维克多公司在获得贝尔实验室许可后，使用其电录音方法录制并发行了世界上第一批电录音唱片。

电唱机是在留声机的基础上发明的，它将电气技术应用在留声机上。首先是用电动机代替了手摇发条来驱动唱片转动；其次是用拾音头代替了钢针带动的振动膜；第三是运用了电子放大器；第四是用电子扬声器代替了留声机中的机械喇叭。

由于用电动机作为动力源，唱片转速也由单一转速发展到四种转速，即每分钟78转、45转、33$\frac{1}{3}$转及16转，并将此确定为唱片转速的"标准"予以执行。

电唱机唱针的材料也由钢针进化到人造宝石和钻石。人造宝石唱针的寿命可达50小时，钻石唱针的寿命可超过1000小时。

我国电唱机的生产始于1946年。当时上海亚洲无线电厂仿制国外产品，制造出我国第一台电唱机——绿宝牌单速电唱机。1965年4月，中国唱片厂研制出红宝石唱针、晶体压电式拾音、自带放大器的中华牌206型四速电唱机（如图5-3所示）。该机性能优良，得到广泛使用。

图5-3　中华牌206型四速电唱机

电唱机在广电系统应用广泛，不但应用于广播电台，还应用于各级有线广播站，甚至每个农村的有线广播台也都有电唱机。在当时，电唱机是农村有线广播站的主要设备之一。

四、激光电唱机

1970年，德国宝丽金唱片公司依靠60年代发展起来的激光技术，发明了用激光烧蚀坑点的方式在唱片上记录音频信号的方法。其原理是先将声音进行模/数转换，使之成为用"0"和"1"表示的数字信号，再用此信号去控制大功率激光束的强弱变化，利用激光束的强弱两种状态在光盘上刻录出"0"和"1"两种符号。

刻录有两种方式，一种是使激光束在敷有染料层的聚碳酸酯光盘基片上烧蚀出代表"0"的平面和代表"1"的凹坑，此种方法只能刻录一次。另一种是使激光束照射盘片上镀有银、铟、硒、碲等材料的结晶薄膜，使之呈现代表"0"和"1"的反光能力不同的结晶和非结晶两种状态，此种方法可重复刻录。

读取这些符号要用光驱，它是刻录的反过程，即用激光束照射光盘，使光盘上"0"和"1"因对光反射能力不同而形成强弱不同的反射激光束，再将此反射激光束转化成数字电信号，后经数／模转换后，将其还原成声音。

1982年10月，飞利浦公司与索尼公司合作研制出激光CD（即compact disc，小型唱片）系统，在日本市场上正式推出并投放欧美市场。从此CD便风靡了全世界。CD唱机从问世到现在已经经过十几代的更新改进，目前款式种类繁多，早已取代了老式电唱机。

我国生产CD唱机是在1986年。当时我国引进国外生产线，生产CD唱机并投放市场。激光电唱机在广播电台得到广泛应用，同时它也被应用于家庭。

五、录音机

1. 钢丝录音机

1898年，丹麦科学家浦耳生发明了磁性录音设备——钢丝录音机。其工作原理是：铁或钢可以磁化和消磁，但消磁后仍遗留小部分剩磁。剩磁的强弱与最初使之磁化的磁力近似成正比。如把声波的变化转换成电流的变化，再通过电磁铁把电流的变化转换成磁场的变化，用该磁场作用于钢丝，使之磁化，当磁场退去后，钢丝上便留下剩磁。这剩磁的强弱反映了声音的变化，这就完成了对声音的录制。1900年，巴黎世界博览会上展出了浦耳生发明的钢丝录音机，受到人们的青睐。

美国无线电爱好者马文·卡姆拉斯对浦耳生的钢丝录音机进行了认真研究，他发现浦耳生的钢丝录音机在录音时采用钢丝和针尖接触的办法，这样钢丝仅在与针尖接触的地方才能被磁化，所以钢丝表面不能匀称地录下声音。通过认真琢磨，反复试验，他终于研制出一台采用新录音手段的钢丝录音机。

这种新录音手段是采用完整的磁圈（环形软铁上绕上线圈）作为磁头，钢丝穿过磁圈，并与磁圈内壁的四周保持相等的间隔，这样整根钢丝就通过磁圈的磁场进行磁化而不是通过表面接触进行磁化，因此钢丝表层磁化均匀。用此种方法录出的声音逼真，音质优美。

由于卡姆拉斯对钢丝录音机改进的贡献，还由于他在其他领域有多项发明，并获得过 500 多项发明专利，所以在 1979 年，他被授予"美国最佳发明家"的称号。

1930 年，出现了商品钢丝录音机。20 世纪 40 年代至 50 年代的钢丝录音机如图 5-4 所示。

图 5-4　钢丝录音机

2. 磁带录音机

钢丝录音机记录声音的材料是钢丝或钢带，它们都非常笨重，使用很不方便。如需对所录制的声音进行加工剪接，就必须将钢丝或钢带切断后重新焊接，工序非常麻烦。

1928 年，德国科学家弗里茨·波弗劳姆提出新方案，他用表面涂有四氧化三铁粉末的纸带或涂敷磁粉的醋酸纤维基带（通称塑料带）来代替钢丝或钢带。这种磁带不但重量轻，而且有韧性，便于剪接。经过 6 年的努力，波弗劳姆在 1934 年研制出磁带录音机。与钢丝录音机相比，这种录音机声音清晰，使用方便，价格便宜。

在波弗劳姆实验的基础上，德国 AEG 公司和巴斯夫股份公司合作生产出磁带录音机及供该种录音机使用的塑料磁带，并使之商品化。从此磁带录音机开始流行并被广泛应用。

当时，德国的磁带录音机制造业处于世界领先地位，磁带录音机在德国的应用也相当普遍。第二次世界大战期间，德国电台已经开始大量使用磁带录音机进行广播，并经常播放重要军事将领的讲话录音。有时很多电台同时播放希特勒的讲话录音，据说当时美国人常常搞不清楚：为什么希特勒可以同时出现在多个地方？[①]

1945年第二次世界大战结束后，美国立即取得德国的技术，开始制造磁带录音机。1950年，日本东京通信（索尼）工业公司也开始生产磁带录音机。

磁带录音机发明之初，磁带盘为轮盘式或敞盘式（通称开盘式），笨重且不易保存。1962年，荷兰飞利浦公司发明了盒式磁带，接着便出现了卡座式录音机。该种录音机性能优良，并且实现了元件集成化、控制电脑化、播放自动化及音质立体声化，是当代模拟磁带录音机发展的最高形式。

卡座式录音机可以做到小型化。盒式录音带可以反复使用，即所记录的信息可随时抹去后重新录制新的内容。正因为此，卡座式录音机和盒式录音带的组合在家庭中迅速普及。它既是供人们娱乐的工具，也是记录重要信息的工具，还是新闻信息传播的辅助工具。

3. 数字录音机

20世纪60年代初，数字音频技术开始发展。20世纪70年代初，人们研制出脉冲编码调制（PCM）磁带录音机。其原理就是将音频信号经模/数转换、信道编码、差错控制后记录在磁带上。20世纪80年代，人们又研制出以小型计算机为中心的数字音频系统，其原理也是先将音频信号经模/数转换成数字信号后，再做成计算机能识别的文本格式，存储在计算机硬盘上。目前已研制出以快闪存储器为存储媒介的数字录音机，这种录音机体积小，携带方便，能在计算机上进行信息加工处理，适合记者采访使用。民用MP3也属于数字录音机的范畴。

在此期间，又出现了多轨录音机。所谓多轨录音就是同一条磁带上有两条以上的音轨，可同时分别记录多路声源输入的信号。随着科技的发展，记录音轨越来越多，由当初的双轨发展到目前的数十轨，虚拟轨甚至达数百轨。这种录音机适合录制多声部、多乐器的大型音乐及文艺节目，也适合制作立体声节目。

---

① 李建刚编著：《广播节目制作》，北京：高等教育出版社，2013年。

4. 我国的录音机工业

我国录音机的生产是从中华人民共和国成立以后开始的。1949年，我国留美学生宋湛成功制出钢丝录音机。1951年6月，他创立的上海钟声电器工业社，生产出我国第一台钟声牌101型钢丝录音机。1955年，声艺电器工业社等7家小厂并入该钟声电器工业社，成立公私合营钟声录音器材厂。同年，该厂研制出我国第一台磁带录音机——钟声牌591型盘式磁带录音机。1958年，钟声录音器材厂与亚洲无线电厂合并，扩建成上海录音器材厂。同年3月，该厂成功制出钟声牌810型携带式磁带录音机。1960年，上海录音器材厂又开始研制钟声牌L601型电子管磁带录音机（如图5-5所示）。该机1963年定型生产后，被全国广播系统使用长达18年。1959年，中央广播事业局广播设备制造厂研制出我国第一部开盘落地式磁带录音机，该机于1963年5月定型，此即LY-635型开盘落地式磁带录音机（如图5-6所示）。该产品亦被全国广播系统长时间广泛使用。

图5-5　国产钟声牌L601型录音机

图5-6　国产LY-635型开盘落地式磁带录音机

六、数字音频工作站

20世纪90年代，随着音频数字处理技术的日渐成熟和计算机软硬件技术的日趋完善，一种将两者相结合的设备应运而生，这就是数字音频工作站（Digital Audio Workstation），简称DAW。它是一种用来处理、交换音频信息的计算机系统。它的出现使广播系统可实现高质量的节目录制和自动化播出。音频工作站以计算机控制的硬磁盘作为主要记录载体，它功能强大，性能优异，并具有良好的人机界面。音频工作站用于节目的录制、编辑、播出，与传统的模拟方式相比，具有操作简单、编辑方便、播出安全等优点，并且可以做到节目资源共享。这不但节省了人力、物力，而且提高了节目制作的质量。一台应用于节目录制的数字音频工作站相当于调音台、多轨录音机、编辑机、效果器等录音棚中的全部设备。它可以完成从录音、编辑、缩混，一直到刻出母盘的全部音频节目制作过程。同时它还可以进行各类节目的登录入库和管理。各部门可根据需要采集相关的节目信源，之后由节目录制人员完成整个节目的录制、编辑和入库。音频工作站的出现节省了大量的设备，简化了音频录制程序，降低了录制成本。目前，传统的录音设备正逐渐被音频工作站所取代。

第二节　广播节目制播中心的技术设备

一、广播节目制播中心的工作流程及设备配置

把一则新闻变成广播节目播出去，需要经过采访、编辑、录制、审核、播出、控制、传输、发射等八道工序。前六道工序由广播节目制播中心完成，最后一道工序由广播发射台完成。第七道工序——传输由双方完成，节目制播中心负责发端，发射台负责收端。

节目制播中心分两大部分，一部分是节目制作系统，一部分是节目播出系统。节目制作系统包括采访、编辑、录制、审核；节目播出系统也叫播控系统，它包括播出和控制，其输出的信号送入传输系统。

1. 节目制作系统的工作流程及设备

为保证新闻的准确性和严肃性，在广播电台从事新闻采访工作的人员，必须是经国务院有关部门认定的、有新闻采编从业资格的持证记者。所谓采访就是记者亲临事发现场，通过观察、询问或实地录音等形式详细了解新闻事件发生的时间、地点、过程及所涉及的人员，然后依据所搜集到的素材编成广播稿。这些广播稿件可以是纯文字的，也可以是纯声音的，还可以是文字和声音混编的。广播稿先汇集到编辑部，统一由编辑人员进行筛选、修改、文字加工、声音合成及校对，之后交总编室。总编室负责人对稿件进行审核批准后，方可交付播出。

完成上述任务的基本技术设施是采访设备、录制设备和编辑合成设备。在模拟技术时代，采访设备就是记者随身携带的话筒和录音机；录制设备主要是录音机和调音台，它们安装在录音机房，该机房负责语言和音乐的录制；编辑合成设备主要是编辑机和录音机，它们安装在制作机房，该机房负责节目的编辑、语言和音乐的合成等，由该机房制作出的磁带就是可供播出用的广播节目磁带。

2. 节目播控系统的工作流程及设备

节目播控系统又分两大部分：一是播出机房，在此进行节目的播出；另一是控制机房，它对播出机房送来的信号进行统一的控制和处理。

播出机房就是各类演播室，其中的主要设备是话筒和调音台。节目播出分录播和直播。录播是将已审批过内容，并录制合成好的磁带直接按节目表的安排播出，它可由控制室完成；直播则是将审批过的文字稿交由播音员在播音室内对着话筒直接播出，这只用于录音条件欠缺或来不及录音的突发性新闻。

播出机房输出的音频信号送入控制机房。控制机房也叫控制室。其中的主要设备是信号交换盘、调音控制台、线路放大器和均衡器等。它负责将各播出机房（演播室）送来的信号进行分配、放大、电平调整及频率均衡，然后送入发射台的传输系统。如有两套以上的节目，控制室还应分副控制室和主控制室。副控制室只负责一套节目的控制和调整，主控制室负责汇总各副控制室送来的信号，进行统一处理。

音频信号经传输系统送至发射台后，还要经过相应的设备进行控制和调整，之后才被送进发射机进行发射。

3. 转播和实况广播

节目制作中心除对自台采编的稿件经上述工序进行广播外，还有两项重要工作，就是转播和实况广播。

所谓转播就是将其他台的节目接收下来变成自己的节目播发出去，最典型的就是每天早上的《新闻和报纸摘要》和晚上的《全国新闻联播》，全国各级地方广播电台都要转播这两档节目。转播工作在收转机房进行，收转机房的主要设备是接收机和控制器，它将接收到的信号送到控制室进行统一处理。

所谓实况广播就是在现场（一般是重大庆典仪式、重要集会游行、大型体育赛事、大型文艺演出、抢险救灾现场及突发事件现场等）进行实时转播。这些不但中央台经常遇到，各地方台也会经常遇到。实况广播在初始阶段就是在现场安装话筒、放大器，将话筒收集到的声音经放大器放大后送入音频电缆，直接传回控制机房。随着技术的发展，制造出转播车，转播车上有将现场声音变成电信号的成套设备和相应的传输设备，其信号也是直接送回控制机房。

二、广播节目制播中心设备的沿革

新中国广播事业的发展经历了五个时期：1949 年至 1952 年，1953 年至 1958 年，1959 年至 1978 年，1979 年至 1999 年，2000 年至目前。如从技术层面上讲，又经历了四个发展阶段：电子管模拟技术阶段，晶体管模拟技术阶段，集成电路数字技术阶段，计算机、网络技术阶段。因技术进步是随着时代的发展而发展的，所以上述两者形成如下的重合：1949 年至 1958 年属于电子管模拟技术阶段；1959 年至 1985 年为晶体管模拟技术阶段；1986 年至 2000 年为集成电路数字技术阶段；2000 年至目前为计算机、网络技术阶段。当然这只是一个粗略的划分，相邻两者间都会有交叉，各阶段的年限也只是一个参考值。

依据上述不同时期的社会背景、经济基础及科技发展状况，制播中心设备的沿革大致分为五个阶段，即：以旧电台遗留设备为主的阶段；以苏联设备为主的阶段；以国产设备为主的阶段；以进口先进设备为主的阶段；实现计算机化、网络化、自动化的阶段。

1. 以旧电台遗留设备为主的阶段

中华人民共和国建立之初，国内经济力量非常薄弱，全国各广播电台大多是接收国民党电台遗留下的旧设备，极其陈旧简陋。但限于当时的国情，各台都无力添置更新设备，所以只能因陋就简。

1949 年 1 月，解放军军管会接收的国民党"北平广播电台"的设备和设施就只有：1 套 100 多平方米的音乐录音室和 4 套直播室（每套 10 余平方米），8 部美国制造的 Webster 版钢丝录音机，2 部日本制造的蜡盘刻纹录音机，若干个美国制造的铝带式话筒和炭精话筒，1 台美国 RCA 公司生产的台式唱片原版刻录机，还有几只扬声器，以及日本产的放唱机和电子管增音机等。此段时间，中央台的记者外出采访所用的设备就是几部钢丝录音机。由于录音机紧缺，记者采访和台内录音都用这几部机器。

地方台的条件就更差了，往往只有播音室而无专门的录音室，话筒就是几只陈旧的炭精话筒和铝带话筒，录音设备是老式唱片刻纹机或钢丝录音机。（如图 5-7 所示）

图 5-7 某地方台建台初期使用的设备

2. 以苏联设备为主的阶段

由于新中国实行的是社会主义制度，所以中华人民共和国成立后，受到了美国等西方资本主义国家的孤立和经济封锁。当时苏联正推行社会主义大家庭政策，中国也算该大家庭中的一员。1950 年，中国与苏联签署了《中苏友好同盟互助条约》。此后，苏联对中国伸出援助之手，在工业领域援建中国 156 个项目。当时中国工业基础非常薄弱，依靠苏联的援助是符合当时国情的。广电系统也属于接受苏联援助的范畴。由于当时我国的广电事业刚刚起步，技术设施又十分简陋，所以依靠苏联援助的程度就更多一些。不但设备由苏联（包括一些东欧社会主义国家）提供，就连技术政策、建设模式、管理理念等也都受苏联的影响。

自 1953 年开始，中央台就从苏联进口第聂伯尔 3 型录音机（通称苏联 3 型录音机）、马格 8 型录音机（通称苏联 8 型录音机）。

1954 年，中央台在真武庙二条建"粉楼播控中心"，播控设备大多为北京广播器材厂生产；录音设施则基本是进口设备，如民主德国的 SJ-100 型录音机等。1955 年至 1956 年初，中央台成立中央控制室（简称中控室）和录音机房，两者所用的设备基本都是苏联的设备。

1954 年至 1956 年间，省级地方台也相继购置进口设备。这些设备是：民主德国生产的 M-14 型及 KN-56（KM-56）型电容话筒，苏联生产的 3 型和 8 型录音机，民主德国生产的 LBD-4 型录音机等。图 5-8 所示为已报废数十年的民主德国产 LBD-4 型录音机机体。

图 5-8　早已报废的民主德国生产的 LBD-4 型录音机

这段时间，磁带录音机基本替代了钢丝录音机和唱片机。但当时的磁带还是纸基磁带和醋酸纤维磁带，这些磁带的机械强度很低，录音效果也较差。

1958 年 12 月，北京广播大厦（亦称中央广播大厦或北京广播大楼）建成。该大厦是苏联对我国技术援助项目之一，在施工中，苏联专家参与了指导。该大厦内的全套技术设备除电视设备外，均由苏联提供。[1]1959 年，该大厦正式投入使用，中央人民广播电台搬入其中。该大厦二楼中央部分建有 1 个设 500 个座位的音乐厅，可供录制大型音乐节目使用。大厦内还有 56 平方米至 385 平方米大小不等的 7 套演播室、10 套节目播出机房、4 套语言录音机房，以及节目复制室、技术总监听室、音响实验室等。该大厦还建了 1 套节目主控室，并给其配备了交、直流供电电源。该主控室设有节目主、备切换系统，信号监控系统以及节控、主控的分级放大和电缆传输系统等。至此，中央台拥有了一个较为完善的广播播控中心系统。机房的全套设备都是苏联制造的。[2]

① 《当代中国的广播电视》编辑部选编：《中国广播电视大事记》，北京：北京广播学院出版社，1987 年，第 113 页。
② 杨波主编：《中央人民广播电台简史》，北京：中国广播电视出版社，2010 年，第 250 页。

此段时间，地方台也开始兴建广播楼，专供广播电台办公及节目制作、播出使用。这些广播楼内都设有播音室、控制室、语音录制机房和文艺节目录制机房。有的还设有大播音馆。控制室的设备大多是北京广播器材厂生产的设备，包括增益机、控制桌、线路放大器立柜（简称线放立柜）、线路交换器、监听音箱、配电盘等。

至此，全国广播电台的制播中心基本得到完善，有了一个统一的模式，趋于标准化，即都设有独立的播音室、录音室、控制室。此阶段在技术上属于电子管模拟技术阶段，所用设备皆为电子管设备。这些电子管设备质量指标比较差，并且体积庞大、笨重、耗电量大、故障率高、维护较为困难。

3. 以国产设备为主的阶段

1960年，中苏关系开始恶化。苏联撤走专家，并废除了250多个科学技术合作项目。因当时广电系统依赖苏联的方面比较多，所以当苏联撤走专家并连设备的图纸也一并带走时，给广播系统的正常运行及设备维护造成极大困难。但中国人有骨气，坚持自力更生、艰苦奋斗，很快就走出了困境。

在此段时间内，中央广播录音器材厂生产出红旗牌便携式录音机；上海录音器材厂生产出L-601、L-602型磁带录音机；中央广播设备制造厂生产出LY-605型录音机、LY-629型放音机及LY-635型录、放音机；杭州无线电厂生产出Ⅰ/Ⅱ型半导体放音增益机（如图5-9所示）、Ⅲ型半导体录音增益机及各种功率级的监听器；上海唱片厂生产出中华牌T-412型6路调音台等。这些设备被中央台和地方台广泛采用。上述设备很多都是半导体化的，它们替代了苏联的电子管设备。自此，我国的制播设备也由电子管模拟设备向半导体模拟设备迈进了一步。

图5-9 杭州无线电厂生产的Ⅰ/Ⅱ型半导体放音增益机

20世纪60年代末至70年代初，我国各级广播电台的节目制作及播控设施已趋于国产化，基本摆脱了苏联留下的阴影。但由于当时过分强调自力更生而忽视了与世界接轨，所以导致我国的制播技术与世界水平拉开了距离。

4. 以进口先进设备为主的阶段

1978年，我国实行了改革开放政策，并由计划经济向市场经济转轨。自此，无论是中央台还是地方台都开始大量引进国外先进设备。

在这些引进的设备中，用于采访的设备有：日本立体声盒式录音机、DAT数字录音机和MD磁光盘录音机；瑞士纳格拉（Nagra）立体声便携式录音机；联邦德国乌赫（Uher）采访机等。

用于演播室的设备有：德国森海塞尔（Sennheiser）、德国纽曼（Neumann）等品牌的动圈话筒、电容话筒及立体声话筒等；美国舒尔（Shure）的直播间话筒、主持人话筒、嘉宾用话筒及导播室用对讲话筒等；美国CAD公司的录音用单指向性电容话筒等；瑞士斯图塔（Studer）多路数字直播调音台等。

用于节目录制的设备有：瑞士斯图塔及路华士（Revox）等品牌的磁带录音机；日本索尼（Sony）、泰斯康（Tascam）等品牌的磁带录音机；日本的卡式磁带录音座、数字磁带（DAT）录音机及激光（CD）刻录机等。调音台有英国安麦（Amek）、声艺（Soundcraft）等品牌的调音台，瑞士斯图塔、路华士等品牌的调音台（瑞士斯图塔多路数字直播调音台如图5-10所示）及日本泰斯康数字调音台等。周边设备有美国莱思康（Lexicon）混响器、延时器，英国克拉克泰克尼克（Klark Teknik）

图5-10　瑞士斯图塔多路数字直播调音台

均衡器，美国 JBL 的功率放大器及监听音箱等。

用于控制室的设备是：放音机类有瑞士路华士放音机，斯图塔开盘录放机等；矩阵有瑞士斯图塔 56×56 数字音频矩阵等；监控、监测设备有英国康莫迈泰克（Chromatec）公司的模拟输入监测系统、数字输入监测系统和报警单元等；监听设备有芬兰真力（Genelec）的有源数字监听扬声器和有源监听音箱等。

到 20 世纪 90 年代初，全国省级以上广播电台的播、录、控系统的主要设备基本都使用了当时在世界上属于领先水平的进口设备。

此段时间正是模拟技术向数字技术转化的阶段。此次设备更新完成了半导体模拟设备向集成电路数字设备的转化，所以此次设备更新也被通称为设备数字化改造。

20 世纪 90 年代以后，随着改革开放的深入发展，制造广播设备的中外合资企业兴起，国内企业也大量引进国外生产线，所以我国广播设备制造水平与世界逐渐接轨，除一些顶级产品还与国外名牌厂家有差异外，其余大部分产品皆已达到国际先进水平。因此，省级以下的广播电台也多用这些厂家的产品进行设备的数字化改造。

5. 实现计算机化、网络化、自动化的阶段

20 世纪 90 年代后期，各级广播电台在基本完成设备数字化改造的基础上，开始普遍使用各种音频工作站，如录制工作站、播出工作站等。音频工作站功能极强大，它不但可以完成节目制作到播出的全套工作，而且可以完成某些管理工作。因各电台的具体情况不一样，所以对工作站开发利用的程度也不一样。为使音频工作站更好地发挥作用，尽可能圆满地完成各电台的具体任务，就必须利用现有设备，进行必要的系统集成，添置大型服务器，开发新功能应用软件，使制播系统最大限度地实现自动化。从 20 世纪 90 年代末到 21 世纪初，国内相关院校和很多有实力的厂家都具备了系统集成和软件开发能力，有些电台也具有这样的实力。如 1995 年至 1996 年，中央台就研制开发了"微机网络稿件编辑管理系统"，使编播业务初步实现了自动化。

有的地方电台则依靠厂家进行开发，如内蒙古人民广播电台在 2002 年就利用成都电子科技大学开发、北京英夫美迪生产的 AIR 2000 型录制、播出、慢录、管

图 5-11 英夫美迪 AIR 2000 音频工作站

理工作站（如图 5-11 所示）及自动播出系统，使电台的采、录、编、播等各环节均实现了数字化和自动化。之后又使用美国国际商业机器公司（IBM）服务器，采用内蒙古蒙科立开发的蒙古文文稿处理系统及北大方正开发的"天翼"文稿处理系统，实现了蒙、汉语新闻的网上稿件处理。

2005 年 6 月，内蒙古人民广播电台又采用 APS+ 数据库技术，建立了内蒙古广播新闻公共供稿平台。该平台实现了全区各盟（市）电台及时、快捷地向内蒙古电台网站供稿，并提高了录音稿的传输质量。该平台的主要硬件设备是美国戴尔（Dell）服务器，软件为佛山动易开发的动易网站管理系统。

此阶段的特点是充分利用计算机技术、网络技术和数字音频技术，把电台的现有设备综合起来，充分发挥它们各自的作用，达到高质量制作节目和安全播出的目的，同时尽量实现工作流程的自动化。

到 21 世纪初，全国省级以上广播电台的制播设备都完成了数字化改造，普遍采用各类音频工作站及局域网进行节目制作、编审和播出，基本实现了节目制作的数字化、网络化及节目播出的自动化。

第三节 新闻广播节目制播工艺手段的沿革

一、新闻采访

20 世纪 50 年代初期，记者外出采访只凭一张嘴和一支笔。要进行录音采访，就要由录音技术人员携带录音机一起前往，整个录音采访需要由记者和技术人员共同完成。如1952年至1953年，中央台曾两次派记者去朝鲜进行抗美援朝的采访，当时就是由录音员携带两台钢丝录音机与记者同行的。

20世纪60年代至70年代，国产便携式录音机问世，如L-602型录音机等。有条件的台也进口了一些录音机，如荷兰飞利浦产的便携式录音机等。这些录音机可单人独立操作，方便了记者采访。不过那时的录音机基本是轮盘式的，仍比较笨重，操作也不太方便。图5-12所示为20世纪60年代记者在野外进行录音采访的实景。

图5-12　20世纪60年代记者在野外进行录音采访

20世纪80年代以后，小型卡座式录音机在国内得到普遍使用。90年代以后，数字录音机、MP3等又开始流行。目前又有专供新闻采访用的高档袖珍式数字录音机及录音笔问世，这些都极大地方便了记者的录音采访。

二、稿件汇集

中央台的新闻稿件一般有四个来源：新华社，自台派驻全国各地的记者，首都各大报纸，各地方广播电台。20世纪50年代初期，新华社的稿件靠每天派人去取；自台驻各地记者的稿件通过信件、电报或长途电话传递；首都各大报纸是把大样送到中央台以供选用；地方台的稿件则是通过铁路、公路、民航等交通工具的捎带或通过邮局的信件、电报及长途电话等进行汇聚。各地方台的汇稿模式除与上述相同外，还多了一项，就是抄收上级电台播发的记录新闻。

20 世纪 50 年代中期，摹写技术被引进中国。1956 年，中央台安装了条式摹写机来接收新华社的新闻稿件。之后，各地方台也开始用摹写机接收稿件（如图 5–13 所示）。人工抄收记录新闻这种接收稿件的方式逐步被淘汰。

图 5–13　地方台用摹写机接收新华社的新闻稿件

20 世纪 60 年代，我国邮电系统开始建微波通信干线。1975 年，建成的 600 路及 960 路微波接力通信线路约长 1.4 万千米。微波通信线路开通后，广电系统正式租用邮电微波干线，传送广播电视节目。1980 年，邮电部批准在微波电路上开放长途电话业务。同年，中央台决定利用传送广播节目的微波干线回传电路，建立载波电话系统，解决驻全国各地记者站与中央台本部的通信联络、文字稿件及录音报道的传送问题。随之，中央台先后给驻各地记者站配备了传真机、录音机、调音台、组合音响、载波电话机架等设备，并改建了记者站的机房和播音室。各记者站可利用文字传真机向北京发稿。一些记者站在自己的录音机房能录制讲话、制作录音报道等，并能将做好的节目及时传回北京。

20 世纪 80 年代中后期，我国绝大多数省、区都建了微波传输干线，基本形成了由微波干线组成的全国广播电视传输网。至此，各省、区广播电台也开始采用微波回传电路汇集稿件。1985 年，中央台建成了计算机房，当年 12 月，开始利用微机接收新华社的新闻稿件，终止了利用摹写机接收稿件的方式。1987 年 6 月，中央台又利用美国 DEC 公司生产的 MICRO VAX–Ⅱ型 32 位超级微机的多用户终端功能，将微机中新华社的稿件通过 VAX 主机连接到本台新闻部、国际部等多个编辑部门的终端，直接送给编辑们采用，极大地提高了工作效率。

1993 年，中央台完成了和国际台的计算机联网。通过计算机终端，中央台的编辑在办公室就可以方便地调用国际台的稿件。1995 年，中央台完成了与全国 30 多个记者站，以及近 30 个省级电台的计算机联网，实现了各记者站、各地方台到中央台的计算机稿件传递，编辑实现了在计算机上阅读、编辑以及对稿件实行管理。[①]

早在 1984 年，中央台就开展了无线通信业务，建成了由基地台、车载台和手持机等组成的小型无线通信网。在以北京广播大厦为中心的 20 千米半径范围内，移动台都可与广播大厦进行无线通信。之后中央台又对该系统进行更新改造，增加设备，扩展功能。该系统在历次大型政治活动、文体活动的宣传报道和实况广播中，发挥了得力的通信保障作用。

1990 年亚运会期间，中央台第一次将模拟手持电话应用于新闻采访。之后，随着通信技术的飞速发展，手持机由模拟式的"大哥大"逐步变成了数字式的"全球通"，中央台亦同步给记者们配备各种相应的无线手持电话机，这些电话机用于各类新闻采访，极大地提高了新闻的时效性。1999 年 7 月，我国首次对北极地区进行科学考察。7 月 18 日，中央台记者就通过铱卫星通信系统，用手持电话实现了我国广播史上第一次极地实况直播。这是利用先进通信设备，在高纬度、高寒冷、强磁场、远距离实现通信广播的前所未有的成功尝试。[②]

21 世纪初，互联网技术被广泛应用。随着国家广播电视光缆传输干线网的建设及互联网技术的普及，利用计算机通过互联网传输稿件逐渐成为记者的发稿手段。记者只要携带一台笔记本电脑，在有互联网的地方，就可以随时采访、随时编辑、随时发稿。近年，无线联网技术崛起，只要有一个无线路由器，在此路由器的覆盖范围内，计算机就可以用无线的方式接入互联网。这无疑给记者的采访带来了空前的便利。

各地方台基本都利用互联网技术、计算机技术及数据库技术，建立了广播新闻公共供稿平台，解决了各省、区电台由下属台汇稿的问题。

---

① 杨波主编：《中央人民广播电台简史》，北京：中国广播电视出版社，2010 年，第 261 页。
② 杨波主编：《中央人民广播电台简史》，北京：中国广播电视出版社，2010 年，第 260 页。

新闻是广播电台宣传的主体，通信技术的进步使新闻具有了真正的时效性。也就是说，通信技术的发展是对新闻采访最"给力"的技术支撑。

三、实况转播与现场报道

实况转播从严格的意义上讲是指将现场实况原封不动地传播给听众，这对偶然突发事件往往是可遇而不可求的，但对可预知的事件则可通过适当的筹备安排而做到。

现场报道是指事件已出现结局，记者以最快的速度在"第一时间"赶抵现场，通过对"事件残余音响"的捕捉及记者的解说形成的新闻报道形式。由于记者（主持人）就在现场，他（她）可告诉听众事件发生的原因、过程、结果、涉及的人员以及所具有的意义等。虽然它较事件发生的当时有些滞后，但对听众了解事件的深度来讲，往往更有意义。现场报道可以直播，也可以录播。

实况转播与现场报道有区别，但又有共性。虽然理论研究上可以各下定义，但在实际中往往不好截然分开，如当记者到达现场后，事件仍在持续进行，两者就有交集了。

广播中的实况转播和现场报道是新闻传播的一个重要手段。中华人民共和国成立后，对历次重要政治会议、影响力较大的群众集会游行、大型文艺演出、重要体育赛事、重大抢险救灾现场以及各类突发事件等，广播电台都进行了实况转播或现场报道。

实况转播也可称为现场实况广播。中华人民共和国成立前，北京新华广播电台第一次进行现场实况广播是 1949 年 9 月 30 日，对在中南海怀仁堂举行的人民政协第一次全体会议闭幕式进行的现场实况广播。1949 年 10 月 1 日，北京新华广播电台又对开国大典进行了实况广播。

中华人民共和国建立之初，实况广播多用于体育赛事。如 1951 年 5 月，中央台第一次对篮、排球比赛大会进行了实况广播；1953 年，中央台又对在天津进行的球赛进行了实况广播；1957 年 6 月，中央台对中国与印度尼西亚的足球预选赛进行了实况广播；1961 年，在北京举行"第 26 届世界乒乓球锦标赛"期间，中央台又对其中 9 场比赛进行了实况广播。

从技术层面看，无论是实况广播还是现场报道，都要经过三道工序：现场采集声音；将声音变成电信号；把电信号传回电台控制室。

最早进行实况广播的技术手段很简单，就是用炭精话筒收集声音，然后经电子管增音机放大后，再将声音经电话线传送到电台控制室播出。

1954 年，中央台从民主德国引进了第一辆录音转播车，车内设备比较简单，只有一路录播设备，但也比开国大典时所用的转播设备强了很多。1959 年，中央台又改装了两辆国产录音车。1984 年，中央台从英国引进了第一辆立体声录音车，车上装备了立体声录音机、立体声调音台，并配备了混响器、延时器、均衡器等附属设备，能完成大型立体声实况录音和实况广播任务，引进后就成功地完成了帕瓦罗蒂独唱音乐会、大型歌舞《革命之歌》等大型实况录音和实况广播任务。[①]

转播车极大地方便了实况转播与现场报道，并提高了转播质量。后来又相继出现了数字音频转播车，该车中的音频系统具备现场信号采集、编辑、播出等项功能，方便进行实况转播及流动直播。该车的传输系统采用调频和模拟电话两种方式，确保了信号传送的安全可靠。之后又出现了卫星转播车，该车具有卫星转播设备，更方便进行流动采访和现场直播。

为做好 1990 年秋在北京举行的第 11 届亚运会的实况转播任务，中央台从 1986 年就开始做技术准备。在 27 个比赛场馆中的 13 个场馆里预留了广播室、管线和广播机位。亚运会期间，中央台在北郊新闻中心建立了录制、播出、复制、无线传送和通信等 6 套机房和 1 间编辑室；首次引进了无线传送设备，以 4 套微波为干线，8 套 STL 为支线，构成了独立的无线传输系统，并以电话线为备份传输手段；首次将无线手持电话和无线寻呼机应用于新闻采访，使用无线对讲系统保障技术指挥和实况广播现场的通信联络；配了数量相当多的传真机、监视器、录音机、调音台等各种最新设备。在亚运会举行的 16 天里，中央台除进行新闻和专题报道外，还现场广播 56 场次比赛实况。[②]

① 杨波主编：《中央人民广播电台简史》，北京：中国广播电视出版社，2010 年，第 255 页。
② 杨波主编：《中央人民广播电台简史》，北京：中国广播电视出版社，2010 年，第 251 页。

在 1997 年香港回归期间，中央台在香港会议展览中心建立了临时新闻中心，内设编辑室、播音室、录制和播出机房。信号回传首次采用了一条四线电话、三条卫星线路互为主备的"一线三星"方式，6 月 30 日至 7 月 1 日，实行 48 小时不停机连续播出。[①]

中华人民共和国成立 50 周年大庆期间，中央台为进行实况广播，专门购置了56 路大型调音台用于录音转播，还首次将 ISDN（综合数据业务网）技术用于传输，并首次实现了中央台大型节目在互联网上的直播。

1999 年 12 月 20 日，在中国政府恢复对澳门行使主权的报道中，中央台技术中心在澳门和本台内建立了大规模的转播、制作和传输系统，以及相关的技术配套保障系统。为准确和高质量地传输信号，中央台除使用 ISDN 等传输手段外，还首次使用 DDN（数字数据网）光缆专线设备和全数字地球移动卫星转播设备，达到"一主四备"，保证了安全播音万无一失。[②]

实况转播和现场报道之所以比一般新闻更受听众欢迎，除真实的现场感以外，还因为它的时效性强。时效性与通信技术的先进程度有关，距离越远就越显出通信手段的重要性。通信手段经过了电缆、电话、微波、卫星、网络等形式的进化，目前已可达到真正"即时"的程度。

四、节目录制

节目录制包括节目的录音与制作。它是广播中一项重要的技术工艺手段。节目录音是指对语言、文艺节目及现场实况的录音；节目制作是指对初编成的节目录音或采访的录音素材进行后期编辑，包括复制、剪辑和合成等。

中华人民共和国成立前的各新华广播电台，由于没有录制设备，所以根本无法进行节目的录音和制作，那时的广播就是播音员对着话筒念稿子或放唱片。就连《黄河大合唱》那样的大型文艺节目，也是由上百个演出人员在山坡上站在话筒前演唱，

① 杨波主编：《中央人民广播电台简史》，北京：中国广播电视出版社，2010 年，第 252 页。
② 杨波主编：《中央人民广播电台简史》，北京：中国广播电视出版社，2010 年，第 253 页。

直接向外播出，甚至连山坡上羊叫声都被播放出去。进城接收国民党的电台后，有了简易的录音设施，各电台开始有了录音的工序。但当时的录音设施就是简易录音棚和蜡盘刻纹机及钢丝录音机。用钢丝录音机录音，由于剪接非常麻烦，所以几乎不能搞剪辑和节目的后期合成。

1953 年下半年，中央台引进苏制磁带录音机后，才开始录音及进行节目制作。但当时的地方台，大部分条件还相当差，有的甚至没有独立的录音室，录音只能在播音室中利用播音间隙进行，所以地方台使用录音机录制节目在时间上要比中央台滞后一些。

1956 年，中央台的录音设施已基本齐全，且全是苏联制造的最新设备，磁带录音机已大量使用，磁带也较为充足，所以录音及节目剪辑普遍展开。

大部分地方台在 1958 年前后，也逐步开展节目录制及节目编辑工作。

到 20 世纪 60 年代至 70 年代，国内磁带录音技术已然成熟，电台不但可录制大型文艺节目，对节目的剪辑合成技术也能驾驭自如。在此期间，中央台就成功地录制了大型音乐舞蹈史诗《东方红》等，成为珍贵的历史资料。图 5-14 所示为 20 世纪 70 年代某地方台的录音员在录制节目。

图 5-14　20 世纪 70 年代某地方台的录音员在录制节目

1978 年，中央台在文艺节目录制中，开始试验双声道立体声录音技术。1980 年 7 月，中央台从瑞士引进 16 轨录音机和多路输入输出调音台；1980 年底，在广播大厦音乐厅机房安装了这些设备并调试成功。这是中央台引进的第一套多轨录制设备。从此开始了多轨（多声道）录音。基于此，中央台于 1982 年 10 月 1 日开始试播立体声节目（第三套）。1983 年，中央台将大型音乐录音室改造成多功能演播室，用于多声道录音和不同类型节目的后期加工。该演播室应用面广，利用率较高，是全国广电系统中第一个多功能文艺节目演播室。

20 世纪 80 年代中后期，各地方台也开始购置进口多轨录音机和多路调音台，用于录制立体声节目及后期加工制作。至此，全国省级以上的广播电台基本完成了节目制作由单声道到立体声的过渡。之后各省的立体声调频节目相继开播。

1994 年 11 月，中央台引进美国数字音频工作站，用于节目的编辑制作。从此，中央台的录制设备从磁带录音机跨越到数字音频工作站。

1998 年 12 月，中央台新业务楼竣工。大楼内设有专门的文艺节目录制区。其中有一个 800 平方米音乐厅，其舞台为 300 平方米，可容纳上百人的交响乐队。大楼内还首次为广播剧设计了专用的录音棚和制作间，其中设有国内第一个声蜗牛室，可以模仿由远及近和由近到远的效果声。此外还有 5 套 60 平方米到 300 平方米大小不等的文艺录音室、18 套语言录音机房以及 10 套后期制作机房等，基本可以满足中央台 12 套节目、每天累计播音 200 小时以上的需要。[①]

21 世纪初，各地方台也纷纷使用音频工作站进行节目录制、节目合成及编辑。全部节目制作过程基本实现了数字录音、计算机编辑和硬盘存储。

五、节目播出

广播节目的播出一般有两种方式：一种是直播，一种是录播。所谓直播，就是播音员对着话筒直接播音，它又分播音室直播和现场转播直播；所谓录播，就是先将播音员的播音录音，然后用播放录音来代替直播。

解放前的新华广播电台以及中华人民共和国建立初期的中央台和地方广播电台，由于录音器材严重短缺，所以只能采用直播的形式广播，尤其是新闻稿件，除非极为重要、需要重播的，一般不进行录音。

---

① 杨波主编：《中央人民广播电台简史》，北京：中国广播电视出版社，2010 年，第 252 页。

由于录音条件的改善，到 1953 年下半年，中央台开始尽量采用录音播出。1956 年初，中央台从苏联进口大量磁带录音机和录音磁带，技术人员对磁带录音技术的掌握也达到比较娴熟的程度，所以播音方式开始由直播向录播过渡。到 20 世纪 50 年代后期，无论是中央台还是地方台，为保证节目制作水平和播出质量，除少量节目直播外，其余全部采用录音播出。

录音播出的节目是经过层层把关、精雕细琢的，所以差错少、质量高。从直播发展到录播是技术上的一个进步，它可使播出的节目存档，适宜长期保存，并可以重复使用。对新闻性事件来讲，录播的缺点是时效性较差。录制所用的时间越长，稿件播出时滞后新闻事件发生的时间就越长。

20 世纪 80 年代至 90 年代初，各电台又开始恢复直播。到 21 世纪初，直播已成为普遍的播出形式。现在直播节目的栏目一般都设主持人，名曰主持人直播节目，有时还要引进听众参与及互动，使传播者与接收者发生直接交流。这种直播使听众由被动聆听播音员的说教到主动与主持人相互探讨，使广播从单向性发展到双向性，增加了广播的感染力，彰显了现代广播的特点。目前的直播形式是我国新闻改革的产物，它与 20 世纪 50 年代的直播有本质的区别。那时的直播，无论是播音员还是听众都是被动的，而现在的直播，两者都是主动的。现在直播是为突出广播的优越性而采取的一种全新的播出方式，是播出形式的一大进步，也是播出形式的一个质的飞跃。

主持人掌控直播并加进与听众的互动，这种形式的播出也要求技术设施上有相应的改进。首先是播音室与控制室的某些功能合一而形成直播间，直播间内设有调音台，主持人可通过调音台直接对输出信号进行控制。图 5-15 所示为 21 世纪初某省级广播电台的新闻综合节目直播间。另外就是设置导播。导播是主持人的助手，两者密切配合才能圆满完成直播任务。导播的工作场地是导播间（如图 5-16 所示）。导播间与直播间相邻而用隔音的大玻璃窗隔开，在导播间能观察到直播间的一切，因主持人直播节目往往要听众参与，听众是通过电话与主持人互动的，所以导播的主要职责就是帮助主持人接听听众电话或拨通嘉宾电话，并将这些电话接入直播间。在此过程中，导播还要负责滤除掉和节目无关的电话、骚扰电话及与国家政策原则、法律法规及道德伦理相违背的电话。导播还要负责传递直播过程中外来的重要信息，

图 5-15 21 世纪初某省级广播电台的新闻综合节目直播间

图 5-16 21 世纪初某省级广播电台的新闻综合节目导播间

如新闻台临时需要插播的重要新闻等。导播间的主要设备是监听器、电话切入设备及延时设备等。

直播与录播是两种不同的播出方式，各有优缺点。具体采用哪种，应因地制宜，视节目的具体情况而定。

六、节目播出控制

20 世纪 50 年代至 60 年代，是以直播为主的时期。那时控制室机务人员的工作非常紧张，他们必须与播音员密切而默契地配合，才能保证播出不出纰漏，稍一疏忽，便会造成播出事故。当时机务员所有的操作全是手动。比如播文艺节目，需要播音员报一个节目名称，机务员就放该节目的唱片或磁带；有时很多节目都录制在一盘磁带上，就需要机务员提前对着节目排序表在胶带上找出该节目的起始位置并做出标记，工序非常麻烦。又比如语言节目，机务员必须对播音员的播音认真监听，辨别出节目的结束语，以便准确续接下一个节目。

如上、下两个节目的间隔在 20 秒以上，机务员还必须插播"补充音乐"。所谓补充音乐就是事先录好的一些时长不等的乐曲磁带，以供节目之间的空隙做填补。选择补充音乐也是一项技术，机务员必须根据两节目的间隔时间迅速做出选择并实时播放。当时的要求是插播乐曲不能掐头去尾，空播时间又不能大于 15 秒。此外还要虑及上下节目的内容，如工业节目播放"农业学大寨"的乐曲就不合适了。此事虽小，却反映了控制室机务人员的工作紧张程度。当然在播出中如遇到断带或卡带等机械故障，就更难为了机务员。有时大型节目的录音，一开始断了带，就需机务员手抻磁带运行，一盘敞盘带要播 45 分钟，拉出的散带可堆满半间屋子，播完后还要修复规整，机务人员的劳动强度可想而知。

中央台自 1956 年建立了主控系统后，文艺节目除现场直播外，其余全部采用录音播出。录音播出就是按总编室排好的播出顺序，将磁带、唱片上准备播出的节目先行复制到同一盘磁带上，播出时，控制室的机务人员只需播放此盘磁带即可。因在录制播出磁带时就对节目的时长、节目之间的衔接等做了妥善处理，所以极大地减轻了机务人员的负担。

20 世纪 60 年代至 70 年代，中央和地方各级广播电台无论文艺类节目还是语言类节目都采用录音的形式播出，但放磁带仍是手动操作。

1985 年，中央台播出机房首次采用美国自动连续播放机播出音乐节目，自此开创了自动化播出的先河。

20 世纪 80 年代末至 90 年代初，中央台大量引进国外先进设备，提高了设备的可靠性，由设备引起的播出故障率大为降低。

1996 年，中央台引进了两套自动化播出系统，为自动化播出打下了基础。1998 年 12 月，中央台搬进新业务大楼，该大楼内新建的主控室引进德国西门子公司的全套设备，可同时对所有播出节目和交换节目进行监听和监测，并能对台内所有机房的节目进行分配与交换，是当时设备最完善、功能最齐全的主控室。该主控室安装的播出系统以全自动化数字播出为主，以模拟播出为辅。1999 年 2 月，中央台第五套、第六套对中国台湾广播节目开始了全自动化数字播出；1999 年 7 月，第七套对港澳地区广播节目也开始了自动化数字播出。[1]

到 2008 年，各地方台也基本拥有了水平先进的数字化播控设备，节目的播出基本全部实现了自动化。

---

① 杨波主编：《中央人民广播电台简史》，北京：中国广播电视出版社，2010 年，第 257 页。

结　语

新闻通过广播传播的第一个环节就是把新闻变成广播节目，这一过程由广播电台的制播中心完成。广播电台制播中心的主要设施是：声电转换设备、声音记录设备、节目编辑设备和节目播出设备。

随着科技的发展，制播设施也在不断进步。声电转换设备的话筒由简单的炭精话筒发展到各类高级专业话筒；声音记录设备由留声机发展到各类录音机；编辑设备由录音机、调音台发展到音频工作站；播控设备由调音控制台、线路放大器发展到播出工作站。信号处理手段则是由模拟技术发展到数字技术。

我国广播电台制播中心的设备进化大致经历了五个阶段：以旧电台遗留设备为主的阶段；以苏联设备为主的阶段；以国产设备为主的阶段；以进口先进设备为主的阶段；以计算机、网络等数字化设施为主的阶段。在此期间，又经历了由电子管设备到半导体（集成电路）设备的过渡和由模拟设备到数字设备的变更。

我国广播电台制播中心的工作流程的进化过程是：新闻采访由记者只凭一张嘴和一支笔进行采访发展到使用高档便携式数字录音设备采访；稿件收集由每天派人去新华社取稿发展到通过互联网集稿；节目录制由用蜡盘刻纹机或钢丝录音机录音发展到用数字音频工作站录制；语言节目播出由简易的直播发展到录播（录音播出），又发展到互动直播；录音节目播出由手动操作的磁带播出发展到利用播出工作站进行全自动播出。总之，广播电台的制播工作流程逐步由传统模式进化到现代模式。

第六章
广播发射技术的发展

Chapter 6
Development of Radio Transmission Technologies

将电台制播中心播出的新闻节目通过一定的技术手段向外传播，就是通常所说的广播。广播有模拟广播和数字广播之分，数字广播是在模拟广播的基础之上发展起来的，趋势是代替模拟广播。在模拟广播中，为把音频电信号变成电磁波向外发射，必须用音频电信号对产生电磁波的高频电信号进行调制。根据调制方式不同，广播又分调幅广播和调频广播。数字广播在对信号的处理和传输方式上与模拟广播截然不同，一般它依传输途径不同而分为地面数字广播、卫星数字广播和网络数字广播。

第一节　调幅广播

一、调幅广播发射机制式的沿革

调幅广播属模拟广播。它是用音频去改变高频电磁波的幅度，使之随音频信号变化。此过程是在广播发射机中进行的。调幅原理是费森登所提出的，至今已有110多年的历史。

电磁波在应用的初期，只是用来传送电报信号，如波波夫、马可尼等人的最早实验都是进行电报通信，那时所用的发射机是火花发射机，如图6-1（左）所示。费森登在进行广播实验时，是用高频交流发电机作发射机。我国上海南洋公学（上

169

海交通大学前身）的实验室，早在1922年就曾研制过小功率、长波、火花式发射机。

1906年，美国发明家李·德福雷斯特发明出电子三极管。1910年，李·德福雷斯特运用费森登提出的调幅原理，用三极管组装成发送设备，播放了安丽科·凯鲁索的歌声。1916年，他建立了一个广播电台，广播新闻。李·德福雷斯特的这套播出装置可算是世界上最早的电子管广播发射机。20世纪40年代的电子管发射机如图6-1（右）所示。

早期的电子管发射机采用栅极调制，即在放大高频信号的电子管栅极上加音频信号以控制管内电流，使管内电流的幅度随音频信号的强弱而变化，达到调幅的目的。栅极调制效率极低，很快就被屏极调制所代替。所谓屏极调制，就是利用音频信号改变电子管的屏极电压，从而使管内的电流发生变化以达到调幅的目的。屏极调制较栅极调制有很多优点，因此逐渐被固定下来，形成调幅广播发射机的一种制式，这就是屏调幅广播发射机，简称"屏调机"。

1. 乙类屏调发射机

20世纪20年代，屏调机问世。其基本结构有三大部分：一是高频放大器；二是音频放大器（通称调幅器）；三是电源整流器。

屏调机的工作原理是：高频放大器将高频信号放大到所需发射的功率；音频放大器将音频信号放大到与高频放大器输出相等的功率；然后将此音频信号串联在高频放大器输出级的屏极供电电路中，使高频放大器输出级的屏压随音频信号变化，从而使高频放大器输出的高频电流随音频信号变化。这就完成了音频信号对高频信号的幅度调制。

屏调机的主要缺点是需要一个功率级与高频放大器相等的调幅器。因调幅器是音频放大器，所以它使用的电感、电容元件要比高频放大器大得多，因此体积庞大。在大功率屏调机中，调幅器的体积几乎占整机体积的一半。此外，为使音频信号不失真，单边电路输出的调幅器必须工作在甲类状态下；推挽输出的调幅器必须工作在乙类状态下。为提高效率，一般屏调机调幅器的输出级都采用乙类推挽电路，所以屏调机又有"乙类屏调机"的别称。即便如此，屏调机的整机效率也只有40%左右。

乙类屏调机的性能稳定、指标优良、调整方便，所以它被使用了半个多世纪。

我国第一部无线电广播发射机是1929年12月在上海亚美无线电股份有限公司

图 6-1　早期的发射机（左：火花发射机。右：20 世纪 40 年代的电子管发射机）

制造成功的，功率为 50W。[1]

　　中华人民共和国成立以后，自 1950 年开始，北京广播器材厂就研制生产出 1 ～ 20 kW 不同功率等级的屏调幅中波广播发射机。

　　1960 年 1 月，北京广播器材厂研制出我国第一部 1000 kW 屏调幅中波广播发射机。

　　1972 年，北京广播器材厂又研制出我国第一部 1000 kW 屏调幅短波广播发射机（如图 6-2 所示）。

图 6-2　北京广播器材厂生产的我国第一部 1000 kW 屏调短波发射机

---

[1] 秦福祥、张纪仁主编：《上海电子仪表工业志》，上海：上海社会科学院出版社，1999 年。

20世纪70年代，我国已有北京广播器材厂、上海广播科学研究所、哈尔滨广播器材厂、黑龙江广播设备制造厂、鞍山广播器材厂、辽宁省铁岭电子设备厂、陕西广播电视设备厂（四机部国营762厂）、福建南平国营8400厂、广东韶关无线电厂等十几个厂家能生产各种功率的中、短波屏调幅广播发射机。

鉴于屏调机效率低的缺点，人们一直在探求节能高效的新的调制方法，几十年内，出现了如下几种调制方式的发射机。

2. 自动屏调发射机

为提高屏调机的效率，必须改进调幅器。为此，20世纪50年代初，苏联邮电科学院提出一种自动屏调电路，简称AAM（Automatic Anode Modulation）电路。采用这种电路的发射机，其特点是省去调幅器，只在被调级电子管的栅极和阴极之间并联一只音频阻流圈，在屏极供电回路中串联一只音频阻流圈。

其工作原理是：被调级输入的必须是已调波。栅极、阴极间的非线性（检波）作用使栅极阻流圈上产生音频电压，此电压经放大后又在屏极阻流圈上产生音频电压。此音频电压与直流电源串联给被调级电子管的屏极供电，所以其屏压会随音频电压变化，达到屏调的目的。

此种制式发射机的优点是甩掉了庞大的调幅器，使整机效率有所提高，一般可达到50%。其缺点是调制线性不好，非线性失真大，尤其是动态指标较差，影响收听的悦耳度。这种发射机调整也比较困难。

实际上，自动屏调技术原本是苏联为军用目的研发的，在通信业务中也有应用，但尚未正式用于广播。[①] 20世纪50年代初，我国正处在经济落后、能源紧张时期，迫切需要节能高效的广播发射机，所以引进了这种技术。

1956年夏末，在当时中央广播事业局的领导下，吉林523台将一部日伪时期留下的已严重损坏的100 kW中波机，改造成一部150 kW自动屏调中波机，这是我国首次对大型中波发射机进行改造并获得成功，使自动屏调技术在我国广播系统得到率先应用。

1958年4月，根据第五次全国广播工作会议精神，中央广播事业局要求各省级

---

① 韩伟：《自动屏调幅发射技术在我的应用纪实》，《广播电视信息（下半月）》，2008年第10期。

广播电台使用 150 kW 发射机进行中波覆盖。此后，北京广播器材厂便开始试制仿苏机型 150 kW 抑制栅调—自动屏调中波广播发射机（简称自动屏调机）。

1958 年至 1962 年间，523 台的改机经验开始在中央直属台和地方台推广，很多发射台都依靠自台的技术力量将旧屏调机改造成自动屏调机。

到 20 世纪 60 年代中期，北京广播器材厂也生产出自动屏调机供应市场，所以我国绝大部分省（区）的中波广播发射台都使用了这种制式的广播发射机。

20 世纪 70 年代中期，出现了 PDM 制式的发射机后，我国停止了自动屏调机的生产，也停止了对自动屏调技术的研究。

20 世纪 80 年代后期，鉴于 150 kW 自动屏调机在各发射台已服役 20 多年，部件陈旧老化，效率及电声指标均明显降低等原因，当时的广电部决定停用该种机型，将之全部更新成 200 kW 屏调机。20 世纪 90 年代初，此项更新工程基本结束，自动屏调机在我国彻底退出历史舞台。

3. PDM 发射机

20 世纪 70 年代初，美国哈里斯等公司提出脉冲宽度调制方式（Pulse Duration Modulation），简称脉宽调制或 PDM。采用此种调制方式的发射机称 PDM 发射机。其基本结构与乙类屏调机类似，除电源整流设备外，它也有一个高频放大器和一个调幅器。

PDM 发射机的工作原理是：高频部分与屏调机相同，也是将高频信号放大后输入高频放大器的末级（被调级）。

其调幅器的工作原理却与屏调机迥异，它是先将音频信号对一个超音频（频率一般选 54 kHz、63 kHz 或 72 kHz）三角波进行调制，得到脉冲宽度随音频信号幅度做线性变化的系列脉冲，再将此脉冲进行逐级放大后输入调幅器的末级（调制级）。调制级经滤波器与被调级串联，滤波器滤除掉调制级输出脉冲中的高频成分而还原出音频信号，此音频信号串接在被调级的屏、阴极回路中，使被调级的高频信号受此音频信号的控制，这就达到了调幅的目的。

由于 PDM 机的调幅器自始至终一直工作在开关状态（丁类放大），所以效率要比工作在乙类状态的调幅器高。因此，整机效率也比乙类屏调机高。一般电子管 PDM 发射机的整机效率可达 50% ~ 70%，全固态机可达 75%。

1975 年 5 月，黑龙江广播设备制造厂的技术人员在当时可以见到的资料只有一张电路方框图和一组标示其技术性能先进的技术指标[①]的条件下，经过反复试验，终于研制出我国第一部 10 kW 串馈式 PDM 广播发射机。当年 6 月，该机通过了中央广播事业局组织的部级鉴定。

黑龙江广播设备制造厂研制的这部 PDM 发射机，电声指标虽优良，但残波辐射较严重。后经我国著名无线电专家冯秉铨教授改进滤波器设计，其残波辐射达到最低限度。依此设计，1976 年，广东韶关无线电厂生产出一台 10 kW 的 PDM 发射机样机，通过了四机部的鉴定。

此后不久，广电总局 554 台又凭借自台的技术力量研制出并馈式 PDM 广播发射机。

1990 年，上海市广播科学研究所成功研制出我国第一台全固态 PDM 广播发射机。

PDM 制式适合用于中、小功率的中波广播发射机，所以此后我国生产的 10 kW 以下的中波广播发射机全部采用此种制式。

当初黑龙江广播设备制造厂研制的我国第一部 PDM 广播发射机，曾在几个发射台工作，后因逐渐老化而停机，其元件被拆用无遗。到 21 世纪初，它只剩下一个机壳（如图 6-3 所示）。

图 6-3　我国第一部 PDM 广播发射机（现在只剩此机壳）

---

① 《当代中国的广播电视》编辑部选编：《中国的广播电视技术》，北京：北京广播学院出版社，1988 年，第 96 页。

4. PSM 发射机

20 世纪 70 年代末，瑞士勃朗 – 鲍威利（Brown Boveri）公司（后组成 ABB 集团）提出脉冲阶梯调制方式（Pulse Step Modulation），简称脉阶调制或 PSM。20 世纪 80 年代后期，此项技术经美国大陆公司的全面改进，发展成现在的 PSM 发射机制式。PSM 发射机的基本结构是：甩掉屏调机的调幅器，只由高频放大器和输出可控的整流电源组成。该种制式发射机的可控整流电源部分如图 6-4 所示。

图 6-4　PSM 制式发射机的可控整流电源

该种发射机的工作原理是：高频部分与屏调机相同，也是将高频信号放大后输入被调级。供给被调级屏压的整流器则是由 48 个整流模块串接组成。调制时，先将音频信号离散成脉冲信号，再根据离散脉冲的量化值来控制整流模块投入的数量，从而使被调级的屏压随音频信号变化，达到被调级输出的高频信号被调幅的目的。因供给被调级屏压的整流器的输出电压是随音频信号做阶梯变化的，所以此种调制方式称脉冲阶梯调制。为抑制谐波调制，整流器输出与被调级之间应加入低通滤波器。

此种制式可认为是把高压整流电源和调幅器合一，所以整机效率较高，可达 70% ~ 80%。除此之外，PSM 发射机还具有性能稳定、指标优良、结构简单、便于维护等优点。

1990 年，我国首次引进美国大陆公司 418E 型 100 kW 脉冲阶梯调制（PSM）短波发射机，安装在广电部直属 501 发射台。1992 年 10 月，广电部长春 523 发射台与黑龙江广播设备制造厂合作，将该台一部抑制栅调—自动屏调 150 kW 中波广播发射机改造成脉阶调制方式，这是我国第一部自行改造成功的大功率 PSM 中波广播发射机。

1995 年，黑龙江广播设备制造厂研制出我国第一台 10 kW 的 PSM 制式中波广播发射机。1996 年，北广电子集团公司（其前身为北京广播器材厂）研制出指标优良、国内领先的 PSM 制式 100 kW 短波广播发射机，并投放市场。

因 PSM 制式适用于短波发射机，所以我国有很多短波发射台都将原来的屏调机更新成 PSM 发射机。

目前，我国已有很多厂家生产 PSM 短波广播发射机。有些厂家在生产此种制式的发射机时，做了某些改进，将之命名为反馈补偿调制方式（Feedback Compensate Modulation），该种发射机简称 FCM 制式发射机。

5. DM 发射机

1987 年，美国哈里斯公司又研制出数字调制（DX）发射机。其工作原理是先将音频信号离散成脉冲信号，再根据脉冲量化数值直接控制 48 个（10 kW 机）或 128 个（50 kW 机）高末功放模块投入工作的数量，高末功放输出经功率合成、带通滤波后发射。该制式是把电源整流器、调幅器和高频功率放大器三者合一并采用数字电路，所以其整机效率较高，可大于 80%。该种发射机的电声指标优良，远高于原来屏调机的甲级标准。该种发射机是目前大、中功率中波广播发射机的理想机型。

1992 年至 1993 年，国内有多个厂家引进美国哈里斯公司的 DX 制式广播发射机，并以此作为样机进行研究。

1996 年，上海广播科学研究所率先生产出数字调幅（DM）制式 10 kW 全固态中波广播发射机。此后，陕西广播电视设备厂（四机部国营 762 厂）也生产出 DM 制式 10 kW 全固态中波广播发射机，并于 1997 年 9 月以产品的形式交付用户使用。

目前，我国生产广播发射机的厂家已有数十个，均能自行设计生产除超大功率之外的各种制式、各种功率等级的发射机，其中 10 kW 以下的发射机基本实现了全固态化（如图 6-5 所示）。

图 6-5　国产 DM 制式 10 kW 全固态中波广播发射机

中波 5 kW 以下的发射机一般采用 PDM 制式，10 kW 以上的发射机一般采用 DM 制式；短波发射机一般采用 PSM 制式。中、小功率电子管发射机和乙类屏调机均已停止生产。

二、调幅广播发射机器件及设施的更新改造

调幅广播发射机在几十年的应用中，不但在制式上寻求创新，而且在附属设施和元器件等方面也在随着科技的发展而不断地改进。

1. 发射管冷却方式的改进

发射电子管是个发热器件。首先是其灯丝需要加热到白炽状态才能发射电子，其次是其屏极需要吸收电子才能完成能量转换任务。在模拟电路中，即使电子管工作在丙类最佳状态，其屏极所接收的电子也只有 75% 左右转化成有用功，其余全变成热量耗散在屏极上。因此，在发射管工作时应对其屏极进行冷却散热。冷却方式依其发射功率的大小而定。

发射功率在 100 W 以下的称小功率管，其屏极通过自然冷却即可。发射功率在 100 W ～ 5 kW 的称中功率管，工作时对其屏极必须进行强制风冷。发射功率在 5 kW ～ 500 kW 的称大功率管，工作时对其屏极必须进行强制水冷或蒸发冷却。发射功率在 500 kW 以上的称特大功率管，工作时对其屏极应实施超蒸发冷却。

发射功率在 5 kW 以上的发射管，其屏极都是裸露的，且依冷却方式不同而有不同的结构及形状。图 6-6 所示为强制风冷（左）和蒸发冷却（右）电子管外形图（裸露部分为屏极）。

20 世纪 60 年代以前，特大功率管尚未问世，对大功率发射管的冷却方式只限于强制水冷。强制水冷的工作原理是将发射管的铜制屏极安置在装有蒸馏水的铜制水套中，水套中的蒸馏水通过电气绝缘管道通到户外冷却池。工作时，蒸馏水在水泵的作用下在水套和冷却池之间循环，带走发射管屏极的热量。为增加发射管屏极与蒸馏水的接触面积，屏极被做得很大。大功率水冷发射管屏极的高度有的接近 1 米。水冷系统造价低，但冷却效率低，易出现故障。在广播发射台，目前已不再用该种冷却方式。

20世纪60年代，蒸发冷却方式（简称蒸冷）开始被应用于广电系统。其工作原理是：发射管的屏极置于储满蒸馏水的蒸发锅中，发射管工作时，所产生的热量使蒸馏水汽化蒸发，其汽化过程吸收了发射管屏极的热量。蒸汽经蒸发锅出口、玻璃排气管与蒸汽管道相连，蒸汽管道将蒸汽汇聚到冷凝器进行强制冷却（风冷或水冷），蒸汽凝聚成蒸馏水后，再经回水管道回补给蒸发锅。为防止蒸汽及蒸馏水在循环过程中流失，系统中还设有自动补充蒸馏水的装置。蒸冷式发射管的屏极高度较水冷管矮得多，一般只有 20 ～ 30 厘米。为增大屏极与蒸馏水的接触面积，蒸冷管的屏极表面多刻有网格状深槽，如图6-6（右）所示。

图6-6　强制冷却发射管外形结构图（左：强制风冷管。右：蒸发冷却管）

在施以强制冷却的情况下，屏极每平方厘米有效面积所能承受的最大耗散功率称"屏极耗散功率面密度"，它以定量的形式表述出外加强制冷却的能力。水冷屏极耗散功率面密度是 40 ～ 120 W/cm^2；蒸冷约为 150 W/cm^2。因蒸冷方式较水冷效率高，故障率也较水冷低，所以目前被广泛地应用于广电系统。

20世纪70年代中期，又出现一种超蒸发冷却方式。它是一种将液相冷却（水冷）、气相冷却（蒸冷）合于一体的双相冷却方式。

采用超蒸发冷却（简称超蒸冷）的电子管称超蒸冷电子管，亦称双相冷却电子管。其结构是：屏极与特殊设计的水套固定在一起，屏极表面刻有很多又窄又深的环形或螺旋形窄槽，槽深一般在 10 毫米左右。水套则内壁光滑，与屏极的间距约为 5 毫米。水套与屏极间充满由水泵驱动的快速流动的蒸馏水。其冷却原理是：当电子管工作时，屏极表面窄槽底部的水在吸收屏极的热量后，汽化成水蒸气。当水蒸气聚集到一定数量时，就会以每秒数十米的高速从窄槽底部喷射到水套内流动的水中冷凝成水。此时窄槽中的压力降低，水套中流动的水立即压进窄槽底部进行补充，槽底的水再次被汽化，循环往复。这就在水套中完成了水变汽、汽变水的双相冷却。其水汽转换的周期很短，只有几十分之一秒，所以冷却能力十分强大。水套中的蒸馏水在水泵的作用下，在水套和户外热交换器之间循环，热交换器用水冷或强制风冷进行散热。

超蒸冷方式的冷却效率比蒸冷高得多，其屏极耗散功率面密度可达 800 W/cm^2。超蒸冷系统结构较复杂，造价也较高。一般屏极耗散功率在 100 kW 以上的发射管才采用超蒸冷方式。屏极耗散功率在 500 kW 以上的发射管则应全部采用超蒸冷方式。

目前，我国已能生产 500 kW 超大功率的超蒸冷发射管。国外生产超蒸冷发射管的主要厂家有法国汤姆逊（Thomson）、美国艾玛克（Eimac）、英国 EEV 及德国西门子（Siemens）等公司。

2. 真空发射管的改进

真空发射管的改进主要有两方面：一是大功率发射管的封装外壳由玻璃改进成金属陶瓷，二是研制出大功率四极发射管。

20 世纪 60 年代以前，国内生产的发射管都是玻璃壳封装。玻璃材料虽成本低廉，但其耐高温性能差，高频损耗大，机械强度低。金属陶瓷的问世，给大功率发射管管壳的更新开辟了新的途径。所谓金属陶瓷就是由一种或几种陶瓷材料与金属或合金按一定比例混合所组成的复合材料。它既具有金属的机械强度高、导热性能好的特点，又具有陶瓷的绝缘性能好、耐高温、耐腐蚀及耐磨损等特点。

早在 20 世纪 40 年代的第二次世界大战时期，德国就开始研制金属陶瓷。20 世纪 60 年代，美国开始将金属陶瓷用于汽车行业。之后金属陶瓷作为一种新型材料，被应用于航空、航天、国防、化工、机械制造及电子工业等诸多领域。

20 世纪 60 年代中期，我国开始将金属陶瓷材料用于电子管外壳的制作。目前，我国用于制造发射管的金属陶瓷是氧化物基金属陶瓷，即以三氧化二铝（Al_2O_3）为基体，与金属钨、铬或钴复合而成。用金属陶瓷做电子管外壳，不但具有耐高温性能好、机械强度高、导热性能好、高频损耗小等优点，而且在与金属熔接封装方面要比玻璃强得多，所以密封效果好，高温情况下不易变形破裂。虽然使用该种材料制造电子管加工难度大，所需成本高，但制成的电子管性能优良、使用寿命长，所以它逐步取代了玻璃外壳。20世纪80年代以后，我国生产的大功率电子管都采用金属陶瓷管壳，玻璃壳大功率管已停止生产。

20世纪60年代以前，大功率发射管都是三极管。三极管有其固有缺点：一是栅极控制管内电流的能力差，即跨导低；二是极间分布电容大，在高频工作状态下会产生直通和反作用，使其工作不稳定。为此三极管在工作时一般都需加中和电路，这就增加了线路的复杂性及调试的困难。四极管就是为克服三极管的缺点而设计的。但由于电极引出以及散热等问题未能解决，所以当时还不能将之用于大功率发射管。

金属陶瓷应用于发射管的管壳，解决了金属与陶瓷的封装问题，它可通过环状接口实现发射管的多极引出。蒸冷和超蒸冷的应用，解决了大功率管的散热问题。基于这些，大功率四极管应运而生。

当然，大功率四极管也有类似收信四极管的缺点，即屏极有二次发射现象，它会导致屏极产生负阻效应。但这点可以通过在屏极表面涂覆逸出功大的材料等措施予以解决。

1963年，根据中央军委指示，当时的四机部组织相关企业、研究院所及高等学校联合研制金属陶瓷管。经过努力，终于在1965年，北京电子管厂制造出我国第一只大功率蒸冷式金属陶瓷四极管FU-104Z。到目前，国内很多厂家都能生产大功率金属陶瓷管。成都旭光、北京东方两家电子管厂已能生产500 kW超蒸冷式超大功率金属陶瓷四极管。

3. 整流设备固态化改造

整流系统是调幅广播发射机的三大主体设备之一。因供给发射机的电源绝大多数都是交流电，而高、低频放大系统所需的电源都是直流电，所以必须把交流电转换成直流电。完成这种转换任务的设备就是整流系统。

20世纪70年代以前，大功率发射机中整流系统所用的整流管皆为真空器件。由于这些设备的电压高、电流大，所以不能使用普通整流电子管而要用离子管。5 kV以下的整流器使用二极离子管，如图6-7（左）所示，图中的充汞二极整流管高

15 厘米左右；5kV 以上的整流器使用三极可控离子管，即闸流管，如图 6-7（右）所示，图中充汞三极闸流管高 35 厘米左右。在用闸流管组成的电路中要附加移相电路。

图 6-7 充汞二极整流管（左）和充汞三极闸流管（右）

整流用的离子管就是在真空玻壳内充汞，当管内达到一定温度时，汞挥发成蒸气，在高电压的作用下产生电离，通过离子导电，可降低管内内阻，增大导电电流。为使充汞离子管正常工作，必须对它们予以恒温加热，以使管内的汞充分蒸发，否则整流时会产生逆弧，不能正常工作，甚至损坏整流管。这种整流设备不但效率低，而且维护困难。此外，由于汞有毒性，所以废弃的汞离子管必须妥善处理，否则会严重污染环境。

20 世纪 80 年代初，国产大功率半导体整流器件（当时通称硅堆）质量基本过关。自 80 年代中期开始，各发射台便陆续将整流器中的汞离子管换成硅堆（通称固态化改造）。由于半导体整流器件稳定可靠，故障率低，所以得到使用者的认可。到 20 世纪 80 年代末，全国各发射台基本都完成了发射机中整流设备的固态化改造，汞离子管自此退出历史舞台。

4. 小功率发射机全固态化

20 世纪 70 年代以前，我国的半导体器件尚未达到普及程度。那时生产的广播发射机，其所有振荡电路和放大电路都由电子管组成。小功率发射机中需要使用十几只电子管，大功率发射机中则需使用几十只电子管，当时电子管是发射机的核心部件。

20 世纪 70 年代，半导体器件开始在我国普及。在当时，半导体器件最大的优势是体积小、重量轻、质地坚实、耗能少；而其主要缺点则是技术参数不划一、对工作环境要求较苛刻、功率等级低等。当时的半导体器件都是分立件，用其组装的设备，更换元件极为麻烦。为此它并不适用于工作在高电压、大电流、强电磁场环境中的广播发射机，所以当时在广播发射机中很少采用半导体器件及由其组成的电路。直到大功率场效应晶体管和大规模集成电路达到实用化程度之后，广播发射机才在电路及结构上有了突破性改变。

人们对晶体场效应原理的研究很早就开始了，但直到1952年才制作出有实用价值的结型场效应晶体管（JFET）。1960年又发明出绝缘栅型场效应晶体管，即金属氧化物半导体场效应晶体管（MOS-FET）。自此，拓展了场效应晶体管的应用范围。场效应晶体管无论在结构上还是在工作原理上都与普通晶体管有较大的区别。普通晶体管是外加电压使管内P-N结位垒变化而引起管内电流变化；场效应晶体管是外加电压通过电场效应使管内导电沟道中载流子数量变化而引起管内电流变化。普通晶体管属电流控制元件，而场效应晶体管则属电压控制元件。

广播发射机所用的大多是绝缘栅型金属氧化物半导体场效应晶体管，即MOS-FET。其中MOS的意思就是：金属层（M）栅极，隔着氧化物绝缘层（O），利用电场效应来控制半导体（S）管内载流子流量。FET是场效应晶体管的英文缩写。因MOS-FET有较大的输出功率，所以被应用于广播发射机中的大功率放大器。

集成电路发明于1958年，它是将半导体管和相关元件集合在同一晶片上而构成的一个组合部件，具有预定的电路功能。发射机可根据需要选择特定功能的集成电路，组成高、低频放大器组件。

由集成电路组成的具有特定功能的前级放大单元和由MOS-FET组成的末级功率放大模块结合在一起，就可使发射机实现无电子管的纯晶体化，亦称全固态化。

21世纪初，国内生产的10 kW及以下的中波发射机已实现了全固态化。10 kW以上的大功率中、短波发射机，除末级及末前级还使用电子管外，前级也都实现了固态化。如50 kW的PSM短波发射机全机只用了2只电子管，即末级使用1只4CV100000C（或RS2054），末前级使用1只FU-115F（或RS1072）。10 kW的PSM短波发射机的全机只在末级使用1只电子管FU-920F（或FU-832F）。

三、调幅广播发射机供电设施的技术沿革

发射机是一个能源转换设备，需要供电系统供给能源。在没有交流市电的地区，需要用电池或发电机供电，如红军时期的电台，就是用手摇发电机供电；延安时期的广播电台，就用汽车引擎带动发电机供电。在有交流市电的地区，发射台的用电一般都需要专用供电线路及专用供电设备供给。

用交流供电的发射台，其供电设施依发射机的功率等级不同而不同。一般分四类：一是 1 kW 以下的发射机，可用三相 380 V 市电直接供给，只需经专用低压配电箱或配电柜分配电力即可。二是 5 kW ~ 10 kW 的发射机，要有专线高压线路传输，再经专用电力变压器变压后给发射台供电。台内设有低压配电室，配电室内设低压配电柜给全台分配电力。三是 50 kW ~ 200 kW 的发射机，必须用专用高压线路供电，台内设高压配电室、电力变压器、低压配电室给全台分配电力。四是 200 kW 以上的发射机，往往需要二级变电站，即先用 35 kV 高压专线将电力传送到台里，台内设室外变电站将 35 kV 变成 10 kV，再经高压配电室、电力变压器、低压配电室给全台分配电力。

20 世纪 70 年代以前建的 50 kW ~ 200 kW 大功率发射台，其供电系统基本是由外电高压专线、进台终端杆及台内的高压配电室、电力变压器、低压配电室等几部分组成。进台终端杆上配备跌落保险和避雷器，跌落保险的作用是当负荷过载时能自动熔断脱落而将电源断开，避雷器则是防止外线上的落雷进入高压配电设备。高压配电室的设备主要是高压开关柜和高压测量柜。有的发射台为主备两路供电，则配备两面高压开关柜、一面联络柜和一面测量柜。当时的高压开关柜中的开关部件是油断路器。油断路器的缺点是有安全隐患、寿命低和维护不方便等。

20 世纪 80 年代以后建的 50 kW ~ 200 kW 大功率发射台，其供电系统组成与上述基本相同，只是高压开关柜中的开关普遍改成真空开关。此种开关安全系数高，使用寿命长，维护量小。且开关系统整体被做成抽屉结构，可与机柜分离，方便了检修，增加了安全性。

21 世纪初所建的 50 kW ~ 200 kW 大功率发射台，其供电系统组成与上述基本相同，但普遍增加了计算机控制系统，加强了系统自动运行能力和自动监测功能。

21 世纪初所建的 100 kW 以下的中、小功率发射台，其供电系统还普遍采用箱式变压器（如图 6-8 所示）。

图 6-8　箱式变压器

箱式变压器简称"箱变"，它不单是变压器，还相当于一个小型变电站，兼具保护、监视、控制、通信等多种功能。箱变的主体部分包括高压室、变压器室、低压室。高压室是 35 kV 或 10 kV 进线室，包括高压母线排、断路器或熔断器、电压互感器、避雷器等；变压器室就是变压器；低压室内有低压母线排、低压断路器、计量装置、避雷器等。从低压断路器引出电缆可对用户供电。

箱式变压器分欧式和美式两种。欧式体积比美式大，负荷能力与供电可靠性都比美式强。我国一般都使用欧式箱变。

箱变的主要优点是体积小、重量轻、噪声低、损耗小、可靠性高，皆能在无人值班的情况下运行。档次较高的箱变采用全站智能化设计，可实现遥测、遥信、遥控和遥调，并可对运行参数进行远程设置，对箱体内湿度、温度进行自动控制，对烟雾进行远程报警等。有些箱变还可实现远程图像监控。

第二节　调频广播

一、调频广播发展概述

调频广播也属模拟广播。所谓调频，就是用音频去改变高频电磁波的频率，使之随音频信号而变化。此方法为美国工程师阿姆斯特朗于 1933 年发明，如图 6-9 所示。调频技术发明之后，便被应用于广播、电视、通信等各个领域。美国对调频广播最为重视，1941 年元旦，就开始了世界上最早的调频广播。

1958 年，美国工程师赖纳德·康最先研制出立体声广播系统。所谓立体声广播，就是按声音在空间的分布位置，将其分成左、右两个声道，分别录制，然后通过一定的方法合成后调制到高频电磁波上发送出去。接收端再将两声道的声音还原，并用设置在空间不同位置的扬声器将其分别播放，这就使听者有身临其境的现场感。

图 6-9　美国工程师阿姆斯特朗发明了调频广播

1960 年，加拿大蒙特利尔广播站首次利用此种系统进行了立体声调频广播。1962 年以后，立体声调频广播在世界范围内得到快速发展。

20 世纪 60 年代至 70 年代，我国开始发展调频广播，不过那时只将调频广播用于信号传输。1979 年，黑龙江台采用导频制在我国首次试播了立体声调频广播。[1] 到 80 年代初，广东、上海等地人民广播电台相继开播立体声调频节目，自此调频广播开始用于覆盖。直到 1983 年 3 月至 4 月，第十一次全国广播电视工作会议确定把调频广播作为广播覆盖的技术措施之后，调频广播才快速发展起来。

二、立体声调频广播的制式

根据对立体声的处理方法不同，立体声调频广播的制式分为频率分割制、时间分割制和方向信号制三种。频率分割制又称和差制，和差制对和差信号进行频率分割时，根据对副载波调制方式的不同又分为：导频制、极化调幅制和二次调频制。其中导频制应用最为广泛。

导频制的基本工作原理是：将声音分成左声道（L）和右声道（R）。先将左、右两声道的信号相加得到两者的和信号 M，即 M=L+R；再将左、右两声道的信号相减得到两者的差信号 S，即 S=L-R。M 实际就是单声道信号。M 和 S 的频带均为 30 Hz ~ 15 kHz。将 S 对超音频 38 kHz 的副载波进行调幅，得到 38 kHz ± 15 kHz 的超音频频段信号。为防止 38 kHz 副载波占据传输能量，我们通过适当的电路把它抑制掉。这样 S 对副载波调幅后就只剩上、下边带波，即 ±S。为在接收端

① 鄂岳、陈绍楚、王明照：《导频制调频立体声调制器研制情况介绍（上）》，《广播与电视技术》，1982 年第 1 期。

恢复 38 kHz 的副载波，我们用 19 kHz 作为导频信号。此后，我们用和信号 M（30Hz ～ 15 kHz）、±S 信号（38 kHz ± 15 kHz=23 kHz ～ 53 kHz）及导频信号（19 kHz）对调频载波进行频率调制，便得到导频制的立体声调频调制波。

因导频制中是先用差信号 S 对副载波进行调幅（AM），再用和信号 M、差信号调幅后的上下边带波 ±S、导频信号三者对主载波进行调频（FM），所以导频制又称为 AM-FM 制。

1983 年 5 月，广播电视部正式确定导频制作为我国立体声调频广播的制式。导频制具有双向兼容性，即普通收音机能接收立体声广播，立体声接收机也能接收单声道广播。

三、调频广播发射机的沿革

调频广播发射机的演变比调幅广播发射机简单，制式上它只是从单声道到立体声，元器件上则是从电子管到全固态。

自 1939 年阿姆斯特朗在美国建立世界上第一个调频广播发射站起，到 1958 年赖纳德·康研制出立体声广播系统之前的近 20 年间，调频广播发射机都是电子管单声道制式（如图 6-10 所示）。

自 1960 年加拿大蒙特利尔广播站第一次进行调频立体声广播开始，调频发射机出现了电子管双声道（立体声）制式。

20 世纪 70 年代以后，半导体技术快速发展，大功率半导体管和大规模集成电路开始被应用于调频广播发射机中，这就出现了全固态立体声调频广播发射

图 6-10　电子管单声道调频广播发射机

机。20 世纪 80 年代以后，数字技术崛起，于是人们又将数字技术应用于调频广播发射机中。

目前，市面上常见的调频广播发射机有全模拟、半数字和全数字三种程式。

全模拟立体声调频广播发射机工作过程全部采用模拟技术，即输入的音频信号

是模拟的，音频放大、限幅、立体声编码调制等都是模拟的。该种发射机用压控振荡器（VCO）加锁相环（PLL）产生载频信号，用复合的模拟音频信号对压控振荡器中变容二极管进行直接调制产生调频信号。该种程式称为 VCO+PLL 制式。

半数字立体声调频广播发射机可以接收数字音频信号（AES/EBU），也可以接收模拟音频信号，音频处理和立体声编码由数字信号处理器（DSP）来完成。其输出的数字立体声复合信号需经 D/A 转换器转换成模拟立体声复合信号后，才对压控振荡器进行频率调制。这就是说，在产生立体声复合信号之前是数字化处理过程，而调制过程仍是模拟的，所以属半数字化。此种程式称为 DSP+PLL 制式。

全数字立体声调频广播发射机的工作全程皆采用数字化技术。它采用软件无线电技术来实现编码、调制等程序。它所需的输入信号是数字音频信号（AES/EBU）或模拟音频经 A/D 转换成的数字信号，其音频处理和立体声编码皆由数字信号处理器（DSP）来完成。而调制过程是由数字信号处理器控制直接数字式频率合成器（DDS）来完成，实现了调制过程的全数字化。此种程式称为 DSP+DDS 制式。

全数字调频发射机的优点是：音质好，可达 CD 水平；采用大规模集成电路取代分立件及小规模集成电路，做到了元件少、可靠性高。该种发射机的运行状态可通过通信接口（RS232、RS485、CAN、TCP/IP）进行远程监测、监控及故障诊断，从而提高了自动化程度。

这里有一点应明确：调频广播本身就是模拟的，所以即使是全数字发射机，只不过是在音频处理、编码及调制过程中使用了数字技术，其直接数字式频率合成器（DDS）输出的数字调频波还需经 D/A 转换器变成常规调频波才能被射频放大器放大到指定功率发射。所以全数字调频发射机输出的仍是模拟调频信号。

我国生产调频广播发射机始于 1958 年，当时生产的是电视伴音发射机。第一部专为广播用的调频发射机是北京广播器材厂于 1960 年生产的电子管单声道调频广播发射机。到 20 世纪 70 年代，国内已能生产各种不同功率等级的电子管单声道调频广播发射机。

1986 年，广播电视部设备制造厂成功研制出 1 kW 调频立体声广播发射机，并获电子工业部颁发的科技成果鉴定证书，如图 6-11 所示。自此，我国开始生产调频立体声广播发射机。

图 6-11　我国研制的第一部 1 kW 调频立体声广播发射机

20 世纪 90 年代后期，我国开始生产中、小功率的固态化立体声调频广播发射机。到目前，我国已有数十个厂家生产各种功率等级的全固态立体声调频广播发射机。

第三节　数字广播

20 世纪 80 年代，数字技术飞速发展，广播技术也随之进入数字化时代，继而出现了数字广播。所谓数字广播，不是广播过程中的某个环节采用数字技术，而是整个过程即从节目制作、播出、传输、发送以至接收，都使用数字信号，这才称为数字广播。数字广播按传输形式不同而分为三大类，即数字地面广播、数字卫星广播和数字网络广播。

一、数字地面广播

数字地面广播又分为两类：一类是数字音频广播，另一类是数字调幅广播。

1. 数字音频广播

目前世界上有三种制式的数字音频广播。第一种是美国的带内同频（IBOC）制式，其特点是在现有调幅（AM）和调频（FM）广播发送设备的基础上，增加少量设备即可实现。数字音频信号与原有的模拟广播信号可在同一频道发射，既保留了原有的模拟系统，又不需要为数字音频广播进行新的频率规划，从而节省了频率资源。这种制式的接收机结构简单，价格便宜。第二种是日本的单套节目数字音频广播，它是在地面数字电视（DTV）的基础上发展起来的。其特点是可根据广播信息的容量灵活确定系统的带宽，它所占频带较窄，节省频率资源。第三种是欧洲的尤里卡 147–DAB 制式，这种制式在世界范围应用最广，我国也采用该种制式。下文将详细介绍该种制式。

1980 年，德国广播技术研究所开始对地面数字音频广播进行研究。1985 年，该研究所在德国慕尼黑进行数字音频广播实验。1986 年，德、英、法等 12 个成员国组成一个技术研究合作团体，称尤里卡（Eureka）联盟。该联盟多年来一直从事多种技术项目的研制开发。在其庞大的技术开发项目中，DAB（Digital Audio Broadcasting，即数字音频广播）被列为第 147 项，因此，DAB 项目又被人们称为尤里卡 147（Eureka 147）计划。经该联盟的不懈努力，尤里卡 147 计划至今已颁布了一系列完整的 DAB 技术标准，这些标准被称为尤里卡 147 标准。1991 年，该标准被国际标准化组织（ISO）选定为数字音频广播的国际标准，并形成尤里卡 147–DAB 制式。人们通常所说的 DAB，就是指这种制式。

DAB 广播的工作流程是：多路音频信号和数据信号经各自的编码器进行信源编码，信源编码采用 MUSICAM 算法，既能使数据得到有效的压缩，又能保持较高的声音质量。经信源编码后的各路信号通过复合器复合起来后再进行信道编码和调制。信道编码和调制采用 COFDM（编码正交频分复用）技术。COFDM 中的 C 为编码，是指信道编码，它采用可删除型的卷积编码，编码率可变，根据数据的重要性和应用条件不同，实施不同的差错保护。COFDM 中的 OFD 为正交频分，是指被调制的副载波群，它是由许多频率成正交关系、相距很近的载波构成的一个宽带系统。副载波群中频率的数量因模式不同而不同，有 1536、384、192、768 等几种。如模式 I 就是由 1536 个相隔 1 kHz 相互成正交关系的频率，组成一个中心频率为 2.048 MHz，带宽为 1.536 MHz 的副载波群。副载波群中无论频率数量是多少，其所占的带宽是固定的，即都是中心频率为 2.048 MHz 的 1.536 MHz 带宽。COFDM 中的 M 为复用，是指将需要传送的声音和数据信号经频率交织后分配到各个副载波上，进行差分编码，对各个副载波进行四相相移键控（4DPSK）调制。这就使每个副载波形成一个窄带的信道，全部副载波构成一个 COFDM 基带信号。DAB 发射机是将低电平的 COFDM 基带信号进行频率变换和功率放大。即将 1.28 MHz ~ 2.816 MHz 的 COFDM 基带信号对发射频率（47 MHz ~ 3 GHz 中的某个频率）进行调制，使之变成射频，再经功率放大后通过天线发射出去。

现今的 DAB 的射频频率（47 MHz ~ 3 GHz）分 4 个频段，即：47 MHz ~ 375 MHz（VHF 频段）；376 MHz ~ 750 MHz（UHF 频段）；1.5 GHz；3 GHz。

VHF 和 UHF 频段用于地面大范围覆盖；1.5 GHz 用于地面小范围覆盖及地面与卫星的混合覆盖；3 GHz 主要用于卫星覆盖。

该种制式的优点：一是声音质量好，可达 CD（激光唱片）水平；二是抗多径传播引起的衰落能力比较强，适合固定、便携及高速移动接收；三是可在不同频段（VHF、UHF、L 波段）实行窄带单频网同步运行，进行大面积区域覆盖，节约了频谱资源；四是同步网中不需要大功率发射机，节约了能源；五是可同时传送多套声音节目和数据业务，还可以传送活动图像节目，这就是所谓的数字多媒体广播（Digital Multimedia Broadcasting），简称 DMB。

DMB 完全打破了传统模拟广播的模式，它既能播出优质的声音节目，也可以播出文字、数据、图片、影像等多媒体信息。它所涉及的业务范围：一是音频广播业务，即在播出广播节目声音的同时，还能传送与节目相关的图文信息，如主持人的资料、图片、歌曲的背景资料等，给听众提供了声音以外的视觉效果。二是视频业务，为在城市或郊外处于移动或静止状态的人群提供与现有模拟电视图像质量相当的实时新闻、大型活动直播及各类信息和 MTV 等影视娱乐节目。三是交通导航，可提供城乡电子地图、实时路面交通情况和图文车辆调度信息等，为驾驶人员提供交通导航服务。四是金融股市，可实时传送股票行情、金融信息和经济信息。五是利用 DMB 卡，计算机可在固定或移动环境下，通过互联网接收 DMB 信号及网络信息。

目前，世界上已有 30 多个国家和地区开播了 DAB，供 3 亿多人收听。其中英国的 DAB 发展最快。早在 1995 年 9 月，英国广播公司（BBC）就开通了 DAB，成为全球首家开通了 DAB 的广播公司。目前，英国约有 300 家电台提供数字化的节目及信息，服务涵盖全英国的 80%。

我国广播科研部门一直在跟踪国际 DAB 的发展动向。1988 年，国家广电总局广播科学研究院成立了 DAB 项目组，开始了 DAB 技术的研究；1992 年 6 月，完成了《在我国开展 DAB 重大科研项目的可行性报告》。1994 年 12 月，国家科学技术委员会通过了广播电影电视部起草的《数字音频广播（DAB）重大科技产业工程可行性论证报告》。[①]1995 年，我国与欧共体签订了合作计划，引进尤里卡 147-DAB 标准。

1996 年 12 月，我国用引进的德国地面数字音频广播（DAB-T）系统，在珠江三角洲地区建立了我国第一个数字音频广播（DAB）先导网。该网于当年 12 月 25 日开通，1997 年 7 月 1 日投入试播。

1999 年，我国又完成了从 DAB 向 DMB 技术的过渡，随后，在珠江三角洲成功地进行了 DMB 试播。

2000 年 10 月 11 日，珠江三角洲先导网通过了由科技部、国家广电总局等部门组成的验收组的验收。

2003 年 8 月，佛山电台、粤广公司的工程技术人员成功地在佛山的公交汽车上安装了首台数字多媒体广播（DMB）接收机，使乘客可以在车上欣赏到高质量的广播和实时视频新闻。

2000 年 6 月，在北京—廊坊—天津建立了第二个 DAB 先导网并进行了试播。该网与广东网都为国家制定数字广播技术标准提供了试验数据。

在建立 DAB 先导网的同时，我国开始自主研制地面数字音频广播的设备。最早生产 DAB 发射机的是北京广播器材厂。

我国建立 DAB 先导网之初，推广 DAB 的瓶颈是接收机难以普及。1996 年，国内能买到的 DAB 收音机售价竟高达 43000 元，不能为一般平民所承受。为此，清华大学等单位开始积极研制面向国内民众的 DAB、DMB 接收机。2003 年 9 月，第一代 DMB 接收机在广东地区面市，价格不到 3000 元；到 2004 年底，性能优良的小型机顶盒式 DMB 接收机上市，价格只有 1300 元。目前，功能齐全、性能优良、价格不高的各类 DAB、DMB 接收机已充满市场，可满足各层次消费者的需求。

2. 数字调幅广播

1996 年 6 月，国际上一些大的广播机构和设备制造商在法国巴黎举行了一次会

① 谈黎红：《我国数字音频广播和数字多媒体广播的发展》，《广播与电视技术》，2006 年第 10 期。

议，与会代表达成一个共识，即 30 MHz 以下的调幅广播已无发展前途。为此，同年 11 月，又在巴黎召开了一次规模更大的会议，会议决定成立一个组织，负责拟定数字调幅（DAM）广播系统的标准及促进 DAM 技术在全球范围推广。

1997 年，在德国柏林召开的国际无线电展览会上，法国、德国和美国分别展示了各自的 DAM 广播实验系统，即天波 2000、T^2M 和 VOA/JPL-B。1998 年 3 月，世界上最重要的 20 个与广播有关的组织在中国广州召开会议，正式成立了一个名为 Digital Radio Mondiale 的国际民间组织。该名称中的 Mondiale 是法文，意为世界，所以该组织的汉语意译就是"世界数字广播"。但通常我们称之为"数字广播联盟"或简称"DRM 组织"。

DRM 组织对法国天波 2000 和德国 T^2M 两大 DAM 系统进行了测试与评估，在融合两者的方案后，于 1999 年底，向国际电信联盟（ITU）提交了名为"30 MHz 以下数字声音广播的业务需求"的建议书。2001 年 2 月 4 日，国际电信联盟正式通过了该建议书，形成 DRM 系统建议。同年，该建议得到欧洲电信标准学会（ETSI）认可，成为 DRM 系统的标准。2003 年 1 月 30 日，国际电工委员会（IEC）表决通过了该标准。2003 年 6 月 16 日，DRM 组织在日内瓦宣布了 DRM 标准，并于当年 7 月正式实施。

DRM 技术无专利，鼓励全世界使用。国际电信联盟广播业务组（ITU-R），决定将 DRM 技术作为全球短波频段数字声音广播的制式。DRM 系统是当前唯一能够应用于广播频段的通用型非专利数字无线电广播系统。全球多家广播机构对 DRM 系统进行试验运行，证明其效果良好。

DRM 系统是当今较成熟的数字调幅广播技术。其工作流程基本与 DAB 相似，其信源编码采用 MPEG4 AAC（高级音频编码）与 SBR（频带复制编码）技术相结合的方式，其压缩能力很强。信道编码也使用可删除型卷积编码，对传输的数据流实施等差错保护或不等差错保护。数字调制方式则采用 OFDM 和 QAM 调制相结合的方法。传输时调制器将 OFDM 符号转换成模拟形式，最后通过发射机发射出去。

DRM 制式广播比模拟广播抗干扰能力强，可用于移动接收。在保持原覆盖范围的情况下，它可降低约 3/4 的发射功率，有效地节约了能源。此外，只要在原有 PDM、PSM、DM 等系列的发射机上添加部分设备，即可改造成 DRM 系统。这有利于模拟中短波广播向数字广播过渡。DRM 的发展前景是逐步取代目前的模拟调幅广播。

DRM 制式广播的优点：一是音质清纯，背景干净，远优于调幅广播，可与调频广播相媲美；二是抗干扰能力强，可消除短波的衰落，适合于固定、移动及便携式接收；三是工作在 30 MHz 以下的频段，可利用现有中、短波频谱资源，无须进行重新规划；四是现有调幅广播发射机（PDM、PSM、DM 等制式的发射机）经过简便改动，添加部分设备，即可改造成 DRM 系统，所以发射机升级改造的成本低；五是在保持相同覆盖的情况下，DRM 制式比 AM 制式所需的发射功率低，提高了经济效益；六是每个台所占带宽与原来 AM 制式一样，仍为 9 kHz 或 10 kHz，在此带宽内，既可同时传送模拟音频信号和数字音频信号，又可传送附加业务数据，如带宽允许，还能传送立体声信号。

到 21 世纪初，全球已有 60 多个 DRM 系统正式运作。我国是 DRM 协会成员之一，数字调幅系统采用 DRM 制式。

2000 年 4 月，国家广电总局无线局与法国泰雷兹集团合作，利用基于 DRM 标准的广播发射机和接收机在北京和海南之间进行了第一次 DRM 传输试验，取得成功。

2003 年 11 月，广东省广播电视技术中心与美国哈里斯公司合作，进行了 DRM 中波首次广播试验。试验在广东省广播电视技术中心 909 发射台进行。采用哈里斯公司的 DRM 演示包，使用该台由哈里斯公司生产的 DX-10 kW 中波发射机（工作频率为 900 kHz）进行 DRM 广播，试验人员用五天时间在珠海、中山等地的 11 个室外、2 个室内地点进行收测，对 DRM 广播各项性能进行测试、分析，并与 AM 广播进行比较，取得多项有价值的数据。试验获得圆满成功。

继上述两次试验成功之后，2004 年 1 月 6 日，国家广电总局发布《广播影视数字发展年工作要点》，准备积极推进广播覆盖的数字化进程，并在京津、长江三角洲、珠江三角洲等地区进行 DRM 中波广播试验。2004 年底，国内部分具备条件的发射台开始进行发射机的 DRM 制式改造和试播数字节目。

2005 年，国家广电总局投资 600 万元开展 DRM 研究，由国家广电总局无线局、广科院和中国传媒大学等单位承担此项任务。计划选择一个对北京地区广播的短波发射台，开通一条数字传输链路，进行发送和接收的系统测试，验证其实际传输效果；并研究和探讨国内现有各种广播发射机改造成 DRM 发射机的技术要点和方法，以便推广。

此时，北京广播电影电视设备制造厂等生产厂家开始积极研发 30 MHz 以下调幅广播波段的 DRM 发射机。国内部分发射机生产厂家也与外商合作研制开发适合中国国情的 DRM 发射机。

在 DRM 系统的接收机方面，哈尔滨广播器材有限责任公司与成都纽斯达公司合作，成功开发了具有世界先进水平的 DRM 软件接收机，很快推出全国第一款 HG-101 多媒体数字接收机，满足了国内外对 DRM 终端产品的迫切需求。其他国内生产收音机的厂家也开始研制 DRM 接收机。到目前，面向大众消费者的 DRM 接收机已见于国内市场。

DRM 广播发展方向是改造现有中、短波广播发射机，进而取代模拟中、短波广播。但它不能代替 DAB，只能是对 DAB 的补充。DAB 对近距离覆盖有突出优点，其发展方向是代替模拟调频广播，工作在 VHF、UHF 和 L 频段。

目前，实现 DAB 广播覆盖的最大问题是需要重新进行频率规划，需要给它分配新的频率。DRM 广播则不需要重新分配频率，而可直接代替目前的中、短波广播进行远距离、大面积覆盖。在广播实现全数字化之后，本地广播可用 DAB 系统，远距离及国际广播则可用 DRM 系统。

二、数字卫星广播

20 世纪 80 年代末，欧洲率先在世界上实现了数字卫星直接广播，即开发了 DSR（Digital Satellite Radio）系统。该系统广播的声音质量很好，可播 CD 质量的立体声节目。其缺点是只能传送声音，不能传数据业务；只能用于固定接收，不能进行移动接收。并且该系统没有采用数字压缩技术，频谱利用率很低。基于此，该种模式很快被淘汰。

之后，又出现了两种数字卫星广播模式，即欧洲的阿斯特拉数字卫星广播系统和美国世广公司的全球数字声音广播系统。

阿斯特拉（Astra）是欧洲卫星广播组织的名称，总部设在布鲁塞尔。该组织开发的数字卫星广播系统称 Astra Digital Radio，简称 ADR。该系统使用了数字压缩技术，既可传输声音广播节目，又可传输模拟电视节目。该系统的缺点是不适用于移动接收。

美国世广数字卫星广播公司（简称世广公司）成立于 1990 年，是一家专门为发展中国家提供数字音频和多媒体业务的卫星直播技术服务跨国公司，总部设在美国华盛顿。从 1990 年起，该公司便投入巨额资金，创建世广数字卫星广播（Digital Satellite Broadcasting）系统，简称 DSB 系统。该系统采用 MPEG-1/2 Layer Ⅲ 编码算法，信道调制为时分复用（TDM/QPSK）。系统工作在 L 频段。

该系统是唯一能在全球范围内提供个人接收数字音频和多媒体节目的卫星直播系统。整个系统由定位于赤道上空 36000 千米处的 3 颗地球同步卫星构成，如图 6-12 所示。它们分别是：非洲之星（东经 21°）、亚洲之星（东经 105°）和美洲之星（西经 95°）。3 颗卫星能覆盖 120 多个国家，受众人口约 52 亿。

图 6-12　地球同步卫星

世广数字卫星广播系统既可进行固定接收，又可进行移动接收。在亚洲、欧洲、非洲的任何地方，包括偏僻的乡村和普通广播所不能达到的地方，都能接收该系统播放的多媒体广播。该广播音质清晰，接近 CD 质量，且无衰落和噪声。

国际电信联盟已于 1997 年接受世广卫星系统为国际卫星数字声音和多媒体广播推荐标准的 D 系统，并建议世界各国选择使用。

世广数字卫星广播系统可以做到对整个中国国土的覆盖。世广公司在中国还设了分支机构和办事处。为开拓中国市场，世广公司还专门设计了符合中国国情的具有接收多媒体数据服务功能的接收机。

中国通信广播卫星公司是世广卫星公司"亚洲之星"东北波束在中国地区相关业务的独家代理，并建成世广卫星上行站，可开通中国地区的卫星多媒体业务，并推出世广卫星数字多媒体直播服务。

2000 年 12 月，以中央台为主的试验组用了半年多时间，对覆盖中国领土的"亚洲之星"东北波束进行了声音广播直播试验，获得了较好的效果。当时，我国只有中国国际广播电台（CRI）的华语台通过"亚洲之星"播出。

我国的技术政策是研制和发射自己的音频直播卫星。2008 年 6 月，我国成功地发射了自己的直播卫星，即中星 9 号卫星。中星 9 号定位于赤道上空 36000 千米，东经 92.2°。该星是我国唯一的广播电视直播卫星，其特点是功率大、可靠性高、寿命长。

中星 9 号卫星传输模式采用了 ABS-S（Advanced Broadcasting System-Satellite）标准，该标准是我国自主研发、第一个拥有完全自主知识产权的卫星信号传输标准。该标准采用先进的信道编码方案、合理高效的传输帧结构等技术，具有更低的载噪比门限要求和更强的节目传输能力。它具有性能先进、适应性强、复杂程度低、安全可靠性高等特点，适合我国国情。

目前，该星上直播着中国之声、中华之声、神州之声、华夏之声、民族之声、经济之声、音乐之声、都市之声、乡村之声等中央台的节目及各省、自治区、直辖市台的 1 ~ 2 套广播节目，节目总套数已超过 50 套。

中星 9 号的卫星直播，对边远农村、林区、牧区的覆盖起到了加强作用。我国居民可使用直径 0.45 ~ 0.6 米的小型天线和专用接收机直接接收该卫星的广播节目。接收设备如图 6-13 所示。

图 6-13　接收数字卫星直播广播的接收机及天线

三、数字网络广播

利用网络传输数字广播有两种形式：一是通过有线广播电视网进行传输，用户通过机顶盒解码便可接收数字音频广播信号；另一是通过互联网传输，即所谓网上广播。网上广播又有两种形式：一种是在线广播，它与广播电台播出的节目同步，此种形式时效性强；另一种是节目点播，可以按受众的需要提供点击收听网上的文字新闻和其他各类专题的服务。

1995年8月，美国ABC广播公司首先利用互联网对全球播出。随后，世界上主要的国际广播公司也纷纷涉足互联网广播。

网上广播所具有的优势：一是覆盖范围广，广播节目一旦进入互联网，就可面对全球网络用户；二是受众不受播出时间和播出顺序的限制，可按个人意愿自由选择节目，具有广泛的信息选择权；三是网上广播可为受众提供超越广播范畴的丰富信息资源；四是网上广播具有交互功能，为受众提供了广阔的交流空间，改变了听众只有通过热线电话才能与电台联系的方式。

目前，我国在已实现数字化整体平移的有线电视网中都上传了数字广播节目，所以凡能接收数字有线电视的用户都能收听数字广播。

1998年8月，中央台申请网络域名并制作了主页，通过广电总局的网络出口接入互联网（因特网）。1999年3月，中央台第一套节目实现了互联网上的同步播出。

在地方台中，广东人民广播电台于1996年10月率先在互联网上建立自己的网站，成为国内电台上网的先行者。[1]随后，上海人民广播电台、北京人民广播电台等都先后建立了自己的网站，推出了网络广播。目前，我国各省、自治区、直辖市及地市级广播电台都建了自己的网站，都可以进行在线同步广播及点播。

此外，随着互联网技术和通信技术的发展，用手机接收广播节目也已经很普遍。只要手机具备相应的功能，人们就能方便地利用手机接收广播节目，这就极大地拓展了新闻通过广播传播的渠道。

---

[1] 李玲、李日勤：《纵观当前数字音频广播技术方式和特点》，《科技信息》，2007年第22期。

结　语

将电台制播中心播出的节目通过电信号进行远距离传播就是广播。广播分两种，一种是模拟广播，另一种是数字广播。

模拟广播是通过调制的方法将音频电信号转换成高频电磁波，再通过电磁波向远方传播。依调制方式不同而有调幅广播和调频广播之分。调制过程是在发射机中进行的，所以模拟广播发射机也分调幅广播发射机和调频广播发射机两大类。

模拟广播发射机是一个能量转换设备，其技术指标中重要的一项就是能量转换效率，通称整机效率。调幅广播发射机制式的进化就是围绕着提高整机效率进行的。由于调频广播发射机的功率等级低，所以整机效率问题并不是主要矛盾。其进化主要是制式的进化，即由单声道发展到立体声。

无论是调幅广播发射机还是调频广播发射机，在其进化过程中，数字技术的应用和固态化元器件的采用是提高质量、提高整机效率和提高设备稳定性的关键。目前，除超大功率的调幅广播发射机仍保留一两只电子管外，中小功率的调幅、调频广播发射机基本都实现了全固态化。

数字广播是全程都采用数字技术并自始至终都传送码流信号的广播模式，它依传播途径不同而被分为数字地面广播、数字卫星广播和数字网络广播。

数字地面广播又分数字音频广播（DAB）和数字调幅广播（DRM）两大类，这两类广播我国都进行了试验。对于数字卫星广播，我国则是用自主研发、拥有完全自主知识产权的卫星信号传输标准（ABS-S标准），通过中星9号进行数字卫星直播，我国居民可通过适当的接收设备进行接收。数字网络广播也有两种形式，一种是通过有线广播电视网传输，另一种是通过互联网传输，两种形式在我国都已付诸实施。

Chapter 7
Technologies of Transmission, Coverage and Reception of Radio

为使广播更好地传播政令，可采用转播的形式。所谓转播，就是多座电台统一播出上级电台的节目。实现转播最好的措施是建覆盖网。建覆盖网涉及的技术问题：一是节目信号远距离传输，二是合理利用频率资源。前者通过微波、卫星、光纤等技术解决；后者则通过同步广播解决。至于接收，接收机随科技的发展而不断进化，从而使接收方式也变得多元化。

第一节　新闻广播节目的转播与传输

在中国，转播是新闻通过广播传播的一大特点。早在中华人民共和国成立前夕，广播事业管理部门就发出过通知，要求各地新华广播电台一律在固定时间转播北平新华广播电台的新闻节目。此规定一直沿袭至今，国家相关部门重申，下级广播电台必须按要求转播上级广播电台的某些新闻节目，如完整地转播中央人民广播电台每天早晨的《新闻和报纸摘要》和晚上的《全国新闻联播》就属于此范畴。省级以下的广播电台除必须转播中央台的上述两档节目外，还必须转播本省的全省联播节目。20 世纪 70 年代以后所建的大量转播台，更是要全天完整地转播中央或省级人民广播电台的节目。

转播，首先涉及的就是广播节目信号远距离传输的问题。

中华人民共和国建立之初，我国首先实行的是大功率覆盖的技术政策。当时在北京近郊建了大功率中、短波发射台。之后又在福建、云南、新疆、东北、华北等地建了中央直属大功率中、短波发射台。这些发射台全部播出中央人民广播电台的节目，它们获取节目信号的方法是：北京近郊的发射台通过电缆取得中央台制播中心的节目信号；除此之外的其他中央直属台则是接收北京近郊台的短波广播做信号源。

当时节目信号的传输手段有两种：近距离通过电缆传输，远距离通过短波传输。各地方电台播自办节目都通过电缆传输；各省级电台、转播台在转播中央台的节目时用短波收转；各省级以下的广播电台、转播台在转播本省电台的节目时，如果本省有短波广播则收转短波广播做信号源，如果无短波广播则收转中波广播做信号源。

随着科技的进步，传输手段开始多样化，逐步由电缆传输和中、短波传输发展到调频传输、微波传输、卫星传输和光纤传输。

一、电缆传输

传输广播信号用的电缆是专用音频电缆。这种电缆是多芯的，其内部有几对音频芯线和若干对电话芯线。音频芯线外面敷有金属编织网，用于电磁屏蔽。整个电缆用铅封，以防高频干扰。有的还加铠装保护层，以增加机械强度及提高防侵蚀能力。还有的在电缆中充干燥气体，并保持一定的气压，以防止水分和潮气的侵入。音频电缆可以地埋也可以架空，具体依地理和气候条件而定。不过即使是地埋，在通过河流、沟壑时也要架空。

电缆传输的电气性能比较好，但远距离传输会出现频率失真，因此应在电缆输入端加均衡器予以矫正。电缆传输的优点是建设成本低。缺点是维护困难，并且很容易受到自然灾害所造成的破坏以及人为原因所造成的损伤。

由于电缆传输比较可靠，所以 20 世纪 80 年代以前，电缆传输一直是中央台和各地方台传输节目的主用手段。进入 80 年代后，有些地方电缆传输逐步退居备用地位；90 年代初，电缆传输基本停止使用。

二、中、短波传输

　　无论是远离北京的中央直属发射台还是各级地方台的发射台，在 20 世纪 50 年代至 70 年代，转播中央台的节目都是以接收中、短波广播做信号源。各省级以下的地方发射台，只要是转播其他台的节目，也都是以接收中、短波广播做信号源。接收中、短波广播的任务一般是由专门的收信台来完成的。图 7-1 所示为 20 世纪 60 年代一座收信台的外景。

图 7-1　20 世纪 60 年代的收信台

　　为避免干扰，收信台与发射台应相隔 5 ~ 7 千米；如地理条件不允许，也可稍近，但不得少于 2 千米。收信台的主要设施是收信天线、收信机及合成与切换设备。收信天线可简可繁，较复杂的有菱形天线和笼形天线，较简单的就是 T 型天线。

　　中华人民共和国建立初期所用的收信机多为美国哈里克拉夫特斯（Hallicrafters）公司生产的 SX-42 型收信机，20 世纪 60 年代以后，基本全部改用北京邮电器材厂生产的 WS-430型全波段收信机（如图 7-2 所示）和 7512（丙）型军用收信机。

图 7-2　WS-430 型全波段收信机

　　如被接收的电台距离较近，则采用中波接收；如距离较远，则采用短波接收。在进行短波接收时，为防止衰落现象，可采用分集接收。所谓分集接收就是在距离接收频率 1/2 波长以上的位置架设两副同型天线，用两台同型接收机接收，再将其接收的信号经合成与切换混合，使输出的信号趋于稳定。用两副天线、两部接收机进行分集接收的称双重分集，用三副天线、三部接收机进行分集接收的称三重分集。

收信台所接收的信号都先送到电台制播中心的控制室，再由控制室在需要的时段送到发射台。如果是转播台，收信台就不经控制室而直接将所接收的信号送到转播台。

20世纪60年代中期以前，电台转播皆靠接收中、短波信号，这是当时唯一获取其他台节目的手段。此种手段一直延续到20世纪80年代。

三、调频传输

1959年我国就出现了调频广播。1960年，中央广播事业局科研所和无线处便开始研制单路电子管调频传输设备，于1965年投入使用。当时国内各省、区正建战备台，这些台都建在人迹罕至的深山沟壑，埋设电缆几乎不可能，中、短波接收条件又较差，所以就采用调频传输手段传送信号。1965年以后，当时国内一些厂家也开始研制调频广播发射机，如辽宁广播器材厂（原鞍山广播器材厂的前身）就开始生产少量的500 W单声道电子管调频发射机，供相关电台作为信号传输使用。

调频传送信号的工作流程是：电台控制室或收信台先用电缆将音频信号传送给调频台的调频发射机发射。使用该信号的调幅广播发射台接收后再将其变成音频信号，用电缆送给自台的发射机播出。当时调频台所用的发射机多为500 W调频发射机，天线为蝙蝠翼天线，调幅广播发射台所用的接收天线多为八木天线，接收机为广播专用调频收音机（如图7-3所示）。

图7-3　广播专用半导体调频接收机

调频传输的质量在当时还算可以，只是调频是视线距离内传播，所以收、发端都得架设很高的天线。如发射台距离太远，架高天线也不在视线范围，就只能将调频台建在高山上。这就需控制室、收信台先将信号送给附近的调频发射机，将信号发到高山上，再由高山调频台发送给广播发射台。这种接力式二次传输，不但影响传输效果、增加了故障率，而且也增加了传输成本。

1968年，中央广播事业局开始实施"820工程"。1974年，建成北京—黄山、北京—哈尔滨、北京—秦岭三条调频线路。自此中央人民广播电台的节目便开始用调频传输，供沿途各直属发射台及地方广播电台转播使用。不在其涵盖范围的省、区，转播中央台的广播仍需由收信台接收中央台的短波广播做信号源。

在中央广播事业局建设调频传输线路的基础上，很多省、区也相继建起自己的调频传输线路，将中央台及省台的节目传输给本省、区的地区级及县级广播电台（站）和转播台。

四、微波传输

1931年，人们在英国多佛尔与法国加莱之间建起世界上第一条微波通信电路。第二次世界大战后，微波接力通信得到迅速发展。20世纪50年代初，美国在纽约至旧金山之间开通了实用的商业微波线路。此后微波通信便开始推广和普及。

微波的频段是300 MHz ~ 300 GHz。微波通信就是将欲传输的信号对微波频段的电磁波进行调频或调幅，使之携带被传输的信号发射。微波属超高频，为视线范围内传播，所以远距离传输需要中继。

我国早在1959年就在北京至天津之间建了一条微波试验线路。1964年，在该试验线路的基础上，于北京至天津之间建成了我国第一条实用微波线路。该线路使用的全是国产设备，标志着中国利用自己生产的设备进行微波通信的时代已经开始。1971年，邮电部在全国初步建成微波中继干线。广播电视系统自1974年10月起，正式租用邮电微波干线传送广播节目。[1] 到1979年底，中央台利用微波干线，把中央台的6套节目传送到除西藏、新疆及台湾以外的全国其他各省、自治区、直辖市。

1982年，中央广播事业局兴建跨省微波干线。到1987年，全国绝大部分省、区都建立了专供传输广播电视节目用的广电专用微波网，并实现省际互联互通，基

---

[1] 刘洪才、邸世杰主编：《广播电影电视专业技术发展简史（上 广播电视）》，北京：中国广播电视出版社，2007年，第77页。

本形成了由微波干线组成的全国广播电视传输网。自此，各省区级及地市级电台开始用微波传输节目。由于各省、区的微波干线并不都通过省内的各广播发射台及转播台，所以大部分发射台的节目传输仍依靠电缆、调频。但有条件的省、区在全国微波干线网的基础上又兴建了微波支线，串联自己所辖的发射台和转播台。此时，微波在广电节目传输中得到广泛应用。

因地方台大多是近距离点对点传输，所以微波设备相对简单，当时多使用北京广播器材厂生产的 7 GHz 的 4 路或 8 路小微波设备。

微波传输的工作流程与调频传输类似，只是将调频收、发设备换成微波收、发设备。微波传输的优缺点也与调频传输相似，但其更怕传输途中建筑物的阻挡，所以两微波站之间不允许有高大建筑物存在。

20 世纪 90 年代，出现了 SDH（Synchronous Digital Hierarchy，同步数字体系）数字微波技术，即先把欲传输的音、视频信号进行编码压缩，然后通过 QAM 等形式调制到微波信道上发射出去。90 年代中期，广电系统开始将原模拟微波干线网进行数字化改造。1996 年，吉林省建成国内第一条用于广播电视传输的 SDH 数字微波线路。之后，各省、自治区、直辖市也纷纷对自己所辖的微波线路进行数字化改造。

SDH 数字微波的优点是频带宽、容量大、传输性能稳定、传输质量优良及传输效率高。SDH 数字微波线路目前已在广播电视的传输中占了主导地位。

五、卫星传输

1957 年 10 月 4 日，苏联发射了世界上第一颗人造地球卫星——"斯普特尼克 1 号"（卫星 1 号），地球上第一次收到了来自人造卫星的电磁波信号。1958 年 12 月 18 日，美国发射了世界上第一颗通信卫星，这标志着人类通信事业进入了卫星传输阶段。

1964 年 8 月 20 日，以美国通信卫星有限公司为首，多国联合成立了"国际通信卫星财团"，次年更名为"国际通信卫星组织"（Intelsat）。该组织于 1965 年 4 月 6 日发射了一颗试验与实用相结合的通信卫星——"晨鸟"（Early Bird），又名"国际通信卫星 1 号"（Intelsat-1）。这是世界上第一颗实用型商业通信卫星，自此开创了卫星商用通信的新时代。图7-4 所示为通信卫星"晨鸟"在进行发射前调试。

图 7-4　科学家对"晨鸟"进行发射前调试

1970 年 4 月 24 日，我国第一颗人造地球卫星"东方红一号"发射成功。1984 年 4 月 8 日，我国发射了第一颗试验同步通信卫星，成功地定位于东经125° 赤道上空，随后进行了通话及传输广播、电视的试验，测试效果良好。这标志着中国通信及广播电视传输即将进入卫星通信的新阶段。

1985 年 8 月 1 日，我国租用国际通信卫星，用于转播中央电视台第一套节目，自此我国正式开始利用卫星传输广播电视节目。

1993 年，广电部广科院成功研制出 NICAM-728 卫星数字副载波广播传输系统。其原理是在电视基带信号的高端再加一个 7.28 MHz 的副载波，将模拟音频信号经 NICAM-728 编码调制器变换成数字音频信号后，用 DQPSK 方式调制在此副载波上。用此方法可调制两路单声道信号或一路立体声信号，这就可利用电视频道来传送广播信号。该项成果通过了广电部的部级鉴定。该系统的主要优点是节省卫星频道资源。

基于 NICAM-728 技术的研制成功，广电部决定从 1995 年 3 月 1 日起，正式采用中国卫星电视分配信道副载波传送 NICAM-728 数字立体声技术，通过中星 5 号 CCTV-1 卫星电视信道传送中央人民广播电台第一、二套单声道节目，通过中星 5 号 CCTV-2 卫星电视信道传送中央人民广播电台第三套立体声节目。[1]

1995 年，我国将 NICAM-728 技术转让给日本东芝（Toshiba）公司，该公司将此项技术用于它生产的卫星接收机中。

---

[1] 高少君：《中国卫星电视分配信道副载波传送 NICAM-728 数字立体声技术》，《广播与电视技术》，1995 年第 11 期。

NICAM-728 技术的投入使用，为全国各地的发射台、转播台提供了一种获取中央台广播节目的方便手段。当时，有转播任务的地方大型发射台，都配给了 4.5 米卫星接收天线和东芝 TSR-C4/NICAM728 卫星接收机及解码器，用于接收卫星信号做转播信号源。

2008 年 6 月 9 日，我国又成功地发射了第一颗直播卫星——"中星 9 号"。该星于当年 7 月 8 日完成了各项在轨测试，交付使用。这标志着我国进入了卫星直播时代。

到 21 世纪初，我国利用自己的卫星及租用的亚太、亚洲、鑫诺等卫星，使中央人民广播电台、中国国际广播电台、中央电视台的节目及各省、自治区、直辖市及部分计划单列市的广播电视节目都能通过通信卫星或直播卫星向全国传输或直接播出。

卫星传输用于广播电视的工作频段开始时只有两个：一个是 C 波段，其频率范围为 4 GHz ~ 8 GHz；另一个是 Ku 波段，其频率范围为 12 GHz ~ 18 GHz。使用中，上行频率比下行频率高 2GHz。卫星传输的信号开始阶段是模拟的，采用调频方式；1990 年以后，逐渐改为数字的，调制方式为调相，通常采用四相调制（QPSK）和二相调制（BPSK）。

卫星传输犹如阳光普照，凡是能"见到"卫星的地方就能接收到卫星传输的信号。由于卫星传输没有中转环节，不受高山、大型建筑物的阻挡，所以传输质量好、性能稳定可靠。此外，卫星转发器传输容量大，能同时传送多路广播、电视节目。

广播节目通过卫星传输，给各级发射台和转播台带来了极大便利。这些台如需转播中央台或省级电台的节目，只需在自台进行接收即可，省去了远距离传输的麻烦。接收卫星信号的主要设备是抛物面卫星接收天线和卫星接收机。接收 C 波段信号使用直径 2.4 ~ 4.5 米的卫星接收天线，接收 Ku 波段信号使用直径 0.75 ~ 1.5 米的卫星接收天线。卫星信号有模拟和数字之分：接收模拟信号，使用模拟卫星接收机；接收数字信号，使用数字卫星接收机。2005 年 6 月以后，卫星模拟信号已逐步停用。

卫星传输的优点是收转方便，信号质量优良。缺点是卫星传输要受日凌和雨衰的影响，不过这些都是可预测和可预防的。另外，卫星传输有时还会遇到转星的麻烦，这是因为卫星的寿命或租用的时间都是有限的，不过届时有关部门都会对转星操作做出具体指导。

六、光纤传输

光纤传输就是利用激光束携带信息在光纤中传播。早在 1916 年，美国科学家爱因斯坦就奠定了激光的理论基础。1957 年，美国科学家汤斯和肖洛最先提出制作激光器的设想。1960 年 1 月 18 日，美国加利福尼亚休斯研究实验室的科学家西奥多·梅曼研制出世界上第一台红宝石激光器。此后，红宝石等固体激光器和氦氖等气体激光器相继问世。1966 年，英籍华人科学家高锟提出用石英玻璃纤维（光纤）传送光信号的通信方式，该方式可实现长距离、大容量通信。高锟及其实验现场如图 7-5 所示。

图 7-5　英籍华人科学家高锟（左）及其实验现场（右）

1970 年，美国康宁公司首次成功研制出每传输 1 千米损耗 1%（20 dB/km）的石英光纤。同年，贝尔实验室成功研制出室温下连续振荡的半导体激光器（LD）。20 世纪 70 年代末，大容量的单模光纤和长寿命的半导体激光器研制成功。从此，开启了光纤通信的新时代。

在光纤通信的传输制式方面，早在 1972 年，国际电信联盟的前身 CCITT（国际电报电话咨询委员会）就提出第一批 PDH（Plesiochronous Digital Hierarchy，准同步数字序列）建议，1976 和 1988 年又提出两批建议而形成完整的 PDH 体系。

1984 年，美国贝尔实验室开始对同步信号光传输体系进行研究。1985 年，美国国家标准协会（ANSI）根据贝尔实验室提出的全同步网的构想，委托 T1X1 委员会起草光同步网标准，并命名为 SONET（Synchronous Optical Network）。1986 年 CCITT 开始以 SONET 为基础制定 SDH（同步数字体系），1988 年通过了第一批 SDH 建议，1990 年以后，SDH 已成为光纤通信的基本传输方式，并陆续制定出 SDH 技术标准。

光纤传输的基本工作原理是：在发送端首先把要传送的信息（如话音）变成电信号，然后将它调制到激光器发出的激光束上，使光的强度随电信号的幅度（或频率）而变化，并通过光纤发送出去；在接收端，检测器收到光信号后把它变换成电信号，经解调后恢复成原信息。20 世纪 90 年代以后，第四代光纤通信系统以频分复用增加速率和使用光放大器增加中继距离为标志，使系统的通信容量呈指数级增长。

我国的光纤通信技术始于 20 世纪 70 年代。1977 年，当时的邮电部武汉邮电科学研究院在赵梓森院士的带领下，在一无资料，二无设备，条件又十分简陋的情况下，开始了攻关，经过一次又一次的失败和挫折，历经两年的研制，终于在 1979 年拉出我国第一根实用光纤。1985 年，赵梓森率领一批科技人员，完成了我国第一个 34 Mbit/s 市光纤通信系统工程，即汉—荆—沙工程。这标志着我国光纤通信走向实用化阶段。20 世纪 80 年代后期，我国开始建设光纤通信网。图 7-6 所示为光缆敷设施工现场。

图 7-6　建设光纤通信网时的光缆敷设施工现场

1984 年 12 月，吉林省广播电视研究所和电子工业部 23 所共同研制出一套广播电视光纤传输系统，为我国将光纤用于广播电视传输奠定了基础。

1991 年以后，各省在原有微波网的基础上进行了光纤改造。先后有 22 个省、自治区、直辖市建成了自己的 SDH 数字光纤传输系统。1995 年，我国研制出 STM-1（155 Mbit/s，1900 路）和 STM-4（622 Mbit/s，7600 路）SDH 设备。

1996 年至 2002 年，广电部在各省已建光纤网的基础上建设了全国光纤干线网。自此，中央人民广播电台、中央电视台的节目可通过该网传到全国各省（区）的省会（首府）及沿途各地。

光纤传输的优点是：传输容量大、质量高、损耗低；不受电磁干扰，抗干扰能力强；性能稳定可靠，不会产生电火花之类的引爆因素，使用安全。其缺点是：设备成本较高，建设投资较大，光缆容易受机械损伤。

鉴于光纤传输的性能优良，各省区的发射台、转播台也开始采用光纤传输节目。不过，由于光纤传输投资成本较高，所以单用光纤传输一两套广播节目是不划算的。因此，单一功能的广播发射台，要与有线电视、通信、互联网等合用一条光缆（多芯），不会专为传输广播节目而投资建设光缆线路。

目前，广播发射台、转播台基本不再使用电缆传输和调频传输，传输手段也不再单一，而是多项并用，互为备份。一般首选的是卫星接收和数字化改造后的微波，如果有光缆顺路，也会使用光纤传输。

第二节　广播覆盖网

一、中、短波广播覆盖网

组建广播覆盖网，是中国新闻传播的一大特色。为使新闻广泛传播，中华人民共和国自成立开始，就采取各种强力措施推进广播覆盖网的建设。首先是在北京近郊和边境省、区建大功率中、短波发射台，使中央台的广播覆盖到全国的四面八方；之后又加强各省、区发射台的建设，为其配备大功率发射机，使其对所辖地区进行大面积覆盖。到 20 世纪 70 年代初，中央广播事业局又提出"小点多布"的技术政策，在全国各地、县级城市建中波转播台，形成一个大、中、小功率相结合的中波覆盖网。这个覆盖网的建设是以行政手段推行的，国家给予投资，效益以人口覆盖率计算。这个覆盖网不进行商业运作，不以营利为目的，只为取得政治和社会效益。可以说中国新闻广播的传播得力于广播覆盖网的建设。

随着中波覆盖网的建设，频率资源紧缺问题凸显出来。中波广播的频段为

531 kHz ~ 1602 kHz，按每个台所占频带宽度为 9 kHz（加保护率）计算，中波频段只能设置 119 个台。若全国搞中波小点多布，所建台数势必远远超过此数。为节省频率资源，避免相互干扰，搞同步广播成为一项有效措施。

所谓同步广播，就是要求参与同步广播的发射机，除所播的节目相同外，还要严格保持另外三个相同，即所发射电磁波的频率相同、相位相同和调制度相同。如达不到这三个相同，就会产生衰落、附加调制的低频哼声、频率失真，甚至产生语言含糊不清或重音。这将严重影响收听效果。为保持这三个相同，参与同步广播的发射机都应有一个高稳定振荡器；此外，还应有一个外来的标准频率（简称标频），定期对这些发射机的高稳定振荡器进行统一校准，使它们之间保持同步。

中波同步广播技术起源于 20 世纪 20 年代的欧洲。开始阶段，同步广播采用频率制，即以频率的间插来防止同频干扰。也就是说相邻地区不能使用同一频率，以便使两个同频台的覆盖区互不搭界。为此，大面积覆盖必须用 3 ~ 4 个频率交叉设置。在服务区的交界处，两台的场强比应为 2 ：1 至 3 ：1，否则会相互干扰。

我国中波同步广播的试验始于 20 世纪 60 年代。1965 年 5 月，河北省广播事业局技术处就开始对中波同步广播进行研究，经过反复试验、探索，终于在 1966 年 12 月，成功研制出我国第一套中波同步广播设备，并在天津—保定、天津—石家庄地区进行试验，取得良好效果。

1969 年至 1972 年，中央广播事业局技术处会同有关地方广播事业局，分别在华北、华东等地区进行了中波同步广播的试验，取得了成果，并提出了精密同步的方法。[①]

1973 年 9 月，在中波同步广播试验取得成果的基础上，中央广播事业局在天津召开全国广播规划座谈会，会议确定中波广播网建设应实施同步广播。从此，中波同步广播就成了一项新的技术政策。

作为一项新的技术政策试点，1973 年至 1976 年，山东省广播事业局在全省范围内进行了中波同步广播的中间试验，获得成功。1976 年，中国制订的中波广播

---

① 左漠野主编：《当代中国的广播电视（下）》，北京：中国社会科学出版社，1987 年，第 177 页。

网的技术发展规划就是以新的技术政策为基础的。[①]

　　基于此项技术政策，全国各地以小点多布形式建的小功率中波转播台皆被纳入同步广播网，并规定从1978年11月23日8点开始，全国中波广播进入同步工作状态。同时规定：在同步广播网中，各地方广播电台每套节目使用3个频率；中央台每套节目使用6个频率；频率按地域交叉分配。

　　实施同步广播的初期，第一代同步激励器用4.608 MHz、稳定度为1×10^{-9}量级的晶振作为高稳定度振荡器（简称高稳振荡器）。由于当时全国无法统一传递校准标频，故以省为单位，用调频、中波大功率台等传送由标准频率信号发生器产生的18 kHz标频。各台的校频采用步进电机带动多卷电位器来进行，每次校频都要靠人工操作。

　　1982年以后，中央广播事业局相继提出利用中央电视台第一套节目的彩色副载波（频率为4.43361875 MHz）、中央电视台的行同步信号（频率为15625 Hz）以及在模拟电视信号行逆程中插入由国家计量院提供的1 MHz信号等作为标频来校准各台的同步激励器。

　　中波同步广播的关键设备是同步激励器。当时国内安徽省广播电视科研所和青岛广播电视科研所等单位都对研制同步激励器做出过贡献。如1986年，安徽省广播电视科研所就研制出数字式中波同步广播激励器，该设备采用了当时较先进的数字集成电路，如数字锁相环、A/D转换器及数字滤波器等，有效地提高了同步激励器的校频精度和抗干扰能力。1989年，该所又成功研制出智能同步广播激励器。该激励器能与中央电视台电视节目中的行同步信号进行自动校频，不需要任何手动操作。

　　1991年以后，中央电视台开始用卫星转播电视节目。随着卫星传输系统中模拟电视的关闭，中央电视台节目中插入的标频也停用了。中波同步广播开始采用全球定位系统GPS（Global Positioning System）的信号作为标频。其工作程序是：中波同步广播载波激励器由GPS接收到高精度的定时信息，经锁相倍频后输出9 MHz频率信号，再经分频后得到9 kHz基准频率。9 kHz基准频率经59～178次倍频可得

[①] 左漠野主编：《当代中国的广播电视（下）》，北京：中国社会科学出版社，1987年，第178页。

到 531 kHz ~ 1602 kHz 的中波频段全部载频。用此技术的同步广播激励器的同步频差小于 0.005 Hz，频率准确精度高于 5×10^{-9}。

20 世纪 90 年代以后，我国开展了中波同步广播单频组网的研究。所谓单频组网就是同一套节目只用一个频率进行大面积覆盖，相邻发射台发射机的标称频率可以相同，不必再间隔穿插设置。

在此期间，安徽省广播电视科研所基于自适应相位制中波同步广播的概念和智能同步广播激励器的自动校频技术而开展了中波同步广播单频组网的研究，取得成功并投入现场试验，于 1994 年 5 月通过了广电部专家会议鉴定。该项技术的核心就是自适应和智能化校频。所谓自适应就是校频系统仅跟踪标频信号经统计处理的长期准确度，不会因标频信号的临时受扰、短暂中断而产生相位漂移或失锁。智能化校频则是利用计算机实时测控技术进行同步校频，取代了传统的锁相环技术。

1996 年，上述项目的研究成果被广电部、邮电部共同推荐作为我国政府向国际电信联盟提交的建议书，并获得 ITU–RWP10A/10D 和 TG10/5 工作会议通过，使最后形成的 ITU–R560–3 建议书中增加了"在中国从事的研究"一节。[1] 此后，该项技术在国内推广，很多地区都用此技术进行中波同步广播的单频组网。

21 世纪初，GPS 技术和数字技术的应用使中波同步广播产生质的飞跃，中波同步广播技术由粗犷型向细腻型进化。其主要体现在同步激励系统和信号传输系统上。

同步激励系统一律以 GPS 为标频源，以 DDS（直接数字频率合成器）为骨架构成。这种构架下的激励器内置高稳定晶体振荡器，在跟踪 GPS 时，能实时甄别 GPS 授时信号的可用性。当 GPS 正常工作时，高稳定晶体振荡器跟踪 GPS，实现与 GPS 标频同步。当 GPS 不可用时，高稳定晶体振荡器自动脱离跟踪同步，进入频率精度保持状态，且能根据既往的同步跟踪记录，预测性地修正高稳定晶体振荡器的老化漂移，实现了超长时间（10 天）非同步跟踪状态下的频率精度保持。高稳定晶体振荡器的输出经 DDS 合成出同步载频激励频率。

信号传输系统普遍采用"延时自动同步"的音频传输技术。该系统能自动进行链路延时测量、动态补偿，使通过不同链路传输到各个发射台站的音频信号不受传

---

① 应毓海、吕希才、洪雷：《中波同步广播单频组网的进展与应用》，《广播电视网络技术》，2002 年第 4 期。

输链路参数变化的影响，使各发射台站之间的音频时延差不大于 1 微秒。整个系统无须人为调整。

目前，由于频率规划不能轻易改变，所以旧有中波广播同步网仍在继续运行。为提高相干区的覆盖效果，有条件地区也在陆续进行改造。新建的中波广播同步网一律采用上述技术组建单频网。只有组建单频网，才能实现真正意义上的同步广播，达到节约频率资源的目的。

二、调频广播覆盖网

自 1983 年第十一次全国广播电视工作会议确定把调频作为对内广播的主要覆盖手段之后，各地开始大建调频发射台和转播台。20 世纪 90 年代以后，信号源可通过卫星方便地获取，小功率固态调频发射机技术也已然成熟，这就使得小功率调频发射台、转播台得到空前发展。到 21 世纪初，已在全国形成一个庞大的调频广播覆盖网。不过这个网是专为转播中央台和省级台第一套节目而设的，并不包括对其他节目的覆盖。

中国都是以行政区域为界建台的，这就使某些地域的台显得特别拥挤。如一个省会城市，省级要设台，市级也要设台，尤其到 21 世纪初，各台施行频道专业化，省级台要搞七八个频道，市级台也要搞四五个频道。这些频道都有自己的频率，用自己的专用机器播出。一个区域设置十几个调频台，未免有些拥挤。国家广电总局对各省、区建台是有严格的频率规划的，决不许增加规划外的频率，这就使某些台如交通台，为扩大覆盖，不得不采取建高塔、搬机器上山和加大发射机功率等做法。

然而这又带来如下一些副作用：一是高山、高塔发射形成的多径干扰加大，影响接收质量；二是这些高点发射不能消除因地形和高大建筑物阻挡所形成的收不到信号的阴影区；三是加大功率会增大无效辐射，浪费能源，并会造成电磁污染和电磁干扰。此外，高山、高塔发射及加大发射功率并不能解决狭长交通线的覆盖，更解决不了移动接收问题。基于此，调频同步广播应运而生。所谓调频同步广播，就是多台发射机使用同一个载波频率，播出同一个节目，在交叠服务区实现近乎无干扰接收的调频覆盖系统。

从 20 世纪 80 年代中期开始，欧美便开始进行调频同步广播的试验研究。到 90 年代后期，意大利国家广播电台的调频同步广播已发展到可以覆盖 2000 多千米的公路；美国也可以在 400 多英里（1 英里约为 1.6 千米）的高速公路上进行调频同步广播；法国、德国等国家也都陆续成功地建设了调频同步广播网。

我国自 20 世纪末开始研究调频同步广播，并于 2000 年 4 月颁布了调频同步广播行业技术标准《GY/T 154-2000 调频同步广播系统技术规范》（下文简称《规范》）。《规范》要求：调频同步广播必须达到"三同，一保"，"三同"即同频、同相、同调制度，"一保"是保证最低可用场强。

如果说中波同步广播强调"稳"，即必须有一个高稳定度的载波频率；那调频同步广播则强调"同"，即上述"三同"。这是因为调频广播在工作时频率是随时变化的，也就是说各同步台任一瞬间如能保持频率和相位相同，即可达到同步，消除相互干扰。而瞬间频率保持同频、同相，就要求中心频率必须同频、同相，调制信号也必须同频、同相、同调制度。

组建调频同步广播网有两种方式，一种是分散调制式，另一种是共源调制式。分散调制式亦称独立式，它是各同步台站自己设置激励器进行调制，中心频率和导频频率通过 GPS 信号校准并锁定，调制度通过传输时延补偿和 GPS 信号来校正，由此完成各台站之间的"三同"。共源调制式亦称射频分发式，全系统只设一个调制源，它用音频编码对一个较低的频率进行调制，再将此已调的调频广播信号通过传输链路（微波／卫星／光纤）分送至各发射台站，各台站通过必要的传输延时均衡，并利用 GPS 时间标频进行射频变换，然后进行放大发射。这就从根本上保证了各台站载频与瞬时频偏的精密同步（包括相位同步）。该种方式的缺点是：一旦调制源出故障，将导致整个系统瘫痪。

调频同步广播系统中的所有"同步"都是基于使用 GPS（全球定位系统）来完成的。在激励器中，GPS 提供标准频率做其同步信号。在音频传输系统中，则是在节目编码时利用 GPS 时间信息在码流中加入时间戳；此信号经网络传输至各发射台站后，再根据 GPS 时间信息对传输延时进行实时测量、自动补偿，之后才解码送入同步激励器进行调制。这种在编、解码中利用 GPS 时标进行校正的系统称"延时自动同步系统"，它可以使各发射台站的调制信号接近同相，相对延时不大于 1 微秒。

　　到 21 世纪初，数字技术、计算机软件技术已相当成熟。调频同步广播系统中利用 DDS（直接数字频率合成）及 DSP（数字信号处理）等技术，使立体声编码可由纯软件实现，频率调制也可由软件与 DDS 联合生成。目前的调频同步广播发射机，从音频输入开始，到生成 87 MHz ~ 108 MHz 调频载波输出，可全程实现数字化。数字技术使调频同步广播系统的指标得到极大的改善，也极大地提高了发射机的稳定性与可靠性。

　　组建调频同步广播网是一项较复杂的系统工程。它已不再单是一个覆盖网，而是融入了监控管理的功能。一个完善的调频同步广播网应包括三部分，即调频同步覆盖网、节目分配传输网和远程监控管理网。为此，在整体规划中，就应充分注意三者的配合，使之形成一个有机的整体。虽然负责覆盖的各发射台站是系统的核心，但站点数量越多，就越需要整个系统的协调工作，单纯依靠传统的站点值班手段是不能满足实际要求的，所以加入先进的自动管理手段是必需的。缺乏监管的覆盖网不是完整的覆盖网，监管网应与覆盖网同步运行。节目分配传输网一般是借用已有的现成传输网络，它是覆盖网和监管网的纽带，担负节目分发和远程监控信息的回传。此网的传输特性必须是可控的，否则将导致系统同步失去意义。

　　监控网由监控中心和各发射台站的监控设备组成。监控中心的计算机与发射机通过通信网络（互联网、短信等）建立连接，发射机的各种参数都可显示在监控中心的计算机上，监控中心可对监控对象进行遥控。这就极大地方便了系统管理，也加强了系统的安全与可靠性。一个较完善的监控网所具备的功能应该是：能远程控制节目分配设备的工作状态，以保证节目源的正常提供；能远程控制发射机的工作状态，以保证发送设备的安全工作；能远程监控 GPS 频标的工作状态，以保证系统实时同步；能远程监控机房环境状态，以保证设备的正常运行。此外，它还应有远程指导系统维护的功能。

　　调频同步广播网最大的优点就是单频组网，节约频率资源及可在交通线上进行多点同频的无缝覆盖，满足移动接收。由于调频同步广播网是单机小功率播出，所以反射波场强下降而不至于产生多径干涉；又由于布点多，所以不但可以消除阴影区，而且可以使部分多径干扰区被互相掩盖。此外，由于单机发射功率小，所以可减小电磁干扰和减少电磁波对环境的污染。

调频同步广播技术已经比较成熟，国内外很多厂家都能生产数字化调频同步广播发射机（如图7-7所示）。在组建调频同步广播网时，有实力的厂家不但能够提供优质设备，而且可按用户的要求进行系统集成，从设计、安装、调试到售后实行一条龙服务。

图7-7　数字化调频同步广播发射机

自1998年广东省率先进行调频同步广播试验以来，[①] 国内已有数十家广播电台实现了调频同步广播。北京、广东、河南、山东、贵州等地都已建网多年，有着丰富的建网、运行及维护经验。目前，我国已成为世界上建成调频同步广播网最多的国家。

三、卫星、互联网广播覆盖网

因直播卫星、互联网上都有广播节目的传播，所以它们也是一种广播覆盖网。只要通过适当的设备，如卫星信号接收机、计算机等，就可方便地获取它们传播的广播新闻信息。

第三节　广播的接收

新闻通过广播传播的最后环节就是用收音机播放。收音机能把携带声音信息的高频电磁波或数字码流信号还原成声音。

一、放大器件及装配技术的进化历程

放大器件是收音机的核心部件，其进化历程是由电子管到晶体管再到集成电路。

---

① 李为丰：《调频同步广播是解决覆盖问题的好办法》，《广播电视网络技术》，2002年第5期。

装配技术的更新则是印刷电路代替了分立元件间直接连线。

1.电子管

1883年，美国发明家爱迪生发现了发热的金属会发射电荷，此现象被称为"爱迪生效应"。在此基础上，1904年，英国发明家弗莱明发明了电子二极管。电子二极管的构造是在抽成真空的管壳内封装两个电极：一个是灯丝，也称阴极；另一个是屏极。其工作原理是：灯丝加热后向外发射电子，在屏极加上对阴极的正电压就会吸收电子，从而使电子在真空管内由灯丝（阴极）向屏极单向流动，这就是电子二极管的单向导电作用。1906年，美国发明家李·德福雷斯特对电子二极管进行改造，制造出三极管。三极管是在二极管的阴极和屏极之间加入了一个网状栅极。在栅极与阴极之间加上电压，就可控制通过栅网的电子数量，从而控制阴极流向屏极的电流。这就是说，三极管中的电流是受栅极控制的，因此栅极也被称为控制栅。

基于三极管中电流的可控性，李·德福雷斯特又于1912年发明了三极管放大电路。1913年，奥地利物理学家梅斯涅尔（有的书中译成米斯南）发明了振荡电路。自此，电子管的应用领域被极大地拓宽，电子管也由此得到迅速发展。

三极管用于放大电路有其固有缺点，即屏极与栅极间的分布电容会使输入输出信号之间产生直通和反作用，这就影响它在高频场合的应用。为此，日本人安藤博和美国人哈尔分别对三极管进行改进，研制出四极管。四极管是在三极管的控制栅和屏极之间又加进一个网格较稀疏的网状栅极，此栅极称帘栅极。工作时帘栅极交流接地而直流加正电压。由于其交流接地而使控制栅与屏极隔离，因此消除了直通和反作用；由于其直流加正电压，因此可对电子流加速而不影响其流通。

四极管在应用中又出现新问题，即经控制栅极控制、帘栅极加速的电子打到屏极上时，屏极会被打出电子飞到帘栅极，此称屏极的二次发射。这就使屏极出现电压增高而电流减小的负阻效应，这对电子管放大作用极为不利。为此，在1937年，英国人朗德又研制出五极管。五极管就是在帘栅极和屏极之间又加入一个网格更稀疏的栅极，它一般与阴极相连。因该栅极处于与阴极相同的低电位，所以它不会吸收电子而只是把屏极被打出的二次电子推挡回屏极，有效地抑制了屏极的二次发射，因此该栅极被称为抑制栅极。至此，电子管的功能已比较完善，所以五极管是用途最广的电子管。

之后，人们又根据需要研制出七极管，即在阴极和抑制栅极之间相间加入两组控制栅和帘栅，管内排列依次是阴极、第一控制栅极、第一帘栅极、第二控制栅极、第二帘栅极、抑制栅极、屏极。该种管被用于双重控制电路，如变频等。

也有的为使用方便而将两个完全相同的电子管合装在一个管壳内，称孪生管；有的将不同的两个电子管合装在一个管壳内，称复合管。此外，还有阴极射线管、离子管等。

电子管的种类繁多，若按使用场合划分，可分为发射管和收信管两大类。发射管用于各类发射机，小功率发射管与收信管无异，大功率发射管一般只有三极管和四极管，它们体积庞大，工作时需进行冷却，外形依冷却方式不同而不同。收信管用于各类接收机，它们体积较小，工作时只需自然冷却即可。收信管外形较为划一，常见的有欧美式大八脚瓶状 GT 管和苏式小七、九脚拇指状花生管。

我国最早生产电子管是在 1935 年，当时南京电气研究室利用国外部件组装过收信管和发射管。不过中华人民共和国成立前我国电子管工业发展极其缓慢，到中华人民共和国成立时，我国的电子管工业仍十分薄弱。

1951 年 2 月，我国在南京电气研究室的基础上成立了南京电子管厂，投产欧美式大八脚 GT 式收信管，该种管的外形如图 7-8（左）所示。

1956 年 10 月，我国在苏联的援助下新建了北京电子管厂，生产苏式小七、九脚花生式收信管，其外形如图 7-8（右）所示。至此，我国结束了收信管靠进口的历史。

图 7-8　南京电子管厂生产的收音机电子管（左）及北京电子管厂生产的收音机电子管（右）

20 世纪 80 年代以后，半导体管被广泛应用，市场对收信电子管的需求量已很少，所以我国基本停止了收信电子管的生产。

2. 晶体管

在某些原子最外层有 4 个电子的物质中，其每个原子都与相邻的 4 个原子通过共价键结合在一起，形成稳定的晶格结构，这种物质称晶体。在纯净的晶体中掺入另一种物质（杂质），会形成新的晶格结构。如掺入物质的原子最外层有 5 个电子，就可制成晶格间有富余电子的电子型晶体（N 型晶体）；如掺入物质的原子最外层有 3 个电子，就可制成晶格内有富余空位（空穴）的空穴型晶体（P 型晶体）。两种晶体中都因有富余电子或富余空穴而导致晶格结构不稳定，但每种晶体中的正负电量是相等而中和的，所以电气性能稳定。

如将 N 型晶体与 P 型晶体密切接触，N 型晶体中的富余电子将扩散到 P 型晶体中去填充空位，使两晶体的晶格结构稳定。不过这种补充只在两晶体接触面很薄的一层进行。原因是 N 型晶体失去电子会带正电而阻止电子再继续向 P 型晶体扩散；而 P 型晶体因得到电子带负电而阻止 N 型晶体的电子继续扩散过来。两种晶体的交界面称 PN 结，在 PN 结中，晶格结构是稳定的，但双方都带电，所以电气性能是不稳定的。两晶体接触面的 PN 结上因电子扩散而产生的电位差称位垒。

将一个 PN 结封装在管壳内，就是一个晶体二极管。我们给其两端加上电压，如 N 型晶体接电源负极而 P 型晶体接电源正极，则电源的力量将使两晶体的晶格结构更加不稳定，PN 结位垒消失，从而电子填充空穴的运动会连续不断地进行，管内有电流通过。如 N 型晶体接电源正极而 P 型晶体接电源负极，则电源的力量将使两晶体的晶格结构更加稳定，PN 结位垒增高，从而不再产生电子填充空穴的运动，所以管内没有电流通过。这就是晶体二极管单向导电的原理。

若将两个 PN 结背对背地结合在一起，形成 NPN 或 PNP 结构，就构成一只晶体三极管。在 NPN 结构中，前面的 N 为发射极，中间的 P 为基极，后面的 N 为集电极。在 PNP 结构中，前面的 P 为发射极，中间的 N 为基极，后面的 P 为集电极。无论是哪种结构，其基极构造都有两大特点：一是极薄，二是杂质掺量极少。两种结构的三极管工作原理基本相同。以 NPN 结构为例，当发射极接电源负极而集电极接电源正极时，电源负极虽将大量电子推进发射极，电源的正极也将集电极的电子吸走，但由于"发射极—基极"间的 PN 结及"基极—集电极"间的 PN 结的双重位垒阻挡，电子不能由发射极跑到集电极。当我们给基极加上对发射极为正的电压时，它将有助于发射极的电子向基极扩散，但由于基极极薄且空穴数量极少（因杂质掺量极少），所以扩散到基极的电子来不及与基极的空穴复合，除一小部分流入基极电源的正极外，大部分将冲过"基极—集电极"间的 PN 结而涌进集电极并被集电极电源的正极所吸走，形成集电极电流。这就是说，在"发射极—基极"间注入少量的电流就可以控制"发射极—集电极"间的大量电流流动，所以晶体三极管是一个电流可控元件，用它可以组成放大电路和振荡电路。随着科技的进步，人们已研制出各种不同结构、不同用途的晶体管，其种类远多于电子管。目前，除超大功率发射管仍使用电子管外，其他用途的电子管基本都由晶体管所代替。晶体管亦称半导体管，它具有性能稳定可靠、体积小、重量轻、寿命长、节约能源等优点。其缺点是对工作环境要求较苛刻，不能耐受高寒高热。正因为它不能耐高热，所以输出功率不能做得太高。

1947 年 12 月 23 日，美国贝尔实验室的科学家肖克莱、布莱顿和巴丁（如图 7-9 所示），发明了世界上第一只半导体三极管。

图 7-9　巴丁（左）、肖克莱（中）与布莱顿（右）在实验室工作

1956 年 11 月，中国科学院应用物理研究所成功研制出中国第一只锗合金晶体三极管。[1]1957 年，北京电子管厂拉出了单晶锗，之后相继研制出锗点接触二极管和三极管（即晶体管二极管和三极管）。[2]20 世纪 60 年代，以北京电子管厂为代

---

① 吴锡九、邓先灿：《纪念中国第一只晶体管诞生 50 周年》，《微纳电子技术》，2006 年第 11 期。
② 李秋玥、洪如欣：《中国半导体产业发展态势分析》，《中国青年科技》，2007 年第 10 期。

表的十几个厂家开始生产半导体器件，当时生产的半导体小功率三极管和后来生产的大功率三极管如图7-10所示。到目前，我国生产半导体器件的厂家已不下数百家，能生产各种类型、各种规格的半导体器件。

图7-10　我国早期生产的半导体小功率三极管（左）和后来生产的半导体大功率三极管（右）

3. 集成电路

所谓集成电路，就是把具备某种功能的电路的所有元件，包括晶体二极管、三极管、电阻、电容及电感等都固定在一小块或几小块晶体或介质基片上，封装在一个管壳内并引出外接线。它是一个具有特定功能的组合元件。

1952年，英国科学家达默就提出了制作集成电路的设想。1958年9月，美国得克萨斯仪器公司的工程师杰克·基尔比制作出世界上第一块集成电路（integrated circuit），简称IC，如图7-11（左）所示；并于次年申请到专利。

1959年7月30日，美国仙童（Fairchild）半导体公司的罗伯特·诺依斯与他的同伴们采用先进的平面处理技术也研制出集成电路，如图7-11（右）所示。他们还提出了适合于工业生产的集成电路理论，也申请到了专利。

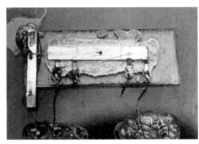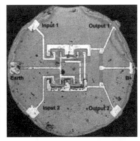

图7-11　世界上最早的集成电路（左为基尔比研制，右为诺依斯研制）

根据制造工艺不同，集成电路可分为半导体集成电路、薄膜集成电路、厚膜集成电路和混合集成电路等几类。

每块集成电路中包含电路单元的多少称规模。集成电路规模的大小按其芯片上所含逻辑电路或半导体管的数量来划分。通常单块芯片上含10个门电路或100个半导体管的集成电路被称为小规模集成电路（SSI），之后所含数量每增加十倍，规模上升一个等级，依次被称为中规模集成电路（MSI）、大规模集成电路（LSI）、超大规模集成电路（VLSI）、特大规模集成电路（ULSI）、巨大或甚大规模集成电路（GSI）等。

中、小规模集成电路出现在 20 世纪 60 年代，大规模集成电路出现在 20 世纪 70 年代，超大规模集成电路出现在 20 世纪 80 年代。集成电路发展极为迅速，21 世纪初，特大规模集成电路已可在不到 50 平方毫米的硅芯片上集成 200 万只以上的半导体管。之后，在单块芯片上集成 10 亿个以上元件的甚大规模集成电路又已面世。截至 2012 年底，集成数十亿个元件的集成电路已经见诸市场。

集成电路具有体积小、重量轻、寿命长、耗能低、装配简单、可靠性高、性能优良等优点。由于用集成电路装配的设备可做到元件密度极高，所以它们非常适用于要求体积小、可靠性高的诸如人造卫星、电子计算机、通信、遥控遥测及军事等设施中。在广播电视设备中，目前也大量采用了集成电路。

1965 年，中国自主研制的第一块集成电路在上海诞生。[①] 之后不久，北京电子管厂就可以批量生产集成电路了。

1980 年，随着彩电生产技术的引进，我国开始引进集成电路生产线，我国第一家引进日本集成电路生产技术的是无锡国营 742 厂。[②]

目前，我国集成电路的生产技术基本与国际先进水平同步。如中国科学院研制的"龙芯 3 号"（如图 7-12 所示），其晶体管数目就达到 4.25 亿个。

图 7-12　中国科学院研制的"龙芯 3 号"集成电路

4. 印刷电路

1943 年 2 月，奥地利工程师艾斯勒在英国发明了印刷电路制造技术。所谓印刷电路，就是在装配绝缘基板上通过化学方法敷铜，然后用锈蚀方法将多余的铜层去掉而留下接线部分，之后在接线端头打孔装配元件。最初印刷电路板是单层的（如

---

① 周友兵著：《中国信息产业简史》，北京：知识产权出版社，2017 年，第 63 页。
② 陶显芳：《中国电子技术发展的出路在哪里？》，《中国报道周刊》，2008 年 2 月 28 日。

图 7-13 所示），之后发展到双层的。在半导体元件特别是集成电路兴起之后，该项技术得到快速发展。

1961 年，美国开发出多层印刷电路板技术。1963 年，日本涉足此领域后，将其推广和发展。随着超大规模集成电路的应用及电子零件向小型、高集积化发展，印刷电路也向多层和薄型发展。

1980 年以后，多达数十层而厚度不足 1 毫米的薄多层印刷电路板得到普及。2002 年，日本电装公司已能生产一次冲压成型层叠 50 层的印刷电路。

我国较有规模的生产印刷电路板的公司也有近百家，能生产各种类型的高精密度多层印刷电路板。图 7-14 所示就为我国生产的多层印刷电路板。

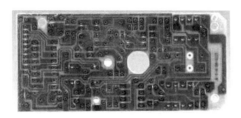
图 7-13　早期的单层印刷电路板

图 7-14　国产多层印刷电路板

5. 装配技术

电子管兴盛的时代，无线电设备的安装都采用分立件布线式装配技术，设备庞大而笨重。随着半导体器件的发明，印刷电路开始被采用，出现了半导体分立件印刷电路装配技术，它使设备的占空量大为减少，如几间房大的电子计算机可压缩到不足一立方米的空间。而集成电路的出现，又进一步促进了印刷电路技术的发展。目前，集成电路与印刷电路的完美结合，使极为复杂的电子设备达到了超小型甚至微型的程度。

二、收音机的沿革

收音机的发展进程按元件组成可分四个阶段，即矿石收音机、电子管收音机、半导体收音机和集成电路收音机。其中矿石收音机没有放大作用。电子管收音机和半导体收音机又各有直放式和超外差式两种程式，集成电路收音机则都是超外差程式或软件程式。

1. 矿石收音机

1910 年，美国科学家邓伍迪和皮卡尔德发明了矿石收音机。这是最简单的收音机，其主要元件只有电感（天线线圈）、电容（可变电容器）、矿石检波器和耳机等 4 种。由于它没有放大器件，能量只来自电磁波，所以它必须有良好的接收天线和地线（通地线）。其工作原理是：天、地线接收电磁波，送进电感和电容组成的调谐回路，该调谐回路与欲接收电台的频率发生电谐振使其输出的电压（或电流）最大，此即选台过程（由旋转可变电容器改变其电容量来完成）。调谐回路的输出经矿石检波器（矿石是一种晶体，它与触针形成一个单向导电的 PN 结）的单向导电作用检波，截去高频调幅波的一半而输出含有音频成分的高频脉动电流。此高频脉动电流流经听筒中电磁铁上的音圈，电磁铁的磁场便产生类似音频的强弱变化而吸动振动膜振动，使之发出声音。

矿石收音机虽有成品出售，但因其结构简单，所以更适合自制。中华人民共和国建立之初，国民经济非常困难，人民生活十分困苦，农村和很多城镇都未通市电。在这种条件下，很多城乡居民就自制这种收音机。在 20 世纪 50 年代至 60 年代初，这种收音机对新闻的传播曾立下过汗马功劳，作用不可低估。有很多城乡居民就是用这种收音机收听开国大典实况转播的；也有许多人是听着这种收音机熬过了困难时期。

2. 电子管收音机

电子管收音机有两种程式：一种是直接放大式，简称直放式；另一种是超外差式。

（1）电子管直放式收音机

电子管的放大作用被发现之后，直放式收音机随之产生。其工作原理就是对接收到的高频信号先进行放大（高放），检波后再对音频信号进行放大（低放），然后送入扬声器（喇叭），使之发声。

1912 年，美国人费里斯特发明了再生电路，其工作原理是对高频放大器施加正反馈以增加其灵敏度和选择性。一般电子管直放式收音机多采用再生电路。有的直放式收音机还采用"来复"式电路，即将检波后的音频信号再输入高频放大器进行

"翻来覆（复）去"的放大，这样可以提高放大元件的利用率。

最早传入我国的收音机是 20 世纪 20 年代日本人引进的日本产电子管直放式收音机。日本侵略中国后，曾在我国东三省及北京大批量生产此种程式的收音机，标称所谓"协和式"，其中又有满洲标准和华北标准等。图 7-15 所示为 20 世纪 30 年代日本产的电子管直放式收音机。

图 7-15　20 世纪 30 年代日本产的电子管直放式收音机

中华人民共和国成立后，我国也有厂家生产电子管直放式收音机，但不多见。大多是业余无线电爱好者自制，此现象持续到半导体收音机面市。

（2）电子管超外差式收音机

1918 年，美国工程师阿姆斯特朗发明了超外差电路。其原理是将接收到的高频信号与机内产生的本机振荡信号差拍、变频后产生一个固定的中频信号（调幅广播收音机的中频信号为 465 kHz），然后再对此中频信号进行放大。该种收音机的工作流程是：高频放大→变频→中频放大→检波→低频放大→功率放大→扬声器。一般收音机不设高频放大级。超外差式的主要优点是克服了直放式收音机在进行高频放大时对高、低频段放大不均匀的问题。

超外差式收音机于 1924 年首次投放市场，1934 年以后得以推广。该种制式因其性能优良而沿用至今，目前有 90% 以上的各类接收机仍采用此种程式。

我国最早制造的超外差式收音机是湖南长沙中央无线电制造厂（南京无线电厂前身）于 1936 年用进口元件装配的环球牌 5 管收音机。

1948 年，中央无线电器材有限公司南京厂又用进口整套散件组装过美国飞歌牌（Philco）806 型 5 管超外差式收音机（如图 7-16 所示）。

图 7-16　1948 年中国组装的美国飞歌牌收音机

中华人民共和国成立后，南京无线电厂于 1953 年制造出我国第一台全国产化的红星牌 5 管超外差式收音机。1956 年，该厂生产的熊猫牌电子管超外差式收音机进入国际市场。

图 7-17　南京无线电厂生产的熊猫牌 601 型收音机

20 世纪 60 年代至 70 年代是我国电子管收音机生产的巅峰，国内众多厂家都能生产电子管超外差式收音机。随着人民生活水平的提高，很多城乡居民的家中都有了收音机，收音机基本得到普及。当时颇受消费者青睐的有南京无线电厂生产的熊猫牌（601 型，如图 7-17 所示）、上海无线电三厂生产的美多牌（663-2-6 型）、北京无线电器材厂生产的牡丹牌和国营天津无线电厂（即天津国营 712 厂）生产的北京牌等几个品牌。

当时生产的电子管超外差式收音机不但有接收中、短波调幅广播的收音机，还有接收调频广播的收音机。调频收音机的工作程序与调幅收音机相似，只是将检波器换成了鉴频器，并且多进行两次变频，第一中频为 10.7 MHz，第二中频为 455 kHz。由于当时调频广播尚未普及，所以调频接收机一般民用的很少，大多用于广播电台和有线广播站。

1983 年，由于半导体收音机的兴起，我国停止了电子管收音机的生产。

3. 半导体收音机

晶体管收音机通称半导体收音机。1954 年 10 月，美国产业开发工程协会雷根西（Regency）分会生产出世界上第一台半导体收音机——雷根西 TR-1 型 4 管便携式收音机（如图 7-18 所示）。此后，美国通用电气公司和日本索尼公司都开始研制生产半导体收音机。1955 年 8 月，日本索尼公司开发出 TR-55 型半导体收音机。1955 年末，美国通用电气公司推出 678 型 4 管半导体收音机。

半导体收音机也有直放式和超外差式之分，它们的工作原理及工作流程基本与电子管收音机相同，只是用晶体管代替了电子管。由于晶体管耗电低，所以电阻、电容、电感、变压器等元件的功率等级低，体积小。一般都用干电池作为电源，整机可做成袖珍式、便携式。

　　我国于 20 世纪 50 年代中期开始进行半导体收音机的研制。1958 年 3 月，上海宏音无线电器材厂、天和电化厂等 9 个工厂与上海无线电子技术研究所联合研制出我国第一台半导体收音机。[①]

　　我国研制半导体收音机的初期，正值国产半导体器件研发的起步阶段，尚不能批量生产，这就制约了半导体收音机在我国的普及和发展。为此，我国首先集中精力研制高档半导体收音机。1962 年之后，我国相继研制出熊猫牌 B-802、美多牌 28A 及牡丹牌 8402（如图 7-19 所示）等名牌产品。这些收音机多用于国内高端市场或作为国内外交往活动的礼品。

图 7-18　世界上第一台半导体收音机——雷根西 TR-1 型

图 7-19　牡丹牌 8402 半导体收音机

　　为普及半导体收音机，1963 年 8 月，商业部、财政部、中央广播事业局、四机部联合在北京召开广播收音机专业会议，讨论并制订了相应措施，对半导体收音机的生产做了安排。会议的报告于同年 11 月 20 日被国务院批准。自当年 12 月 1 日起，半导体收音机平均降价 21%。此时，国产半导体元器件的质量和产量都有所提高，为半导体收音机的大批量生产奠定了基础。基于此，国内收音机生产厂家开始研制普及型超外差式半导体收音机。

　　20 世纪 60 年代末至 70 年代中期，半导体元器件的价格已大幅度下降，城乡无线电爱好者开始自行装配直放式半导体收音机。这种直放式收音机多采用再生来复式电路。当时有的厂家也生产直放式半导体收音机作为商品出售，如武汉市无线电厂生产的海棠 TR-401 型收音机就是其中之一。爱好者自制也多效仿此机电路。

---

① 金文中、李建新编著：《广播影视科技发展史概略》，北京：中国广播电视出版社，2013 年，第 111 页。

20 世纪 70 年代中期，我国半导体收音机的生产已有了大幅度的发展。当时市场上出现了各种档次、多种类型、价格能为大众接受的半导体收音机。其程式皆为超外差式。

到 20 世纪 80 年代后期，高档袖珍式收音机、调频调幅两用台式收音机及收音、录音组合型收音机也开始流行起来。在此阶段，半导体收音机得到迅速普及，城镇居民几乎家家都有。

4. 集成电路收音机

20 世纪 90 年代以后，集成电路开始被应用于收音机，它逐步取代了半导体分立件。集成电路收音机分两大类：一类是接收模拟广播的模拟收音机，另一类是接收数字广播的数字收音机。

模拟收音机的工作原理基本与晶体管收音机相同，只是用集成块代替了晶体管及其附属元件。这种收音机一般都将接收调幅广播和接收调频广播的功能集合在一起，即所谓全波段接收机。采用集成电路的收音机还普遍融入微电脑技术，实现了电调谐、自动锁频、数字显示等功能，有的还加入录音、播放 MP3 等功能。用集成电路装配的收音机重量轻、耗电低，机体可做得很小，适合做成袖珍式或便携式。在国内市场上流行的东莞市德生通用电器制造有限公司生产的德生牌收音机（如图 7-20 所示）就属此类。

图 7-20　国产德生牌集成电路收音机

数字收音机能接收数字广播信号，其原理与数字广播的播放制式相对应，有世广卫星接收机、DAB 收音机、DRM 收音机、直播卫星收音机等。因我国未推广世广卫星的数字音频广播，所以这类收音机并不多见。目前我国 DAB 广播、DRM 广播的接收机也不普及。另外，虽然我国已有卫星直播数字广播，但这类接收机多用于转播台站，个人应用较少。

5. 收音机软件

收音机软件功能强大，既可用多国语言收听世界各国知名电台，又可进行录音，并具备定时启闭等操作功能。只要计算机或智能手机植入此软件，并与网络相连，就能实现上述功能。有的手机出厂前就已内置收音模块，所以不必下载收音机软件，也能充当收音机使用。国内地级以上的广播电台都已实现了网上播出，所以无论是计算机还是智能手机，只要接入互联网，便可以实时收听电台的广播或调取服务器中存储的已经播过的节目。在中国，作为新闻收听工具的收音机已极为普遍，城市几乎达到人手一机（包括手机收音机）。只要你想听，则可随时随地使用身边最便利的收听工具进行收听。中国已成为通过广播获取新闻最方便的国家之一。

三、收音机装配技术的沿革

电子管收音机都采用分立元件间直接连线的装配方式（如图 7–21 所示）。晶体管收音机（即半导体收音机）都采用分立件和印刷电路装配。图 7–22 所示为晶体管收音机分立元件实体排列图。集成电路收音机则全部采用集成块和印刷电路装配。目前，我国已不再生产分立件组装的电子管收音机和晶体管收音机。这类收音机除作为古董出售外，在市场上已很难见到。

图 7–21　电子管收音机元件排列（左）及实体连线图（右）

图 7–22　晶体管收音机分立元件实体排列图

结　语

如何使新闻广泛传播？转播是一种行之有效的办法。所谓转播，就是多个发射台同时播出同一个节目。建多个转播台，形成一个覆盖网，是扩大覆盖的得力措施。目前，我国中短波广播和调频广播的无线覆盖网点已遍及每个行政县。另外，还有一张利用卫星和互联网组成的广播覆盖网。新闻通过这些覆盖网传播，覆盖面积之广及覆盖人口之多堪称世界之最。

转播涉及的主要技术问题是节目远距离传输问题。根据技术发展阶段不同，节目传输曾先后经历了音频电缆传输、中短波传输、调频传输、微波传输、卫星传输、光纤传输及互联网传输等不同阶段。传输手段的进步推动了覆盖网的发展。

为节约频率资源，我国的中波广播无线覆盖网采用了同步广播技术。调频广播无线覆盖网正在逐步实施同步广播技术。

新闻通过广播传播的最后环节是接收。接收的主要设备是各类收音机。收音机能将高频电磁波信号或数字码流信号还原成声音。

收音机有模拟和数字之分，模拟收音机又有调幅、调频之分。两者的接收程式基本都是超外差式。数字收音机的接收程式与其所接收的数字广播播放制式相对应。

收音机是依靠新元器件的开发和装配技术的改进而发展的。新元器件的开发历程是由电子管发展到晶体管，再发展到集成电路。装配技术的改进是由分立元件之间的直接连线发展到印刷电路。

第八章
电视新闻制播技术的发展

Chapter 8
Development of Technologies of
Television News Production and Broadcasting

新闻通过电视传播，必须先把新闻事件变成声音及图像，然后再把此声音和图像变成电视节目。新闻事件的声音及图像要靠摄像机拾取，靠录像机记录。将这些原始素材制成电视节目则要靠后期制作。后期制作所用设备在模拟技术时期是编辑录像机，在数字技术时期是线性及非线性编辑工作站。制成的电视节目要经播出系统播出，播出系统的设备在模拟技术时期是放像机，在数字技术时期是播出工作站。后期制作和播出都是在电视台制播中心完成的。

第一节 图像拾取、记录播放及编辑设备的发展历程

一、摄像机

1931年，兹沃尔金发明了电子摄像管，随之制作出黑白电子摄像机。最初的摄像机体积庞大，它的一个1.6米焦距的镜头就重45公斤，长2.2米，被人们戏称为"电视大炮"，如图8-1所示。20世纪40年代初，彩色电子摄像机问世。1941年5月28日，美国哥伦比亚广播公司（CBS）试播了彩色电视节目。1946年，美国无线电公司（RCA）发明了超正析摄像管，提高了摄像机的灵敏度和清晰度。1954年，美国安培（Ampex）公司推出了世界上第一台实用型摄像机。

20世纪50年代正处电子管技术时期。当时的光电转换器件只有真空摄像管,整个摄像机全部由电子管组成,体积庞大、操作与调整复杂。20世纪60年代,荷兰飞利浦(Philips)公司研制出1英寸(等于2.54厘米)氧化铅摄像管。当时半导体管和集成电路也开始应用于摄像机中,所以这时的摄像机体积和重量大为减小,性能也大为提高。

图 8-1　早期的电子管摄像机

1970年,美国贝尔实验室发明了第一块半导体电荷耦合器件CCD(Charge Coupled Devices)。CCD是一种无须电子束扫描便能实现光电转换、电荷存储和电荷转移输出的固体摄像器件。它在体积、重量、功耗、寿命、耐振动、抗外磁等方面的性能都明显优于传统的电子摄像管,其灵敏度和分解力等重要技术指标也赶上或超过了传统的电子摄像管。CCD问世后,世界各大专业公司及科研机构都致力于CCD的实用性开发。经过10年的努力,1980年1月,日本索尼(Sony)公司生产出世界上第一台CCD摄像机。之后,CCD技术日臻成熟,开始普遍应用于摄像机。1983年,美国无线电公司推出三片式CCD摄像机,其性能已接近甚至达到三管式摄像机的指标。自此,CCD开始替代真空摄像管,真空摄像管逐步退出历史舞台。

20世纪80年代是摄像机迅速发展的时代。此期间摄像机的技术特点是普遍使用了CCD、大规模集成电路、微处理机技术和数字视频处理技术。这就使摄像机具备了体积小、重量轻、耗电低、图像质量高、功能完备、性能可靠、调整简单、操作方便及易于维护等特点。

1985年1月,索尼公司成功地研制出世界上第一台摄录一体机。20世纪80年代的摄录一体机如图8-2所示。在此以前,因摄像机和录像机是分开的,所以外出采访拍摄时需两个人操作,一个人持摄像机,另一个人背录像机。若一个人去采访,则

图 8-2　20世纪80年代的摄录一体机

需肩扛摄像机，背背录像机，煞是辛苦。摄录一体机的出现，给采访拍摄带来了极大的便利。

20 世纪 90 年代以后，数字视频码率压缩技术迅速在广播电视领域得到应用。M-JPEG、DV、MPEG-2 等压缩标准为业界所接受。在保证图像质量的前提下，采用压缩技术来降低码率，可降低信号处理、信号记录的难度和成本。数码压缩有利于后期编辑处理在数字环境中进行，这就极大地扩展了设备的功能和提高了节目的制作质量。

此阶段摄像机的技术特征就是图像处理方式采用数字视频码率压缩技术。1995 年 7 月，索尼公司推出第一台 DV 格式的摄像机。该机一经推出，即被世界各地电视新闻记者、制片人广泛采用。

日本从 20 世纪 60 年代就开始研制高清晰度（简称高清）模拟电视，并于 80 年代建立了 MUSE 制式。但高清电视的真正发展是在数字技术问世之后。1987 年，美国首先提出高清数字电视（HDTV）的概念，并于 1995 年确定了 HDTV 产品的规格，此后便出现了高清数字摄像机。高清数字摄像机的出现是摄像机技术的又一次飞跃。

进入 21 世纪后，电视摄像机的发展主要集中在录制存储介质的改进上。2000 年 8 月，日本日立公司推出第一台 DVD（数字视频光盘）摄像机。该种摄像机使用 8 厘米的 DVD-RAM 刻录光盘作为存储介质，摆脱了磁带记录的种种不便。2004 年 9 月，日本胜利公司（JVC）又推出第一批 1 英寸微型硬盘摄像机。2005 年 6 月，JVC 公司发布了采用 1.8 英寸大容量硬盘的摄像机，其最大容量可达 30 GB。

21 世纪以来，电视摄像机的技术特征是存储硬盘化和成像高清晰度化。在此阶段，摄像机的技术细节发展也极为迅速，新产品、新机型层出不穷。图 8-3 所示为 21 世纪初的高清数字摄像机。

图 8-3　21 世纪初的高清数字摄像机

我国电视制播设备的制造工业起步很晚，直到 1956 年末——我国电视台开播的两年前，才开始研制摄像机。北京电视台开播时用的 7 台摄像机，虽为北京广播器材厂自己研制，且大部分元器件皆为国产，但关键部件摄像管仍是进口的。

1980年，广播科学研究院开始研制硒砷碲摄像管。硒砷碲摄像管是摄像机的关键部件，当时只有少数发达国家能够生产，形成垄断局面。广播科学研究院的技术人员克服困难、攻克难关，历时8年，终于成功研制出GS8010A型18毫米广播电视用硒砷碲摄像管。这是一项重大技术突破，填补了国内空白，为摄像管国产化做出了贡献。

我国研制的硒砷碲摄像管达到了同期国际同类产品的先进水平。该项成果于1988年通过了广播电影电视部的部级鉴定，次年获部级科学技术进步奖一等奖，1992年荣获国家科学技术进步奖二等奖。[①]

二、录、放像机

世界上最早的录像机是1954年美国无线电公司推出的一种纵向磁迹录像机。它以约9.1米/秒的高带速运行，4分钟的节目需用2100多米长的磁带。1955年，英国广播公司（BBC）也推出一种纵向扫描的磁带录像机，它的带速约为5.1米/秒，半小时的节目要耗用一盘直径约为1.5米的磁带。这两种录像机在实际应用中皆有困难。

第一台实用化的能录、放黑白电视图像的录像机诞生于1956年2月，它是美国安培公司研制的。该录像机的成品机型为VR-1000（如图8-4所示）。该型录像机使用2英寸宽的录像磁带和4个视频磁头，采用横向扫描，对视频信号用调频方式进行记录。当年11月30日，美国CBS用该机进行了世界上第一次录像机电视播出。

图8-4　美国安培公司的VR-1000磁带录像机

美国安培公司开发出上述实用化的磁带录像机后，美国、荷兰、德国及日本等国有技术实力的公司都开始研发磁带录像机。1958年，美国安培公司生产出商用彩色录像机。1959年，日本的东芝公司、JVC

---

① 刘洪才、邸世杰主编：《广播电影电视专业技术发展简史（上广播电视）》，北京：中国广播电视出版社，2007年，第251页。

公司相继推出了螺旋扫描录像机。1962年,日本索尼公司研制出首台全晶体管录像机。1965年,美国安培公司开发出应用于工业及电视教育的1英寸A格式专业级录像机。

20世纪70年代以前的录像机都是开盘式录像机,用Video Tape Recorder表示,简称VTR。这些录像机体积庞大,只适用于广播电视专业部门。1970年,荷兰飞利浦公司开发了一种家庭用盒式录像格式Video Cassette Recording,简称VCR。自此盒式磁带录像机诞生了,并用VCR来表示。此后,各生产厂家便致力于盒式磁带录像机的开发,使其逐步小型化,以适应家庭的需要。

1970年3月,日本索尼公司联合其他几家公司开发了一个盒式磁带录像机的标准,并于1971年9月开发出使用3/4英寸盒式磁带的彩色录、放像机。因该机型采取U型穿带系统,故被命名为U-matic格式,该机型简称U型机(如图8-5所示)。当时该机型也被用于电视台的播出。

图8-5 日本索尼公司早期生产的U-matic格式录像机

1976年,索尼公司研制出可用于现场采访录像及编辑的小型多功能BVU系列U型机。这一系统用于新闻采访,被称为ENG,即电子新闻采集(Electronic News Gathering)。至此,第一代ENG机诞生。后来,BVU系列机在EFP(现场节目制作)方面也得到了应用。索尼公司此阶段生产的U型机有两种格式,一种为VO系列低带机,另一种为BVU系列高带机,两种机型在广电系统皆有所应用。

1976年,德国博世公司推出了1英寸B格式的广播电视专业级录像机。同年,索尼公司又推出了具有300线分辨率的1英寸C格式广播电视专业用高档录像机。根据这一规格研制的索尼BVII系列录像机和安培VPR系列录像机,因具有图像质量优秀且易于编辑等特点,成了全球电视台业务用VTR的标准。此格式在电视行业使用长达20年之久。

20世纪80年代录像机的发展特征:一是体积小型化;二是采用分量记录技术;三是采用数字处理技术。

1980年7月,索尼公司率先推出使用CCD和8毫米金属磁带的小型一体化摄录放像机，该机仅重 2 千克。1989 年 5 月，索尼公司又推出当时世界上体积最小、重量最轻的 CCD-TR55"掌中宝"摄录一体机（如图 8-6 所示）。

图 8-6　日本索尼公司生产的 CCD-TR55"掌中宝"摄录一体机

20 世纪 80 年代以前，磁带录像机都是记录图像的模拟复合信号的。进入 80 年代后，开始采用模拟分量记录方式。1981 年，索尼公司首先推出 Betacam 模拟分量记录式录像机。该种机型采用高密度记录，使机体更趋向于小型化。它与摄像机做成的一体机，立即被新闻采访领域广泛采用。1986 年，索尼与松下电器分别推出第二代模拟分量的录像机。索尼的为 Betacam SP 记录格式，松下电器的为 M Ⅱ 记录格式。这两种格式在技术上没有本质差别，但 Betacam SP 赢得了更广泛的认同。

1986 年 5 月，国际无线电咨询委员会（CCIR）第十六届会议通过了"广播用数字录像机标准建议"。1987 年，索尼公司根据 CCIR 的建议首先推出 DVR-1000 型使用 3/4 英寸磁带的分量数字录像机。该机型是采用 ITU-R BT.601 标准的无压缩录像机，其图像质量极好，多次复制后图像质量也不会变差。1988 年 4 月，日本索尼公司与美国安培公司合作推出了使用 3/4 英寸磁带的复合数字录像机，该机型是将模拟复合信号直接进行数字化。

20 世纪 90 年代录像机的发展特征：一是数字视频压缩技术得到应用；二是出现了高清电视录像机；三是录像机的记录介质由磁带变成光盘或磁盘。

20 世纪 90 年代以后，各厂家纷纷推出不同性能及规格的采用数字视频压缩技术的录像机。这些数字压缩格式主要有：

DV 格式，即数字视频盒式磁带（Digital Video Cassette）格式。该格式产生于 1993 年 9 月，是一种国际通用的数字视频标准，它与 M-JPEG、MPEG-2 被列为三大视频工业压缩技术。

数字 Betacam、Betacam-SX 及 DVCAM 格式：这三种格式皆由索尼公司推出。数字 Betacam 格式的录像机产生于 1992 年 8 月，是采用 ITU-R BT.601 标准的分量数字录像机，该种录像机图像质量很高，被广播电视界认为是最优秀的广播级产品。

Betacam-SX 格式的录像机于 1994 年 4 月推出，它是基于 CCIR-601 标准，采用 MPEG-2 压缩方式的分量数字录像机。该格式的设备主要用于新闻系统。DVCAM 格式的录像机于 1996 年推出，它是在 DV 格式的基础上开发的 1/4 英寸磁带的专业数字分量录像机。DVCAM 格式是 DV 格式在专业领域的扩展，它在中、小电视台有广泛的应用。

DVCPRO 格式：该格式由日本松下电器于 1996 年推出，它是基于 DV 格式的专业格式。该格式的录像机为广播级数字设备。

Digital-S 格式：该格式是日本 JVC 公司于 1995 年 4 月推出的数字录像机格式，其图像质量接近数字 Betacam，能达到广播级水平，而且设备价格比较低，因此是专业制作的理想格式。

1991 年，日本在世界上首次播出了高清晰度电视。此后，能记录高清电视信号的录像机也相继被开发。

1993 年，日本 JVC 公司推出可记录模拟高清信号的录像机。1994 年，松下电器推出可用数字压缩方式记录高清信号的数字高清录像机（如图 8-7 所示）。

1995 年，日本东芝与德国 BTS 公司合作开发了无压缩数字高清记录格式的录像机。

图 8-7　日本松下电器生产的数字高清录像机

20 世纪 90 年代末，光碟录像机和硬盘录像机相继问世。1999 年 9 月 21 日，日本电气公司（NEC）率先推出光碟录像机。同一年，以电脑硬盘作为视频节目存储媒介的硬盘录像机也隆重登场。新记录介质的出现开创了图像记录的新纪元。

21 世纪初录像机发展的特征是：质地优良的光碟录像机和功能强大的数字硬盘录像机迅猛发展，磁带录像机逐步退出历史舞台。

在广播电视业务领域，日本索尼与松下电器在 2003 年至 2004 年，相继展示了其采用光盘的 ENG 设施，并且都已升级到能记录高清信号的版本。

数字硬盘录像机（Digital Video Recorder）通称 DVR。它是能进行图像存储处理的计算机系统，常见有 PC 式和嵌入式两种程式。

PC 式硬盘录像机以个人计算机（PC）为基本硬件，以 Windows、Linux 等操作系统为基本软件，配上图像采集压缩等各种板卡，通过编制软件组成一套完整的录像系统。其优点是软件升级方便；缺点是稳定可靠性差，不适合可靠性要求高的场合。图 8-8 所示就是一种 PC 式高清硬盘录像机。

图 8-8　PC 式高清硬盘录像机

嵌入式硬盘录像机是将应用软件与硬件融于一体，构成一个具有录像机功能的微计算机系统。因其功能单一，所以成本低廉、质量稳定可靠，并且操作简便，适合对可靠性要求较高的场合。

数字硬盘录像机多用于电视监控系统，2007 年以后，它逐渐被所谓网络视频录像机（Network Video Recorder，简称 NVR）所替代。

21 世纪的电视已进入数字高清时代，磁带式录像机已渐渐淡出历史舞台，但其记录、播放图像的历史功绩不可被忽视。纵观磁带录像机的发展，它经历了从模拟到数字、从复合到分量的发展历程，从而形成了模拟复合、模拟分量、数字复合和数字分量四大记录方式。无论模拟还是数字记录方式，记录信号的清晰度又有标清和高清之分。在数字记录方式中，信号处理又有非压缩和压缩之分。偌多记录方式都是用格式来区分的。

在模拟技术时代，专业录像机领域有 A、B、C 三种格式。在数字技术时代，采用无压缩记录标清电视信号的方式有 D1、D2、D3、D5 等 4 种格式（日本人忌讳 4，故无 D4 格式）。无压缩记录格式的信号质量非常好，但设备价格昂贵，即使是发达国家的国家级电视台也很难大量采用。采用数字压缩技术记录标清电视信号的方式有 DV、数字 Betacam、Betacam-SX、DVCAM、DVCPRO、Digital-S 等主要格式。上述 6 种格式皆互不兼容。

采用数字无压缩技术记录高清电视信号的方式有 1995 年日本东芝公司与德国 BTS 公司合作开发的 D6 格式。采用数字压缩技术记录高清电视信号的主要方式有 2000 年日本松下电器推出的 D12 格式及 2003 年日本索尼公司推出的 D16 高清记录格式等。

我国研制录像机起步很晚，20世纪80年代初才开始研制视频录像磁头、自动跟踪磁迹（AST）磁头和上、下磁鼓等录像机的三大关键部件。当时这三大部件的关键技术均掌握在发达国家手中，形成垄断局面，并以昂贵的价格向我国出口。广播科学研究所自1981年开始攻关上述三大部件，与有关部门团结协作，克服重重困难、攻破道道难关，经过几年努力，先后完成了上述各项研制任务。

1986年，1英寸广播用录像机"GL-1型视频录/放磁头"通过广播电影电视部部级鉴定，该项目1988年获广电部的部级科学技术进步奖二等奖；1987年，1英寸广播用录像机"GZ自动跟踪磁迹磁头"通过广播电影电视部的部级鉴定，该项目1989年获广电部的部级科学技术进步奖二等奖；1988年，"1英寸广播用螺旋扫描录像机上、下磁鼓"通过广播电影电视部的部级鉴定，该项目1990年获广电部的部级科学技术进步奖二等奖。

上述三个产品的技术指标均达到进口产品水平，并可小批量生产，满足了国内电视台的需要。

上述研究成果填补了我国在这一领域的空白。"1英寸广播级录像机三项关键技术"于1991年荣获国家科学技术进步奖三等奖。[①]

三、编辑设备

由摄像机和录像机产生节目素材后，需要按节目制作人的意愿对素材的图像和声音进行编辑，使其成为完整平滑可供播出的节目。模拟技术时代，编辑必须采用具有编辑功能的录像机。世界上第一台电子编辑录像机是1961年加拿大的爱德万特（Advertel）公司开发的。在数字技术时代，编辑系统有了线性编辑和非线性编辑之分。

1. 线性编辑

线性编辑指的是一种需要按时间顺序从头至尾进行编辑的节目制作方式。它基

---

① 刘洪才、郖世杰主编：《广播电影电视专业技术发展简史（上 广播电视）》，北京：中国广播电视出版社，2007年，第250页。

于磁带，利用电子技术，根据节目的要求将素材连接成新的连续画面。

编辑一个完整的节目磁带，通常使用两种编辑方式，即组合编辑和插入编辑。一般是先采用组合编辑方式编辑成新的连续画面，然后再用插入编辑方式进行配音、配图和修改。

线性编辑所用的设备主要是录像机、录像编辑机、字幕机、特技机、调音台等。线性编辑工作流程复杂，运作时需要较多的工作人员。图8-9所示为21世纪初某地区级电视台的线性编辑机房。

2. 非线性编辑

20世纪90年代以后，计算机技术和数字压缩技术的发展，使计算机参与视频处理成为可能。非线性编辑就是用计算机编辑视频，同时还能进行很多效果处理，如特技等。

非线性编辑要靠软件与硬件的支持来实现，这就构成了非线性编辑系统（Non-linear Editing System），简称非编系统。非编系统是影视后期制作的主流设备，它主要是由一台专用计算机（通称非编工作站）和相关外围设备构成。它集录像机、数字特技机、编辑机、切换台、多轨录音机、调音台、字幕机、图形创作、MIDI创作、时基等设备于一身，完成电视节目后期制作系统（即线性编辑系统）所承担的所有任务。图8-10所示为21世纪初某地区级电视台的非线性编辑机房。

图8-9　21世纪初某地区级电视台的线性编辑机房

图8-10　21世纪初某地区级电视台的非线性编辑机房

非线性编辑的优势为：制作速度快，制作出的音像质量高，系统便于升级。非线性编辑系统如与网络相结合，就更能发挥其优势，使其制作速度及制作出的效果有很大程度的提高。

目前，非线性编辑已经成为电视节目编辑的主要方式，已被电视台广泛应用。许多电视台在节目制作、节目播出时通过非线性编辑技术，实现了无磁带编辑及无母带播出。

21世纪初，国内已有很多厂家可以生产非线性编辑设备并可进行系统集成。其中北京创新久合成科技有限公司、北京新奥特集团有限公司、安徽现代电视技术有限公司、成都索贝数码科技股份有限公司所生产的非线性编辑系统就已广泛地被地方电视台所选用。

第二节　电视新闻制播技术的发展历程

电视新闻是以现代电子技术为手段，以声音、画面为符号，对刚发生或正在发生的事件进行报道。社会主义国家电视台的首要任务就是办好新闻节目。为此，我国的电视台对国内外发生的重大事件，都是以最快的速度进行及时报道。

把新闻信息变成电视节目必须经过制作和播出两个环节。因此，电视台的制播中心由节目制作和节目播出两大系统组成。节目制作系统又分前期素材采集和后期编辑制作两个环节。节目播出系统则包括演播室直播和外场转播，两者都将信号汇集到主控制室，经主控制室进行技术处理后再分配给传输线路。

我国电视制播技术的发展历程大致经过了艰苦创业、缓步前进、蓬勃发展及飞速发展等几个阶段。

一、艰苦创业阶段

此阶段从1958年5月北京电视台（中央电视台前身）试验播出开始，历经了十多年。该阶段技术发展的特点是：条件艰苦、设备简陋、土法上马、发展缓慢。

1958年北京电视台建台之初，基本没有节目制作能力，所以制播系统是合一的。当时的新闻播出有三种形式：一是图片报道，二是口播《简明新闻》，三是记者用电影胶卷拍摄电视新闻片播放。

新闻素材的来源：一是由中央人民广播电台新闻部提供；二是记者采访拍片；三是与国外（苏联和东欧一些社会主义阵营国家）电视机构交换，或外购一些电视新闻片。交换和外购的新闻片需经挑选、编辑和配音后才能在电视中播出。

当时的新闻采访设施非常简陋，只有几部从八一电影制片厂调拨来的手提式包莱克斯和菲尔姆16毫米摄影机。记者外出拍片时，要肩扛摄影机，身背干电池。当时的摄影机是用发条提供动力的，所以拍摄前还必须上紧发条。当时记者拍片的场景如图8-11所示。

记者拍摄的新闻素材，回来后要经冲洗才能剪接成片。由于没有洗印车间，编辑记者们就买些药品，自己冲洗。声音则是在图像制作完成后，再对照图像内容，用录音机进行编配的。由于全是手工操作，所以，为编成几分钟的16毫米胶片的节目，往往要花费很长时间。

北京电视台建台之初，演播室是由会议室改建的。室内的音频设备主要有：一台北京广播器材厂生产的、可供2套节目同时制作加工的调音台，6只国产话筒和3台中央人民广播电台使用过的苏式录音机。图8-12所示为北京电视台早期的演播室。

图 8-11　早期记者用摄影机拍电视新闻片的场景

图 8-12　北京电视台早期的演播室

北京电视台当时的中心立柜机房是由一间约28平方米的办公室改建而成的（如图8-13所示）。机房内有视频、音频、视频交换及同步脉冲等6个立柜。摄像机控制机房是由一间约14平方米的办公室改建而成的，该机房装有4个摄像机控制台，其中3个分别控制演播室的3台摄像机，另一个控制播放电影的摄像机。视、音频导演控制室是在演播室的一角用三合板隔出的9平方米小屋，内装一个6路视频切换控制台和8个黑白监视器。

电影放映间总面积约为20平方米，是由楼道拐角隔成的。由于没有专门的电视电影播放设备，所以当时电影是通过摄像机播出的。电影放映间内有 2 部 35 毫米电影放映机和一部 16 毫米电影放映机，还有一部摄像机。播放电影时，工作人员先用放映机把电影画面投放到对面墙上的白纸银幕上，再用摄像机摄取图像进行电视播出，如图 8-14 所示。

图 8-13 北京电视台最早的机房　　图 8-14 电视播放电影的场景

在转播方面，1958 年，广播科学研究所、北京广播器材厂与北京电视台合作，研制出我国第一辆由 3 个摄像机组成的三讯道黑白电视转播车。此后，北京电视台便利用此转播车到首都各大剧场、体育场馆等地进行现场电视实况转播，不但扩大了节目源，还增强了节目的时效性。

1958 年 10 月 1 日，人们就是使用这辆转播车转播了庆祝中华人民共和国成立 9 周年天安门广场阅兵式和群众游行的盛况。从此，国家重大政治活动、精彩文艺演出和重要体育赛事皆以实况转播的形式被报道。

1959 年 9 月底，新建的人民大会堂内安装了一套由 10 台摄像机（十讯道）和两级导演切换台组成的大型黑白电视转播中心，专门用于天安门前的大型庆祝活动和人民大会堂内举办的各种政治集会的现场转播。自此，人们不用转播车也可以在人民大会堂进行实况转播。中华人民共和国成立 10 周年天安门广场的庆祝活动就是用这套系统转播的。图 8-15 所示为当时转播的外场情景。

图 8-15 1959 年国庆天安门前的现场转播

北京电视台第一次实况转播综合体育赛事是在 1959 年 9 月 13 日，转播的是中华人民共和国第一届全国运动会。1961年4月5日，北京电视台转播了在北京工人体育馆开幕的第26届世界乒乓球锦标赛。这是中华人民共和国成立后我国第一次举办的世界级体育比赛，北京电视台在10天的时间里转播了14场。当时北京电视机极少，据说有的地方在一台电视机前竟聚集了上百名观众。

1959年，人们在广播大厦院内的南部建了电视台大楼。该楼于1960年落成，当年5月1日正式启用。新楼内设有一个由5台黑白摄像机组成的五讯道黑白电视中心机房和一个由2台彩色摄像机组成的两讯道彩色电视中心机房、一个电影机房和2个导演控制室。还有600平方米、150平方米、40平方米演播室各一个。演播室的音频设备有：中国唱片厂生产的调音台、德国进口的几只电容话筒及一批国产录音机。

新台技术设施和机器设备都是按电视摄制播出要求设计的，这标志着北京电视台的技术配置开始走上正轨。但当时正处三年困难时期，所以电视事业举步维艰，发展缓慢。到1963年国民经济稍有好转，北京电视台才获准增建了一座8000平方米左右的电影胶片生产制作楼，又从刚停办的天津电影制片厂调入部分电影制片设备，加上台内原有设备，组成了一套完整的16毫米有声片制作设施。自此，北京电视台具有了独立制作16毫米有声电影拷贝的能力。此时，北京电视台又与鞍山广播器材厂、广播科研所等部门合作，研制出我国第一部电视电影播放设备。从此，北京电视台就用此套设备播出电影，改变了土法播放电影的方式，提高了电影播出质量。

1964年，北京电视台从日本引进一台2英寸黑白磁带录像机。这台录像机只有录放功能，不能进行节目编辑制作，所以它只被用来录制部分有保留价值的节目。

1966年开始，我国广播电视技术的发展近于停滞。

1972年2月，美国总统尼克松访华。美国三大广播电视公司，即美国广播公司（ABC）、全国广播公司（NBC）和哥伦比亚广播公司（CBS）组成了庞大的新闻报道队伍，携带全套彩色电视摄录和转播设备，对尼克松访华进行了全面报道。当时，在北京首都机场和民族文化宫两处设立了新闻中心。上述美国三大广播电视公司在8天内共转发了52小时新闻专题节目，其中进行了9次卫星实况转播。这是在我国北京首次通过卫星向外转发节目。此次转播规模之庞大和技术设备之先进，对我国电视工作者触动很大，使国内工程技术人员深感我国广播电视事业发展的落后境地，也使其下定了急起直追的决心。从此，我国电视工作者加快了研制彩色电视设备的步伐。

此段时间，国内大部分省（区）的电视事业刚刚起步，处于设备简陋、土法上马的阶段。绝大部分地方台没有节目制作能力，只以播出口播新闻、图片新闻和播放电影为主。

二、缓步前进阶段

此阶段从 20 世纪 70 年代初开始，持续了将近 10 年的时间。在这个时期，我国不再片面强调单纯依靠自力更生的方式发展电视技术，而是在依靠自己技术力量开发新产品的基础上，适当引进国外先进技术及设备，两条腿走路，使电视技术得以缓步前进。

1972 年，北京电视台从联邦德国引进 2 英寸磁带、4 磁头的录像机，之后又从美国引进 10 套录像机设备，并将其中 2 台录像机及必要的监视设备安装在车上，组装出一辆录像车。当有转播任务时，该录像车便随转播车一同开赴现场，联合工作。此后，北京电视台又引进了联邦德国生产的彩色电视中心设备，进口了日本的彩色影片洗印设备。

1972 年底至 1973 年初，上海广播器材厂研制出一套由 3 个摄像机讯道组成的彩色电视中心设备，北京电视设备厂和上海广播器材厂又各研制出一辆有 3 个摄像机讯道的彩色电视转播车（如图 8-16 所示）。于是，在 1973 年 5 月 1 日，我国开始了彩色电视的试播。

图 8-16　我国第一辆彩色电视转播车

1973 年，北京电视台从日本东芝公司引进了 2 辆三讯道彩色电视转播车，其设备全部是半导体器件，有较复杂的技术功能。当年 10 月 1 日，北京电视台正式播出彩色电视节目。

1974年，北京电视台又从英国引进一辆四讯道彩色电视转播车。由于当时磁带录像机的应用已较普遍，所以转播车的功能也从最初的实况转播扩展为实况录像。

1975年，随着录像设备的增多，磁带录像机的使用范围越来越广，录像电视节目也越来越多。电视节目的播出从此前的直播方式逐渐改变成录像播出，这既减少了播出事故，又提高了播出质量。

1976年，北京电视台正式将节目制作和节目播出分成2个独立的系统。制作系统负责电视节目的前期录像和后期编辑，播出系统负责日常的电视节目播出。

此时大部分的地方台使用的基本是国产设备，自制节目的能力虽有所加强，但还是以拍电影胶片为主。

三、蓬勃发展阶段

此阶段开始于改革开放，持续到20世纪80年代末。

1978年12月中国共产党第十一届三中全会召开以后，我国开始实行改革开放政策。改革开放给电视业的发展带来了机遇。此时，北京电视台已正式更名为"中央电视台"。十一届三中全会以后，中央电视台的技术事业进入蓬勃发展阶段。无论是新闻采集、节目制作还是节目播出以及现场转播，都有了质的飞跃。

1.新闻采集

1978年，中央电视台开始引进电子新闻采集（ENG）设备。最初引进的摄像机和录像机都是单体的，台内将其组合成ENG设备使用。直到1989年，才引进了日本索尼和松下电器两家公司制造的1/2英寸摄录一体化设备和后期编辑设备。这些设备的采用极大地改善了新闻采集的工作条件，进一步提高了新闻的时效性。

1979年9月1日起，中央电视台每天从香港收录10分钟英美合资的合众独立电视新闻社（UPITN）的卫星新闻，航寄北京。加上每天接收新华社专为中央电视台编发的5分钟《国际要闻简讯》，这使中央电视台每天都有了国际新闻。1980年4月1日，中央电视台开始通过卫星直接收录世界上最大的电视新闻社——维斯新闻社（Visnews）和合众独立电视新闻社的国际新闻，使发生在大洋彼岸、万里之外的新闻，当天或次日就能呈现在我国电视观众面前。1980年10月，中央电视台开始通过微波线路收录国内各省级电视台传送的新闻。1984年，又增加了与"亚广联"的新闻交换。1987年，中央电视台建起卫星地面接收站，开始按时收录美国有线电视新闻网（CNN）的新闻；并陆续与苏联和东欧国家签订协议，开始通过卫星交换节目，并收录其新闻。

至此，中央电视台的新闻采集已由过去那种记者下去搜集素材、拍摄新闻胶片的方式转变到由国内外新闻机构提供素材。这说明中央电视台已脱离早期那种充当广播、报纸的补充的状态，其品牌节目《新闻联播》也成为一个具有一定权威性的"新闻总汇"。图8-17所示为中央电视台20世纪80年代《新闻联播》的播出场景，图8-18所示为20世纪80年代中央电视台《新闻联播》节目制作中心。

2. 节目制作

1983年5月，中央电视台彩电中心动工兴建，历时4年，于1987年底竣工。中央电视台于1988年3月15日迁入该中心正式播出。

该彩电中心的使用面积约为8万平方米，拥有大小22个现代化演播室，其中最大的为1000平方米。彩电中心技术工艺系统的设计是中央电视台与日本东芝公司合作完成的。彩电中心的制播系统分两大部分：一部分是节目制作系统，另一部分是节目播出系统。

节目制作系统以后期制作中心为核心，由各制作演播室的分系统、音乐录音室和外出转播基地组成；节目播出系统以总控为核心，由各套节目的播控系统、自成系统的新闻中心、节目传送室及微波机房等组成。

上述两大系统的主要设备皆由日本东芝公司提供。

随着彩电中心的启用，中央电视台建立起由录制、转播、制作和音频等部门组成的强大的电视节目制作体系，并引进了大批新的采、录、编设备，使技术制作系统出现了质的变化。

从20世纪80年代初开始，随着电子新闻采集设备的广泛应用，胶片拍摄新闻的方法逐渐被淘汰。

1983年，中央电视台从美国购进一台数字特技设备，并于1984年建成一个数字特技机房。利用数字特技对电视节目进行编辑、制作和加工，可使电视图像变化生动，还可以实现图像及字幕的镶嵌。在此期间，中央电视台还从美国引进了1英

图8-17　20世纪80年代中央电视台《新闻联播》
的播出场景

图8-18　20世纪80年代中央电视台《新
闻联播》节目制作中心

寸磁带录像机，补充到各节目制作机房。

20世纪80年代末至90年代初，中央电视台节目制作系统的技术设施已颇具规
模，设备的数量和质量都达到较高水平。CCD摄像机、分量摄像机、自动编辑机、
计算机字幕图形设备、平面动画、二维和三维动画、电子特技设备、数字音频工作
站以及电脑等都已得到广泛应用。

3. 节目播出

20世纪70年代以前，电视节目完全是直
播，直至1973年彩色电视开播后才开始录像
播出。在1973年至1983年的10年间，节目
播出完全是手动操作。图8-19所示就是中央
电视台早期的播出机房。

1984年，中央电视台在全国率先引进2
套日本电气公司（NEC）生产的计算机自动

图8-19　中央电视台早期的播出机房

节目播出系统，简称APS。该系统只需值班员为待播的节目带找好片头，并将录像
机设置在遥控状态，计算机便能按照编排好的播出数据进行实时控制、切换播出。
播出中，该系统还能对设备运行状态进行监视、报警，有效地保证了安全播出。

搬进彩电中心之后，中央电视台与日本东芝公司联合设计了自动播出系统，该
系统简称APC。APC的性能较APS进了一大步。彩电中心投入了3套APC和2套
APS，可播出4套节目（四主一备）。新播出系统有3个特点：一是能满足各种播出
方式的需要，并具备进行插播的功能。二是录像机集中控制，因为各种格式的录像
机通过一个分配矩阵，所以操作员按照磁带格式和播出要求，通过插卡、上带便可

将此录像机的输出分配到待播系统，按计划播出。三是运用网络传递播出控制数据，即只用一根同轴电缆，就可将各套播出系统、各个播出设备、各直播演播室有机地连接起来。此技术是国内首次应用。该套自动播出系统能每天 24 小时不间断运行。

4. 现场转播

实况转播是电视特有的一种报道形式，它能使观众在事件发生的同时就看到现场实际情况，犹如身临其境，有极强的时效性。

1980 年，中央电视台留用了在北京参加展览的 2 辆日本电视转播车。这 2 辆转播车内的设备小巧轻便、功能简易，适宜完成新闻节目的制作和现场电视直播。

1981 年，中央电视台又从日本引进了小型箱载式外场转播制作设备（EFP）。该套设备包括监视单元、切换单元、摄像机控制单元、三讯道便携式摄像机、四路视频切换台。此套设备整体小巧紧凑，可作为行李携带，便于外出制作节目使用。图 8-20 所示为常见的箱载式外场转播制作设备。

图 8-20 箱载式外场转播制作设备

1984 年，为进行庆祝中华人民共和国成立 35 周年活动的电视实况直播，中央电视台从日本日立公司和池上公司分别引进了六讯道和四讯道电视转播车各一辆。

1986 年，联邦德国总理科尔代表其政府赠送我国一辆电视转播车。1987 年，中央电视台又从第一届北京国际电视设备展览会上，留购了德国制造的一套四讯道 EFP 设备，1989 年，将其作为转播车的更新设备装配在改造后的转播车内。

为完成对 1990 年举行的第十一届亚运会的转播任务，中央电视台共动用了 25 辆（套）转播车和 EFP 设备，投入使用了 142 台摄像机、209 台录像机、38 套字幕图形设备、46 套 ENG 设备、52 套微波设备，还有 130 套评论席设备和 6 个演播室。中央电视台对此次运动会进行了 307 场次现场直播；开通了 14 个卫星频道，通过卫星传送节目长达 2045 小时（国内播出 335 小时）。[1]

---

① 赵化勇主编：《中央电视台发展史（1958—1997）》，北京：中国广播电视出版社，2008 年，第 260 页。

为实现大型综合的野外多点现场转播，中央电视台装配了重量轻、质量高、机动灵活的转播设备，如移动卫星地面站和海事卫星通信设备等，还专门配置了直升机陀螺仪稳定器、水下摄影机、鱼眼镜头、低照度摄像机等特殊设备，为特殊拍摄提供了物质条件。这些现代化设备极大地加强了野外多点转播能力，丰富了节目取材，增强了时效。

在直播国际大型体育比赛时，中央电视台已开始建立自己的报道中心。如1994年10月，在对日本广岛举行的第十二届亚运会的报道中，中央电视台首次在海外建立报道中心，并包租了一条卫星线路，用于体育节目的转播和部分新闻节目的回传。

在此阶段，各省级电视台都完成了黑白电视到彩色电视的过渡。在制播技术方面，各台也大量引进国外先进技术和设备。新闻采集逐步采用ENG设备，用于拍摄新闻胶片的摄影机也退出了历史舞台。节目制作和节目播出也都采用了录、放像机。

四、飞速发展阶段

此阶段始于20世纪90年代初，持续到21世纪初。该时期技术发展的主要特征是实施了三大技术项目：一是设备数字化改造；二是开播高清电视；三是形成现代化制播系统。

1. 设备数字化改造

20世纪90年代，数字技术已很成熟，在世界上，它已被广泛地应用于广播电视领域。电视的前期拍摄、后期制作、信号传送、节目播出等皆可采用数字技术进行处理。

（1）节目制作设备数字化改造

1993年，中央电视台在国内率先对设备进行数字化改造，其步骤是：先对摄录编设备进行数字化改造，逐步淘汰节目前期制作用的模拟摄录编设备；然后对电视演播室及外场地转播设备进行数字化改造，将它们全部改换成数字设备。

1993年至1995年，中央电视台对部分演播室和制作机房进行了基础设施改造和设备更新，在节目制作系统中引进了部分数字设备，建成了 800 平方米数字演播室，这在全国尚属首例。该演播室不仅具有传统的直播、录像双重功能，还具有开放的功能：它的信号可以输送给台里其他系统，也可以输送给微波、卫星等传输线路；而来自其他系统及微波、卫星等的信号，也可以进入演播室，进行双向交换，体现出演播室时效性强的特点。

在此期间，中央电视台与深圳索贝科技有限公司（简称深圳索贝）合作，联合开发出实用的数字字幕机。该字幕机是集字幕、特技、图文和动画于一体的创作系统，可以输出数字信号，填补了我国数字字幕机的空白。

在数字现场制作系统中，中央电视台又引进了智能化矩阵控制；在数字后期制作系统中，还引进了数字录像机和智能化硬盘相结合的新型编辑方式及多媒体译配音系统等。这些最新技术的应用，使中央电视台数字化的电视制作设备达到了世界领先水平。在此期间，中央电视台还引进了国内第一辆数字转播车。

1996 年初，中央电视台又与深圳索贝合作，开发出多媒体电视后期制作非线性编辑设备。该设备具有实时切换、二维实时特技、真彩色图文字幕制作等功能。

（2）节目播出设备数字化改造

1988 年中央电视台搬入彩电中心前后，播出系统虽已启用了 APS 和 APC，但在其工作流程的某些环节中仍需人工操作，所以它们应属半自动化播出体系。

为进一步提高播出自动化程度，1994 年，中央电视台引进了当时具有国际先进水平的日本索尼公司生产的机械手自动装带系统以及美国生产的播出切换台。中央电视台还与安徽现代电视技术研究所（简称安徽现代）联合设计开发出适合自台需要的多功能智能控制软件，该软件与上述设施配合构成全套机械手节目自动播出控制系统，简称 APF。该系统可以完成自动装带、信号源控制、播出以及播后的数据处理等任务。整个系统性能可靠、逻辑严谨。它的应用使播出质量得到极大提高，播出差错大为减少。

上述机械手自动播出系统是用于中央电视台模拟节目播出的。随着台内数字设备的日渐增多，1995 年底，中央电视台又建成数字式机械手自动播出系统。该系统中全部采用数字设备，从入口到出口全部为数字通路。该系统用于中央电视台数字压缩频道节目的播出。到 1997 年底，由于数字播出带已可以直接投入播出，所以中央电视台的各套节目均采用模拟节目带与数字节目带兼容的方式播出。

2001年7月，中央电视台用数字播出系统取代了尚遗存的模拟播出系统，全部实现了数字化播出，完成了播出系统的数字化改造。

（3）总控系统数字化改造

总控系统是电视台对内、对外信号交换的枢纽，负责所有对外信号链路的调度，同时还承担向台内各技术系统提供时钟信号和同步信号的任务。

21世纪初，中央电视台对总控系统进行数字化改造。改造中选用先进的数字设备，在技术上采用了数字视频信号处理技术，在全系统设备控制和业务管理层面引入全新的计算机智能化管理理念。2002年7月，改造后的系统正式投入运行。新系统除保持原有模拟系统的各项基本功能外，又在设备监视和信号监测功能上有所加强。图8-21所示为21世纪初中央电视台的新闻中心演播室、导控室及信号调度中心。

图8-21　21世纪初中央电视台的新闻中心演播室、导控室及信号调度中心

2. 开播高清电视

20世纪60年代，日本率先提出高清电视的概念。之后，随着数字技术的发展，高清电视才走到实用化的一步。之后，日本和美国相继开播了数字高清电视节目。那时我国的计划是在1999年国庆时进行高清电视试播，为此，中央电视台引进了国内第一辆高清转播车。1999年10月1日，中央电视台用此辆高清转播车对中华人民共和国成立50周年大庆阅兵式进行了试验转播，取得圆满成功。

　　为在我国正式开播高清电视，中央电视台做了相应的技术准备。2002年10月中旬，中央电视台建成400平方米数字高清电视演播室并投入使用。这是中央电视台建设的第一个高清电视演播室，也是全国首例。该演播室系统能兼容HD/SD（高清/标清）的制作需求，并能够完成现场多轨录音及5.1声道的现场数字环绕声制作。

　　2005年，中央电视台建成采用苹果技术的高清电视后期网络制作系统。这在当时是国内第一、全球规模最大的苹果高清电视网络制作系统。它是一个具有现代化节目制作、远程审片、节目存档、文件播出等功能的高效网络制作系统。它支持高清多种编码格式，兼容多种码率制作、多种录像机规格以及多种文件格式上载，适应高清广谱使用及高清、标清兼容制作的不同需求。该系统还建立了审片发布系统，与台内节目生产管理系统之间建立原数据和信息的通信机制，可以将高清后期网络制作完成的文件打包、转码，以FTP的形式推送到SATA播出缓存库，经播出菜单轮询以文件的形式实现高清节目播出。

　　2005年9月，中国第一个数字高清频道——中央电视台闭路"高清影视"频道在杭州和青岛试验播出。2006年1月1日，中央电视台"高清影视"频道正式开播。

　　为准备在2008年北京奥运会期间对全部体育赛事进行高清转播，在2008年之前，中央电视台引进一辆A型、2辆B型大型高清转播车，一套中型高清箱载式外场转播制作系统（EFP）。通过认真设计施工，到2008年4月，上述4套高清系统陆续完成工程建设。新建系统在技术上能达到高清制作标准，在功能上符合中央电视台节目制作要求。由于新建系统采用了开放式和灵活性的设计，所以极大地提高了设备的利用率。

　　2008年4月底，中央电视台又完成了400平方米数字高清电视演播室的设备改造工程。该演播室按照直播技术的要求进行设计、施工，从节目采集、制作到传输完全符合国家广电总局颁布的高清演播室的标准。高清演播室投入使用后，录制了大量的高清电视节目，为中央电视台高清频道的开播积累了节目素材。

　　2008年5月1日，中央电视台开路"高清综合"频道正式开播。在2008年8月8日至24日的北京奥运会期间，该频道成功地用高清电视技术全程转播了奥运会的开、闭幕式及各项比赛的实况。

3.形成现代化制播系统

现代化制播系统包括两方面：一是制播中心的现代化系统，二是直播现场的现代化系统。

20世纪90年代中期以前，电视节目的制播手段都是传统的。电视节目的形成需经过前期拍摄、后期制作、传送、播出等工艺流程。随着数字技术、计算机技术、网络技术及通信技术的飞速发展，电视节目的制播技术也由传统模式进化到现代模式。现代模式的特点是以数字技术为基础，以计算机、各类工作站为工具，以网络、现代通信为链接手段，使整个电视节目的编播过程实现无磁带化、无纸化、自动化。

（1）播控中心的现代化制播系统

现代化制播手段是在通过计算机网络进行文稿交换和信息资源共享这两大基础上发展起来的。1985年，中央电视台新闻中心开通了接收新华社广播的网络系统。1987年，中央电视台建立了远程新闻采集网络，还建立起多文种计算机编辑系统。1992年，新闻中心又建立起与省级电视台双向通信的网络系统，该系统可实现对各类新闻稿件的查询、编辑、审核、串编及统计等功能。1995年3月，中央电视台实施953工程，即建设计算机信息网络和管理系统工程。整个系统于1996年开通，它不但可实现办公自动化，而且可实现新闻稿件的网上处理。该网络创建了全国性的新闻编辑系统，整个系统连接台内、北京市内、全国各省市等远、近数十个用户，还连接中央电视台驻外记者站、外出采访记者等用户。用户的文字编辑等工作可在个人电脑暨工作站上进行。整个网络除可收、发各地方电视台、新华社以及国外主要新闻机构的稿件外，还具有与节目制播相关的中、英文编辑系统，使文稿的编辑、审定、节目制作和播出有机地结合在一起，实现了以文稿为主线的节目审定、编排、播出和查询系统。

2001年6月，中央电视台CCTV-9网络化制播系统正式启用。该系统由制作、播出及文稿传送三个子系统组成，利用素材采集、快编、串编、预编/文稿、配音、审片、播出以及卫星收录等各种专业工作站，完成新闻节目制作过程中的各个工序，涵盖新闻节目制作过程中的写稿、视音频编辑、配音、字幕、特技、节目串编、审片、直播和节目存档等关键环节。这就是无磁带、无纸张的制作、播出系统。

2002年初，中央电视台建成当时世界上规模最大、功能最强的新闻共享系统并投入使用。该系统配有 400 多个粗编终端工作站，可同时工作。其 FC 网和存储系统支持 100 个以上的各类高码流工作站同时工作，其中包括高码率编辑工作站 83 个。该系统为各新闻业务部门提供了一个在统一、完整的技术平台上完成全部新闻生产和生产管理流程的方式，优化了新闻生产流程，使中央电视台大量的新闻资源得到充分利用。新闻资源可直接、快速、准确地进入新闻制作系统。从此，台式计算机成为新闻编辑的主要终端设备，而编辑录像机的使用量急剧下降。节目生产能力实现了数十倍的增长。

2003 年，中央电视台建成第一个"24+2"通道硬盘播出系统，用于 12 个付费频道、海外平台及一个高清付费频道。2006 年 5 月，中央电视台又建成 20 通道硬盘播出系统，用于 14 个常规频道的播出。

此外，中央电视台还为各驻外记者站配备了移动非线性编辑系统，使记者能通过互联网回传新闻素材，保证了报道的时效性。

2005 年初，中央电视台建成全国第一个高端 AVID 非线性网络化后期制作系统并投入使用。该系统构建在高性能 FCSAN 网络架构之上，包含 28 套高端精编工作站、6 套粗编工作站、6 套上 / 下载工作站和 10 台多功能服务器，还包括 4 台光纤交换机、一套中央存储设备（总容量为 24TB，吞吐带宽大于 1 Gbit/s）以及大量配套的音、视频设备。该系统具有很强的节目生产能力，承担了中央电视台几十个栏目的标清节目后期制作任务。

中央电视台进入新台址园区——总部大楼后，全部采用高清节目制作业务，其节目制作的主要特征就是网络化。节目制播系统实现全流程网络化，可以在没有磁带的流程中制作和播出节目，实现生产和管理的信息化、智能化。在网络化制播环境中，中央电视台还广泛采用了数字电视、网络制播、高清电视制播、电子虚拟、流媒体、视频点播、交互式电视、网上音频广播、数字电视广播系统中的数据安全等高新技术。新台址播出能力达到 200 套节目，每天生产 320 小时的节目，其中新闻为 100 小时。[1]

这种依靠新闻资源共享系统，利用计算机编辑节目来代替编辑录像设备，利用

---

[1] 赵化勇主编：《中央电视台发展史（1998—2008）》，北京：中国广播电视出版社，2008 年，第 444 页。

硬盘播出系统取代录像机播放节目，利用网络化高清节目后期制作系统取代昂贵的高清录像机编辑节目，利用数字化音响资料馆及全台媒体资源管理系统来实现资源共享和节目制播之间的互联互通，改变了电视节目传统的生产方式和工艺流程，构建了制播中心现代化的制播模式。图8-22所示为21世纪初中央电视台的《新闻联播》演播室。

图8-22　21世纪初中央电视台的《新闻联播》演播室

（2）直播现场的现代化转播系统

随着卫星通信技术的发展，数字卫星新闻采集（DSNG）技术也随之发展起来，它在野外新闻采集和远距离传送信号等方面显现了优势。自20世纪90年代中期起，DSNG在我国得到了广泛应用。DSNG主要有三种系统：车载卫星系统、航空箱载系统（Flyaway）和适用于行进中进行信号采集与传送的"动中通"系统。

1996年，中央电视台在进行黑龙江省漠河日全食的现场实况报道时首先采用了DSNG。之后在香港回归、澳门回归、青藏铁路开工、珠峰奥运圣火传递等重大活动及抗洪抢险、汶川抗震救灾等特殊报道中，DSNG都发挥了巨大作用。目前，中央电视台、中国国际广播电台及诸多的省、自治区、直辖市电视台都购置了DSNG设备，将其广泛地应用于外景新闻采集、远距离信号传送及移动场面的现场直播等。

随着科技的发展和新设备的不断涌现，尤其是诸如DSNG设备的使用，现场转播早已摆脱记者扛着摄像机追拍新闻，回来后再通过录像机剪接编辑的传统模式，而是预先或临时建立报道中心，使用先进的摄录编设备，利用方便快捷的网络暨卫星等通信工具，借助灵活机动的交通工具，使新闻现场的情况以最快的速度形成电视节目，呈现在观众面前。这种现代化现场转播模式从20世纪90年代末就已逐步形成。我们从中央电视台的"香港回归特别报道"中，就可窥一斑。

1997年，为了进行香港回归的电视报道，中央电视台分别在北京和香港建立了报道中心。北京报道中心设在中央电视台内，香港报道中心设在香港会展中心。两个报道中心通过泛美2号、亚洲2号两个卫星的4个转发器联通，进行香港、北京两地的双向传送。设在中央电视台内的北京报道中心将北京和香港的实况信号及国内8个城市和国外15个城市的新闻，用卫星或微波线路送到中央电视台总控室，再由总控室分送到中央电视台各制作播出机房，以及在北京专为海外记者设立的国际广播电视服务中心。各新闻媒体也可以得到这些信号。同时，中央电视台在新闻中心设了报道中心演播室和总主持人，并在该演播室内为香港回归报道专设了一个景区，与3天内日常新闻播出景区交替使用。所有信号经演播室统一包装后，再加上3天内的日常新闻一起经播送中心播送出去。

设在香港会展中心的报道中心，是集演播室、控制室、后期制作和信息服务为一体的综合性报道中心。

为进行香港回归的报道，中央电视台共投入转播车11辆，直升机3架、空中稳定摄像机1套，多媒体设备11套、电子现场制作设备4套、电子新闻采集摄像机150台、录像机250台，演播室9个，可供使用的卫星转发器21个、卫星新闻采集设备5套、中继微波设备43套。[1]赴香港的工作人员有近300人，在国内外进行采访报道的记者有近百人，直接参与报道的二线人员有1600余人。

对香港回归的报道，是中央电视台有史以来规模最大、跨度最长、难度最高的多点直播报道：连续72小时向全世界报道，其中有25次重大活动是现场直播，总共达18小时。在交接现场，中央电视台用11台摄像机同步、完整地记录下了这一极具历史意义的场面。图8-23所示为香港回归直播报道现场。

除对香港回归的报道之外，中央电视台

图8-23　香港回归直播报道现场

对1997年11月8日三峡工程大江截流全过程的报道、1999年10月1日中华人民共和国成立50周年大庆活动的报道、1999年12月20日澳门回归的报道、1999年12月31日迎接新千年的报道、2001年7月13日北京申奥成功的报道、2003年10月16日及2005年10月12日至17日我

① 赵化勇主编：《中央电视台发展史（1958—1997）》，北京：中国广播电视出版社，2008年，第504页。

国载人飞船两次航天的报道、2007 年 10 月 15 日中国共产党第十七次全国代表大会的报道、2007 年 10 月 24 日 "嫦娥一号" 探月成功的报道、2008 年 5 月 8 日北京奥运火炬登顶珠峰的报道等都采用的是现代化报道手段，阵容庞大、气势恢宏。

在这些现场报道中，直播的规模越来越大，所设的直播现场也越来越多。这种大规模、多布点、多角度的报道方式，既增大了信息量，也加强了报道的全面性和纵深感。

在这些现场直播报道中，移动直播技术即 "动中通" 系统得到广泛应用。在车、船、直升机和火箭、飞船上都可进行直播，甚至将直播演播室设在陆地运动中的车体上和水中移动的船只上。对于这种直播，很关键的技术是信号传送，中央电视台采用新型的数字微波技术及卫星通信技术，有效地克服了各种干扰，提高了移动信号传输的稳定性。

在现场直播报道中，中央电视台还采用了同声传译技术，即在重大直播活动中采用同声传译方式直播。这既可发挥多语种传播的优势，又大幅度提高了节目制作的效率。

除上述可预知的新闻事件外，还有一些突发事件需要即刻报道。为在突发事件发生时迅速做出反应，中央电视台引进和制造了多辆可以实现多系统集联的大型标清、高清转播车（SD/HD OB Van）及箱载式外场转播制作系统；引进国际先进技术装备，包括数字压缩设备、数字移动卫星地球站、数字移动卫星新闻采集转播车（DSNG OB Van）、数字新型微波设备、带有稳定和跟踪功能的高 / 标清航拍设备及直升机、直升机中继设备、虚拟现场制作系统、水下摄像机以及用于特种拍摄的摄录设备等。

除上述强大的技术设备储备外，中央电视台还建立起应对重大突发事件的报道机制，做出应对各类状况的预案，组建 24 小时全天候待命的采编队伍，以备不时之需。如对 1998 年 6 月中旬长江中下游地区及东北、西北地区连降暴雨造成严重洪灾的报道，对 2008 年春节前夕我国南方一些地区突遭持续雨雪冰冻灾害的报道，对 2008 年 5 月 12 日四川汶川发生里氏 8 级大地震及抗震救灾的报道等都做到了迅速应对，有条不紊。

对四川汶川大地震及抗震救灾的报道，尤其凸显出中央电视台对突发事件应急报道的能力。四川汶川发生大地震的当天，中央电视台就迅速派出 556 人次赴四川灾区进行采访，并在综合、新闻等 7 个频道及央视网中对地震灾情、救援进展、医疗救治、灾民安置等情况进行报道。这是中国电视史上对灾情事件最迅速、跟进最全面的一次报道。这次报道以覆盖全天的现场直播为主要特点，及时、准确、公开、透明地报道灾情，成功地搭建了信息发布和沟通平台，成为国内外媒体的主要信息源。此次对地震的集中报道，中央电视台各频道累计直播时长达约 1170 小时，累计播出新闻达约 2.7 万条次，是中国电视诞生 50 年来对重大突发事件报道最及时、最公开、最充分的一次。图 8-24 所示为中央电视台记者在四川汶川大地震现场直播报道的场景。

图 8-24　四川汶川大地震现场直播报道

此外，中央电视台对五年一次的中国共产党全国代表大会，每年一次的全国两会，党和国家围绕重大问题召开的一系列重要会议，党和国家领导人对外出访、对内考察等重要活动，重要节日的纪念庆典及各重要节假日（五一、国庆、元旦、春节）等，都做例行报道。

对中国共产党历次全国代表大会和每年全国两会的报道，中央电视台投入的都是当年最先进的技术设备，如十讯道大型数字转播车、箱载式外场转播制作设备（EFP）和数字微波设备等。此外，中央电视台还采取多种技术手段以确保直播安全。如采用不同介质传输（光纤和微波），现场转播信号传输采取主、备路措施等。在此基础上，对现场全景摄像机进行单独回传，使信号不延时地直接进入直播演播室，对现场系统实现单一机位的备份等。同时，还采用双系统互为备份的方案，确保直播工作万无一失。

2007 年，在对党的十七大进行报道时，中央电视台首次在北京梅地亚中心建立了广播电视信号服务中心（如图 8-25 所示），搭建了 24 路直播信号输入、6 路境外回传通道及节目收录系统，依此向中外媒体提供十七大开幕式和记者招待会的现场直播公共信号，并受理境外媒体新闻传送业务。

图 8-25　中央电视台在梅地亚中心建的广播电视信号服务中心

在 2008 年的两会报道中，中央电视台在北京人民大会堂大礼堂投入一辆十一讯道的数字电视转播车，转播开、闭幕式和整个大会实况，兼做大会选举时外景出镜记者的报道点；在人民大会堂一楼、三楼新闻发布厅分别架设四讯道和六讯道数字 EFP，转播各场记者招待会；并与卫星转播车配合，完成了北京长安街上的机动性新闻采访。

在 20 世纪 90 年代初到 21 世纪初这段时间内，地方电视台制播技术的发展也极为迅速：基本完成了设备的数字化改造，制播手段也逐步由传统模式过渡到现代模式；播出系统也基本由手动操作过渡到自动播出。

第三节　新闻制播系统中的辅助设施和基础设施

现代化的新闻制播系统离不开辅助设施的帮衬和基础设施的支撑。这里的辅助设施主要是指音频设施、灯光设施及虚拟演播室；基础设施则指通信系统、计算机网络和供电设施。

一、辅助设施

1. 音频设施

声音是电视节目中不可缺少的部分。电视节目的声音包括语言、音乐和效果三部分，优质的画面只有配上与之相匹配的声音，才会使节目变得更加生动、逼真。

20世纪50年代至60年代，电视节目制作中的音频设施只是为16毫米影片配音、配乐。直到20世纪70年代引进录像设备后，用磁带录制的节目才投入播出。为适应磁带录制节目的需要，中央电视台先后建立了2个模拟多轨录音棚、2个译配机房、4个音乐编辑机房和一个复制机房，从此可以对需要配音的节目进行前期录音和后期合成。

20世纪80年代后期，中央电视台迁入彩电中心。该中心有2个分别为360平方米和480平方米的能进行多轨立体声录音的录音棚、3个同步译配音机房、3个音乐编辑机房、一个电脑音乐制作机房和一辆外出转播用的录音车。同时在新建的十几个演播室内装备了全新的音频录制和播出系统。图8-26所示为中央电视台480平方米录音棚中的设备之一。

图8-26　中央电视台480平方米录音棚中的设备之一

20世纪90年代，各种数字音频设备的使用和数字音频工作站的建立，彻底改变了传统电视声音制作的工艺流程。此时，中央电视台对大部分演播室的音频控制机房、音乐录音棚、译配音机房、音乐编辑机房和音乐复制机房都进行了整体改造和设备更新。到1997年，中央电视台节目声音制作的艺术质量和技术质量都达到了国际先进水平。

21世纪初，中央电视台建成了国内首个全数字环绕声电视后期音频制作系统。该系统能够同时完成立体声及环绕声制作，并具有DOLBY-E编解码功能，还可以采用MADI模式进行数字传输。

2. 灯光设施

20世纪80年代以后，中央电视台开始注意跟踪世界上的灯光新技术，并开始引进世界上的先进设备。1984年，中央电视台引进了一部灯光车和先进的镝灯，满足了转播活动的需要。1996年11月，中央电视台新闻演播室开始使用新型冷光源灯光系统。所谓冷光源，就是只发可见光，几乎不产生红外线的灯具。到2007年，高科技数字电脑灯在中央电视台得到大量应用，常规灯的用量则逐渐减少。

中央电视台节目制播中的灯光系统不断改进，尤其是对北京人民大会堂的新闻灯光改造取得了很好的效果。2007 年 10 月 15 日至 22 日，在对党的十七大暨十七届中央政治局常委同中外记者见面的直播报道中，首次使用了先进的进口冷光源设备。该设备省电、安全、运行可靠、光线不刺眼，解决了长期困扰时政新闻录制的灯光难题。

3. 虚拟演播室

所谓虚拟演播室技术就是将计算机制作的虚拟三维场景与电视摄像机现场拍摄的人物活动图像进行数字化的实时合成，使人物与虚拟背景能够同步变化，达到无缝融合，以获得完美的合成画面。它多用于体育新闻和体育赛事的直播报道以及专题类新闻节目。

20 世纪末到 21 世纪初，中央电视台分别从 RTSet、傲威（Orad）、维斯（Vizrt）等国外公司和奥维讯、大洋、新奥特等国内公司购入虚拟演播室系统。到 2008 年，中央电视台设计制作的虚拟演播室三维场景已有 40 多个，制作录制的节目涉及新闻、专题、体育等多个类型。图 8-27 所示为中央电视台的虚拟演播室。

图 8-27　中央电视台的虚拟演播室

二、基础设施

1. 通信系统

通信系统既是日常工作中的联络工具，又是节目制作尤其是现场直播中的重要组成部分，举足轻重，不可或缺。

1958 年，北京电视台建台之初，台内没有独立的通信系统，当时只依靠中央广播事业局的总机和部分外线电话进行对内、对外联络。直到 1984 年 5 月，中央电视台才正式设置总机。所用设备是纵横式交换机，总装机容量为 400 门，实际开通 200 门。工作方式为人工接续。进入彩电中心后，电话交换设备更新成比利时生产的程控数字式交换机，总装机容量是 2000 线。工作方式仍为人工接续。

1986 年，中央电视台开通了与各省级电视台之间的电话会议系统。1990 年，又建立并开通了寻呼台。1993 年，中央电视台对程控交换机系统进行更新改造，并与 28 家省级电视台开通了专用通信网。

1995 年 1 月，新数字程控交换机开通，总用户容量为 5000 线。工作方式为自动接续。至此，中央电视台已初步形成一个具有一定规模的通信系统，有力地保证了业务的顺利运转。

1998 年，为适应日益增多的现场直播中现场主持人与演播室主持人双向联机播报节目的要求，中央电视台首次引进了 10 部先进的便携式电话耦合器，为演播室向现场主持人提供返送节目信号。同年，中央电视台开始引进数字复用通信设备，在众多的国内外重要活动的转播中，使现场工作人员与中央电视台电话总机联网，提供专用通信服务。

在 1999 年庆祝中华人民共和国成立 50 周年活动的转播中，中央电视台首次通过光纤连接天安门多个转播点，并使用 64×64 通话矩阵，实现现场通话，使前后方的导演及各工种人员联络快捷方便。

1999 年，中央电视台开始采用无线集群控制器，供在台外复杂转播中组成无线集群通信系统，与有线通信系统结合，为各类复杂转播提供了良好的通信指挥工具。

2000 年，中央电视台建成了 VAST 卫星通信系统（主站设在中央电视台，分站设在各地方台）。在重要转播中，在现场设立临时分站，通过卫星链路并借助数字复用器等网络设备与台内电话总机连机，提供了快捷稳定的通信手段。

为配合直升机执行任务，中央电视台对无线中继通信设备进行了改进，满足机内与现场导播实时通信的要求。

另外，还进行了中央电视台至北京人民大会堂通信光纤的敷设及两端光端机、电话复用器的安装，并装接了大会堂内各转播地点的通信线路及端口，使在北京人民大会堂召开的重要会议转播随时可以使用台内电话和四线通话。

2. 计算机网络

现代化的电视台，无论是节目制播，还是各类业务管理，以及日常办公都离不开计算机网络。20 世纪 80 年代中期，中央电视台就开始重视计算机技术的应用。

1995年3月开始建设计算机信息网络和管理系统工程（即953工程）。1996年完成了综合布线、网络中心建设和网络体系结构工程。953工程整体完工后，新闻中心电脑编辑系统与相关编辑部门的电脑编辑工作站采用网络直接连接，使台内任何地点的电脑都可以方便地连入该系统，不再需要远程电话连接方式。

中央电视台通过贯通前后方的网络与台内已建成的网络制播系统组成横贯全球的转播网络，使电视转播的反应极快、信息最全。

中央电视台充分利用网络技术、媒体资产管理技术和分布式数据库技术，通过双向国际链路，使前后方IP互联，支持前后方低码率素材的远程互访浏览、编辑和高码率节目剪切回传，实现了前后方资源共享和制播一体。[①]

3. 供电设施

随着电视台制播设施的不断增加，用电量越来越大，对供电安全的要求也越来越高。20世纪70年代以前，中央电视台没有专用高压变电站，只有3个低压配电室。直到建成彩电中心大楼后，才建了一个高压变电站和6个低压变电站，共20台干式变压器，还有一台300 kW发电机组和一组620 kW不间断电源（UPS）。

1995年底，中央电视台对6个低压变电站进行改造，配置了计算机监控系统。改造后的系统可对设备运行进行监视、计量、报警、遥控，并能显示监测数据及记录打印。该系统既可显示供电系统所有开关的分、合位置，对高、低压开关进行遥控操作，并能在其发生故障时进行声光报警；还可显示高压开关及重要低压开关上的电压、电流、功率等监测到的电气参数。图8-28所示为中央电视台供电监测系统。

图8-28 中央电视台供电监测系统

1997年，中央电视台又引进了2辆200 kW发电车，以保证临时紧急用电和野外转播用电。

[①] 赵化勇主编：《中央电视台发展史（1998—2008）》，北京：中国广播电视出版社，2008年，第246页。

2006 年，中央电视台再一次对供电设施进行改造，使电视制作区和播出区用电总负荷占用单台变压器的额定容量，这就实现了双系统互为备份的供电方式。

2007 年，中央电视台又对为播出系统供电的不间断电源（UPS）系统进行了并机运行改造，使之无论在何种情况下，都能保证所带的重要直播负荷处于不间断供电状态。当年，又安装了应急发电机，以保证在外电全部断掉的情况下也能正常播出。

结　语

因电视新闻是以图像的形式播出的，所以制作电视节目所需的设备就是摄像设备、录像设备和图像编辑设备。

摄像设备的进化关键是半导体电荷耦合器件（CCD）取代了电子摄像管，大规模集成电路替代了电真空器件。目前的摄像机已做到图像处理数字化、存储硬盘化、调整微机化、成像高清晰度化。录像设备的进化是以质地优良的光碟录像机和功能强大的数字硬盘录像机取代了磁带录像机。编辑设备的进化则是由模拟编辑录像机发展到数字化的非线性编辑机。

我国的电视事业起步于 20 世纪 50 年代中期。经过半个多世纪的发展，中央电视台已形成了以数字技术为基础的网络化制播体系，其特点是以计算机、各类工作站为工具，以网络、现代通信系统为链接手段，使整个电视节目的编播全程网络化，可在没有磁带的流程中制作和播出，实现了节目生产智能化和节目播出自动化。这就使电视节目的制播手段由传统模式进化到现代模式。

中央电视台的制播体系代表着中国电视节目制播领域的最高水平，也具备了世界级主流媒体的软硬件设施。中央电视台已经发展成为中国传媒名副其实的旗舰，在国际传媒领域也占有日益重要的一席之地。[1]

---

[1] 赵化勇主编：《中央电视台发展史（1998—2008）》，北京：中国广播电视出版社，2008 年，序言第 3 页。

第九章
电视新闻的传播技术（上）

Chapter 9
Communication Technologies
of Television News （Part I）

由电视制播中心生产的电视节目，必须经过传播和接收两个环节才能呈现给观众。电视传播方式可分四大类，即无线开路传播、有线闭路传播、卫星直播传播和互联网传播。前三种传播方式又各有模拟技术和数字技术之分，互联网传播则全部使用数字技术。

第一节　电视的无线开路传播

一、电视传播质量不断提高

电视传播从质量提高的角度讲是从机械扫描到电子扫描；电子扫描又是从黑白电视到彩色电视；彩色电视又是从标准清晰度到高清晰度。

1925 年，贝尔德发明了机械扫描电视（如图 9–1 所示）。

1929 年至 1931 年，兹沃尔金发明了电子显像管和摄像管。后来电子扫描开始逐步代替机械扫描。直到 1935 年至 1936 年休恩伯格研制出实用的摄像管、显像管及完整的电子电视系统后，电子扫描电视才正式代替了机械扫描电视。

电子扫描电视通称电子电视。开始阶段它传递的是黑白图像，称黑白电视。黑白电视的基本原理是先把图像分解成一个个像素，再扫描像素并通过光电转换使之变成一个个电信号，然后将这些电信号变成电磁波发射出去。接收端则把电磁波解调成电信号，再用这些电信号控制电子枪扫描荧光屏，利用电光转换原理将它们还原成图像。一幅图像分解成的像素越多，图像就越清晰。我国黑白电视的标准是 625 线，即对一幅图像

图 9-1　贝尔德发明机械扫描电视

横向扫描 625 次。由于有 50 次回扫，所以对图像的有效扫描为 575 次，为方便，一般按 600 次计算。这就相当于将图像切割成 600 个窄横条。按图像宽高比为 4∶3 计算，纵向应切割成 800 条才能得到一个个方格像素，即每幅图像可分解为 48 万（600×800）个像素。如各像素为黑白相间排列，则每对像素形成一黑一白的一组方波，其基波是 1 Hz 的正弦波。整幅图像的像素就可变成 240 kHz 的正弦波电信号。为使画面不闪烁，每秒必须传递 24 幅以上的画面，而我国规定为 25 幅。这就是说，要传递一幅图像，每秒要传递 6 MHz（240 kHz×25）正弦波信号，因此我国黑白电视的带宽是 6 MHz。

　　1940 年，古尔马研制出彩色电视系统。1951 年，美国进行了彩色电视试验播出。直到 1954 年美国确定了彩色电视的制式并播出了彩色电视节目后，电视才正式由黑白阶段进入彩色阶段。图 9-2 所示为彩色电视发明初期人们调试彩色电视机的场景。

　　彩色电视不但要传送图像的明暗变化，还要传送图像的色彩变化。人们通过对色彩深入研究后发现，世界上五彩缤纷的颜色中

图 9-2　彩色电视发明初期人们调试彩色电视机的场景

的绝大部分都可以用红（R）、绿（G）、蓝（B）三种基本颜色按照不同的比例混合而成。红、绿、蓝通称"三基色"。三基色按一定的比例还可以合成白色光。在白色光中，三基色的亮度如果同时增大或减小，只要它们之间的比例不变，则白色

光即可产生由白到黑的变化，这就是黑白电视信号。

黑白电视传递亮度变化信息。而彩色电视不但要传递亮度变化信息，还要传递色彩信息。如果仿照黑白电视传递像素的原理将每幅图像都分解成红、绿、蓝三幅图像，再将这些图像各分解成 48 万个像素，接收端再将三幅图像叠加在一起就能还原出清晰度与黑白电视相仿的彩色图像。但这就需要 18 MHz 的传输带宽，实行起来比较困难。根据上述色彩合成的原理，我们先传一个亮度信号 Y，Y 是 R（红）、G（绿）、B（蓝）三色按一定比例叠加而成的（Y=0.299 R+0.587 G+0.114 B），它就是黑白电视信号；再传两个代表色彩的色差信号 R–Y、B–Y。在接收端则可通过上述关系求出 R、G、B，将 R、G、B 三者混合，就可得到彩色图像。如果只用信号 Y，则可得到黑白图像。当然这只是说明其原理，实施起来是相当复杂的。

色差信号 R–Y 及 B–Y 的频带也各是 6 MHz，未免过大。图像的细节是由高频波段决定的，频率越高，图像的细节越清晰。经研究发现，人眼对色彩细节的分辨并不敏感。所以可以压缩高频波段而忽略色彩细节的描述，从而将色差信号的频带压缩至 1 MHz 左右。这样亮度信号和色彩信号用 8 MHz 左右的带宽就能传送。

实际上人们是把色差信号调制到一个副载波上，使之所形成的频谱恰好插进亮度频谱空隙之中，这就可实现在 6 MHz 的频带内既传送了亮度信号，又传递了色差信号。此方法称频谱间置或频谱编织。

对彩色信号不同的传输方式，构成不同的电视体系，通常称为"制式"。电视的制式可分两大类，一类是顺序制，一类是同时制。所谓顺序制就是先把自然景物分解成红、绿、蓝三基色图像，然后按先后顺序传递出去。收端以相同的顺序接收并叠加显示，如传输的速度非常快，由于人眼的视觉暂留特性，看到的则是一幅完整的彩色图像。所谓同时制就是将亮度信号和代表色彩的色差信号同时传送，收端则通过适当的电路将亮度和三基色还原，并按原比例混合，使之形成一幅完整的彩色图像。

彩色电视出现时，黑白电视已然普及。人们都希望原有的黑白电视机能接收彩色电视信号。当然，拥有彩色电视机的用户也希望能接收黑白电视信号，因为虽然显示的图像是黑白的，但可丰富接收内容。这就是所谓"兼容性"。在电视由黑白向彩色过渡的阶段，兼容性显得尤其重要。所以目前彩色电视的制式，就是当初以兼容性作为衡量标准来决定保留的。上述顺序制因兼容性差而未被电视传播所采用，只将其用于应用类电视，如工业、医疗、监测等。用于电视节目传播的全是同时制。

在同时制中，依据对三基色信号的处理方式不同，又分成了多种不同的彩色电视制式。这些制式可归于三大类，即 NTSC 制、SECAM 制和 PAL 制。

NTSC 制是美国在 1953 年 12 月首先研制成功的，以美国国家电视系统委员会（National Television System Committee）的缩写命名，一般简称为恩（N）制。该制式的特点是两个色信号对副载波进行正交平衡调幅，所以也叫正交平衡调幅制。该制式的优点是接收机线路简单，缺点是色彩稳定性差。采用这种制式的国家主要有美国、加拿大、墨西哥、日本、韩国及菲律宾等。

SECAM 是法文 Séquentiel couleur à mémoire 的缩写，意为"顺序传送彩色与存储"。它是 1956 年由法国提出，1966 年才研制成功的一种彩色电视制式。SECAM 制也称塞康制，它是顺序制与同时制的结合，即顺序同时制。其特点是两个色信号轮流传送，即每行只传递一个色信号。接收端为恢复亮度信号与色信号的混合，必须对前一行的色信号进行记忆存储，才能使前后两行两个色信号与亮度信号混合，达到恢复原图像的目的。此制式中色信号是对副载波进行调频的。该种制式的优点是色彩稳定性较好，缺点是兼容性较差，且接收机结构较复杂，造价也较高。采用这种制式的国家主要有法国、俄罗斯和东欧及中东的一些国家。

PAL 是英文 Phase Alteration Line 的缩写，意为"逐行倒相"。PAL 制又称帕尔制，它是联邦德国于 1962 年研制的一种对 NTSC 制的改进方案。其特点也是两个色信号对副载波进行正交平衡调幅，但其中一个色信号的极性每一行倒一下，因此又称逐行倒相正交平衡调幅制。该种制式的优点是图像彩色误差较小，与黑白电视的兼容也较好。缺点是接收机结构较复杂，造价较高。在该种制式中，根据参数细节的不同，又划分为 PAL、PAL-B、PAL-D、PAL-G、PAL-H 等 10 个制式。目前使用 PAL 制的主要有德国、英国等一些西欧国家，还有新加坡、澳大利亚、新西兰等国家，以及中国香港等地区。我国除港、澳、台以外的地区采用的是 PAL-D 制。

20 世纪 60 年代中期，日本提出高清晰度电视的概念。高清晰度简称"高清"，它是就图像的清晰度而言的。按照国际无线电咨询委员会（CCIR）的提法，所谓高清晰度电视，就是观看者在距图像高度 3 倍距离处，能看清图像的细节，使正常视力的观众产生与看原始景物相同的感觉。

电视图像的清晰度一般分为 4 个等级，即普及型、标准型、增强型和高清型。普及型清晰度电视（PDTV），其图像具有 VCD 水平；标准型清晰度电视（SDTV），其图像具有演播室水平；增强型清晰度电视（EDTV），其图像高于 DVD 水平；高清型清晰度电视（HDTV），其图像具有 35 毫米宽银幕电影的水平。高清电视屏幕的宽高比为 16：9，接近电影院宽银幕的比例。实际上提高电视图像的清晰度就是提高画面的像素，所以各种等级的清晰度都可用扫描格式来表示。扫描格式的表示方法为：水平像素数 × 垂直扫描线数。其中垂直扫描线的脚注标出扫描形式，一种用 i 表示，代表隔行扫描；另一种用 p 表示，代表逐行扫描。高清晰度电视的扫描格式有 3 种标准：1280×720p，1920×1080i 和 1920×1080p。

日本研究高清电视之初，致力于完善模拟电视的清晰度。当时，日本曾投入大量资金进行研发，终于在 1985 年建立了 1125 线、每秒 60 帧、图像宽高比为 16：9 的 MUSE 制式，并在 1986 年用此种制式正式进行电视播出，取得成功。当时，日本想将此制式定为世界统一标准。为防止日本独霸市场，欧洲诸国仓促应对，于 1986 年推出 1250 线、每秒 50 帧、图像宽高比为 16：9 的 HD-MAC 制式，并于 1988 对该系统进行了演示，获得成功，以此与日本相抗衡。

美国对高清电视的研究起步较晚，美国把高清电视（HDTV）称为先进电视（Advanced Television，简称 ATV）。1988 年 9 月，美国联邦通信委员会（FCC）提出 HDTV 必须与 NTSC 制式兼容，以便使现有的接收机能够收看，并且不能打乱已有的电视频道划分。1990 年 3 月，FCC 又取消了 HDTV 与 NTSC 兼容的要求。1990 年 6 月之后，美国 GI 公司、热尼斯（Zenith）公司、ATRC 财团等相继提出了 4 种 HDTV 方案，并都建立了试验系统。这 4 个系统经一个独立的测试中心（ATTC）进行测试，1993 年 2 月出测试报告，结果是各有千秋，性能不相上下。为此，FCC 建议将 4 种制式融合成一种制式。此建议得到各方认同，于 1994 年 4 月完成了融合设计。1995 年 11 月，FCC 所属的先进电视业务顾问委员会正式将此方案推荐为美国数字电视标准：ATSC。

我国从 20 世纪 80 年代末就对世界上高清电视的发展进行跟踪研究。1992 年，广播科学研究院承担的国家"八五"科技攻关项目"高清晰度电视技术研究"和国家自然科学基金重点项目"高清晰度电视广播的高技术研究"相继启动。[①] 通过不懈努力，前一个项目于 1996 年完成，通过国家验收；后一个项目于 1997 年完成，也通过了国家验收。

1996 年 7 月，"九五"国家重大科技产业工程项目"高清晰度电视功能样机的研究"启动了，整个项目的组织和实施由国家 HDTV 总体组负责。总体组成员来自广播电影电视部、电子部和高等院校。经过两年的时间，在有关部委和参研单位的大力支持和科研人员的共同努力下，他们成功地依靠我国自己的科研力量独立自主研制出了我国第一台高清晰度电视功能样机。1998 年 9 月上旬，该套样机系统在北京进行开路演示，得到各部委领导和专家的好评。经国务院批准，人们利用高清晰度电视进行了 1999 年 10 月 1 日庆祝中华人民共和国成立 50 周年活动的播出试验，如图 9-3 所示，此项试验由国家广播电影电视总局负责组织实施。[②]

图 9-3　中央电视台用高清电视进行庆祝中华人民共和国成立 50 周年阅兵式现场直播

二、电视传播手段不断进步

电视传播手段的进步是从模拟技术到数字技术。

在广播电视技术中，模拟技术是把随时间做连续变化的声音和图像信号进行记录、放大，再做变频等处理，然后进行传输与接收。用模拟方法传递信号有两个无法彻底克服的缺陷：一是传输中的噪声和失真会累加积累，使得信号在进行长距离或多次传输时，质量严重下降；二是信息量大，在处理、记录和传输时，要过多地

① 刘洪才、邸世杰主编：《广播电影电视专业技术发展简史（上 广播电视）》，北京：中国广播电视出版社，2007 年，第 254 页。
② 杨威：《数字电视的发展及其给相关产业带来的机遇》，《广播与电视技术》，2001 年第 11 期。

占用媒介容量。为克服上述缺陷，数字技术被引进信号记录及传输之中。

数字技术起源于 20 世纪 30 年代至 40 年代，首先被应用于计算机。当时的计算机只相当于现代的计算器，但由于是用电子管组装的，所以体积庞大，一部计算机就要占几个房间。到 20 世纪 70 年代，半导体器件发展迅速，尤其是大规模集成电路的出现，促进了数字技术的发展。两者相辅相成，发展迅猛。到 20 世纪 80 年代，数字技术已渗透到各个领域。80 年代末，广播电视也开始广泛地采用数字技术。

用数字技术传输信息，就是把包含信息内容并做连续变化的模拟信号变成一个个独立的脉冲信号，再对这些脉冲信号进行处理和传输，使之传递模拟信号所包含的信息内容。因原始信息（声音和图像）是模拟的，经传递后为人们所感知的声音和图像仍是模拟的，所以广播电视中的数字技术只是个处理手段。

我们应该明确，广播电视从节目制作、记录、存储、播放、传输、发射到接收，任何环节都可以采用数字技术。但只有在上述诸过程中全部采用数字技术处理，各环节全部使用数字信号的才能被称为"数字广播"或"数字电视"。

在采用数字技术传递广播电视的模拟信号时，应经过如下流程：原始音像信息→模拟／数字（A/D）转换→编码→调制→传输→接收→解调→解码→数字／模拟（D/A）转换→人体感官能感知的音像信息。

1. 电视传播中的几项关键数字技术

（1）模拟／数字（A/D）转换与码率压缩

模拟／数字转换简称"模／数转换"，用 A/D 表示。它是将模拟信号转换成数字信号的过程，方法是将模拟信号进行离散、取样、量化。因任何模拟音像信号都是由有限个或无限个频率及幅度各不相同的正弦波组成，所以它们经 A/D 转换变成脉冲信号后，还应保留原模拟信号的频率及幅度的特征。

我们对模拟信号进行时间离散，就是每隔一定的时间间隔抽取一个模拟信号的瞬时值，此称取样。取样的时间间隔称取样周期，或称取样频率。取样频率越高，取样后的脉冲集合就越接近原模拟信号。但过高的取样频率会形成庞大的带宽，造成存储及传输上的困难。研究表明，只要取样频率高于被取样频率的 2 倍，就可基本做到不丢失信息。如被取样的模拟信号是占有一定带宽的频段，则取样频率必须高于该频段最高频率的 2 倍，这样在将取样脉冲还原成原模拟信号时，才不会丢失信息。这就是奈奎斯特取样定理。

由时间离散取样得到的脉冲，就是模拟信号的瞬时振幅。此振幅值也是一个由小到大的连续值，我们还要将其离散成有限个数值，此过程称量化。量化后的幅值一般用二进制数来表示，其每位对应 1 bit。当然，比特数越大，量化误差就越小，但处理的难度就越大。一般用 8 bit 进行量化就已足够，它可以表示 256 个量化值（量化值 $=2^n$，n 为比特数）。

通过 A/D 转换，就可以把一个模拟信号变成一串脉冲数字信号。如对一个由 3 Hz、5 Hz、8 Hz 三个正弦频率组成的模拟信号，我们用 16 Hz 的取样频率对其取样，每秒会得到 16 个取样脉冲；每个取样脉冲值用 4 bit 量化（16 个量化值），这样原模拟信号就可用 64 bit/s 表示。

每秒传输的脉冲个数称传输速率，也称比特率、数码率，用比特/秒（bit/s）表示。比特率可以用频率利用率 ρ 换算成频率，在二进制中，频率利用率 $\rho =2\ bit/(s\cdot Hz)$，即每秒 2 比特可化成 1 Hz 的频率。上述 64 bit/s，用它去除 ρ 则得 32 Hz。即一个最高频率为 8 Hz 的模拟信号群，数字化后，如用 4 bit 量化，则要用 32 Hz 的带宽去传输它。

根据国际无线电咨询委员会（CCIR）601 建议的数字电视标准，彩色电视亮度信号的取样频率为 13.5 MHz，色度信号的取样频率为 6.75 MHz（两个色差信号各按 6.75 MHz 取样）。每个取样值用 8 bit 量化，这样其总比特率就为 216 Mbit/s，带宽为 108 MHz。高清晰度电视的比特率则高达 1.188 Gbit/s，带宽高达 594 MHz。这样高的数码率或这样宽的带宽，是很难进行高质量实时传输的，所以压缩码率的问题成为主要问题，因此也就产生了数码压缩技术。

数码压缩就是在保证一定图像质量的前提下，用最低的数码率来表示和传输信息。数码压缩之所以可行，一是因为原始图像本身存在着很大的冗余性，如每行图像中相邻像素之间的近似性，相邻的每帧图像的相似性，运动画面背景的固定性等；二是因为人的感官对某些信息不敏感，如人眼对运动图像的灰度等级及图像细节的分辨力很弱，对快速交替出现的内容完全不同的图像，人眼很难分辨出图像的具体内容等。由此可见，如实传递每一个信息，显然是没有必要的。舍弃某些多余的信息，就可达到码率压缩的目的。

近几十年来，图像压缩编码技术得以迅速发展。相继出现了一些颇有实用价值的压缩编码方法，其算法原理大致可分为无损编码、有损编码和混合编码三大类。无损编码的代表是熵编码，它包括游程编码、霍夫曼编码和算术编码以及它们的组合；有损编码包括预测量化编码、变换编码、子带编码等；混合编码则是上述几种编码技术的组合。多种压缩编码技术组合应用，产生了几个有关图像压缩编码的国际标准，它们分别是：1985 年 CCITT（国际电报电话咨询委员会）提出的关于电视电话 / 会议电视的视频编码标准 H.261；1991 年 3 月 ISO/IEC（国际标准化组织 / 国际电工委员会）制定的关于静止图像的编码标准 JPEG；1991 年 11 月 ISO/IEC 制定的关于活动图像的编码标准 MPEG–1、MPEG–2 等。依据这些标准研制出的软、硬件系统，可以按标准完成特定的任务。

（2）编码

编码分信源编码和信道编码。欲传输信息，首先应进行信源编码，然后再进行信道编码。

信源编码是为提高信息传输的有效性而设的。编码过程是去除原始信息中的冗余信息，进行数据压缩，以达到用最低的码率传递最多信息的目的，这就提高了传输效率。信源编码具体实施是依据有关图像压缩编码的国际标准，利用相应的硬件系统进行的。经信源编码的信息数据量大为减少，存储时可节约空间，传输时可节省时间及占用的带宽。

信道编码的目的是提高信息传输的可靠性。它是通过一些诸如汉明码、BCH 码、RH 码、卷积码等特殊编码手段及交织等处理技术，使系统具有一定的纠错能力和抗干扰能力。在信道编码过程中会在原数据码流中加插一些验证码，以便在接收端根据这些验证码来识别错码和纠正误码。加插的这些验证码对有用信号来讲是一种"冗余"，我们称之为"开销"。但正是有这些开销，才提高了传输的可靠性。也就是说，传输可靠性的提高是以降低传输有效性为代价的。

（3）调制

模拟信号经 A/D 转换变成脉冲信号，再经编码所形成的脉冲序列称 PCM（Pulse Code Modulation，脉冲编码调制）码流。PCM 码流占有的频带称基本频带，简称基带。基带中会含有很低的频率分量甚至直流分量。这些基带信号在传输距离不太远的有线信道中可以直接传输，我们称之为基带传输。而若在空间远距离传输，则还要把它们转化成高频信号，即用它们对高频载波进行调制，此过程也被称为频带搬移。基带信号对载波的调制方式与模拟信号一样，也有三种，即调幅、调频和调相。但由于调制信号是脉冲，所以我们习惯称之为键控。因此就出现三种脉冲调制方式，即幅度键控（ASK）、频率键控（FSK）和相移键控（PSK）。由此基本调制方式派生出的常用调制方式有正交相移键控调制（QPSK）和正交幅度调制（QAM）等。

被调制的载波一般是正弦波。它可以是单一频率，也可以是多个频率。对单一载波调制可使用高码率调制，对多个载波调制则需用低码率调制。数字调制与模拟调制相比，原理基本相同。只是在模拟调制中载波的被调制参量是被连续调制的，而数字调制则是用载波信号的某些离散状态来表征调制信号的信息。

上述被数字脉冲信号调制的载波信号可以以无线的形式在空中传播，而接收端则可用相应的设备进行接收，之后经过解调、解码、解压缩、数字 / 模拟（D/A）转换等程序，将数字脉冲信号再变成模拟音像信号供人们收听观看。

2. 地面数字电视传输标准

目前，世界上经国际电信联盟（ITU）批准的地面数字电视传输标准共有三个，即欧盟的 DVB-T、美国的 ATSC 和日本的 ISDB-T。

1995 年，欧洲 150 个组织成立了数字视频广播联盟（DVB）。该组织 1997 年发表了数据广播技术规范，包括卫星数字电视传输标准 DVB-S、有线数字电视传输标准 DVB-C 和地面数字电视传输标准 DVB-T。三种制式的视、音频编码及复用皆采用 MPEG-2 标准；调制方式则各不相同：DVB-S 采用 QPSK，DVB-C 采用 64 QAM，DVB-T 采用 COFDM。上述 DVB-S 和 DVB-C 两个标准，已作为世界统一的标准为大多数国家所采用。

1996 年底，美国决定将以 HDTV 为基础的 ATSC 作为国家数字电视 DTV 标准。ATSC 制式的视频编码及复用皆采用 MPEG-2 标准，音频编码采用 Dolbe AC-3 标准，调制方式为 8VSB。因它是单载波传输调制，所以移动接收效果不好。ATSC 是 1997 年 ITU 接受的第一个数字电视传输国际标准。

日本于 1995 年 7 月在日本电气通信技术审议会上通过了与欧洲 DVB 相符的日本数字电视标准，1996 年又启动自主的数字电视标准研发项目，开发出有自主知识产权的数字电视制式 ISDB（综合数码服务广播）。其中 ISDB-T 是地面数字广播电视传输制式。ISDB 制式的视、音频编码及复用皆采用 MPEG-2 标准，调制方式采用 QPSK。ISDB-T 标准的抗脉冲干扰能力优于欧洲 DVB-T。ISDB 已于 2001 年被 ITU 正式接受为世界数字电视传输的国际标准。

我国数字电视执行的基本是欧洲标准，其中有线电视执行的是 DVB-C，卫星电视执行的是 DVB-S，地面电视执行的是我国自主研发的 DTMB，地面移动电视执行的是我国自主研发的 CMMB。

DTMB 是英文 Digital Terrestrial Multimedia Broadcasting（数字地面多媒体广播）的缩写。它是将上海交通大学等单位研发的 ADTB-T 制式和清华大学 / 北京凌讯华业科技研发的 DMB-T 制式融合而成的，于 2006 年 8 月 18 日以《数字电视地面广播传输系统帧结构、信道编码和调制》（GB 20600-2006）国家标准公布，2007 年 8 月 1 日成为中国广播业地面电视信号的强制标准。

CMMB 是英文 China Mobile Multimedia Broadcasting（中国移动多媒体广播）的缩写，该标准是我国拥有自主知识产权的标准，2006 年 10 月 24 日由国家广电总局正式颁布，是中国移动多媒体广播（通称手机电视）的行业标准。该标准适用于 30 MHz ~ 3000 MHz 的广播电视业务，通过卫星或地面无线发射电视、广播、数据信息等多媒体信号，实现"天地"一体覆盖。它可承载 25 套电视和 30 套广播节目。它的受众是手机、笔记本电脑等多种移动终端，可实现全国漫游。

2008 年北京举办奥运会期间，中央电视台用 CMMB 直播了近 3800 小时的奥运赛事，拥有可接收 CMMB 的手机观众收看了直播场景。图 9-4 所示为中央电视台用 CMMB 直播 2008 年北京奥运会的电视视频截图。

图 9-4　中央电视台用 CMMB 直播 2008 年北京奥运会

与模拟技术相比，数字技术主要具有三个优势：一是便于传输，二是易于存储，三是利于开展综合业务。因传输数字信号只是传输脉冲，噪声和非线性失真不会因脉冲信号被处理的次数增多而积累，所以适合中继，便于远距离传输。由于数字信号只是一些数码，所以易于存储。一个拇指大小的 128 G 的 U 盘就可存储 6 部 40 集电视剧的音像资料，非常节省存储空间；而且存储的信号不随时间的延长而发生质量变化。这一点是存储模拟信号绝对做不到的，因存储模拟信号常用的是唱片或磁带，不但体积庞大，而且随着时间的延长唱片会变形，磁带会退磁，这些都严重影响存储信号的质量。由于数字信号只是一些脉冲，脉冲之间又是有间隔的，所以可以通过编码等技术将多种信号（多路视、音频，文字及数据等）的脉冲码流混合在一起进行处理和传输，这就可以同时开展多种综合业务。这样既节省设备占用的空间，又节省传输占用的时间，还节约了频谱资源。

数字技术的主要缺点是技术复杂和占用频带较宽。数字技术就是用 0、1 两种代码的组合表示一切信息。要用这些数字代码代替信息进行传递，必须经过一系列的复杂转换。转换中要求精度极高，稍有失误，便会全盘混乱。这项工作只有大规模集成电路才能完成，所以集成电路是数字技术的支撑。为用数字信号逼真地表示模拟信号，必须使用大量的脉冲。对偌大的脉冲量进行传输是很困难的，为此产生了数字压缩技术。压缩技术使数字技术得以实用化。此外，数字技术的根基就是 0 和 1 两种符号，将它们怎么排列，每种排列代表什么意义，必须有一个统一的规定，这就是标准。没有标准，大家就不知道要怎样做，只有有了标准，科研人员研发设备、厂商制造设备、用户使用设备才有章可循。因此说标准使数字技术得以推广。

广播电视采用数字技术，对新闻传播具有特殊意义。由于传输方便，新闻的采集通道更为通畅；由于传输快捷，新闻的时效性进一步提高；由于存储方便，新闻资料的保存有了革命性的变化。以报纸作为主要媒体的时代，保留新闻资料靠"剪报"，查阅过去的新闻资料靠去图书馆。广播兴起之初，因广播播出的声音是稍纵即逝的，所以保留广播的新闻资料更为困难。如欲查找过时的广播新闻，只能靠聆听者的回忆。当机械及磁记录技术发展起来之后，虽然新闻资料有了保存的载体，但由于成本过高及工序复杂，所以除非极重要的新闻，一般新闻资料是不会进行录音录像保存的。况且即使保存，也会因记录载体随时间的推移发生物理化学变化，导致资料质量变坏或遗失。所以在数字技术兴起之前，高质量地长久保留新闻资料是一个较大的难题。在如今的数字技术时代就大不相同了，超大容量的云存储已可为私人所拥有，每个人都可以根据需要对收集到的各类新闻音像资料进行永久性的储存，以便在任意时间、任意地点进行查询。可以说，在数字技术时代，新闻的采集、存储、查阅已不再受时间和空间的限制。

三、电视开路传播设备的进化过程

电视开路传播的主体设备是电视发射机，它能将代表声音和图像的电信号转化成高频电磁波。

1. 电视发射机进化过程简述

世界上最早的电视发送设备是 1925 年贝尔德发明的电视信号发送装置（如图 9-5 所示），它就是机械扫描电视发射机。电子电视出现之后，便出现了模拟制式的电子电视发射机。

早期的模拟电视发射机，其图像与伴音的调制信号是由两部发射机分别完成，之后再用双工器将两者的输出混合，送到天线发射。这即所谓"双通道电视发射机"（如图 9-6 所示）。图像信号采用幅度调制，声音信号采用频率调制。伴音发射机的功率为图像发射机的 1/10。声音信号的载波中心频率比图像信号的载波频率高 6.5 MHz。

图 9-5 贝尔德发明的电视信号发送装置

图 9-6 电子管双通道电视发射机的部分机箱

在双通道电视发射机中，图像发射机多采用栅极调制，所以被称为栅调图像发射机。图像信号有的是在高电平的末级栅极对载波进行调幅，我们称之为高电平调制；有的是在高频放大器的前级进行调制，因前级功率是中等的，所以我们称之为中电平调制。高电平调制方式的缺点是需要一个大功率调幅器，体积大、造价高。中电平调制方式的优点是调幅器功率小、体积小，设计、调整较容易。但其缺点是后级高频放大器必须是一个线性良好的已调波放大器，所以要采用线性良好的功放管。因该种程式发射机的高放末级工作在线性放大区域，所以效率较低。

20 世纪 60 年代，大功率线性电子管出现，电视发射机的程式也做了相应变化，由高电平调制改为低电平调制，即在高频放大器的前级进行调制，然后再进行高频线性放大。这就省去了大功率调幅器，从而减小了发射机的体积，减轻了重量，也降低了发射机的制造和维护成本。

20 世纪 70 年代，随着微电子技术的发展，半导体器件开始用于电视发射机的前级，由此出现了中频调制技术。它是在电视发射机的前级（毫瓦数量级），将图像和伴音分别调制在中频上（图像中频载波频率为 37 MHz ~ 45.75 MHz，因制式不同而不同，我国采用 37 MHz），然后上变频到指定频道，将图像和伴音都进行线性放大，两者达到预定功率后，再由双工器合成输出。由于在固定中频上校正方便，所以这种发射机的指标较好。

随着高线性、高增益功率放大器件的开发及校正技术的不断进步，已调图像和音频信号在同一个通道进行放大成为可能，于是出现了"合放式"电视发射机，亦称"单通道电视发射机"。它一般是先将图像和伴音在中、低电平的前级调制到中频上，之后通过合成网络将它们合成，再上变频到指定频道进行射频放大，达到预定的功率后发射。"合放式"电视发射机省去了大功率双工器，调整方便、性能优良。到 20 世纪 90 年代，电视发射机基本全部变成采用中频调制方式的单通道发射机。

在此期间，电视发射机末级功放器件也在不断改进，这对电视发射机的进步起了重要作用。20 世纪 70 年代以前，电视发射机全部采用电子管。末级功放管大都采用金属陶瓷四极管，所以那时的发射机通称"四极管电视发射机"。该种发射机的优点是：线性好，效率高，价格低廉。缺点是：功放管寿命短，输出功率较低。图 9-7 所示为四极管电视发射机。

20 世纪 70 年代，速调管开始被应用于特高频（UHF）大功率电视发射机。此时的发射机通称"速调管电视发射机"。其优点是：速调管功率大，寿命长（可达数万小时），成本较低。但因其非线性较大，体积也较大，维护又不方便，所以 21 世纪初它逐渐退出历史舞台。图 9-8 所示为速调管电视发射机。

图 9-7　四极管电视发射机　　　　　图 9-8　速调管电视发射机

20 世纪 90 年代初，英国 EEV 公司生产出感应输出管（inductive output tube），通称 IOT 管。1993 年，国际上出现了采用 IOT 管的电视发射机。IOT 管增益高、线性好、效率高，并且寿命长、体积小。采用 IOT 管的发射机已成为电视发射机的主流之一。

继 IOT 管出现之后，法国汤姆逊公司又在四极管工艺的基础上制作出双向四极管（diacrode），使输出功率大为提高，从而使本已市场低迷的四极管电视发射机又有了竞争力和生存力。

半导体管最初应用于电视发射机是在 20 世纪 70 年代，当时人们只将其用在大功率发射机的前级。随着半导体技术的发展，全固态化的电视发射机开始问世。20 世纪 80 年代末，日本东芝公司首先推出 10kW ~ 50kW 的全固态电视发射机。此后，全固态电视发射机很快在全世界范围得到推广与普及。全固态电视发射机功放末级所用的半导体管有三种，即双极半导体管、MOSFET（VDMOS）管和 LDMOS 管。其中双极半导体管温度补偿电路较为复杂，且线性范围有限，所以有被淘汰的趋势。MOSFET 管多用于 VHF 波段的电视发射机。LDMOS 管是横向扩散金属氧化硅场效应半导体管，其线性、效率与互调失真等都优于前两者，多用于 UHF 波段的电视发射机。全固态电视发射机的主要优点是其输出级采用功率合成技术，功放单元采用并联工作。功放级往往采取"冗余"设计，当某些功放单元发生故障时，只减少相应的功率输出而不影响整机工作，所以其可靠性极高，可不设备机工作。全固态发射机的另一个优点是维护工作量小，运行成本低。此外，它还方便实现整机自动化。其缺点则是制造成本较高，使用者一次性投入较大。

20世纪90年代中期，欧洲和美国相继推出数字地面电视的世界标准（即欧洲的DVB-T和美国的ATSC）。自此，数字地面电视在世界上进入了推广阶段。国际上发射机制造厂家相继推出执行欧洲标准的DVB-T发射机系列（内置DVB-T信道编码器的COFDM调制器）和执行美国标准的DTV发射机系列（内置ATSC信道编码器的8VSB调制器）。这些数字电视发射机主要有三种机型：全固态机型、IOT管机型及双向四极管机型。功率在5 kW以下的主要采用全固态机型，功率在10 kW以上的主要采用IOT管机型或双向四极管机型。数字电视发射机大都工作在UHF频段。

DMB发射机（数字多媒体广播发射机）也是数字电视发射机的一种。该种发射机既能发射图像、音频等数字信号，又能发射诸如金融股市行情等可视信息数据，还能发射交通导航信号。它是将各种信号进行编码、复用、调制等数字处理后传输的，质量很高，视频可达DVD质量，音频可达CD质量。DMB多媒体广播适用于高速移动接收，可为在汽车、火车、轮渡等交通工具上的流动人群提供服务。

20世纪90年代以后，世界上兴起了高清电视（HDTV）。自此也就有了高清数字电视发射机。高清数字电视发射机也属于数字电视发射机，只不过其技术性能较标清电视发射机更高一些。之后，世界上出现欧、美、日三种高清电视标准，所以也就出现了与之相对应的三种制式的高清数字电视发射机。

2. 我国电视发射机生产概况

1958年3月，北京广播器材厂生产出我国第一部黑白电视发射机（如图9-9所示）。该发射机是电子管双通道发射机，图像发射功率为1 kW，伴音发射功率为500 W。该机用于我国第一座电视台——北京电视台的开播。

1960年春，广播科学研究所与北京广播器材厂及有关院校合作，研制出我国第一部NTSC制式的彩色电视发射机。1960年5月1日，该机在北京彩色电视试验台进行了试验播出。后因国民经济困难，该试验台停办。

1969年，国民经济已然好转，我国又开始进行彩色电视研究。经过调研，当时决定暂用PAL制作为中国彩色电视的制式。（1982年，正式决定以PAL-D制作为中国彩色电视的制式。）

1972 年，四机部和中央广播事业局共同组织了第二次彩电会战，北京电视设备厂任组长单位。此次会战中，在消化吸收西德彩电设备技术的基础上，引进关键元器件，自行设计出我国自己的彩电发送设备。经过艰苦努力，北京电视设备厂成功研制出我国第一部 PAL 制彩色电视发射机（如图 9-10 所示），功率为 1 kW。1973 年 4 月 14 日，北京电视台用该机在北京地区进行试播（使用八频道），同年 10 月 1 日正式播出，并将发射机的功率提高到 7.5 kW。

图 9-9　我国第一部黑白电视发射机　　图 9-10　我国第一部 1 kW 彩色电视发射机

20 世纪 70 年代以前，我国处于计划经济时期，发展生产倡导自力更生。由于生产基础薄弱，所以电视发射机制造行业势单力薄。当时生产电视发射机的厂家只有北京广播器材厂、鞍山广播器材厂等寥寥数家。当时的产品主要是金属陶瓷四极管和速调管模拟制式彩色电视发射机。功率等级都在 10 kW 以下。

1978 年以后，我国实行改革开放政策，逐步实现了计划经济向市场经济的转轨。在此阶段，我国跟踪世界先进技术，大量引进国外先进技术和先进设备，与国外知名厂商合作，在不到 20 年的时间里，使我国生产的电视发射机在质量上有了大幅度提升，在数量上有了大幅度增长。

20 世纪 80 年代，我国开始生产小功率全固态电视发射机（如图 9-11 所示）。当时因国产大功率器件还不过关，所以主要功放模块都用进口件组装。

1997 年，北京广播器材厂推出了采用双向

图 9-11　20 世纪 80 年代国产小功率全固态电视发射机

四极管的 10 kW 单管机（除末级采用电子管外，其余全用半导体器件），使我国的单管机机型在技术上已接近国外同类产品的水平。

1998 年，我国第一部数字高清晰度电视发射机（如图 9-12 所示）在北京广播器材厂研制成功。[①] 1998 年 9 月，人们用该发射机在北京进行了地面高清电视的播出试验。该项目被科技部、财政部、国家计委和国家经贸委评为"九五"国家重点科技攻关计划优秀科技成果，同时也获得

图 9-12　我国第一部数字高清电视发射机

了国家科学技术进步奖二等奖。北京广播器材厂研制的数字电视发射机单独获得信息产业部科学技术进步奖二等奖和北京市科学技术进步奖二等奖。[②]

1999 年，北京广播器材厂又成功研制出 TVU-D311 等三种型号的高清数字电视发射机，这些发射机是为"HDTV 测试与转播试验工程"二期工程所研制的。1999 年国庆，中央电视台用它们成功地转播了中华人民共和国成立 50 周年大庆活动的实况。为满足北京数字电视试验区的需要，北京广播器材厂又研制了 TVU-D322 型全固态高清数字电视发射机，于 2001 年 12 月通过了由北京市科委主持的技术鉴定。

基于市场经济的激励，到 21 世纪初，我国电视发射机生产厂家已由原来的十几个增加到几十个。这些厂家有国营的，有民营的，也有中外合资的。其产品竞相媲美，活跃了国内电视发射机市场。

21 世纪初，我国已能生产 10kW 以上的大功率全固态电视发射机，其技术性能已赶上世界先进水平。比如，北京同方吉兆于 2001 年就推出了中国第一台具有全部自主知识产权的 VHF 10kW 全固态电视发射机。2002 年，该公司又推出中国第一台具有全部自主知识产权的 UHF 10kW 全固态电视发射机。之后，该公司还推出

---

① 金文中、李建新编著：《广播影视科技发展史概略》，北京：中国广播电视出版社，2013 年，第 96 页。
② 刘洪才、邸世杰主编：《广播电影电视专业技术发展简史（上 广播电视）》，北京：中国广播电视出版社，2007 年，第 264 页。

了 30 kW 大功率全固态电视发射机。

2006 年以后，我国颁布了地面数字电视标准 DTMB 和地面移动数字电视标准 CMMB。此后，国内很多厂家便开始生产执行 DTMB 标准和执行 CMMB 标准的数字电视发射机。

发射机沿革的主线是提高质量、提高效率和提高可靠性。这三点对新闻传播都有非常现实的意义：高质量将增加新闻节目的逼真度和感染力，高效率能节约新闻传播的成本，高可靠性则可保证新闻传输的安全。

第二节　电视的有线闭路传播

电视有线闭路传播的技术最早出现在 20 世纪 40 年代末的美国。它是一种利用光缆、高频电缆、多路微波或其组合向指定用户传送（或交换）声音、图像及数据信号的电视系统。这种系统通常被称为有线电视。

一、我国有线电视发展概述

我国电视兴起之初，只以无线方式进行传播。在城里，高大建筑物的阻挡使楼群阴影区的电视接收效果受到影响；在城市近郊，信号的衰减也会使电视接收的效果变差。普通家用电视机只靠本身自带的拉杆天线，接收灵敏度明显不足。为提高接收质量，用户多在室外架设天线。当时，出现了户外天线林立的现象，使得城镇景观显得非常凌乱，如图9-13所示。基于此种状况，共用天线系统开始被采用。

所谓共用天线系统，就是在一幢楼的楼顶或一个住户集中的小区，架设几副质量好的天线，然后使其接收到的信号通过放大器、功率分配器后，

图 9-13　20 世纪 80 年代，某城镇居民区户外天线林立

再用高频电缆分送到各家各户。

早在 1964 年，中央广播事业局就专门立项研究电视共用天线系统。1973 年，根据周恩来总理的批示，中央广播事业局设计院、四机部第三研究所及武汉市无线电天线厂等单位联合研发，终于在 1974 年 8 月，给北京饭店安装了中国第一个自行设计、自行制造、自行安装调试的电视共用天线系统。此即具有历史意义的"7374 工程"。

在我国，共用天线系统应算有线电视的前身。在此后的十年间，共用天线逐步盛行。城镇居民楼顶大部分都安装了共用天线，解决了各家各户独自安装天线的困难及天线林立影响城市美观的问题。

进入 20 世纪 80 年代，我国开始了彩色电视播出。电视机也开始普及。但当时国民的收入还比较低，而电视机的价格则偏高，买一台电视机往往要耗掉普通城镇居民多年的积蓄。但即便如此，很多居民还是节衣缩食攒钱购买电视机，收看电视已成为城镇及近郊居民生活中的一项重要内容。

当时电视采用无线手段传播，每套节目需占用较宽的频带。为避免相互干扰，中央广播事业局的频率规划部门规定：省会或自治区首府级城市所设无线电视台不得超过 6 个，县级城镇所设无线电视台不得超过 2 个。一部价格不菲的电视机只能收看几套电视节目，民众并不甘心。收看多套电视节目的愿望在民众中不断增长。

1985 年，我国实现了通过卫星传送广播电视节目。中央台及部分地方台的广播电视节目开始通过卫星向全国转播，这就为获取异地节目信号源提供了便利条件。

基于民众的需求和获取多套电视节目信号的便利，在 1985 年至 1990 年间，一些宾馆、饭店、企业职工住宅区及一些城镇居民小区安装的共用天线系统开始升级，建立小前端。它将共用天线接收的本地电视台的信号、从卫星上接收的外地电视台的信号及自备录像机所播放的信号通过调制器变成用户电视机所能接收的频道，再用同轴电缆分送到各户，使用户能看到多套电视节目。这就是早期的有线电视系统。

随着有线电视系统的建立和发展，有些有线电视前端不再拘于只传送收转的电视节目或播放录像节目，而开始在网内播出自办节目。这就开始增设节目制作系统，形成了有线电视台的规模。

应该指出，建立这种系统是需要投资的。当时正值我国由计划经济向市场经济转轨时期，有线电视并没有被纳入广电发展规划，所以其建设的资金来源只能靠自筹。

因此，我国的有线电视首先在有经济实力的大型企业中发展起来。这些企业多位于城市远郊，职工较多，家属区比较集中。这里的居民只靠自家架设户外天线是收看不好电视的，所以企业就投资建有线电视台，解决本企业职工及家属收看电视难的问题。如北京燕山石化总公司就在1980年建成了拥有6000个用户的共用天线系统。1983年，经广电部批准，它成为我国最早的企业有线电视台。

此外，在经济比较发达的中小城市及县城，有线电视发展也较为迅速。这是因为大城市中的行政区和县级行政机构不允许设无线电视台，而这些行政区的领导部门又迫切需要宣传工具，因此他们就努力筹措资金建有线电视台。比如，北京丰台、浙江金华、广东佛山等地都相继建立了有线电视台。

这里值得一提的是湖北沙市有线电视台，它是广电部参与设计和建设的试点项目。该台于1988年9月筹建，于当年年底通过方案论证，于1989年国庆前夕开通。该台的开通，标志着中国有线电视已跨出共用天线阶段，进入了城市有线电视台的阶段。

之后，国内大部分县城都开始建有线电视台或有线电视前端，形成一股建有线电视台的热潮。

当时的状态是：有条件的要上，无条件的创造条件也要上。因此有些有线电视系统的前端设备是相当简陋的。图9-14所示为某县级有线电视台建台之初的前端机房。

图9-14　某县级有线电视台建台之初的前端机房

　　此时，有线电视网络工程建设也如火如荼，某些地区也处于强行上马的态势。这引起广电部和中央有关部门的重视。1989年9月，中宣部新闻局主持召开了全国有线电视发展战略研讨会，及时对有线电视给予定位并对其发展制定出指导意见。当时的广电部也起草了《有线电视管理暂行办法》，经国务院批准，于1990年11月16日以广电部第2号令的形式向全国发布实施。同年12月20日，广电部又在北京召开了全国有线电视管理工作会议。1991年4月20日，广电部又以第5号令的形式向全国发布了《〈有线电视管理暂行办法〉实施细则》。

　　"2号令"和"5号令"明确指出：有线电视是无线电视的补充和延伸，是广播电视事业的重要组成部分。有线电视的事业建设、宣传工作和技术维护工作，必须同无线电视一样纳入广播电视事业的总体规划和系统管理。有线电视台、站及共用天线系统必须依法设立，并接受广播电视行政管理部门的领导和管理。

　　这些政令强调了有线电视和无线电视的同等重要地位。实际上，有线电视传播信息的效率比无线电视更高。用一部电视机可以收看多套电视节目，不但丰富了人们的文化娱乐生活，而且给民众开拓了新闻信息来源，使民众足不出户便可获得多方位的新闻信息。可以说，有线电视对新闻传播起到了不可低估的作用。

　　当时国家的政策是，鼓励建有线电视网，但国家不予投资。兴建者可自筹资金、集资建设，并允许向用户收取一定的初装费和按月收取合理的收视费。有线电视系统实行企业化管理，执行自收自支、自负盈亏、自担风险、自我发展的经营原则。对播放自办节目的有线电视台则要规范建设，并须经有关部门的严格审批。

　　在建有线电视台的同时，各地传输网的建设也在不断地加强。1990年，福建省实现了省、市、县有线电视微波联网，成为全国最先实现全省联网的省份；1995年，山东省建成了省、市、县有线电视光纤联网。这些省都实现了全省的有线电视覆盖。在各省省内有线电视联网的基础上，1996年，广电部信息中心开始建设广电系统的全国光缆干线网。经过几年的努力，敷设了连接30个省区市的约3.8万千米的光缆干线。施工场景如图9-15所示。

　　在这一阶段，全国有线电视的发展极为迅速。据不完全统计，全国先后共建设县级以上有线电视系统2000多个，建设专业光缆干线10万千米以上，建设电缆干线40万千米以上，建设用户网络约300万千米，有线电视用户以每年1000万左右

图 9-15　敷设光缆干线的施工场景（左：地埋光缆施工。右：架空光缆施工）

的建设速度增长。[1]

随着有线电视台的大量涌现和有线电视传输网络的不断增加，很多新的问题开始凸显出来，如：在有经济效益的业务上无序竞争；各台自成体系地独立建网；为扩大自己台的覆盖范围而搞重复建设；等等。这些都造成国家资源和资金的极大浪费。为及时遏止这些问题的继续扩大，1999 年 9 月，国务院办公厅发布了《转发信息产业部、国家广播电影电视总局〈关于加强广播电视有线网络建设管理意见〉的通知》，此即国办发〔1999〕82 号文件。《关于加强广播电视有线网络建设管理意见》提出：要抓紧落实广播电视传输网络的建设和管理实行政企分开，成立企业化的广播电视传输公司，接受信息产业主管部门的统筹规划和行业管理，切实避免重复建设等。

2001 年，中共中央办公厅、国务院办公厅发布了《关于转发中央宣传部、国家广电总局、新闻出版总署〈关于深化新闻出版广播影视业改革的若干意见〉的通知》，即中办发〔2001〕17 号文件。这些文件为广电体制改革提出了具体的政策与操作办法。在这些文件精神的指导下，广电系统做了如下改革：

一是网台分离，即对于原来网台一体的有线台，将其传输网络部分分离出来。有线台专司节目制作与播出，属事业单位；网络则专司节目传输入户，可进行企业

---

[1] 刘洪才、邸世杰主编：《广播电影电视专业技术发展简史（上 广播电视）》，北京：中国广播电视出版社，2007 年，第 292 页。

运作。

二是两台合并，即有线电视台和无线电视台合二为一。这是一种资源优化整合。设备人力集中使用，节目素材资源共享，这既增强了制播能力又避免了在某些业务上的无序竞争，减少内耗，有利发展。此项合并遵照广电总局的相关指示，于2001年6月30日前基本完成。

三是成立网络公司，即将分离出的网络传输系统，以省、自治区、直辖市为单位组建网络传输公司（简称网络公司）。在相关政策的指导下，21世纪初，各省区市都成立了省级网络公司。

四是整合。广电总局明确规定，一个省（自治区、直辖市）只能建立一家网络公司，各地、市、县不能组建独立的网络公司，只能成立隶属于省级网络公司的分公司和子公司。为此，各省级网络公司开始对地、市、县级有线电视台（网）进行整合。由于经济利益、管理权限等方面存在着若干矛盾，所以整合任务十分艰巨。好在各级政府都出台了相关政策给予支持，才使整合缓步进行。到2010年，除个别省以外，其他省（自治区、直辖市）基本做到了一省一个网络公司。各省级网络公司统一经营管理广播电视传输业务。

随着科技的进步，广播电视全面采用数字技术已成为必然趋势。国家广电总局在广播影视科技"十五"计划和2010年远景规划中就提出全面实施数字广播电视的计划，加快数字化进程。我国电视传播系统较全面地实施数字化技术，是从有线电视开始的。

全国各省（自治区、直辖市）组建的网络公司，为推行数字化奠定了组织基础；各省（自治区、直辖市）实现了省内传输线路联网，为推行数字化奠定了设施基础。在此两项基础上，有线电视数字化改造拉开了序幕。

2003年，国家广电总局发布了《建立有线数字电视技术新体系的实施意见》（广发技字〔2003〕601号）。自此，有线电视开始从模拟模式向数字化模式转换。

有线电视由模拟向数字化转换，不但是技术上的一次飞跃，也是管理方式、经营模式的一次飞跃。在模拟技术时期，人们交纳一定数量的初装费，再按月交纳数量不多的收视费，就能收看一二十套电视节目。在当时，人们对这种做法接受了，也习惯了。有线电视要向数字化转换，各家各户不但要安装机顶盒（价格比初装费还贵），还要按月交纳高于看模拟电视数倍的数字电视收视费，老百姓是不情愿的。宣传上可以说"数字电视能让用户收看上百套节目，获取海量信息"，但老百姓并不感兴趣。从只能看一两套节目到可以看十几套节目，让他们交钱，他们愿意；如果从十几套增加到二三十套，再加点钱，他们也情愿；可是从二三十套增加到上百套，他们就不甚积极了，因他们的需求已接近饱和。如若再让他们出钱，他们就会抵触。

　　但数字化需要大规模的设备改造，需要一笔较大的启动资金。作为受众的老百姓对此又不甚积极。这钱由谁出？这是当时遇到的难题。为此，各地积极摸索经验，先后出现了青岛模式、佛山经验、杭州做法[①]等数字化转换方式。这些地区都找到了一个既符合国家要求又满足群众需求的结合点，它们都对有线电视的数字化进程起到了促进作用。中央总结了各地摸索出的经验，制订出"整体转换，无偿赠送机顶盒，合理增加收视费"的推进有线电视数字化改造的方案。由于此方案符合我国国情，所以有线电视数字化转换得以稳步推进。到 2010 年，我国基本完成了有线电视从模拟向数字化的过渡。图 9-16 所示为在有线电视数字化整体转换过程中，人们踊跃申领有线数字电视机顶盒的场景。

图 9-16　人们踊跃申领有线数字电视机顶盒

　　有线电视数字化以后，除传输电视节目外，还为科技、教育、文化、卫生、商务等行业搭建了一个综合信息服务平台，可开展多样化、专业化、个性化的信息服务。它使电视机这个普及而便捷的信息载体变成了家庭多媒体信息终端，通过电视、广播节目及信息服务，满足了民众对各地新闻及各类信息的需求。

　　到 2010 年，全国各省（自治区、直辖市）都成立了省级网络公司，并完成了对地、

---

① 张海涛：《整体转换、因地制宜加快推进中国有线电视数字化进程》，《广播与电视技术》，2004 年第 11 期。

市、县级有线网络的整合。之后，东部和中部地区所有县级以上城市以及西部地区大部分县级以上城市的有线电视基本完成了数字化整体平移。在此种形势下，将全国各级有线电视网统一起来，优化组合，实现全国有线电视网互联互通，形成有如电信那样全国统一的产业系统，是广电网络发展的理想。为此，2014年5月28日，中国广播电视网络有限公司（简称"中国广电"）正式挂牌成立。

中国广电负责全国范围内有线电视网络的相关业务。其主旨在于整合全国省级网络公司，使之统归于自己麾下，达到5个"互联互通"：骨干网和地方分配网在物理上连接，达到网络互联互通；统一技术标准，分发调度跨域业务，达到技术互联互通；各台节目和各行业内容跨域传送，达到业务互联互通；统一结算跨域业务，产业链利益分成，达到运营互联互通；统一管理网络业务，确保内容安全，达到管理互联互通。这就可实现数字电视的技术研发、产品制造、传输与接入、用户服务等相关产业的协调发展，使广电网形成一个整体合力，参与"三网融合"的竞争。

广电原属公益性事业，一下转轨到企业型经营模式，不能不说是一次创业革命。虽然从认识理念、组织形式、管理方法及驾驭能力的储备等方面都显得有些稚嫩，但这毕竟是市场经济的产物。可谓前景美好，但需要时间的磨砺。中国广电的成立使中国的有线电视有了归宿，也给中国有线电视的发展画上了一个阶段性句号。

二、有线电视技术沿革

有线电视系统由前端设备、传输干线和分配系统三大部分组成。前端设备的主要功能是信号拾取和射频调制，传输干线负责对已调制的射频信号进行传输，分配系统则是将干线上的多路电视信号分送给各用户。

前端设备的核心是接收机、调制器和混合器。

接收机可将卫星转播、微波传输及其他台发射的超高频视音频调制信号解调还原成视音频基带信号。调制器是将上述基带信号或自台演播室送来的视音频信号调制到某个频道上。

调制器有高频调制和中频调制两种类型。高频调制是将视音频基带信号直接调制到 VHF 或 UHF 频段中的某个有线电视专用频道的载波上；中频调制是先将视频、音频基带信号分别调制到 38 MHz 和 31.5 MHz 两个中频频率上，然后再上变频将两个中频频谱变成某个所需要的频道。

混合器是将各路已调的超高频调制信号混合在一起，由一个端口输出到传输干线上。混合器也有两种类型，一种是滤波混合器，另一种是宽带变压器式混合器。前者对各路信号之间的相互干扰有足够的抑制能力，但结构较复杂，造价较高；后者的特点是信号之间的隔离度较差，但结构简单，造价低廉。

传输干线的核心设备是干线放大器，它可对被传输的信号进行多级放大，使传输线路得以延长；还可在放大器中实施增益等补偿，以抵偿电缆的各类损耗，使各频道输出的信号均衡。

分配系统的核心设备是分支器、分配器及分配放大器，它们负责把干线或支干线的信号进行放大并分配给终端用户。

1978 年 2 月，中央广播事业局在山东省泰安市召开了全国广播科研规划会议（泰安会议）。会上制订了 1978 年至 1985 年全国广播科研规划，把有线电视定为全国广播科研项目，并确定由安徽省合肥市广播科学研究所承担相关研究项目。经过一年多的努力，该所研制出分支器和分配器、50 MHz ~ 250 MHz 宽带线路放大器、中频调制的有线电视发射机及有线电视电缆，并在 1981 年初，完成了试验网络的试联工作。

1988 年至 1989 年，北京电视设备厂开始研制中频处理邻频传输前端设备，采用双层声表面波滤波器、锁相环频率合成器等先进技术，生产出邻频传输前端设备产品，包括：中频调制器、VHF 下变频器、UHF 下变频器、中频处理器、VHF 上变频器、十四路宽带高隔离混合放大器、多路输出电源等。[1] 这些产品于 1989 年 6 月通过了由机械电子工业部通信产品司主持的鉴定。继此，国内很多企业纷纷开始研制生产有线电视邻频传输前端设备，为我国有线电视事业的发展奠定了物质基础。

20 世纪 80 年代中期，在我国有线电视器材的生产能力和产品储备还略显不足

---

[1] 刘洪才、邸世杰主编：《广播电影电视专业技术发展简史（上 广播电视）》，北京：中国广播电视出版社，2007 年，第 273 页。

的形势下，有线电视网的建设已如潮水一样迎面扑来。由于国内产品短缺，所以在当时建有线电视网的过程中，很多设施尤其是接收机、调制器、混合器等不得不采用进口设备。当时诸如德国伟视（WISI），美国优尼卡（Unika）、杰洛德（Jerrold）、科学亚特兰大，加拿大耐克萨斯（Nexus）、卡德扣（Cadco），比利时巴可（Barco），芬兰泰莱斯特（Teleste），意大利乐华（Rover），日本力强等公司的产品就为多家有线电视网络所采用。

20世纪80年代末到90年代初所建的有线电视网，由于上马仓促、资金短缺，所以多是300 MHz或450 MHz电缆网，采用隔频或邻频传输，可传12～25套节目。之后，由于形势发展的需要，有线电视网络曾进行过两次大型的升级改造：一次是在20世纪90年代中期，大部分有线电视网改造成550 MHz电缆网，采用邻频传输，可传30套节目；另一次是在20世纪末，大部分有线电视网改造成750 MHz光纤电缆混合网，即HFC网，可传30～40套节目。

2003年，有线电视开始数字化整体平移。平移后的有线数字电视系统由前端、传输信道和用户终端三大部分组成。前端负责把视音频模拟电信号变成数字脉冲码流；传输信道仍是原来的有线电视网络，但都是750 MHz的光电混合网（HFC），它负责传输数字码流；用户终端则是通过数字机顶盒将码流变成模拟视音频信号接入电视机，观众通过电视机的视音频显示部分观看电视节目。

在有线数字电视中，信号传输的简单工作流程是：模拟视音频信号先经模数转换变成数字信号后，再按照MPEG-2标准压缩编码形成原始码流（ES）。把ES分割成段，并加上相应的文件头，打包成基本码流（PES），将PES再分段打包成具有固定188字节长度的传送包，此包称传输码流（TS）。TS经过复用系统加入节目特别信息/业务信息（PSI/SI）、加密信息等形成多路节目传输流，最后经过64QAM调制及上变频形成射频信号在HFC网中传输。在用户机顶盒中再将上述调制信号解码还原成模拟视音频信号输出给电视机，供用户观看。

数字化以后的有线电视前端，实际上担负着4项主要任务：一是向用户传送电视节目及进行其他综合性业务服务；二是进行用户管理；三是进行客户服务；四是进行网络管理。

对用户传送的电视节目及其他综合服务信息，都是以数据包的形式传送的，其中既有数字电视节目，又有模拟电视节目，还有立体声广播节目以及各类服务信息。各类服务信息包括电子节目指南（EPG）、信息时空、股票信息、新闻快讯、信息广告插播等。用户只需通过遥控器对机顶盒进行简单操作，就可以收看自己喜欢的电视节目或查看自己所需要的信息内容。

在对用户传送电视节目的项目中，还有赋予用户解密权一项。这是因为有线电视是收费电视，数字化升级后，节目套数增多，服务内容增多，这些并不是每个用户都可以享用的，而是需要用户交费订购。为进行此项业务，在有线电视前端系统中设有条件接收系统，即加解扰系统，它可根据用户交费差别而赋予用户相应的解密权。

用户管理就是对不同用户、不同业务、不同服务内容采用不同的计费方式。用户管理系统具备节目订阅、信息查询、点播统计及实施欠费停机等功能。

客户服务系统简称"客服"。它由接入设备、平台服务器、数据库、应用服务器、业务服务器群、客服座席及SMS接口服务器等部分组成。它能接听并存储用户投诉，并对报修的项目进行维修时间及维修人员的安排。

网络管理系统简称"网管"。它既可对各下属数字分前端设备进行设备配置、日常管理和维护，又可对传输干线网进行配置管理、性能管理和安全管理。

数字化改造后的有线电视前端系统，已成为一个集传输、管理、服务为一体的综合系统，远较模拟技术时期的功能强大得多，设备也复杂得多。图9-17所示为某省级网络公司数字化改造后的有线电视前端机房。

无论是用户管理、网络管理还是客服系统，都需要各类大型服务器及相应的软件系统及硬件外围设备。通过二十几年的发展，我国数字设备产

图9-17　某省级网络公司数字化改造后的有线电视前端机房

品已趋成熟，很多产品已能与国际先进的同类产品相抗衡。在有线数字电视系统中，除某些大型服务器仍使用美国戴尔（Dell）、惠普（HP）、国际商业机器公司（IBM）、

太阳微系统公司（Sun）等厂家的产品外，其余如卫星数字接收机、编解码器、调制解调器、复用器、光缆及相应的光传输设备、各种形式的用户机顶盒以及各类管理系统的软件等，我国都能自己生产。很多厂商也都有能力进行系统集成及提供相应的设备。在诸多厂商生产的数字设备中，以华为、北京数码视讯、北京中视联、北京永新同方及中兴等公司的产品应用较为广泛。

结　语

电视传播有无线开路、有线闭路、卫星直播和互联网等4种方式。电视传播在质量上的提高是从机械扫描到电子扫描，从黑白电视到彩色电视，又从标清到高清。电视传播在处理手段上的进步是从模拟技术过渡到数字技术。

电视无线开路传播的设备是电视发射机。电视发射机的进化过程主要是元器件的进化。它体现在：电视发射机末级功放器件的进化是由金属陶瓷四极管发展到速调管，又发展到IOT管、双向四极管（diacrode）。电视发射机整机部件的进化是由全部采用电子管发展到前级使用半导体管，再发展到全机固态化。

电视有线闭路传播就是通常所说的有线电视。我国的有线电视起步于20世纪70年代至80年代，由于它顺应了民众的要求，所以20世纪90年代有了超常规的发展。其间，广电部曾以"2号令"和"5号令"予以规范，才使有线电视的发展趋于有序。21世纪初，全国已形成了庞大的有线电视系统。在国务院相关文件的指导下，有线电视系统进行了网台分离并成立了网络公司。之后又进行整体数字化平移，使有线电视成为我国第一个由模拟向数字整体转换的传播系统。有线电视数字化以后，除传输多套电视节目外，还开展多样化信息服务，使电视机变成了家庭多媒体终端。

经过二十几年的发展，我国有线电视数字设备的产品也日趋成熟。卫星数字接收机、编解码器、调制解调器、复用器、光缆及相应的光传输设备、各种形式的用户机顶盒及各类管理系统软件等，我国都能自己生产，很多产品已能与国际先进的同类产品相抗衡。

第十章
电视新闻的传播技术（下）

Chapter 10
Communication Technologies
of Television News （Part Ⅱ）

第一节　电视的卫星直播传播

　　1945 年，英国科普作家阿瑟·查理斯·克拉克在《无线电世界》杂志上发表了一篇科学设想论文《地球外的转播》。文中大胆地预言：如果人类能在赤道上空 3.6 万千米高处等距离配置 3 颗人造卫星，那么除南、北两极之外，地球上的任何地方都可以通过该卫星的转播实现通信。如图 10-1 所示，这就是人类最早提出的有关卫星传播信息的设想。直到 1963 至 1964 年，美国发射了 3 颗与地球自转同步、与地球相对静止的试验性轨道卫星，才使此设想变成了现实。

图 10-1　卫星转播实现通信示意图

　　1965 年 8 月，国际通信卫星组织（Intelsat）成立，我国也是该组织的成员国之一。自此，该组织不断向大西洋、印度洋和太平洋上空发射静止轨道的通信卫星，并对其经营管理。

　　1971 年，国际电信联盟（ITU）在日内瓦举行世界无线电行政会议，首次分配了卫星广播业务频率，并明确了卫星广播业务的定义和技术标准。我国属亚洲、大洋洲地区，分配使用的频段为 11.7 GHz ～ 12.2 GHz 及 22.5 GHz ～ 23 GHz。此外，还分配 40.5 GHz ～ 42.5 GHz 及 83 GHz ～ 86 GHz 为卫星广播业务专用频段，在全球范围分配。

一、我国卫星电视发展历程简述

1972 年 2 月尼克松访华时，带来一套活动卫星地面站，其发射天线的直径就达 10 米。这套设备被安装在首都机场。该卫星地面站可通过尼克松身边人员随身携带的一只黑箱子里的微型地面站终端，将尼克松访华期间的活动场面及言语行动在几秒钟之内通过美国在太平洋上空的通信卫星，传送到美国的千家万户。

当时，中国的外交政策规定：在中国境内不允许外国人使用他们自己的通信设备。这次美国人在首都机场安装卫星通信地面站是侵犯我国主权。而若不允许安装这套设备，我国当时的设备水平又难以完成这次外交活动的通信报道。为解决此矛盾，我国政府决定租用这套设备，使其使用权在中国。这既不损害中国主权，又可以满足通信的需要。当年 9 月，日本首相田中角荣访华时的通信问题也是按此办法处理的。

田中角荣首相结束访问回国时，我国收购了租用的日本在首都机场安装的临时卫星地面站的全部设备。1972 年 10 月，北京长途电信局用这些设备成立了机场临时卫星地面站，这是我国第一个公众卫星通信机构。

周恩来总理对此问题非常关注，当年就批示，要建立我国自己的永久性卫星地面站。根据此批示，相关部门将地面站的地址选定在北京市海淀区上庄乡。1972年开工，在美国专家的协助下，地面站于1973 年 7 月 4 日正式建成开通，通过太平洋上空的卫星开通国际业务。这就是我国第一座卫星地面站——北京卫星通信地面站，通称"北京一号卫星地面站"，站标如图 10-2 所示。

图 10-2　北京一号卫星地面站站标

北京一号卫星地面站建成后，中国通信界的技术人员在对这些外国引进的卫星通信技术学习、消化和吸收之后，草拟了一份《关于建设我国卫星通信的建议》，递交周恩来总理。1974年5月19日，周总理对此做出重要批示，此即著名的"5·19"批示。根据总理批示，1975年2月17日，国家计委和国防科委联合上报《关于发展我国通信卫星问题的报告》。1975年3月31日，中央军委批准这个报告。后经毛主席圈阅同意，决定实施"331工程"。此工程是我国第一个试验性卫星通信工程，它包括通信卫星、运载火箭、试验发射场、测试系统和卫星通信系统等五大部分。[1]

1975年，中央广播事业局在编制"五五"规划时，正式提出了发展我国卫星广播系统的问题。

1976至1978年，中央广播事业局广播科研所分别对美国ATS-F（L频段）、苏联静止-T（L频段）和日本BSE（Ku频段）进行接收，并将结果向有关部门的领导汇报。卫星广播接收实况及其优越性得到相关领导的认可，于是决定尽快落实发展我国卫星广播这项工作。

1977年1月10日至2月12日，在日内瓦召开的国际电信联盟大会上，我国争得了发展电视直播卫星所需BSS频段的空间资源：3个轨道位置（东经62°、80°和92°）、35个波束和55个频道。当年11月，中央广播事业局向中央提交《关于发展我国广播卫星的请示报告》。

1978年12月至1983年3月，中央两次批准从国外购买广播卫星。我国相继在北京、上海、石家庄、乌鲁木齐、昆明和南京等地建立了卫星地面站。

1984年4月8日，我国第一颗试验通信卫星"东方红二号"（亦称"331卫星"，如图10-3所示）发射成功，并于4月16日成功定点于预定轨道（东经125°）。

从4月17日起，北京地面站和上海、乌鲁木齐等

图10-3　东方红二号卫星

---

[1] 陈福民主编：《科海圆梦·新中国60年科技发展辉煌历程》，杭州：浙江科学技术出版社，2009年，第299—301页。

地的地面站通过该卫星进行了广播电视节目（1 路电视、15 路广播）的传输试验，获得成功。该卫星的转发器功率较小，只有 8W，而且是全球波束，所以发送到地面上的信号比较微弱。但即便如此，在 1984 年 9 月 18 日，即西藏拉萨地面站建成的当日，通过该卫星，拉萨市民第一次看到了中央电视台当天播放的电视节目。当年 10 月 1 日，东方红二号成功地进行了庆祝中华人民共和国成立 35 周年阅兵式的实况转播，乌鲁木齐和拉萨的市民都可通过电视观看实况。东方红二号的成功发射，开启了我国发展卫星广播电视的新纪元。

我国利用通信卫星进行通信和传送广播电视节目的部署分三个阶段进行：第一阶段是先从租用、购买国际通信卫星组织的卫星转发器起步；第二阶段从 1988 年开始，利用我国研制和发射的通信卫星进行通信和广播电视传输，同时租用、购买国际通信卫星转发器作为补充；第三阶段从 20 世纪 90 年代开始，主要是使用我国研制和发射的中、大型综合通信卫星进行传输。[①]

由于国家当时财力上的困难，1985 年 7 月，国务院决定暂停从国外购买广播卫星，而先采取租用国外 C 频段通信卫星的过渡方案。根据国务院统一部署，1985 年 8 月 1 日，我国正式租用"国际通信卫星 5 号"（东经 57°）的一个 C 波段转发器，用邮电部的地球站，正式向全国传送中央电视台第一套节目（CCTV-1）。之后，国务院向 16 个边远地区、少数民族地区和革命根据地赠送了 53 个卫星电视接收站，用于解决这些地区群众收看电视难的问题。

1986 年 2 月 1 日，我国成功地发射了 331-3 通信广播卫星（东经 103°），它将东方红二号卫星的全球波束天线改为覆盖我国国内的波束天线，提高了波束有效覆盖功率，使卫星地面站接收到的信号强度明显提高。广电部用该星传送中央人民广播电台和中国国际广播电台的 15 路模拟广播节目，供分布在全国各地的中央直属广播发射台用 6 米口径的接收天线接收，然后再用中、短波发射机向国内外转播，自此解决了这些发射台的信号源问题。

1987 年 2 月，中央人民广播电台和中国国际广播电台的 15 路模拟广播节目开始通过国际通信卫星 5 号传送。

---

① 江澄、任祥麟：《参与 331 卫星工程的回顾：纪念我国卫星通信应用 30 周年》，《广播电视信息》，2014 年第 12 期。

1988 年 3 月 7 日，我国"东方红二号甲 01"卫星发射成功（东经 87.5°），星上配置了 4 个 C 波段通信转发器，能进行 4 个频道的电视传输。该星行波管放大器的功率从 8 W 增大到 10 W，设计寿命为 4.5 年。广电部用该星传送中央电视台第一、二套节目。当年 8 月，中央人民广播电台和中国国际广播电台的 15 路模拟广播节目扩容为 30 路，也通过该星传送。

1988 年 12 月 22 日，我国成功发射"东方红二号甲 02"通信卫星，定点于东经 110.5°。东方红二号甲 01 和甲 02 这两颗卫星都用于传送广播电视节目，因此大大地改变了我国边远地区收听、收看广播电视难的状况。

1989 年 2 月，新疆电视台节目通过东方红二号甲 02 卫星传送；当年 11 月，西藏电视台节目上星。1990 年，四川电视台节目上星，它与西藏电视台合用一个卫星转发器，按时间分割，轮流传送。这就从根本上解决了这些地广人稀的边远省区广播电视节目传送难的问题。

1991 年 5 月，"亚洲 1 号"（Asiasat-1）卫星发射。云南、贵州电视台的节目被批准上星，两省合用一个卫星转发器，每省隔天传送。中央人民广播电台和中国国际广播电台的 30 路模拟广播节目采用 MUSICAM 技术，通过该星的 C 波段转发器传送。

1993 年 7 月，我国购进美国"中星 5 号"（Chinasat-5）在轨卫星（东经 115.5°），将原在"东方红二号甲"卫星上播出的电视节目转到中星 5 号卫星上传送。之后，浙江、山东两省的电视节目被批准上星。至此，已有 7 个省级电视台的节目上星，这明显地改善了这些省区的电视覆盖效果。上述无论是中央还是省区的广播电视节目都是采用模拟方式进行传输的；中央人民广播电台的第一、二套节目，是利用 CCTV-1 的附加信道，采用 NICAM-728 技术传输的。

1995 年 11 月，我国开始在中星 5 号 C 波段转发器上采用码率压缩技术传输 CCTV-3、CCTV-5、CCTV-6、CCTV-8 四套电视节目，成功地完成了由模拟向数字的转换。

1995 年 11 月 28 日，"亚洲 2 号"通信卫星（东经 100.5°）成功发射。我国购买该星 3 个 Ku 波段转发器，租用 4 个 C 波段转发器。中央人民广播电台和中国国际广播电台的 32 路广播节目改用该星的 Ku 波段转发器传送。从此以后，利用

Ku 波段传输的广播电视节目陆续增加。

1996 年 5 月，CCTV-3、CCTV-5、CCTV-6、CCTV-8 电视节目由中星 5 号转到亚洲 2 号传送。同年 7 月，"亚太 1A"（Apsat-A）卫星（东经 134°）发射成功，8 月正式投入运行。由于中星 5 号寿命将尽，所以原在中星 5 号上传输的广播电视节目，皆转到亚太 1A 上传送。至此中星 5 号不再担负广播电视节目的传输任务。图 10-4 所示为亚洲卫星公司卫星上行地球站的发射天线。

自 1997 年元旦开始，辽宁、广东、广西、湖南、湖北、河南、青海、江西、福建、内蒙古、安徽、江苏、陕西、黑龙江、北京和山西的电视节目被批准陆续上星。当年 8 月，国务院批准所有省、自治区、直辖市的电视节目上星传送。

1998 年 7 月，"鑫诺一号"卫星（东经 110.5°）发送成功。当年 12 月，我国利用鑫诺一号卫星 Ku 波段转发器进行卫星直播电视（DTH）试验，采用 DVB-S 标准传输电视节目，利用 MUSICAM 标准传输广播节目。之后，便正式确定 DVB-S 为我国卫星电视传输的国家标准。

1999 年 1 月，我国启动第一期"村村通"工程。国家购买 1 万套 Ku 频段小型地面接收站，无偿赠送给 1 万个国家级特困村。同年 10 月，我国利用鑫诺一号卫星的 3 个 Ku 波段转发器传送中央和地方 44 套电视节目及多套广播节目，建立了"村村通"广播电视卫星直播平台。

2000 年，全国省级电视台的节目已全部通过卫星传送。

2001 年，我国利用鑫诺一号卫星，采用 DAB-S 技术传送中央人民广播电台及中国国际广播电台的共 40 路广播节目。

图 10-4　亚洲卫星公司卫星上行地球站的发射天线

2003 年 6 月，中央和各省、自治区、直辖市的广播电视节目全部应用码率压缩技术（DVB-S、DAB-S），分别采用 SCPC（单路单载波）、MCPC（多路单载波）方式上星传送。

2004 年，副省级城市的广播电视节目也获准上星。之后，随着卫星资源的增多，一些较大城市如深圳、厦门等，其广播电视节目也都上星传送。到 21 世纪初，我国利用自己的卫星及租用或购买的亚太、亚洲、鑫诺等卫星，使中央人民广播电台、中国国际广播电台、中央电视台的节目及各省、自治区、直辖市及部分计划单列市、重点城市的广播电视节目都通过通信卫星或直播卫星向全国播出。

2005 年 9 月，中央电视台开始利用卫星传输高清电视（HDTV）节目。

2006 年，我国停止模拟广播电视信号的卫星传输。

2008 年 6 月 9 日，我国第一颗直播卫星"中星 9 号"发射成功。7 月 8 日，该星完成了各项在轨测试，交付使用。中星 9 号卫星，如图 10-5 所示。

中星 9 号卫星是我国购买的法国阿尔卡特宇航公司设计制造的一颗专业直播卫星。

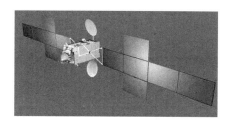

图 10-5　中星 9 号卫星

该星功率大、可靠性高、寿命长。它完全按照国际电信联盟（ITU）的标准设计，满足我国直播卫星系统的各项要求。该星共有 22 个转发器，采用卫星广播业务（RSS）专用 Ku 波段，可传 200 套高清电视节目。

我国用它为全国"村村通"工程传送 40 多套电视节目和 40 多套广播节目。中星 9 号的启用，标志着我国进入卫星直播时代。

截止到 2013 年 5 月底，我国共有 18 颗通信卫星在轨运行：中国卫通集团有限公司（中国卫通公司）11 颗，亚太卫星控股有限公司（亚太卫星公司）3 颗，业洲卫星有限公司（亚洲卫星公司）4 颗。这些卫星主要为中国国内用户服务，也为覆盖区内其他国家和地区的用户服务[1]。

---

① 郝为民：《我国卫星通信产业发展概况及展望》，《国际太空》，2013 年第 8 期。

二、电视卫星传播技术系统简介

利用卫星进行电视信号的传输须有三个主要环节，即信号上星、卫星转发和信号接收。相对应的设施是卫星地球站、卫星转发器和卫星地面站。

卫星地球站全称"卫星上行地球站"，其主要任务是将视音频信号变成射频信号发送给卫星。卫星转发器是将地球站发来的射频信号进行接收、频率转换及功率放大，然后再发送给地球。卫星地面站全称"卫星地面接收站"，其主要任务是接收卫星传送来的射频信号，并将其放大、解调出人们所能视听的视音频信号。

卫星地球站的主要设施是：信源引接系统、信号处理系统、发射系统和天馈线系统。由于电视用卫星传输有模拟和数字两种技术模式，所以上述系统的设备配置和工作流程也有模拟和数字之分。在模拟模式中，信源引接系统将电缆、光纤、微波等方式传输的视音频模拟信号接入地球站，经信号处理系统处理后，再经发射系统将此处理过的信号对载波进行频率调制，然后送入天馈线系统发射出去。在数字模式中，信源引接系统将电缆、光纤、微波等方式传输的视音频数字码流接入地球站，信号处理系统及发射系统将此码流进行编码复用，再经信道编码和基带处理，变成符合卫星传输体制要求的基带信号，然后对中频载波调制，之后再将此已调中频信号上变频为卫星频段信号，并将其通过功率放大器放大到一定电平，送到天馈线系统进行发射。

由于模拟传输方式有效率低、传输质量差、易受干扰及占用频带宽等缺点，而数字传输方式有信道利用率高、传输质量高、抗干扰能力强、所需发射功率小、便于加密和实现条件接收等优点，所以数字传输方式逐渐取代了模拟传输方式。我国已在21世纪初全面停止了电视的卫星模拟传输。

通信卫星的主体设备是卫星转发器。它负责接收地球站发来的信号，然后将其变频、放大，再发送给地球。常用的卫星转发器有两种电路程式：一种是中频变换式转发器；另一种是射频变换式转发器，亦称微波变换式转发器。

中频变换式转发器是将接收到的地面信号先进行下变频变成中频，然后进行中频放大，之后经上变频变成发射频率，再经高功率放大器放大后转发出去。射频变换式转发器是将接收到的地面信号直接进行放大，然后变频到发射频率，再经高功率放大器放大后转发出去。

由于转发器既要接收地球站传来的信号（上行信号），自身又要向地球发射转发信号（下行信号），为了避免两者出现干扰，上、下行信号的频率必须错开，保持一定的隔离度。两者相差一般为 2 GHz。

卫星地面站的主要设施是卫星接收天线和卫星接收机。卫星接收天线为抛物面天线，它依卫星信号的频段不同而采用不同的口径。接收 C 波段信号使用直径 2.4 ~ 4.5 米的卫星接收天线，接收 Ku 波段信号使用直径 0.75 ~ 1.5 米的卫星接收天线。接收天线除天线本身外，还包括馈源和高频头（LNB）。馈源是在抛物面天线焦点处设置的一个汇聚卫星信号的喇叭形装置，它能把天线接收的能量全部收集起来传送给高频头。高频头就是一个低噪声的下变频器，它是由低噪声放大器和下变频器组合而成。它可把 C 波段或 Ku 波段的信号变成 L 波段信号，经同轴电缆传送给卫星接收机。卫星接收机有模拟和数字两种类型：模拟卫星接收机用于接收模拟卫星信号，数字卫星接收机用于接收数字卫星信号。无论哪种接收机都是将高频头送来的信号转换成电视机所能播放的信号。

通信卫星是在距地球约 3.6 万千米的高空工作，卫星位置或姿态的些许变化，或转发器的任何故障，都会影响地面的正常接收。为了保证卫星传输电视系统正常运行，除设置了节目信号传输系统外，地面上还有一套监控卫星运行的监测监控系统。

卫星在正式投入使用前，地面监测监控系统就已将其姿态和轨道调整到预定状态。但由于地球、太阳、月球及它们之间的某些物理因素是随时间变化的，所以随着时间的推移，卫星的姿态和轨道会缓慢地改变，此即所谓卫星对地面定点的漂移现象。为使漂移变化不超过允许范围，人们必须在卫星运行期间定期对其姿态和轨道位置进行修正。此外，为了保持卫星的转播工作正常运行，人们还需要经常了解星内设备的工作状况。人们可利用遥测系统，通过测量这些设备的电气参数及环境的物理参数来了解这些设备的运行情况。一旦出现异常，就要通过遥控设备给出遥控指令，启动卫星上的相应设备，完成倒备份、调整设备性能、变换某些测量部件的状态等诸项操作。

以上任务均由地面遥测遥控跟踪站与星上的遥控遥测跟踪设备及控制设备配合

进行。地面遥测遥控跟踪站通称"测控站"，它通常与主卫星上行地球站建在一起。通过测控站，人们可以及时了解卫星在空间轨道上的位置和工作状况。当出现问题时，测控站可以给卫星发出遥控指令，命令星上设备进行诸如电源开关的启闭、备份设备的切换、启动喷嘴喷气改变卫星姿态以及天线调整等。为确保操作准确无误，地面指令传给卫星后，卫星还要将收到的指令再发回地面测控站进行核实，核实无误后，才能发出执行命令。

我国最早的卫星地球站应算是 1972 年尼克松访华时在首都机场临时搭建的地球站。1973 年 7 月 4 日，我国建成第一座卫星地球站——北京一号卫星地球站（当时称"北京一号卫星地面站"）。

1974 年 5 月，上海卫星地球站建成。同年 11 月，北京二号卫星地球站建成。之后在 1975 年至 1984 年，我国又相继在石家庄、乌鲁木齐、昆明、南京及拉萨等地建成卫星通信地球站。（本段所说的地球站当时皆称"地面站"）

1985 年 10 月，在北京市海淀区上庄乡建成我国最大的卫星地球站——北京国内卫星通信地球站。该站的发射天线直径达 30 米，如图 10-6 所示。

图 10-6　北京国内卫星通信地球站直径 30 米的发射天线

1995 年，广播电影电视部在北京沙河建立第一个直属广电系统的地球站——广电总局沙河地球站。这是我国第一个专业广播电视地球站。在国内，该站是第一个通过卫星传输广播电视数字信号，第一个应用卫星 Ku 频段的地球站。目前该站已具备 C 波段和 Ku 波段、模拟和数字的卫星上行能力。

2001 年 9 月，国家广电总局在北京良乡 542 直属发射台建了广电总局 542 地球站。该站全部采用可支持多业务传送的宽带固态器件和行波管功放，与沙河站实现了互备播出。

2002 年 9 月，在内蒙古呼和浩特市建成广电系统第三个大功率卫星上行站——广电总局呼和浩特地球站。该站在国内率先采用了国际上最先进的第四代速调管高功放——多收集极速调管高功率放大器。该站具有 11 个 C 波段及 Ku 波段的大功率卫星上行系统。图 10-7 所示为广电总局某地球站机房内景。

图 10-7　广电总局某地球站机房内景

上述三个地球站在 2005 年按统一模式实现了本站设备自动化和站间调度自动化，使广电总局卫星传送形成了具有异地备份和网络化管理的、准智能的、确保安全传输的格局。

据广电总局相关部门统计，截止到 2008 年底，全国广电系统共有卫星上行地球站 34 座，移动卫星转播车 60 辆，卫星地面接收站近 1740 万座。[1]

电视卫星传输所使用的频段属于微波范畴，此频段又依频率递增而分为 L、S、C、X、Ku、K、Ka 等几个小频段。其中 C 波段开发最早，被应用于早期的卫星通信。后来因为 C 波段变得拥挤，所以就相继出现了 Ku、Ka 等波段。

C 波段接收天线的口径比较大，最小直径也有 2.4 米。且 C 波段工作在接近地面微波的频率段，所以容易受地面微波等干扰源的同频干扰。但它抵御雨衰、雪衰能力较强。Ku 波段的卫星接收天线口径较小，最小直径只有 0.75 米。这就可降低接收设备的成本，便于个体接收。因 Ku 波段工作频率较高，不易受地面杂波的干扰，所以降低了对接收环境的要求。不过因 Ku 波段的波长与雨滴或雪花的直径接近，所以 Ku 波段受雨衰和雪衰的影响较大。图 10-8 所示为 C 波段的卫星接收天线和 Ku 波段的卫星接收天线。

图 10-8　C 波段（右上）和 Ku 波段（左下）的卫星接收天线

无论是 C 波段还是 Ku 波段，所开展的业务越来越多，频率空间越来越少，所以各国都在开发 S 波段和 Ka 波段。如美国已发射多颗 Ka 频段卫星，每颗 Ka 卫星

---

[1] 国家广播电影电视总局规划财务司编：《全国广播电影电视业发展指标统计》，2008 年。

可为全美提供 80 ～ 150 套高清电视节目。日本也已发射 Ka 卫星进行卫星传输试验。

我国发展的 CMMB 多媒体广播业务，就是通过卫星 S 频段（2483.5 MHz ～ 2500 MHz）对全国实现覆盖的。它与地面网相结合，形成"天地一体"的协同覆盖网。

在卫星传输电视的系统中，还应提到 VSAT 网。VSAT（Very Small Aperture Terminal）意即非常小的孔径终端，或译成微型地球站。VSAT 网是一种通过卫星传输的无线通信网，它由卫星转发器、卫星通信主站（简称"主站"）、众多装有 VSAT 的用户站（简称"小站"）三部分组成。各小站分散在广阔的地域，可进行全天候不间断工作。

VSAT 网的卫星转发器可以工作在不同频段，即 C 波段、Ku 波段或 Ka 波段。转发器的发射功率应尽量大，以使 VSAT 地面终端的天线尺寸尽量缩小。VSAT 网的主站亦称"中枢站"，其作用是负责各小站之间信息的接收和发送，并负责网络管理及具备控制功能。小站亦称"远端站"，它直接安装在用户处。小站由室外单元和室内单元组成：室外单元即射频设备，包括小口径天线、上下变频器和各种放大器；室内单元即中频及基带设备，包括调制解调器、编解码器等。一个 VSAT 网一般能容纳 200 ～ 500 个小站（用户），多的也可以上千。

VSAT 网可开展数据、话音、电视等三种传输业务，各网根据需要不同，可有不同的侧重。VSAT 网依其网络结构形式不同而有不同的传输模式，如广播式、点对点式、双向交互式及收集式等。

VSAT 网的主要特点是：设备全部固态化，功耗低；设备体积小，小站天线口径只需 0.3 米以上即可；对使用环境要求不苛刻。VSAT 网安装方便，组网灵活，特别适宜组建移动通信网。

基于上述特点，VSAT 网已成为卫星通信组网的发展趋势。它尤其适用于那些地形复杂、不便架设线缆和人烟稀少的边远地区。因它可以直接把设备装配到个人，所以在军事上也有重要应用价值。目前，VSAT 网被广泛地应用于新闻采集系统、广播电视系统、交通管理系统及军事系统等，也被用于边远地区的通信和抗震救灾现场的应急通信等。

VSAT 组网技术于 20 世纪 80 年代就在世界范围得到迅速发展。国家广电总局从 20 世纪 90 年代开始跟踪 VSAT 技术的发展，2001 年，国家计委批准了广电总局建设 VSAT 系统的项目。当年，该项目启动。2002 年，广电总局确定了 VSAT 网的主体功能是：广播电视应急播出和数据传输。2003 年初，广播电视 VSAT 网建成，当年投入运行。该网的名称是"广播影视应急播出和新闻采集系统"，简称"广播电视 VSAT 网"。当时对该网功能的定义是：有线传输网络的补充和延伸，是完善安全播出体系和为边远地区及不通光缆地区提供广播电视新闻采集、少数民族语言节目交换以及播出节目传输的技术体系。其具体功能主要有：广播电视应急播出、光缆应急传输；在未建光缆网的地区，进行广播电视节目交换和少数民族语言节目的传输；对总局直属台站的相关数据进行传输。

广播电视 VSAT 系统的组成为：1 个 Ku 波段主站、1 个移动站（可作为主站的备份）、15 个综合业务站、32 个数据小站、13 个地面终端站及 1 个 C 波段广播应急播出站。该应急播出站的 40 路广播是广电总局用卫星 C 波段播出的 40 路广播的备份，在结构上它独立于 VSAT 网。13 个地面终端站通过光缆或电缆接入主站，其所有业务通过主站进行卫星交换。

全网的最大业务量为：1 路电视节目（供应急播出，或双向会议电视，或电视节目交换）、8 路同时交换的立体声广播信号、主站同时 24 路业务电话的卫星接入，各 VSAT 站的基本保证数据速率和若干路业务电话的同时应用。[①]该网具备再扩展 200 个数据站的能力。

广播电视 VSAT 网按照 SCPC 与 MF-TDMA 相结合的技术体制进行建设，系统目前占用转发器总带宽为 12 MHz，其中 6 MHz 为电视信道，业务使用优先顺序是：电视应急播出、会议电视、电视节目交换。其余 6 MHz 用于广播节目、话音及数据交换，业务按优先级排序依次为：广播节目交换、话音交换和一般数据交换。

三、电视卫星传播对新闻传播的意义

我国广播电视上卫星主要不是追求经济效益，而是谋求社会效益，即提高广播电视的传输覆盖能力，使更多的民众听到看到、听好看好广播电视。

[①] 刘洪才、郎世杰主编：《广播电影电视专业技术发展简史（上 广播电视）》，北京：中国广播电视出版社，2007 年，第 108 页。

广播电视通过卫星传输，首先提高了中央人民广播电台、中国国际广播电台和中央电视台的节目传输能力。它能使地处边远地区的发射台、转播台便利地获取高质量的信号源，方便了转播，从而大大地提高了中央三大台的覆盖能力。其次是提高了地方台的节目传输能力。地方省（区）台如果只靠光缆、微波传输，总有达不到的死角，即使再用无线转播，也很难达到省（区）内的全覆盖。而卫星传输则消除了覆盖死角，在极偏僻的地区，只需利用卫星信号源建一个小功率转播台，就可以解决那里的覆盖问题。

广播电视通过卫星直播，还能直接提升覆盖能力。比如，在广袤的草原和险峻的山区，可能数十千米范围内只有一两户居民，若靠地面传输和转播是极难将这些人群覆盖的，而通过卫星直播则很容易将这些人群覆盖。只要架起一面"小锅"（卫星接收天线），增添一部卫星接收机和一部电视机，就可使这部分人群听到广播，看到电视。

因广播电视的核心工作之一就是传播新闻，所以提高广播电视的传输覆盖能力也就是提高了新闻的传播能力。

此外，卫星传输还有传送速度快和覆盖范围广的特点，这就使新闻传播有了质和量的飞跃。由于传送速度快，因此能把地球上任意角落发生的新闻在几秒钟内传遍全球，其时效性是其他任何传输手段所不能比拟的；由于其覆盖范围广，因此可把欲传的新闻传到地球上的任意角落，使新闻传播的范围得到空前的扩大。

第二节　电视的互联网传播

自20世纪90年代开始，互联网和计算机技术发展异常迅速，计算机也开始进入千家万户。互联网是宽带网，它既可传输数据又可传送声音和图像，因此用互联网传播电视已成为电视传播技术发展的必然趋势。

一、互联网传播电视的三个环节

互联网传播电视的基本通路由三个环节组成：网络视频资源（节目源）→互联

网（传输通路）→计算机或机顶盒＋电视机（用户终端设备）。网络视频资源由互联网站（简称网站）提供。即使是电视台播出的节目，也要先送进互联网站，再由互联网站推向互联网，而用户终端只能从互联网上获取节目。

1. 互联网站

（1）广播电视机构的网站

能提供视频节目源的互联网站首先是各级电台、电视台组建的网站或网络广播电视台。下面介绍几个较重要的广播电视机构所建的网站。

●中央电视台网站（www.cctv.com）：1996年12月10日，中央电视台在国内电视领域率先建立了"中央电视台国际互联网站"。2000年12月26日，该网站更名为"央视国际网络"，简称"央视国际"。它充分利用中央电视台的节目资源及其他媒体的资源，把网站办成新闻信息总汇。

2006年4月，央视国际成立运营机构"央视国际网络有限公司"。2008年3月，央视国际建成视频生产中心。当年3月28日，央视国际更名为"央视网"。央视网是中央重点新闻网站之一。

2009年，央视国际网络有限公司主办了中国网络电视台（CNTV），并于当年12月28日正式开播。图10-9所示为中国网络电视台的机房。该台是中央电视台旗下的国家网络广播电视播出机构。中国网络电视台充分发挥电视平台和网络平台的双重优势，建设成我国具有公信力和权威性的网络视频互动传播平台。

图10-9　中国网络电视台的机房

它对国内外重大政治、经济、社会、文体等活动（事件）以网络视听的形式进行快速报道和传播，同时着力为全球用户提供包括视频直播、点播、上传、搜索、分享等内容的方便快捷的"全功能"服务。

中国网络电视台的新闻台面向全球，是多语种、多终端的立体化新闻信息共享平台。它每天24小时不间断地提供丰富的新闻视听与互动服务。它的新闻名栏是中国最大的网络视频新闻数据库，汇聚100个中央电视台新闻名栏、50个地方卫视新闻名栏。它可提供 CCTV-13 等中央电视台所有电视直播频道及北京卫视、浙江卫视、安徽卫视等 100 多路卫视和地方电视直播频道，全部免费收看。

中国网络电视台已覆盖全球近 200 个国家和地区，建立了拥有全媒体、全覆盖传播体系的网络视听公共服务平台。

●中国国际广播电台网站（www.cri.cn）：中国国际广播电台于 1997 年建立了互联网站，开始在互联网上进行试验播出。1998 年底，该网站正式用互联网对外发布广播节目。1999 年 10 月，中国国际广播电台开始制作并向全国传送国际新闻电视节目。2000 年，中国国际广播电台网站被确定为首批中央五大重点新闻网站之一。[①] 当年，网站完成第一次改版，正式推出了由中文新闻网、环球华人网、电视网以及英语网、德语网、西班牙语网、法语网、葡萄牙语网、朝鲜语网、俄语网、日语网等 9 种语言、11 个站点组成的多语种、多媒体、多元化的信息集群网站。[②]

2002 年，中国国际广播电台网站正式启用"国际在线"的名称，并在北京人民大会堂设立了多语种现场演播室（如图 10-10 所示）。

2004 年，随着人们对流媒体音视频内容需求的不断增强，国际在线开始搭建自己的流媒体系统，基于当时较为先进的 Windows Media 流媒体体系，顺利实现了在网站上提供网络视频的直播和点播服务。

图 10-10　国际在线设在北京人民大会堂的多语种现场演播室

截止到 2010 年底，国际在线已经包含 61 个语种站点，成为中国网站中语种最多、规模最大、内容丰富的多媒体网站之一。

●中央人民广播电台网站（www.cnr.cn）：1998 年 8 月 13 日，中央人民广播

① 王庚年主编：《中国国际广播电台发展史·第二卷（2001—2011）》，北京：中国国际广播出版社，2011 年，第 416 页。
② 王庚年主编：《中国国际广播电台发展史·第二卷（2001—2011）》，北京：中国国际广播出版社，2011 年，第 416 页。

电台网站注册域名。2000 年 8 月，中央人民广播电台网站实现了全台第一、二、三套广播节目在线实时直播及《新闻和报纸摘要》《新闻纵横》《午间半小时》等 5 个重点节目的在线点播功能。2000 年 9 月，中央人民广播电台网站注册 3 个网站名称，即"中国广播网""中央新闻网"和"中广在线"。

2002 年 1 月 1 日，中央人民广播电台网站正式定名为"中国广播网"。2005 年 7 月 28 日，中国广播网网络电台——银河台开通。

2008 年 3 月，中国广播网首次在人民大会堂用汉语普通话及 5 种少数民族语言和 3 种地方方言同步直播全国两会。同年 9 月，中国广播网推出全球首家 24 小时华语新闻广播站。

2010 年 8 月，中国广播网正式被批准为中央重点新闻网站。

2012 年 7 月 30 日，中国广播网与江苏电视台、爱奇艺网合作，共同成立了银河互联网电视有限公司，开始向互联网电视业务领域进军。

2013 年 8 月 26 日，中国广播网首页、新闻首页全新改版，并确立"央广网"为网站简称。

央广网目前已拥有新闻、财经、评论、图库、视频等门类众多的专业频道 50 多个。央广网秉持"三屏融合"的理念，不断拓展在个人计算机终端、手机终端及电视机终端的业务布局。

目前，中央人民广播电台的网站已拥有央广网、中国广播集成平台、央广之声、银河互联网电视等四大新媒体业务板块，发展成为特色鲜明的多媒体集群网站。

（2）其他新闻传媒机构的网站

除广播电视系统的网站外，其他传媒机构建的网站也很多。此外，有些大型门户网站，如腾讯、新浪、搜狐、网易等也都发布视频新闻。它们都属于网络视频资源。下面简单介绍几个国内著名新闻传媒机构所建的网站。

●新华社网站（www.xinhuanet.com）：1997 年 11 月 7 日，新华社与中国电信合作建立了新华社网站。该网站于 2000 年 3 月改名为"新华网"，又于当年 7 月全面改版，并启用新域名 xinhuanet.com。新华网是中国重点新闻网站之一，每天 24 小时滚动发稿，用多种文字通过多媒体形式不间断地向全球发布新闻信息。该网站开通 30 多个地方频道，承办中国政府网、中国文明网等几个大型政府网站，形成了中国最大的国家级网站集群。

2002年1月，新华网全新改版，按照网络媒体特点，对网站进行重新整合，推出"焦点网谈""国际扫描""网闻联播""轻松听新闻"等栏目和频道。同年2月，新华网获得国务院新闻办、外交部独家授权，可在网上多媒体直播国家领导人的重大外事活动。同年3月，新华网在人民大会堂设立第一个两会多媒体直播间，实现了对两会真正意义上的多媒体现场直播和现场报道。

2009年，新华社开办了中国新华新闻电视网（CNC），于当年12月31日正式开播。CNC可称为跨国新闻电视台，其电视新闻采集量为日均800分钟，居国际电视新闻行业之首。

●人民日报网站——人民网（www.people.com.cn）：人民网的前身是人民日报网络版，1997年1月1日正式进入国际互联网。2000年10月，正式启用新域名www.people.com.cn。

人民网是世界十大报纸之一《人民日报》建设的以新闻为主的大型网上信息发布平台，也是互联网上最大的中文和多语种新闻网站之一，是国家重点新闻网站。多年来，人民网以新闻报道的权威性、及时性、多样性和评论性为特色，在国内外网民中树立起"权威媒体、大众网站"的形象。

人民网的中国共产党新闻、中国人大新闻、中国政府新闻、中国政协新闻、中国工会新闻、中国妇联新闻、中国科协新闻等栏目构成了中央网群板块，已成为发布国家重要新闻、解读各项政策法规的权威窗口和沟通人民群众的重要桥梁。该网在北京人民大会堂设有演播室（如图10-11所示）。

图10-11　人民网设在北京人民大会堂的演播室

人民网拥有中文（简、繁体）、蒙古文、藏文、维吾尔文及英文、法文、俄文等十几种中外语言版本，用文字、图片及音视频，每天24小时向全球发布权威新闻信息，内容涵盖政治、经济、社会、文化等各个领域。人民网展现了中国形象，传播了中国声音，在海内外的影响日益扩大，网民遍布 200 多个国家和地区。

人民网已获得信息网络传播视听节目许可证、广播电视节目制作经营许可证和互联网新闻信息服务许可证，可在网络电视、手机媒体等新领域开展相关业务。

●中国新闻网（www.chinanews.com.cn）：中国新闻网由中国新闻社主办。中国新闻社简称"中新社"（英文缩写为 CNS），是中国对外传播的主要新闻机构，也是中国少数几家可以采访中央和国家领导人重要国务活动和外事活动的新闻媒体之一，拥有权威新闻的直接新闻来源。

1995 年，中新社在香港创建 www.chinanews.com 网站，成为亚洲最早上网的中文媒体。1999 年 1 月 1 日，中新社北京总社开办中国新闻网，简称"中新网"，域名为 www.chinanews.com.cn。

中新网作为中新社官方网站，它依托健全的境内外新闻采集发布体系和北京、纽约、香港三大发稿中心，全天候 24 小时滚动发稿，及时向海内外众多网络媒体提供中新社的各种原创新闻产品，成为众多海内外网络媒体的资讯源泉。

中新网自创办以来，内容不断丰富，影响日益扩大，已发展成为知名的中文新闻门户网站，也是全球互联网中文新闻资讯最重要的原创内容供应商之一。该网站名列中央级重点网站，享有权威网络媒体的美誉。

●中国网（www.china.com.cn 和 www.china.org.cn）：中国网是由国务院新闻办公室和国家互联网信息办公室领导，中国外文出版发行事业局管理的国家重点新闻网站。它始建于 1997 年，于 2000 年 8 月 3 日全面改版，正式注册域名，开通中、英文全新版。

中国网坚持以新闻为前导，以国情为基础，通过精心整合的即时新闻、翔实的背景资料和网上独家的深度报道，以多媒体的形式，成为中国进行国际传播、信息交流的重要窗口。中国网用 10 种语言向世界 200 多个国家和地区的民众全面介绍中国，使他们了解中国经济及社会的发展。中国网是助其认识中国的"百科全书"。

中国网拥有独立新闻采编、报道和发布权，是国务院新闻办公室新闻发布会独家网络直播发布网站，是国务院新闻办公室和各大部委新闻发布会以及两会新闻中心指定的网络报道和直播媒体。

中国网在北京人民大会堂设有自己的演播室（如图 10-12 所示）。

图 10-12　中国网设在北京人民大会堂的演播室

2. 互联网（Internet）

Internet 源于英文 interconnect networks，意为互相联系的网络，简称"互联网"，音译为"因特网"。1994 年 4 月，中关村教育与科研示范网络（NCFC）代表中国正式向 InterNIC（互联网信息中心）注册，并与美国 NSFNet（美国国家科学基金会所建网络）直接互联，实现了中国与互联网全功能网络连接，标志着中国最早的国际互联网络诞生。自此中国正式加入互联网，中国用户可全功能地访问互联网资源。

（1）主干网

在 NCFC 的基础上，我国很快建成了国家承认的对内具有互联网络服务功能、对外具有独立国际信息出口的四大主干网。

●中国科技网：该网亦称"中国科技计算机网"，其前身是以 NCFC 为基础发展起来的中国科学院院网（CASNet）。1996 年 2 月，中国科学院决定正式将院网（CASNet）命名为"中国科技网"，英文缩写为 CSTNet。该网为非营利的公益性网络，主要为科技界、科技管理部门、政府部门和高新技术企业服务。该网现有多条出口信道与国际互联网连接。

●中国教育和科研计算机网：该网的英文简称为 CERNet。它是由政府资助的全国范围的教育与学术网络。该网于 1994 年由国家教委主持，北大、清华等十几所重点大学筹建，1995 年底建成并投入使用。中国教育和科研计算机网的最终目标是把全国所有的大、中、小学通过网络连接起来。

●金桥网：该网的全称是"中国金桥信息网"，英文名称为 ChinaGBN。该网是面向企业的网络基础设施，是中国可进行商业运营的公用互联网。目前该网有

12 条国际出口信道与国际互联网络连接，对社会提供开放的互联网接入服务。

●中国公用计算机互联网：该网的英文名称为 ChinaNet。该网是邮电部门主建及经营管理的中国公用互联网主干网，1995年4月开通，向社会提供服务。到1998年，ChinaNet 就已经发展成一个采用先进网络技术、覆盖国内几百个城市、拥有数百万用户的大规模商业网。

（2）主干网的网络结构

各主干网的网络结构大同小异。以中国公用计算机互联网（ChinaNet）为例，它的拓扑结构逻辑上分两层：一是核心层，另一是大区层。

核心层由北京、上海、广州、沈阳、南京、武汉、成都、西安这8个城市的核心节点组成。其功能主要是提供与国际互联网的互联，以及提供大区之间信息交换的通路。北京、上海、广州3个城市的核心节点各设2台国际出口路由器和2台核心路由器，前者负责与国际互联网互联，后者负责与其他核心节点互联。其他城市的核心节点各设一台核心路由器，负责与其他核心节点互联。

以上述8个核心节点为中心，22个省会城市、5个自治区首府和4个直辖市被划分为8个大区网，这8个大区网共同构成大区层。每个大区设2个大区出口，大区内其他非出口节点分别与这2个出口相连接。大区层主要提供大区内的信息交换通路以及接入公用计算机互联网的信息通路。大区之间通信必须经过核心层。

22个省会城市、5个自治区首府和4个直辖市中，除上述8个城市设核心节点外，其余皆设二级省级节点。

公用计算机互联网建立了灵活的访问方式和遍布全国各城市的访问站点，用户可以方便地访问互联网，享用上面丰富的资源和各种服务；也可以利用公用计算机互联网平台和网上的用户群组建其他系统的应用网络。随着入网用户的迅速增加，公用计算机互联网骨干网的节点和省网内部通信线路的带宽也在快速增加，从而有效地改善了国内用户访问国外互联网和国外用户访问中国互联网的业务质量。

目前，中国公用计算机互联网与公用交换电话网（PSTN）、中国公用数字数据网（ChinaDDN）、中国公用分组交换数据网（ChinaPAC）、中国公用帧中继网（ChinaFRN）等所有电信基础网络都实现了互联，可以为客户提供多种不同的接入方式。同时，中国公用计算机互联网也与国内各大互联网络实现了互联互通，并且与国际主要互联网服务运营商实现了对等合作。用户接入中国公用计算机互联网，便可使用该网及互联网上的所有业务。

（3）网络运营商

除上述四大主干网外，我国还有经营网络业务的三大运营商。

●中国联通：中国联通的全称是"中国联合网络通信集团有限公司"，它成立于2009年1月。该公司主营移动网络业务、固定通信业务、卫星国际专线业务、数据通信业务、网络接入业务及与通信业务相关的系统集成业务等。中国网络通信集团公司(中国网通)已并入中国联通。图10-13所示为中国联通公司基站的发射塔。

●中国移动：中国移动的全称是"中国移动通信集团有限公司"，它成立于1999年7月，是中国最大的移动通信运营商。该公司主营通信和移动网信业务。2007年8月，中国移动与中国国际广播电台（CRI）在北京举行新闻发布会，宣布CRI手机电视在中国移动的流媒体平台上正式开通。2008年5月，中国铁通集团有限公司（中国铁通）正式并入中国移动，成为其子公司。

●中国电信：中国电信的全称是"中国电信集团有限公司"，它成立于2000年，主营固定电话、移动通信、卫星通信、互联网接入及应用等综合服务，是我国特大型国有通信企业。图10-14所示为中国电信集团某机房的设备。

图10-13　中国联通某基站的发射塔

图10-14　中国电信某机房的设备

（4）四大主干网与三大网络运营商之间的关系

中国公用计算机互联网原由邮电部主建和经营，邮电部撤销后改由中国电信管理和运营。

除中国公用计算机互联网外，其他三个主干网与三大网络运营商没有关系，各自独立管理经营。中国科技网由中国科学院管理运营，中国教育和科研计算机网由教育部管理运营，金桥网由信息产业部（现在已划入工业和信息化部）管理运营。上述三个网也对相关单位和个人开放，通过对接入者收费获利。

除中国电信外，中国联通和中国移动都有自己建设的专门网络。中国联通自建的网络称"中国联通计算机互联网"（UNINet），中国移动自建的网络称"中国移动互联网"（CMNet）。各网络运营商各自经营自家的网络。

3. 用户终端

用户终端根据接收方式可分四大类：计算机接收、机顶盒加普通电视机接收、掌上电脑（PDA）接收和手机移动接收。

通过计算机收看网络电视最方便，凡上网的计算机都可做到这一点。利用机顶盒加普通电视机接收的方式也正在普及，只要用户交费，就可以通过IP机顶盒上网，再通过机顶盒将电视节目下载至电视机进行观看。用手持终端设备如掌上电脑等观看电视与通过计算机观看电视相同，将掌上电脑通过调制解调器（Modem，俗称"猫"，如图10-15左图所示）与网线相连，就可观看电视。手机电视是计算机网络的延伸，它通过移动网络传输视频内容，可以实现随时随地收看。

目前，无线路由器（如图10-15右图所示）和电视机内置机顶盒的流行，使上述诸种看电视的操作更为简便。只要接通无线路由器，计算机、掌上电脑、手机、电视机均可无线上网。人们通过简便操作便可随心所欲地收看电视节目及获得其他服务。

图 10-15　调制解调器（左）和无线路由器（右）

二、网络电视

1. 网络电视和IP电视

21 世纪初，计算机开始进入家庭。当时用互联网传送电视节目有两种方式：一是网络电视，另一是 IP 电视。所谓网络电视就是拥有计算机并加入互联网的用户，可以通过点击网站来获取视频节目或各类信息。而 IP 电视属于网络电视的一种，它是拥有普通电视接收机的用户，通过付费向运营商订购 IP 电视节目。运营商对这些用户进行端对端的管理，通过多通道传送系统按协议对用户传送电视节目。IP 电视用户终端的普通电视机，必须通过 IP 机顶盒才能从运营商处获取电视节目和各类信息。

随着家庭计算机的普及和加入互联网的用户越来越多，又由于很多电视机内置了能接收网络电视的软件，IP 电视与网络电视两者之间的界限越来越模糊。网络电视和 IP 电视是两个运营概念，如果抛开运营概念而从技术角度去定义，两者并无区别，因它们都是通过互联网传送电视节目。

2. 网络电视的基本性能

网络电视是以网络视频资源为主体，以宽带高速互联网为传输工具，以电视机、个人电脑及手持设备作为显示终端，向用户提供包括数字电视在内的多种交互式服务的传媒形式。在网络电视这一范畴中，上述网站、互联网（主干网）、运营商、用户之间的关系是：网站提供节目，互联网输送节目，用户使用节目，运营商负责中介，把互联网的使用权出售给网站和用户。

网络电视不但可以使用户收看各网站提供的高质量（接近 DVD 水平）的视频节目，还能根据用户的选择配置多种多媒体服务项目。如：开通可视 IP 电话，播放 DVD 或 VCD，视频点播（VOD），电视节目的直播、录播，收视数据广播，查收电子邮件及进行互联网浏览等。此外，还可以进行娱乐、教育、商务等多种活动及在线进行各类信息咨询。网络电视的播放平台已成为家庭数字多媒体终端。互联网上的内容几乎涵盖了人类认识的各个领域，所以用户通过网络电视从互联网上获取信息资源，不仅可以应对临时需求，而且可以拓展知识面，受益久远。可以说互联网上的知识是取之不尽、用之不竭的。

在观看电视节目方面，网络电视也与传统电视有很多不同。传统电视都是使用固定的频道、在固定的时间、单向对观众播放，此时的观众是在被动地收看电视。网络电视却与之迥异，它可根据用户的意向，让用户在适合自己的时间，选择自己喜欢的节目观看。这些节目既可以是电视台实时播放的节目，也可以是以前曾经播放过的节目。用户在观看已播过的节目时，还可以随时让播放的节目暂停、后退或快进。与传统电视比较，网络电视最大的特点是实现了节目提供者和节目观看者之间的实质性互动。这就使观众由被动变为主动，由客体成为主体。

目前，网络电视已成为一种独立的传媒形式，它已与无线开路电视、有线闭路电视、卫星直播电视并列，成为第四种电视传播形式。网络电视虽有其独特的优越性，但它不能完全取代前三者。因为目前已形成的广播电视传输覆盖态势已较为成熟，也为民众所习惯。在政治、经济、国情等多种因素的制约下，盲目废弃已有的、成熟的传播模式是不现实的。但网络电视可成为三网融合的最现实的切入点。

3. 网络电视的重点技术

网络电视的技术特征是：视频数字化、传输 IP 化、播放流媒体化。网络电视所涉及的技术范围广泛，包括多媒体通信技术、视频编解码技术、通信协议（传输控制协议／互联网协议，即 TCP/IP）、容错纠错技术、流媒体技术、内容分发技术（IP 多播技术）及媒体资产管理技术、用户授权认证技术、数字版权管理技术等。其中支持网络电视的关键技术是视频编解码技术、流媒体技术和内容分发技术。

（1）视频编解码技术

网络电视在处理节目源的节目时，要对视频节目进行高效压缩，所依从的标准是 H.264。H.264 是一种高性能的视频编解码技术，是国际上制定视频编解码技术标准的两个组织——国际电信联盟电信标准分局（ITU–T）和国际标准化组织（ISO）组建的联合视频组（JVT）制定的新数字视频编码标准。它既可称为 ITU–T 的 H.264，又可称为 ISO/IEC（国际标准化组织／国际电工委员会）的 MPEG–4 高级视频编码（MPEG–4 标准的第 10 部分）。H.264 最大的优势是具有很高的数据压缩率。在同等图像质量的条件下，H.264 的压缩率是 MPEG–2 的两倍以上。在同等视频质量条件下，能够节省 50% 的码率。H.264 能以较低的数据传输速度传送基于互联网协议的视频码流。在视频质量、压缩率和数据包恢复丢失等方面，它超越了现有的其他视频压缩标准，更适合窄带传输。

（2）流媒体技术

流媒体（Streaming Media）是以流方式在网络中传送音视频（A/V）信号及多媒体文件的媒体形式。流媒体技术的核心是将整个音视频等多媒体文件经过特殊的压缩方式分成一个个压缩包放到网络服务器上，再由网络服务器向用户终端进行连续不断的传送。用户只在启动时需要经过几秒或几十秒的延时，之后便可利用解压缩设备（或软件），对压缩的音视频文件解压缩后进行播放和观看。文件剩余的部分在播放前面内容的同时，在后台的服务器内继续下载。由于用户是边下载边观看，而不像单纯下载方式那样必须等整个文件全部下载完毕后再观看，所以就大大地降低了对系统的缓存容量的需求。

在运用流媒体技术时，音视频文件要采用相应的格式，不同格式的文件需要用不同的播放器软件来播放。目前，采用流媒体技术的音视频文件主要有三种：一是微软的 ASF，与它对应的播放器是微软公司的 Media Player；二是 RealNetworks 公司的 RealMedia，与它对应的播放器是 RealPlayer；三是苹果公司的 QuickTime，与它对应的播放器是 QuickTime。此外，MPEG、AVI、DVI、SWF 等都是适用于流媒体技术的文件格式。

由于流媒体技术的优越性，所以它被广泛地应用于视频点播、视频会议、远程教育、远程医疗和在线直播系统中。

（3）内容分发技术

网络电视的发端是点对多点，收端也是点对多点，即网站可以将节目发给任何一个用户，而用户可以接收任何一个网站的节目。互联网主要提供点对点的传递服务，若要使每个网站和每个用户都建立点对点的关系，并保证服务质量，用常规的传输方法势必造成服务器资源及带宽资源的大量浪费，并且服务质量也难以控制。因此，人们在互联网中采用了内容分发技术，来降低服务器和带宽资源的无谓消耗，提高服务品质。

内容分发技术亦称内容发布技术，用此技术组成的网络被称为内容分发网络（Content Delivery Network），简称 CDN。

CDN 系统能够实时地根据网络流量和各节点的连接、负载状况以及到用户的距离和响应时间等综合信息将用户的请求重新导向离用户最近的服务节点上。其目的是使用户可就近取得所需内容，解决互联网络拥挤的状况，提高用户访问网站的响应速度，使内容传输得更快、更稳定。为此，CDN 又有"网络加速器"之称。

CDN 的工作使互联网具有广播电视网的特征，从而为网络电视的发展开辟了捷径。

4. 网络电视各环节的主要技术设施

（1）网站

网站的主要设施是收录服务器、存储阵列、流媒体服务器、Web 服务器和防火墙等。收录服务器和存储阵列负责收录及储存节目。流媒体服务器的主要功能是以流式协议（RTP/RTSP、MMS、RTMP 等）将视频文件传输到客户端，供用户在线观看。Web 服务器不仅能够存储文件，还能根据客户端 Web 浏览器的请求，将储存的文件发送到客户端浏览器上，并通过附带信息告诉客户端如何查看该文件。防火墙则是网络的安全设施，它保护内部网络免受非法侵入，实现内部、外部网络之间的安全隔离。

网站的简单工作流程是：视音频基带信号经 H.264 编码器编成 IP 节目流，经过收录服务器、存储阵列及流媒体服务器、Web 服务器交互链接后，经出口安全设备——防火墙与互联网连接。

（2）互联网

互联网包括主干网、城域网、局域网，它们可以是 HFC 光电混合网或同轴电缆网，也可以是第二、三、四、五代（2G、3G、4G、5G）移动网及无线局域网。它们都可以负责网络电视的传输。至于入户，各种宽带接入网皆可承载网络电视的接入，如：双绞线数字用户线（DSL）接入，双向 HFC 网的电缆调制解调器（Coble Modem），以及在多种频率上建立的宽带无线接入（BWA）系统等。

（3）客户端

客户端的接收设备可以是台式计算机、掌上电脑，也可以是普通电视机加数字机顶盒，还可以是手机。图 10-16 所示为可收看电视的掌上电脑。

目前，我国手机的普及面非常广，用手机获取网络视频（包括观看网络电视）已成为民众生活的重要组成部分。我国的移动、联通两公司是利用蜂窝移动网来实现传输网络电视的。凡支持视频功能又有上网功能的手机，在有蜂窝移动网（包括利用有线网络扩展的无线网）的地方，只要手机

图 10-16　可收看电视的掌上电脑

上网，就可收看网络电视。

三、电视互联网传播对新闻传播的意义

互联网传播电视的特点是广泛、快捷、个性化及具有互动性。

互联网传播电视的覆盖面是依从于互联网覆盖面的，互联网波及哪里，网络电视就可以传播到哪里。目前互联网已基本达到全球覆盖，所以网络电视基本可以传遍全球。因互联网的服务是双向的，所以用户既可以收看电视新闻，也可以评论新闻，还可以采集编发新闻。所以新闻的收看者与编发者遍布全球的各个角落。正因为此，在全球各个角落都可以收看新闻，也都可以收集新闻，这就使新闻的收集与传播具有了空前的广泛性。

互联网传播的速度极快，几近光速。虽然经各种技术处理会使播发的场景较实时场景延迟一段时间，但这种时延只在秒的数量级。也就是说，新闻从收集到播发再到收视，相差不过几秒至十几秒，这就使新闻的传播具有了空前的快捷性。

用互联网传播电视新闻，受众已成为主体。他们可以在任意时间、任意地点方便地查询发生在任意时间、任意地点的自己所关心的新闻，真正使新闻的获取者不再受时空及人为因素的限制。正是由于受众有这种自由选择性，新闻的传播才变得更加人性化、个性化。

网络服务是互动的，任意新闻受众都可以对相关新闻发表评论，通过自己的手段考证新闻的准确性及对新闻的遗漏点进行补充，这就实现了新闻受众与新闻发布媒体之间的亲近化、贴近化。这是其他任何媒体所不能做到的。

互联网以一种无法抗拒的力量渗透到社会各个领域和我们的生活之中，正在成为越来越多人的生活、工作和学习上不可或缺的伴侣。互联网也正在成为重要的大众传媒工具，在人类社会和民众生活中扮演着越来越重要的角色。

结　语

我国的卫星通信起源于 1972 年尼克松访华。我国用卫星传输广播电视节目开始于 1984 年东方红二号卫星发射成功。1988 年，东方红二号甲 01 卫星发射成功，广电部用该星传送中央人民广播电台、中国国际广播电台及中央电视台的多路广播及电视节目。之后地方台的广播电视节目也陆续上星，到 2000 年，全国省级的广播电视节目都可通过卫星传送。

2008 年 6 月 9 日，我国第一颗直播卫星中星 9 号发射成功。中星 9 号的启用，标志着我国进入卫星直播时代。截止到 2008 年底，全国已形成了一个庞大的卫星直播电视覆盖网。

互联网及计算机技术的普及，使互联网也成了电视的传播媒介。目前，我国有众多能提供视频新闻的网站，还有以中国公用计算机互联网为主的四大互联网主干网及中国电信等三大网络运营商。网站、互联网和网络运营商共同支撑了电视的互联网传播。

利用互联网传播电视的技术特征是：视频数字化、传输 IP 化、播放流媒体化。所用到的主要技术是：视频编解码技术、流媒体技术和内容分发技术等。

互联网传播电视新闻的特点是广泛、快捷、个性化及具有互动性。由于其覆盖范围广，电视新闻的收集与传播具有了空前的广泛性；由于其传输速度快，电视新闻的传播具有了空前的快捷性；个性化及互动性是指，受众成为主体，他们可以在任意时间、任意地点收看自己所关心的新闻，还可以与新闻发布者互动。

第十一章
电视的覆盖与接收技术

Chapter 11
Technologies of Television Coverage and Reception

我国电视创建之初，只有无线开路一种传播方式。由于无线电视只能在视线距离内传播，所以当时为扩大覆盖人们想尽了办法。直到微波、卫星等传输技术发展起来，解决了电视节目远距离传输问题之后，才开始大规模地建无线电视覆盖网。无线电视覆盖网属公益事业，得到国家政策的支持和资金的保证。至于电视接收，由于新技术的融入，电视接收机的发展异常迅速，品种不断翻新，它已由单纯收视电视节目的工具演化成家庭多媒体终端。

第一节　电视的覆盖

一、电视发展初期扩大覆盖的手段

自 1958 年中国出现电视以后，电视覆盖问题就随之而来。因当时电视只靠地面无线传播，而无线电视的工作频段是 49.75 MHz ~ 957.75 MHz，该频段的电磁波是直线传播的，所以每座电视发射台所覆盖的范围只在视线距离以内。为扩大覆盖，当时只有两种手段，一是增加天线高度，二是增大发射功率。天线高，如果发射功率小，即使在视线范围内，也达不到保证接收质量的场强；但如果天线高度不够，即使发射功率再大，覆盖范围也不会扩大，两者有一定的适配关系。因当时发射机的功率还不能做得很大，所以天线高度就成了主要问题。

20 世纪 50 年代末至 70 年代初，各台为扩大覆盖范围，都竭力增加天线高度。

当时所用的方法有三种：一是在城市内高大建筑物的顶上架设电视天线；二是在城内建造钢结构的自立高塔，在塔顶上架设电视天线；三是把电视发射台建在高山上。

在城内高大建筑物顶上架设电视天线是当时普遍采用的措施，如北京电视台开播时，天线就架在广播大厦顶层10楼的楼顶桅杆上。在当时，广播大厦楼顶的高度在北京属制高点级的，天线标高达80米。其他城市也如此，新建的广播电视大楼或电视台大楼往往都是该城中最高的建筑，这不是为了气派，而是为了架设较高的电视天线这一技术需求。

高山建台也极为普遍。但高山建台首先要考虑地理条件，即在欲覆盖的区域有无适宜建电视发射台的高山。如有，还要考虑交通、供电、宜居等诸多因素。当时在高山建的发射台，因自然条件和技术条件的限制，天线也只架设在60米以下的自立钢塔上。在当时的条件下，即使采用大功率发射机（当时电视发射机的最大功率为10 kW），覆盖范围也不过几十千米。

高山建台不但初建时投资大，而且日后的运行维护也耗资不小，因此这只是当时不得已而为之的措施。图11-1所示就为一座建于高山上的电视发射台。

如果城内没有合适的高楼供电视台架设天线，城外又没有适合建发射台的高山，在城内架设钢结构自立高塔也是当时可供选择的一种方案。

图11-1　建于高山上的电视发射台

1959年，广州于越秀公园越秀山北峰建了一座200米高的钢结构自立塔（如图11-2左图所示），用它作为电视发射天线的支撑塔，这在国内开创了建塔架天线的先河。1968年，北京电视台在月坛公园内建的184米高钢结构自立电视发射塔也属于此类（如图11-2右图所示）。

1981年，湖北武汉动工兴建龟山电视塔，1986年6月建成。该塔是我国第一座集电视发射和综合旅游服务功能为一体的钢筋混凝土结构的广播电视发射塔，塔高221.2米，号称"亚洲桅杆"。

图 11-2　广州越秀山电视塔（左）和北京月坛公园电视塔（右）

城内建高塔在当时也算一个权宜之计。因单靠增加天线高度来提高覆盖率是被动的，而且提高的幅度毕竟有限，并且投资效益比会随塔高的增加而降低，同时高塔的馈线损耗也是不容忽视的问题。但建高塔既可装点城市，又可开展观光旅游等增值业务。所以即使之后随技术的进步用架高塔来扩大覆盖的方法已过时，但各大城市对建高塔依旧乐此不疲，这些塔的高度都在 180 米以上。在结构上，有的为钢结构，有的为钢砼结构。到 21 世纪初，各省的省会及部分重点城市基本都建了这种大塔。

1991 年，天津建成天津广播电视塔。该塔为钢筋混凝土结构，塔高 415.2 米。它是世界上唯一一座建于水中的塔，享有"天塔旋云"之美称。

1993 年，江苏南京建成南京电视塔。该塔为钢结构，塔高 318.5 米。该塔又名"紫金塔"。

1994 年 9 月，北京建成中央广播电视塔。该塔为钢筋混凝土结构，塔高 386.5 米。

1994 年 10 月，上海建成东方明珠电视塔。该塔为钢筋混凝土结构，塔高 468 米。该塔于 1995 年 5 月 1 日正式启用，上海国际新闻中心即位于此。

2000 年，哈尔滨建成黑龙江广播电视塔。该塔为钢结构，塔高 336 米。该塔又有"龙塔"之称。

2009 年，广州建成广州电视观光塔（如图 11-3 所示）。该塔为钢结构，塔身主体高 450 米，天线桅杆高 150 米，总高度为 600 米，为中国第一高塔。

在我国，按塔高排列，排名前十的电视塔是：广州电视观光塔、上海东方明珠电视塔、天津广播电视塔、中央广播电视塔、四川广播电视塔（钢砼结构，塔高339米）、安徽合肥翡翠电视塔（钢结构，塔高339米）、澳门电视塔（钢结构，塔高338米）、黑龙江广播电视塔、南京电视塔、辽宁电视塔（钢砼结构，塔高305米）。上述诸塔号称"中国十大电视高塔"。

图 11-3　广州电视观光塔

二、电视覆盖依节目传输方法的进步而发展

为了扩大电视的覆盖，利用架高发射天线和扩大发射功率的方法的功效是有限的。人们寻求到的另一种有效办法就是建电视转播台。

20 世纪 70 年代，彩色电视逐步替代了黑白电视，民间电视接收机的拥有量也逐渐增多，电视这一新的传媒形式已为民众所接受。不但在大城市，就连小城镇及乡村，人们都有了看电视的需求。基于此，建电视转播台，扩大电视的覆盖，是符合民众愿望的。

但随之而来的是信号源问题。不但是转播台的信号源难以解决，就是电视台的直属发射台，其信号传输也是一个难题。如果仿照广播那样用电缆传输，因电视的基带信号（0 ~ 6 MHz）比广播的音频信号（20 Hz ~ 15 kHz）高得多，所以传输电视信号必须选用高频电缆，否则便会损耗过大。但即使使用高频电缆，随着传输距离的增加，损耗也会增加，理论上高频电缆的传输距离不应大于 10 千米。

电视台的直属发射台，距离较近的大都选用高频电缆传输。如 1968 年 1 月，北京电视台月坛发射台建成后，就曾架设一条架空高频同轴电缆，将广播大厦院内电视播控中心的黑白电视信号送到月坛发射台。架设该电缆时，由于单盘电缆的长度不够，所以此条电缆是用 20 盘同轴电缆连接起来使用的。

1973 年，北京电视台开播彩色电视。电视播控中心仍在广播大厦院内。为将彩色电视信号送到月坛发射台，当时采用了邮电部电缆所提供的中同轴电缆。从播控中心到月坛发射台大约有 2 千米，中间没用接头。20 世纪 80 年代中期北京城建改造时，该电缆被归置入南礼士路修建的地下管道，一直使用到 21 世纪初。

如果直属发射台离电视播控中心较远，则不能利用电缆进行节目传输。如高山建台，山的相对高度一般不小于 500 米，再加上山离播控中心的距离，两者之和往往有十数千米甚至更多，架设高频电缆不但施工有难度，光高频电缆的损耗就超出了允许限度。

这些远离播控中心的发射台，在 20 世纪 70 年代初，多采用差转方法传送节目。如内蒙古电视台的 706 发射台（高山台，相对高度 1 千米，距市区播控中心约 2 万米），在 1970 年开播之初，就用天津 712 厂生产的电视收转机接收市里 50 W 发射机的播出信号作为信号源。无线收转的效果很差，但当时苦于无别的办法，才不得不如此。到 1971 年 9 月，该台才安装了一套内蒙古电信设备厂生产的 60 路通信用微波机，用它传送电视节目信号。

转播台的情况就更不容乐观。因不可能敷设电缆，当时微波传输又未兴起，所以转播台播出的节目只能靠差转或传递录像带。当时节目源已成为制约电视扩大覆盖范围的瓶颈，也是当时急需解决的技术问题之一。

利用通信微波传输广播电视信号是技术上的一大进步。我国利用微波传输电视节目最早是在 20 世纪 60 年代。1964 年 12 月，中央广播事业局就试用邮电部的 60 路微波系统由北京向天津传送北京电视台的黑白电视节目。北京的微波站设在北京电报大楼内（如图 11-4 所示）。这是我国第一次通过微波传送电视信号，它开创了微波传输电视的先河。

图 11-4　20 世纪 60 年代北京电报大楼内的微波站

我国的微波传输技术是在邮电系统首先发展起来的。20 世纪 60 年代，国家有关部门规定，微波干线由邮电部建设，其他部门只能租用。1968 年，我国第一条长距离大容量微波电路，即北京至太原的 60/120 路微波电路开通。同年 10 月 1 日，中央广播事业局租用该线路 60 路微波试传了北京电视台的节目，这是首都首次向省会城市传送电视。

1969年，北京电视台又利用这条微波电路传送了中华人民共和国成立20周年庆祝活动的电视节目。1970年9月，邮电部建成四条微波干线，即西北西南线（202）、京津线（203）、东北线（208）和华东华南线（209）。1970年10月1日，北京电视台通过这些微波电路将节目传至15个省区市。1971年，邮电部的全国微波通信干线初步建成，该干线联通了26个省会级城市和部分计划单列市。

自1974年10月起，广电系统正式租用邮电微波干线，通过租用双向微波方式，实现了与微波干线所经省、自治区、直辖市电视台的双向节目互传。

1978年以后，除新疆、西藏和海南等一些边远地区仍旧依靠逐日航寄录像带与中央电视台实现电视节目交换和转播外，其他各省、自治区、直辖市与北京之间陆续实现了利用邮电微波干线传送广播电视新闻节目。

中央直属广播电视发射台为利用微波干线传送的信号，相继建设微波支线与微波干线相连，用于节目传输和通信，系统配备双向电视通道和电话讯道。

1982年，中央广播事业局开始投资兴建跨省微波干线。各省（区）为将中央和省（区）广播电视节目送到各市、县，也分别建设自己省（区）内的广播电视微波干线网。

20世纪90年代中期，为提高传输质量，邮电部的微波干线开始进行数字化改造。此后，各省（区）自建的微波干线也开始进行数字化改造。

2001年，电信部门通知，电信微波干线将全线停机进行数字化改造。经协商，广电总局决定于2001年下半年正式使用光纤干线传输电视节目，于2001年底，中央电视台退租电信微波干线网。

微波干线和支线的建立，不但解决了远离播控中心的高山台的信号传输问题，也解决了分散布局的转播台的信号源问题。随着微波线路的建设，转播台的数量也逐步增多。

据2008年底的统计，当时全国微波线路的总长度已超过9.6万千米。[1]

各省广电微波干线的建设特点是多将微波站建在高山电视调频发射台之中，

---

[1] 国家广播电影电视总局规划财务司编：《全国广播电影电视业发展指标统计》，2008年。

这种台、站合一的做法，不但为这些高山台送去了中央和省级台的广播电视信号，而且节省了大量的初始建设投资和运行维护费用。图 11-5 所示为一座微波与电视转播建在一起的台站。

图 11-5　微波与电视转播建在一起的台站

1984 年 4 月，我国第一颗实用通信卫星东方红二号发射定点成功。中央电视台的电视节目和中央人民广播电台的广播节目通过它由北京向乌鲁木齐和拉萨进行了试验传送，随后投入试运行。自此，广播电视节目实现了卫星传输，这就从根本上解决了中央电视台的节目向全国各地转播台传送的问题。此后，各省、自治区、直辖市的节目也陆续上星，这又解决了各省分布在省会城市以外的转播台的信号源问题。到 1999 年 10 月，31 个省、自治区、直辖市的广播电视节目实现了卫星传输。

在 20 世纪 80 年代中后期，由于传输条件的改进和 1983 年 3 月第十一次全国广播电视工作会议提出的"四级办广播，四级办电视，四级混合覆盖"的方针指导，全国掀起建电视转播台的热潮。如果说微波传输阶段所建的电视转播台是沿微波线路走向而建台的话，那么进入卫星传输阶段，就摆脱了微波线路的制约，可以在任何需要的地方建电视转播台。这就使电视转播台的分布由线扩展到面。到 20 世纪 90 年代后期，基本在全国建成了一个无线电视覆盖网。

21 世纪初，广电系统又在全国建成了光纤干线网，并通过光纤网向全国传送广播电视信号。光纤传输广播电视更有其独特的优点，如传输质量高、抗干扰能力强、性能稳定可靠等。但光纤网由各级网络公司经营，其他部门使用都要付租用费，广电系统租用也不例外；况且光纤传输还需要添置一套光电设备；这些都提高了光纤传输的成本。所以光纤传输的出现从技术上讲是多了一种传输手段，但在使用上受诸多因素的限制。为此，即使在光缆途经的台站，一般也不用光缆传送的信号。转播台获取信号的主要手段还是卫星和微波。

三、电视覆盖网的发展历程

中国的广播电视有鲜明的政治属性,它们是党和政府的宣传工具,其宗旨是服务于人民。其目标是:在国内,要把广播和电视传送给家家户户,使每个人都能听到广播、看到电视;在国外,要把中国的声音和影像传播到全世界。目标是宏伟的,任务也是艰巨的。基于中国广播电视的属性和宗旨,其最终追求的是最大限度地提高人口覆盖率,这实施起来是非常困难的。我国地域辽阔、地形复杂,既有深山老林,又有戈壁荒滩,还有广袤草原,但这些地方都不乏人类生活的足迹。要使这里的人们都能听到广播、看到电视,具体工作十分复杂。有的地方人烟极为稀少,如在内蒙古锡林郭勒大草原上,方圆数十千米可能只有一户牧民。而几户或十几户这样的牧民要组成一个嘎查(自然村),因这些牧民住户彼此都相距很远,所以地图上只能在其中一个住户的地理位置上标注嘎查的名称。如果对照地图做出覆盖计划,实施后的覆盖效果将与预期的相差甚远。

要使这些偏远地区的居民都听到广播、看到电视,有线方式固然不行,无线方式也很困难,因为我们不能为覆盖几户人家就建一座转播台。即使有了卫星传输,接收也是有困难的,草原上还好说,深山老林中就受接收条件的限制,况且还需要接收设备、电源供给等。那里的居民往往都很贫穷,让他们自己添置设备进行广播电视接收,积极性并不高。因此,为提高人口覆盖率,必须进行行政干预,国家相关部门也要给予资金扶持,这就决定了中国广播电视覆盖的行政干预性和公益性。

为成规模地提高人口覆盖率,我国的广播电视总是以组建覆盖网的形式展开。目前,我国的电视覆盖网有三个,即无线电视覆盖网、有线电视覆盖网和互联网电视覆盖网。

1. 无线电视覆盖网

20世纪90年代建起的无线电视覆盖网,也是以小点多布的方式布网的,单体发射功率都不大。这对人口密集地区的覆盖起了很大的作用,但对人口稀少的边疆地区、偏僻的山区及边远的农村牧区,覆盖能力则有些鞭长莫及。

中央及时注意到这点。早在1990年,在我国广播电视节目上卫星之初,广电总局就部署了"三小站"工程。该工程在电视方面,就是在新疆、西藏、内蒙古三个自治区的偏远地区，通过建设小型卫星地面站接收卫星信号，再与 50 W 以下的电视发射机组合成小功率电视转播台，借此对电视覆盖网覆盖不到的边远地区进行补充覆盖，以提高边疆地区、农村牧区的广播电视人口覆盖率。

"三小站"工程建设之初，它们对提高上述地区的人口覆盖率确实起了一定的作用。但由于管理不善和维护资金不到位，大部分"三小站"的存活时间很短，中途夭折。到 20 世纪末，大多数的"三小站"陆续关停。

为了继续扩大农村和牧区的电视覆盖，自 1999 年起，广电总局又部署了"村村通"工程。其目标是在全国"实现村村通广播、村村通电视"。村村通工程分三个阶段进行，各阶段的目标和标准皆不相同。在第二阶段，也出现了类似"三小站"的关停情况，一些已实施"村村通"工程的村又出现"返盲"现象。

2004 年至 2005 年第三阶段的"村村通"工程在建设中因地制宜地采取了多样化的技术方案，使工程效果更贴近实际；并采取了一系列管理措施及拨付一定的维护资金，使"返盲"现象得以遏止，保护了"村村通"的建设成果。（编者注：有关"三小站"工程和"村村通"工程的详细内容请参阅本书第四章中的相关内容。）

2000 年 9 月，国家广电总局又组织实施了西新工程。西新工程原本是为解决中波滑坡问题而实施的，但因无线电视也存在滑坡现象，所以 2003 年第三期第一阶段的西新工程也对无线电视转播台的建设予以加强。此阶段的西新工程将所涉及的省（区）转播中央电视台和省（区）电视台节目的 100 W 以上的电视发射机全部更新成固态化发射机，并更新了相关台站的所有附属设备。通过这一阶段西新工程的实施，西藏、新疆、内蒙古等自治区和青海、四川等省的少数民族集聚区的电视转播台面貌焕然一新，转播能力得到空前的加强。

2006 年 9 月，国家广电总局又部署开展了农村中央广播电视节目无线覆盖工程（简称"农村无线覆盖工程"）。它实际是"村村通"工程的延续。在农村无线覆盖工程中，人们充分利用现有电视转播台的人员和基础设施，对其旧有转播设备进行更新改造，再根据实际需要增添适当数量的电视发射机，使这些台站发挥更大的作用。

我国的无线电视覆盖网，经过建设以及"三小站"工程、"村村通"工程、西新工程、农村无线覆盖工程等工程的加强，目前已成为我国覆盖面最大、覆盖范围最广、覆盖人口最多的电视覆盖网。

我国的无线电视覆盖网属于公益事业，它不追求经济效益，只讲究社会效益。在市场经济的大环境下，这种网之所以能够存活并得以健康发展，得力于政府部门强有力的政策支持、资金保证，相关职能部门的严格管理，以及一批热心于公益事业的广电人所做的默默奉献。这也算是一种中国特色。

2.有线电视覆盖网

20世纪80年代后期，我国有线电视已具雏形。由于有线电视迎合了民众的需求，所以发展极为迅速。到90年代中期，我国的有线电视已颇具规模。到1997年底，经广电总局批准的有线电视台就达1300多家，有近2000个县都建设了有线电视网络。截止到2015年底，我国有线广播电视用户数已接近2.36亿户。[①]

2003年，有线电视开始数字化改造，尽管步履维艰，但仍顺利进行。到2010年，基本完成了数字化整体平移，成为我国从模拟向数字化转换的第一个电视传播系统。数字化改造后的有线电视以其丰富的节目内容和多方位的服务项目征服了广大观众，使他们由被动接受到适应，又到欢迎和喜爱，最后达到离不开的程度。有线电视已成为最具亲和力的传媒形式之一。

有线电视的覆盖方式不但已成为城市覆盖的主力军，而且逐渐向城市周边地区甚至远离城市的乡镇农村扩展。如果这些远离城市的乡镇农村地形复杂，不适合敷设光缆电缆，则可通过无线方法传输有线电视信号，这就是MMDS技术。

MMDS是一种微波传输技术。它于20世纪60年代初在美国首先发展起来。1983年，美国联邦通信委员会（FCC）准许用2.5 GHz以上的12个频道或更高频段作为MMDS工作频段，使MMDS有了合法地位。

1990年9月，MMDS技术首次被引入中国。国外对MMDS的定义不统一，我国同类行业标准（GY/T132-1998）将其定义为"多路微波分配系统"。[②]MMDS技术在我国有线电视发展初期曾被用于组建城域网，如20世纪90年代初，北京市就开创了用MMDS组建有线电视网的先河。之后全国有17个省会（首府）城市采用

---

① 国家新闻出版广电总局财务司编：《2015年全国广播影视发展情况统计摘要》，2016年。
② 刘洪才、郎世杰主编：《广播电影电视专业技术发展简史（上 广播电视）》，北京：中国广播电视出版社，2007年，第80页。

MMDS 技术组建有线电视网。

21 世纪初，数字 MMDS 技术开始成熟。此后建的 MMDS 网全部采用数字技术。数字 MMDS 系统传输容量大、传输质量高、性能稳定，它被广泛地应用于地、县、市的有线电视传输联网中，以解决建设有线电视 HFC 网的困难。

MMDS 系统使有线电视得以延伸，是解决农村牧区看电视难问题的得力措施，在"村村通"工程中曾做出过独特贡献。图 11–6 所示为某县级城市在"村村通"工程中使用数字 MMDS 传送信号的基站。

图 11–6　"村村通"中用数字 MMDS 传送信号的基站

3. 互联网电视覆盖网

把电视节目传到互联网上，在互联网所到之处，网民只要点击网页，便能观看电视节目。从覆盖的角度讲，互联网也算一种电视覆盖网。

互联网作为电视覆盖网的优点是覆盖面广和观众看节目有主动权。互联网覆盖全球，在地球上的任意一个地方，只要有互联网存在，遵守互联网协议的网民就可以从互联网上观看电视节目。这么广的覆盖面，作为覆盖网尤为可取。观众还可以主动选取节目，在时间上和内容上不受播发方控制，这一点更深受网民喜爱。

在我国，互联网由电信部门经营，民众通过接收设备和通信设施从互联网上收看电视。家用台式计算机、家用电视机加机顶盒、个人掌上电脑、手机等都可作为收视工具。

目前手机是最普及的通信设施，无论在城市还是农村，几乎人手一机。通信网络也十分发达，无论有线网还是无线网，几乎遍布城乡每个角落。只要网民持有的手机配置满足上网条件，他们就能收看网上电视。这样利用手持设备，随时随地收看自己想看的电视节目，其快捷简便是其他覆盖网所不能比拟的。

我国到底有多少网民，又有多少网民持有能上网的手机，是很难精确统计的。国际电信联盟在 2016 年版《宽带状况报告》中指出，到 2016 年底，全球互联网用户人数达 35 亿，中国互联网用户人数达 7.21 亿，位居全球第一。照此推算，互联网传播电视所达到的国内人口覆盖率不亚于其他形式的电视覆盖网；如若再累加国外的人口覆盖率，则其他电视覆盖网是望尘莫及的。

上述三种覆盖网中，除地面无线覆盖网是公益性的以外，其余两个网全是商业运作，是通过运营获利的。虽然如此，但它们也在覆盖环节中起到了不可或缺的作用。这种获利的运营，更能驱动经营者不断追求新技术，不断开发新项目，不断完善服务手段。从加强覆盖的角度讲，这些都是积极因素。所以，三大覆盖方式相辅相成，共同支撑新闻的电视传播。

目前，我国在电视覆盖方面已形成"天上一颗星（通信卫星），地上两条线（微波传输干线、光纤传输干线），地面三张网（无线覆盖网、有线覆盖网、互联网）"的覆盖格局。其覆盖手段之全、覆盖面之广居世界之首。其覆盖效果已达到"家喻户晓、尽人皆知"的程度。

第二节　电视的接收

电视传播新闻的最后环节是接收，接收的主要设备是各种形式的电视接收机，它们能将载有音像信息的各种形式的电信号还原成声音和图像供人们观看。

一、电视接收机的发展历程

电视接收机的发展历程主要体现在 5 个方面：一是画面显示形式的进化，由黑白到彩色，由标清到高清又到超高清，由 2D 到 3D；二是元件材料及装配方法的进化，由电子管分立件到半导体分立件又到集成电路；三是显示器的进化，由阴极射线管到平面显示器；四是接收制式的进化，由模拟到数字；五是功能的进化，由手动操作的单一收视功能到智能化操作的多媒体功能。

1. 画面显示形式的进化

世界上最早的电视机应算是 1925 年英国科学家贝尔德研制的机械扫描黑白电视机，它是利用尼普科夫圆盘的原理制成的。其画面分辨率仅 30 行线，扫描器每秒只能 5 次扫过扫描区，画面本身仅 2 英寸高，1 英寸宽。此装置曾在伦敦一家大商店向公众做过展演。

1939 年，美国无线电公司（RCA）推出世界上第一台电子扫描黑白电视机，之后便批量生产商品电子扫描黑白电视机。

1950 年，美国无线电公司研制出世界上第一台彩色电视机。1954 年，该公司又依据全美彩色电视标准推出世界上第一批电子扫描彩色电视机。

1991 年，日本索尼公司首先推出高清晰度电视机。其画面像素为 127 万个，画面清晰逼真，极富感染力。

我国于 1958 年开播黑白电视，市场上出现黑白电视机；1973 年开播彩色电视，市场上出现彩色电视机；1999 年 10 月 1 日，我国又进行了数字高清电视的试播，于是我国市场上又出现了数字高清电视机。数字高清电视机有别于标清电视机，它采用了专用的高清显像管，屏幕的物理分辨率为 1920×1080，即水平方向的分辨力为 1920 个像素，垂直方向的分辨力达到 1080 条扫描线。我国行业标准 GY/T 155–2000 中采用的高清电视格式是"1125/50/2：1"，可以简称为"1080/50i"，即有效像素为 1920×1080，隔行扫描，扫描频率为 50 Hz，其屏幕的宽高比为 16：9。数字高清电视机也能收看标清电视节目。

凡是高清电视机都应标有 HDTV 或 HDTV–ready、1080–ready 等字样，这是全球数字高清彩色电视机的统一标志。带有此种标志的高清彩色电视机不但显示器能显示 1080p 格式，而且电视机内部电路应有处理并输出 1080p 格式的画面信号的功能。同时，该种电视机还具备数字高清专用接口，以便接收机顶盒等设备送来的数字高清电视信号。

2011 年底，日本东芝推出 4096×2160 分辨率的 55 英寸电视机。在 2012 年的国际消费类电子产品展览会（CES）上，开始出现 4K 显示器的概念。所谓 4K，是就分辨率而言的。如高清电视屏幕的分辨率为 1920×1080，即水平方向的分辨率为 1920 个像素，约为 2000，我们称之为 2K（1K=1000）。日本东芝这次推出的电视机，其水平方向的分辨率为 4096 个像素，约为 4000，故我们称之为 4K。4K 扫描技术就是指每帧像素达到 4096×2160，约是高清扫描的像素（1920×1080）的 4 倍。在 2013 年的 CES 上，人们开始使用"超高清分辨率"（UHD）一词来取代"4K"一词。

2012 年 5 月，国际电信联盟（ITU）发布了超高清电视（UHDTV）标准的建议，将屏幕的物理分辨率达到3840×2160（4K×2K）及以上的电视称为超高清电视，其宽高比为16：9，扫描方式只有逐行扫描，通常表示为2160p。超高清分辨率包括两种规格：一是4K，即逐行扫描线达到2160；二是8K，即逐行扫描线达到4320。前者的清晰度已远高于高清电视，后者则完全可以和巨幕电影（IMAX）媲美。

2010年前后，3D电视开始兴起。3D电视就是能显示三维立体图像的电视。普通电视所显示的画面是二维（2D）的，给人以平面的感觉，好似看照片；而3D画面则给人以立体的感觉，犹如看实景。

3D显示技术是一项古老的技术，人们早在1838年就开始研究该技术了。1903年，科学家发现了"视差创造立体"的原理，即人的双眼所观察到的不同图像会被大脑整合在一起形成立体视觉。1915年，3D技术开始实用化，出现了立体电影。电视出现后，人们就开始研究怎样把3D技术应用于电视显示。在此过程中，所有观察静止图像或电影图像的3D显示技术，几乎全被应用到3D电视技术之中。

目前，3D电视技术分两大类：一类是需要戴3D眼镜才能观看的眼镜式3D技术，另一类是不需要戴眼镜观看的裸眼式3D技术。眼镜式3D电视又分主动快门式（SG）和偏光式（PR）两种，两者各具优劣势，均在不断地发展完善。裸眼式3D技术可分为透镜阵列、屏障栅栏和指向光源三种，每种技术的原理和成像效果都有一定的差别。目前，裸眼式3D技术主要还是被应用在大屏幕显示上。

制约3D电视发展的因素有三：一是节目源少，二是要戴3D眼镜观看，三是危害视力。目前已兴起的"2D转3D"技术，或可解决片源问题。而要克服戴眼镜观看的问题，就只有发展裸眼式3D技术。至于危害视力的问题，还在探索之中。

实际上3D电视并不只是一个显示终端，而是超越了电视机单品制造的范畴，是一条涵盖3D内容的制作、传输、存储以及外接设备等的产业链。只要民众有需求，此项产业便会迅速发展，不为科技进步的程度所决定，更不以开发商、经销商的意愿为转移。

我国于2012年元旦开始播出3D电视试验频道。该频道由中央电视台、北京广播电视台、上海广播电视台、天津广播电视台、江苏广播电视总台、深圳电视台等六部门联合开办。各台分栏目制作3D电视节目，由中央电视台统一播出。该频道在有线数字电视网中播出，凡有线数字电视用户，都可以通过具有 3D 功能的电视机和有线数字高清机顶盒进行收看。3D 电视频道在开办初期，免收收视费。

在我国，目前 3D 电视还只是服务于高端用户。因普通民众在电视机尚未达到更换时间时，是不急于将之更新成价格不菲的 3D 电视机的，而没有 3D 电视机就看不成 3D 电视，所以现在距离 3D 电视进入寻常百姓家还会有一段时间。

2. 元件材料及装配方法的进化

20 世纪 60 年代以前，半导体管尚不普及，电视机基本都是由电子管分立件组装。当时绝大部分的电视机都是黑白电视机，该种电视机体积庞大又笨重。图 11-7 所示为电子管分立件组装的电视机元件排列实体图。

图 11-7 电子管分立件组装的电视机元件排列实体图

1954 年，美国得克萨斯仪器公司研制出世界上第一台全半导体管电视接收机。半导体管电视机于 20 世纪 70 年代盛行，它们多采用分立件与印刷电路相结合的方法装配。

1966 年，美国无线电公司研制出集成电路电视机。1980 年，日本的彩电集成电路生产技术已达到国际最先进的水平。日本东芝公司相继推出 TA 四片 IC 生产技术和 TA 两片 IC（TA7680、TA7698）技术。1990 年，东芝公司又第一个推出单片彩电 IC A8690。之后，日本三洋、松下及荷兰飞利浦等公司也相继推出单片彩电集成电路产品。特别是飞利浦公司推出的 I2C 总线技术，使电视机线路简化、功能扩展、调试简单、成本降低。

20 世纪 80 年代以后，民用电视机基本都是彩色电视机，并普遍采用集成电路和印刷电路装配。

3. 显示器的进化

显示器的进化是从阴极射线管显示器进化到平板显示器。平板显示器种类繁多，电视显示中常用的有液晶显示器（LCD）、等离子显示器（PDP）和发光二极管（LED）显示屏。

（1）显像管（CRT）

1897年，德国物理学家布劳恩发明了阴极射线管（CRT）。在此基础上美籍俄裔科学家兹沃尔金于1929年成功研制出电视显像管。电视显像管是阴极射线管的一种，所以亦可被称为CRT。

电视显像管属电真空器件。它是在状如椎体细颈瓶的真空玻璃壳内封装有能发射电子的阴极、能使阴极发射的电子汇聚成束的加速阳极以及能改变电子束强弱的控制极，上述系统统称"电子枪"。电子枪对面的玻璃壳管壁上涂有薄层荧光粉，称"荧光屏"。当电子束飞速打到荧光屏上时，荧光粉就会发光，荧光屏的亮度随打到它上面的电子多少而变化。玻璃壳细颈处的外面装有垂直和水平两组偏转线圈，在它上面施加扫描电压，就能控制电子束打到荧光屏上的光点上下左右移动。如果在显像管的控制极上加图像视频信号，则可控制电子束强弱变化，从而使荧光屏上的光点亮度发生变化，再加上偏转线圈控制光点有规律地运动（扫描），则可使人们从荧光屏上观察到变化的黑白图像。图11-8所示为黑白显像管的结构示意图。

彩色显像管的结构、原理与黑白显像管相似，但比黑白显像管复杂得多。常见的有三枪三束彩色显像管和单枪三束彩色显像管。

三枪三束彩色显像管是按正三角形排列、构造完全相同的三个电子枪发出三支电子束，荧光屏上则涂有按正三角形排列的红、绿、蓝三色荧光粉。三支电子束的强弱分别受红、绿、蓝三个电压控制，它们分别打到荧光屏上的各自的荧光粉上，形成彩色图像。三枪三束彩色显像管中有一个特殊的结构即荫罩（shadow mask），荫罩是一块超薄钢板（厚0.08～0.25毫米），置于距荧光屏内表面10毫米左右的地方，上面有规律地排列着数十万个微小圆孔，每个小孔与荧光屏上的一个三色点组相对应。红、绿、蓝三支电子束从不同角度同时在荫罩孔处相交并通过，之后准确地打在相应的靶位上，使三色互不相混。因荫罩是三枪三束彩色显像管的关键部件，所以三枪三束彩色显像管也通称"荫罩管"。三枪三束彩色显像管的构造如图11-9所示。

单枪三束显像管有三个独立的阴极发出三支电子束，但三支电子束共用一个聚焦加速通道（电子枪发射通道）射向荧光屏。相当于一个枪口中发射三支电子束，故称"单枪三束"。三束电子纵向一字排列，荧光屏上红、绿、蓝荧光粉也是以纵

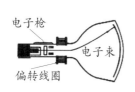

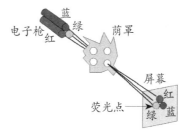

图 11-8　黑白显像管结构示意图　　　图 11-9　三枪三束彩色显像管的构造示意图

向条状涂覆在屏上的。在荧光屏的内侧有一块类似三枪三束中荫罩的金属板，它上面开有纵向窄隙，被称为"分色板"。其作用是使三支电子束只能轰击到各自的荧光粉条上。

　　三枪三束彩色显像管的三束电子会焦电路各自独立，结构复杂，调整麻烦。单枪三束显像管三束电子的会焦电路共用，结构简单，且透过率比三枪三束管高，其屏幕亮度也较高。但因三束共用一枪，所以会聚调整仍较麻烦，生产也较困难。但因其性能较为优越，所以基本取代了三枪三束彩色显像管。

　　世界上第一只三枪三束荫罩式彩色显像管是美国的 H. 洛于 1949 年研制出的。此后，单枪三束式彩色显像管又被美国的洛伦斯所发明。

　　我国第一只 35 厘米黑白显像管（"红光"牌 35SX）诞生在 1958 年，生产厂家为成都国营红光电子管厂。我国第一只彩色显像管诞生在 1978 年，生产厂家为陕西彩虹彩色显像管总厂。图 11-10 所示为我国生产的第一只彩色显像管。

　　早期显像管的荧光屏面呈球面状，我们称之为球面显像管，其显示屏如图 11-11 左

图 11-10　我国生产的第一只彩色显像管

图所示。这种显像管的图像会随着屏幕的形状弯曲，造成图像失真。为了减小球面屏幕四角的失真，日本研制出平面直角显像管，其显示屏如图 11-11 右图所示。其屏面虽也呈球面，但球面曲率半径大于 2 米，四角近似直角，所以四角失真程度减轻很多，使画面质量大为提高。

　　继平面直角显像管之后，又出现了柱面显像管。这种显像管的表面在水平方向

仍然略微凸起，但在垂直方向是笔直的。整个荧光屏呈圆柱状，故被称为柱面显像管，其显示屏如图 11-12 左图所示。柱面显像管由于实现了垂直方向的零弧度，所以几何失真更小。

随着人们对图像质量的要求越来越高，各显像管研制厂家也就不断地开发新技术。在柱面显像管之后，又出现了纯平显像管，其显示屏如图 11-12 右图所示。纯平显像管已不存在边缘的弯曲，最大限度地减少了图像畸变，色彩饱和度和对比度都十分理想。纯平显像管的可视角度可达 180°。

图 11-11　球面显示屏（左）及平面直角显示屏（右）

图 11-12　柱面显示屏（左）及纯平显示屏（右）

无论显像管的结构和质量怎样改进，但它毕竟是阴极射线管，有着体积大、笨重、电压高、耗能大及有 X 射线等致命弱点。所以自 2003 年起，日本就压缩甚至停止本土电视阴极射线显像管的生产。随着市场需求的急剧减少，阴极射线显像管逐步退出历史舞台。

（2）液晶显示器（LCD）

1888 年，奥地利植物学家发现了液晶材料。1968 年，美国无线电公司正式推出液晶显示（LCD）技术。

液晶是一种有机化合物，形态介于固体和液体之间，常态下呈液态。由于它的分子排列和固体晶体一样，非常规则，故取名液晶。如果给液晶施加一个电场，会改变它的分子排列。如果将它与偏光板配合，当改变液晶两端的电压时，就能改变它的透光度。

1973 年，日本声宝公司（即夏普公司）做出世界上第一台液晶显示设备，它被称为 TN-LCD（扭曲向列液晶显示器）。尽管它是单色显示，但仍被应用到计算器、电子表等领域。

20 世纪 80 年代，STN-LCD（超扭曲向列液晶显示器）出现，同时 TFT-LCD（薄膜晶体管液晶显示器）技术也被研发出来，但液晶技术仍未成熟，难以普及。到 20 世纪 80 年代末至 90 年代初，日本掌握了 STN-LCD 及 TFT-LCD 生产技术，LCD 工业才开始快速发展，并很快研制出彩色液晶显示器。从 1998 年开始，液晶显示技术进入台式机显示器的应用领域。

液晶显示器的优点是：画面精细、画质细腻、无几何失真及线性失真；可视面积大、视角宽、清晰度高、无闪烁；与阴极射线显像管相比，它有厚度薄、重量轻、耗电少、辐射低、寿命长等显著优势。于是在民用电视接收机领域，它基本取代了阴极射线显像管。

我国 LCD 产业起步于 20 世纪 80 年代初，到 20 世纪末，我国从事液晶产业的企事业单位已有上百家。到 21 世纪初，我国已经成为全世界最大的 TN-LCD 生产基地和主要的 STN-LCD 生产基地。

（3）等离子显示器（PDP）

1964 年，美国伊利诺斯大学就成功研制出等离子单色显示器，但直到 1993 年才实现了从单色灰度显示到全彩色显示的历史性跨越。

等离子显示器（PDP）是利用两块玻璃基板之间稀有气体放电产生紫外线，激发平板内各个独立的红、绿、蓝荧光粉，使之发光而呈现各种彩色影像。

等离子显示过程中没有电子束运动，不需要借助于电磁场，所以它不受外界电磁场的干扰。其优点是不会因观看角度变化而使颜色失真，且分辨率高、对比度好、色彩鲜艳明亮。此外，其厚度极薄、所占空间极小、重量很轻，可供壁挂式电视机使用。

2002 年 7 月，我国第一条全自动等离子彩色显示器生产线在天津新技术产业园区建成投产。到 2004 年，我国不仅掌握了具有自主知识产权的荫罩式等离子体显示技术，而且成功研制出 34 英寸高清晰、全彩色、荫罩式等离子体平板显示器。

当时，我国研制的等离子彩色显示器用的荧光粉及浆料已达到国际先进水平。

20世纪末，等离子显示技术和液晶显示技术开始成功地被应用于彩色电视机的显示屏。到21世纪初，两者已被广泛地应用于彩色电视接收机。它们有共同的特点：厚度薄、重量轻、耗电少、辐射小及色彩鲜艳明亮、画质细腻逼真。因此，它们逼退了阴极射线显像管。

经过一段时间的市场竞争，虽然等离子显示与液晶显示在技术上不相上下，但由于等离子显示无法实现小屏幕、使用寿命较短及价格较高等弊病，其目前的地位岌岌可危，有逐渐告别市场的趋势。

（4）LED显示屏

LED即半导体发光二极管。当给这种二极管的PN结上施加正向电压时，在电子与空穴复合的过程中会释放出过剩的能量而引起光子发射，这就可以发出各色的光。用这种发光二极管组成的显示屏称LED显示屏。

1970年，红、黄、绿三色低发光效率的LED已开始被应用于指示灯、数字和文字显示。由于LED的亮度高、工作电压低、功耗小，且性能稳定、寿命长，所以备受使用者的好评。为此，几十年来，LED产业发展迅速。目前，发光均匀、高亮度、全色化、高可靠性的各类LED产品相继问世。LED显示屏不仅可用于室内，还可用于室外，室外环境尤其能发挥其优势。LED显示屏的画面色彩鲜艳、立体感强，因此被广泛地应用于室外大屏幕电视和广告宣传领域。如美国拉斯维加斯弗雷蒙特街的巨型天幕用的就是LED显示屏。这是国外最大尺寸的彩色电视显示屏，其长为400米，宽为20米。

我国发展LED起步于20世纪70年代。20世纪80年代开始出现LED产业，不过当时都是从国外进口管芯，我们只从事后道封装生产。经过几十年的技术攻关及引进国外先进设备和部分关键技术，我国的LED生产技术已有了跨越性进展。2003年，我国启动了"国家半导体照明工程"。国家"863"计划对相关企业及研究机构投入相应的资金，在短短几年内，就使中国成为世界上最大的LED产品生产供应国，生产技术水平也基本与世界同步。

我国应用LED显示屏的典型工程有两处：一处是北京世贸天阶的大屏幕，建于2006年，其长为250米，宽为30米，当时居亚洲之首；另一处是苏州圆融时代

广场的巨型天幕（如图 11-13 所示），建于
2008 年，其长约为 500 米，宽为 32 米，为
世界之冠，其景观美轮美奂。

（5）屏幕尺寸变化

随着新显像元件的开发应用和人们文化
生活日益丰富的需要，电视机屏幕的尺寸不
再拘于传统的 21 英寸至 34 英寸，而是向大
屏幕和小屏幕发展。

图 11-13　苏州圆融时代广场的巨型天幕

● 大屏幕电视机：1972 年，日本研制出
彩色电视投影机。之后便出现了家用大屏幕背投电视机。背投电视的原理就是将安
装在机身内底部的投影机信号经过反射，投射到半透明的屏幕背面显像。背投电视
的种类根据投影机的不同而分为 LCD（液晶）和 DLP（数码光路处理器）两种。
LCD 背投电视性能优越，但价格昂贵。DLP 背投电视较为实惠，所以得到普及。

20 世纪 90 年代中期，随着我国居民住房条件的改善，40 英寸以上的大屏幕电
视悄然兴起。大屏幕有直观式和背投式两种，当时价格都比较昂贵。直到 1997 年，
消费级背投电视才出现在国内市场，使"大屏幕"电视逐步走进居民家庭。1999 年
9 月，国产长虹背投电视上市；21 世纪初，TCL、康佳等厂家相继推出 47 英寸以上
的直观式液晶电视机；这些都加速了大屏幕电视在我国的普及。

● 小屏幕电视机：1977 年，英国研制出第一批携带式电视机，迈出了电视机小
型化的第一步。1981 年，日本索尼公司研制出屏幕仅有 2.5 英寸的袖珍黑白电视机，
开创了电视机小型化的新纪元。

1995 年，日本索尼公司又推出手持式彩色电视机，屏幕尺寸约为 2 英寸，只有
手掌大小，重量仅为 280 克，用电池供电。此微型电视机的特点是以人体作为天线，
用户看电视时将两根引线套在脖子上，就能取得如室外天线的效果。这标志着小型
电视机开始实用化。

随着移动电视的发展，手持电视和手机电视迅速普及，市场上已出现了形形色
色的适应不同人群需要的各类小屏幕电视产品。

4. 接收制式的进化

随着电视制作和传输技术的数字化，接收设备的数字化也就成了必然。目前数字化传播的电视有四种，即无线数字电视、有线数字电视、卫星直播电视和网络电视。在数字电视刚实施之初，为使模拟电视机能接收数字电视信号，当时采用了以数字电视机顶盒（STB）为中介的措施。图 11-14 所示即卫星直播电视所用的接收天线和数字电视机顶盒。

图 11-14　卫星直播电视用的接收天线和数字电视机顶盒

数字电视机顶盒是一种能将数字电视信号转换成模拟电视信号的设备，转换后的模拟信号送入普通的电视机就能显示图像和发出声音。

目前的数字电视机顶盒已成为一种嵌入式计算设备。它具有完善的实时操作系统，提供强大的 CPU（中央处理器）计算能力，用来协调、控制机顶盒各部分硬件设施，并提供便于用户操作的图形界面。当机顶盒用于网络电视接收时，只要网络是双向的，就可通过机顶盒内部软件，使用户享受互联网浏览、视频点播、家庭电子商务及电话通信等多种服务。

数字电视机顶盒中包含的主要技术有：信道解码、信源解码、上行数据的调制编码、嵌入式 CPU、机顶盒软件、显示控制和加解扰等。

信道解码电路具备模拟电视机中高频头的作用，调谐范围包括卫星频道、地面电视频道、有线电视频道。信道解码还具备 QPSK、QAM、OFDM、VSB 等目前已有的调制方式的解调功能。

信源解码电路能对不同编码标准的数字压缩信号进行解码，如对进行过 MPEG-2 视频压缩、AC-3 或 MPEG-2 音频压缩的图像和声音信号解码，使之还原成原始的视频、音频信号。

上行数据的调制编码电路是为开展交互式应用而设的，用于解决上行数据的调制编码问题。

嵌入式 CPU 是数字电视机顶盒的核心，是嵌入式操作系统的运行平台，它要和操作系统一起完成网络管理、显示管理、条件接收管理、图文电视解码、数据解码、OSD（屏幕菜单式调节）、视频信号的上下变换等功能。

机顶盒软件包括硬件驱动层软件、嵌入式实时多任务操作系统、中间件和上层应用软件。除了音视频的解码由硬件实现外，电视内容的重现、操作界面的实现、数据广播业务的实现，机顶盒和个人计算机的互联以及和互联网的连接等都需要由软件来实现。硬件驱动层软件具有驱动硬件功能，如驱动射频解调器、传输解复用器、A/V 解码器、OSD、视频编码器等。嵌入式实时多任务操作系统相当于计算机中的DOS 和 Windows 操作系统，用户可以通过它进行人机对话，使设备完成用户下达的指令。指令接收采用多种方式，如键盘、鼠标、语音、触摸屏、红外遥控器等。中间件提供开放式业务平台，以保证机顶盒的扩展性。上层应用软件可执行服务商提供的各种服务功能，如电子节目指南、视频点播、数据广播、IP 电话和可视电话等。上层应用软件具有通用性，可用于各种数字电视机顶盒的硬件平台。

显示控制能使低分辨率的模拟电视机显示高分辨率的 HDTV 和上网的 VESA 格式。为保证活动画面质量，要用到复杂的技术才能实现。这些都由数字电视机顶盒中的专用芯片来完成。

加解扰技术就是对数字节目进行加密和解密，用于条件接收。[①]

5. 功能的进化

早期的电视机只有单一的收视功能，并且只能收看几个台。那时的电视机无论是进行频道转换、选台微调，还是画面质量调节，以及音量控制等全是手动操作。

20 世纪 80 年代，电视机的操作开始出现了遥控。遥控器成了电视机必备的附属设施。遥控系统的复杂程度不亚于电视信号的接收。

有线电视的出现，更显出遥控设备的重要性，几十个台候选，单凭手动操作恐怕就失去了有线电视能收看多套节目的优势。这时遥控器的功能也有所增加，诸如自动寻台、自动微调、自动存储、锁定、回看、画面质量调整、定时开关机等已成为遥控器的必备项目。

到 21 世纪初，互联网技术和计算机技术飞速发展并渗入越来越多的家庭，这

---

① 杜春贵、崔玉方、刘斌：《数字电视机顶盒工作原理综述》，《电子报》，2011 年 5 月 8 日。

就使电视机由单一的收视功能逐渐向多功能转化。

2008 年以后，大数据、云计算及网络领域的新技术层出不穷，令人目不暇接。广播电视系统一直将新技术迅速融入自己的领域，所以凡领导前沿的新技术总是在第一时间被引入广电系统。在电视接收机领域，就先后出现了网络电视机、智能电视机以及智能云电视机等。

网络电视机出现在 2009 年，它就是在电视机内加了内置机顶盒，外部加装了网络接口，可以通过网线连接到互联网。它必须安装供应商提供的相应软件，才能在网上进行在线浏览电视剧和电影。因它没有相应的处理器支撑，所以它不是一个开放式平台，应用范围受运营商的左右。

2010 年，出现了智能电视机。它是装有处理器和操作系统的电视机，是一个全开放式平台。用户可自行安装和卸载软件及加载各种专门开发的应用程序，可持续对电视机的功能进行扩充和升级。

智能电视是一个既具有计算机基本功能又具有电视机全套功能的新型媒体终端。它具备宽带接入能力，可以实现网上搜索、观看网络电视、进行视频点播（VOD）、聆听数字音乐、搜寻网络新闻以及进行网络视频电话等，还可以从视音频设备（AV）、个人计算机（PC）等多渠道获取节目内容，在电视机上播放。智能电视机已超出单一电子收视产品的界定，而成为搭载于开放性操作系统基础之上，融入高科技人机互动技术，集多功能为一体的智能电子设备。

智能电视机是继计算机、手机之后的第三种信息访问终端。它为用户打造了一个可加载无限内容、拓展无限应用的开放系统平台，使电视机追随潮流、永不落伍，成为新时代家庭必备的多媒体终端。

当然，智能电视机在实际应用中尚有不足，那就是以遥控器代替鼠标和键盘，操作能力有一定的局限性；还有就是供智能电视选择的应用程序数量较少，选择余地有限。不过这些都在逐步改善。

智能云电视的概念出现在 2010 年。它是应用云计算、云存储技术的电视产品，是云设备的一种。它利用海量存储、远程控制等应用优势，实现软件更新和内容扩展。用户不需要为自家的电视进行任何升级、资源下载，只需将电视连上互联网，就可即时实现最新应用和海量的资源共享，随时从网上调取自己所需的资源或信息。

二、我国电视机产业的发展历程

1958 年，我国实现了电视播出，从此也就有了电视机制造产业。那时我国搞经济建设的指导思想是"自力更生、艰苦奋斗、奋发图强"。我国电视机制造产业就是在这种历史背景下诞生的。

为了电视试验播出，1957 年 4 月，我国第二机械工业部第十局把研制电视接收机的任务交给国营天津无线电厂（即天津国营 712 厂，后改为天津通信广播公司）。因当时我国电视事业准备按苏联及东欧的模式发展，所以该厂便仿照苏联的旗帜牌电视机研制我国的电视机。经过近一年的努力，于 1958 年 3 月 17 日，我国第一台电视接收机实地接收试验成功。该台电视机是 14 英寸电子管黑白电视机，定名为北京牌820 型，被誉为"华夏第一屏"，如图 11-15 所示。

图 11-15　我国第一台电视接收机

国产电视机虽研制成功，但并未马上投产上市。在北京电视台刚开播之时，北京市只有不足 100 台电视机，其中有 1956 年日本工业展览会后被我国留购的 50 部黑白电视机，它们被安置于市内各区的文化馆内，每晚供群众观看。[1]

1958 年 7 月 24 日，上海电视机厂（上海广电集团有限公司的前身）成功研制出上海牌 101 型 17 英寸电子管黑白电视接收机。1960 年，该厂开始批量生产上海牌 104 型黑白电视机。

当时正值国民经济困难时期，民众温饱尚难解决，对电视机基本没有需求。当时电视机的价格也比较昂贵，如北京牌电视机每台售价 700 元，相当于一个普通工人　年的工资。当时电视机被看成是奢侈品，不被一般家庭所接受。那时北京牌电视机的产量也不高，年产量只有 200 台。

1970 年 12 月 26 日，国营天津无线电厂（712 厂）又研制出我国第一台北京牌彩色电视机，从此我国彩电制造业开始起步。

---

[1] 刘洪才、邸世杰主编：《广播电影电视专业技术发展简史（上 广播电视）》，北京：中国广播电视出版社，2007 年，第 41 页。

因当时彩色显像管等主要部件都需从国外进口，再加上计划经济的制约，所以我国彩电生产发展缓慢，当时电视机的年产量仅为1万台。

1973年春，我国开始了彩色电视播出。此时人们开始逐渐喜爱电视这一传媒形式。当时国民经济也有所好转，人们的生活水平也有所提高，所以电视机（主要是黑白电视机）开始进入家庭。图11-16所示为20世纪70年代商店里出售的电视机（基本都是黑白电视机）。

1978年，我国开始实行改革开放政策。当年，经国家批准，上海电视机厂从国外引进全国第一条彩电生产线。该生产线于1982年10月正式投产，生产金星牌彩色电视机。同一年，北京无线电器材厂又从日本引进生产线，于1983年建成投产，生产牡丹牌彩色电视机。此后，国内各电视机生产厂家相继引进国外彩电生产线，大小共100多条。当时国内第一个彩色显像管厂——位于咸阳的彩虹彩色显像管厂也已投产，这就彻底改变了我国彩电显像管依靠进口的局面。由于引进的生产线技术先进并且主要元件不再依靠进口，所以我国彩电生产有了长足的发展。图11-17所示为国内彩色显像管生产线。

图11-16　20世纪70年代商店里出售的电视机　　　图11-17　国内彩色显像管生产线

此段时间，我国的彩电生产业也开始出现合资企业。如福建省和日本国株式会社日立制作所合资成立的福日电视机有限公司就是中国电子行业第一家中外合资企业，该公司创建于1981年，也是国内首批生产彩电的厂家之一，生产福日牌彩色电视机。

1984年，电子工业部做出加速彩电国产化步伐的决策，实施彩电国产化"一条龙"工程。1985年，国家经贸委把彩电国产化列为全国12项重大消化引进项目之一，对彩电国产化的技术引进、技术改造及科技开发，从政策和资金上给予重点扶持。

在 1981 年至 1985 年的短短 5 年时间里，全国共引进 113 条彩电装配生产线，遍布 26 个省、自治区、直辖市。在此引进大潮中，诞生了诸多为国人所熟知的电视机品牌，如长虹、TCL、康佳等。

1982 年至 1985 年间，国内多个无线电制造厂家都投入彩色电视机生产行列，国产彩电进入品牌竞争时代。当时主要产品品牌有：熊猫、金星、北京、牡丹、昆仑、凯歌、如意、飞跃等。其中牡丹、金星两个品牌的彩色电视机最为民众所青睐。

20 世纪 80 年代中期以前，由于我国民众消费能力有限，所以电视机普及率很低。据统计，1985 年我国城市每百户拥有电视机不足 17 台，农村每百户拥有电视机不足 1 台。正因为电视机为稀罕物件，所以有电视机的家庭在电视播出时段，往往会集聚许多人观看电视，如图 11-18 所示。

图 11-18　城镇居民多人围看电视的场景

20 世纪 80 年代中期以后，由于我国提出"四级办广播电视"的方针，所以全国各地纷纷成立了电视台及建立了转播台。改革开放也使人们生活渐显富足，所以看电视也就逐渐成为老百姓日常生活的重要组成部分。因此，人们对彩电的需求量逐渐加大。虽然当时彩电的价格还比较昂贵，相当于一个普通工人 2 至 3 年的工资，但欲购者仍不乏其人。当时的彩色电视机供不应求，甚至出现"凭票购买"的状况。这预示着中国彩电市场的前景广阔。

正是由于看到了中国市场的巨大潜力，所以外国产品开始大量涌进中国，其中以日本产品居首。当时的外国品牌主要有日本的日立、东芝、松下、索尼、夏普及荷兰的飞利浦等。

1986 年以后，我国电视机市场开始了大规模的从黑白电视到彩色电视的更新换代。当时彩电的价格仍偏高，普通市民买一台彩电，往往需要耗掉几年的积蓄。

此时国产彩电制造业发展迅猛。1987 年，我国电视机产量已近 2000 万台，我国超过了日本，成为世界上最大的电视机生产国。[1]

但由于技术等原因，我国生产的彩色电视机在性能及质量方面尚难满足国内消费市场的需求，所以日系彩电产品凭借其品牌和性能优势，仍大量占据着中国彩电市场。

1989年下半年，我国出台了彩电降价政策。从此，国产彩电摆脱了计划经济的束缚，企业取得了对自己产品营销的主动权。

1991年，国家正式放开彩电价格。国产彩电降价，以价格优势占领了国内低端市场（大众市场）。此后，国产彩电不断降价，使彩电在中国得以普及，也逐渐走进农民家庭，如图11-19所示。至此，彩色电视机这一紧俏商品快速进入供过于求的局面。相关部门提供的资料表明：1995年，城镇居民每百户的彩电拥有率为90%，农村居民每百户彩电的拥有率接近16%。[2]

图11-19　20世纪90年代彩色电视开始走进农民家庭

在此阶段，中国彩电制造业的竞争也异常激烈。有些中国品牌在竞争中退出市场，有的则在竞争中生存下来。到20世纪90年代中期，全国只剩长虹、康佳、创维、TCL、厦华、海信、海尔、金星、熊猫、北京、福日、彩虹等不到100个品牌彩电的生产企业。

1996年，中国品牌通过价格战将外国品牌大量的市场份额夺回手中。

1997年，消费级背投电视出现在国内市场，从此"大屏幕"电视在中国人心中占据了越来越重要的位置，之后便开始普及。这一年，我国已形成年产彩色电视机3000万台的生产能力，出口量约为500万台。我国的产品质量和技术水平均已进入国际先进行列，国内市场占有率已超过90%。

[1] 金文中、李建新编著：《广播影视科技发展史概略》，北京：中国广播电视出版社，2013年，第127页。
[2] 中国机电商会视听产品分会:《我国彩色电视机出口情况和发展趋势》，《电子标准化与质量》，1997年第4期。

1999 年，等离子彩电出现在国内市场。当时 40 英寸等离子彩电的价格高达十几万元。

1999 年至 2001 年，中国品牌依靠价格战在国内市场占据了有利位置，迫使洋品牌开始主攻高端市场。此阶段国内市场上的电视机基本以电子显像管电视机为主，而外国品牌则以平面显示器电视机为主，如日本索尼、夏普，韩国 LG、三星等品牌在液晶电视、等离子电视方面都处于主导地位。

2002 年以后，土洋品牌展开了全面竞争。国产彩电企业除了继续保持在低端市场的优势外，部分企业在高端市场也具备了同洋品牌竞争的能力。如长虹、TCL、海尔等企业就陆续开始助推平板电视的普及。虽日、韩产品仍在液晶、等离子电视的高端市场占主导地位，但中国品牌在高端市场的发力，也迫使一直占据高端市场的洋品牌电视降价，并且越来越多的低价合资平板电视也开始出现在国内市场。

21 世纪初，液晶电视、等离子电视开始逐步进入我国家庭。到 2004 年 10 月，平板电视在国内几个主要大城市的销售额首次超过了显像管彩电。

2005 年是液晶与等离子电视发展最迅速的一年。当时的等离子、液晶电视还不能做到高清，而且价格也很贵，一台 32 英寸的等离子或液晶电视就要卖到万元以上。

2007 年 4 月 28 日，中国第一条本土投资的等离子显示屏生产线在四川绵阳正式建设启动。同年 9 月 19 日，中国彩电业第一条液晶模组生产线在海信开工投产。

2007 年以后，大屏幕、全高清成为销售热点。尤其是 2008 年北京举办奥运会，使平板电视的发展遇到了契机。全高清电视、可录电视、支持 USB 流媒体等各具特色的电视比比皆是，逐渐成为市场的热点。2008 年，价格可为一般消费者所接受的高清或标清等离子、液晶电视出现在市场上，其中不但有外国品牌，而且有合资和中国品牌。

由于互联网的影响，传统彩电生产行业开始调整产品结构。2009 年，继数字机顶盒盛产之后，各类网络电视机开始出现。2010 年之后，国内彩电企业又推出 3D 电视、4K 电视、各种智能电视及智能云电视等新产品。图 11-20 所示为国产

图 11-20　国产（TCL）4K 超高清智能电视机

（TCL）4K 超高清智能电视机。

2014 年，智能电视已成了消费市场的销售热点。当年我国共销售了 3000 万台智能电视。中国已拥有全球最大的智能电视市场。

结　语

无线电视是直线传播的，覆盖范围只在视线距离内。电视兴起之初，常用加大发射功率、加高发射天线和建差转台的方法扩大电视覆盖，但这些都有各自的局限性。实际上扩大电视覆盖的最好办法是建转播台。但制约转播台发展的因素是信号源的获取。

微波传输技术和卫星传输技术的兴起，解决了信号源远距离传输问题。因此，到 20 世纪 90 年代，我国已建成了一个庞大的无线电视覆盖网。之后，我国又兴起有线电视，并很快就在全国建起了有线电视覆盖网。到 21 世纪初，卫星直播、互联网传输等相继兴起，使我国的电视覆盖形成了"天上一颗星（通信卫星），地上两条线（微波传输干线、光纤传输干线），地面三张网（无线覆盖网、有线覆盖网、互联网）"的覆盖格局。其覆盖手段之全、覆盖面之广位居世界前列。

电视传播新闻的最后环节是电视接收机。它能将任何形式的电视节目信号还原成声音和图像供人们观看。

电视接收机的发展进程是：画面由黑白到彩色；清晰度由标清到高清又到超高清；画面显示由平面（2D）到立体（3D）；显示元件由阴极射线管到平面显示器；整机组成元件由电子管到半导体管再到集成电路；接收制式由模拟到数字；功能由单一收视到多媒体。

1978 年，我国实行改革开放政策以后，我国的电视机制造行业开始腾飞。目前，我国已能生产各种标清或高清等离子、液晶及 LED 电视，并且能生产各种网络电视、3D 电视、4K 电视及各种智能电视和智能云电视。我国电视机制造业保持着与世界先进国家同步发展的态势。

第十二章
广播电视的监管与监测技术

Chapter 12
Supervising and Monitoring Technologies of Radio and Television

广播电视具有天然的意识形态属性。它们自诞生之日起，就因其对社会具有广泛的影响力而受到政府的严格管理。从台站设立的许可到事业发展的规划，无一不被纳入政府的监管之中。检查监管效果的手段是监测。随着技术的进步，监测工作从依靠收听收看进行主观评价，到应用仪器设备进行客观监测，逐步形成了一个相对完善的监测体系。

监管需要法规，监测需要技术。广播电视监管监测事业随着广播电视事业的发展，随着技术的进步，随着管理体制的变革，走出了极具中国特色的发展之路。

第一节　监管法规的沿革

一、清末民初有关无线电管理的法令法规

因无线电的特点是传播范围广和传播速度快，所以无论是将它用于通信还是用于广播，都会对社会的稳定及国家的安全产生不可低估的影响，所以历代政府都对其管理极为重视。从清朝末年无线电传入我国以来，清政府对无线电的政策是：原则上不经过批准，任何外国和外国人不得在中国设立无线电台，不得私自收发无线

电报。①

1915 年 4 月，当时执政的北洋政府便公布了中国历史上第一个无线电法令《电信条例》。该法令规定无线电器材属于军用品，非经特别许可不得自由输入我国，同时禁止外国人在中国境内私自设立无线电台，收发无线电报。

1923 年，美国无线电商人奥斯邦在上海私设的中国第一座广播电台就因触犯了北洋政府的相关法令而被勒令关闭。

1924 年 8 月，北洋政府交通部公布《装用广播无线电接收机暂行规则》，这是中国历史上第一个关于无线电广播的法令。②

1923 年，奉系军阀张作霖管辖的东三省在奉天（沈阳）成立了东北无线电长途电话监督处，后改称东北无线电监督处。这是我国早期的地区性无线电广播管理机构。1926 年 10 月，该无线电监督处先后颁发了《无线电广播条例》《装设广播无线电收听器规则》和《运销广播无线电收听器规则》等三个法规。

此三个法规放松了对经营无线电台的限制，有条件地允许民间使用收音机，允许无线电台的发展，但仍严禁民间私设广播电台及进口无线电材料，同时规定设立电台必须经政府部门严格审批。刘瀚主持成立的哈尔滨广播无线电台，就是执行了此程序，经有关部门审批，合法注册的。图 12-1 所示为该台当时上报的呈文。③

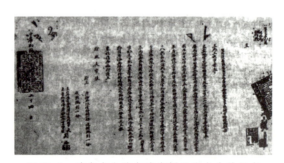

图 12-1　请求成立哈尔滨广播无线电台的呈文

1927 年之前，全国广播事业的发展属于初期阶段，发射机功率小、播音时间短，加上民间收音机也较少，所以广播对大众的影响有限。当时，由于缺乏监管手段，

---

① 赵玉明主编：《中国广播电视史》，广州：南方日报出版社，2008 年，第 5 页。
② 赵玉明主编：《中国广播电视史》，广州：南方日报出版社，2008 年，第 6 页。
③ 赵玉明主编：《中国广播电视史》，广州：南方日报出版社，2008 年，第 8 页。

政府出台的各项规定和政策的执行效果并不理想，加上军阀割据，时局动荡，所以政府对广播的管理是不力的。

二、国民政府时期的无线电管理法令法规

1928 年 7 月，国民政府公布了《中华民国无线电台管理条例》，允许民间设立广播无线电台。此后，有关民营广播电台的建设、播音频率的分配、功率的核准、收音机登记及无线电材料进口等均归国民政府交通部管理，开启了民国广播事业管理的新阶段。1931 年 4 月 10 日，国民政府交通部公布实施《装设广播无线电收音机登记暂行办法》，并附有《登记须知》和《广播无线电收音机登记声明书》，规定：凡欲装收音机者，均应登记；收音机内的装置，不得任意变更，作为发报或发话之用。购买收音机虽须依法登记，但收听并不征收费用。

1932 年 11 月 24 日，国民政府交通部公布了《民营广播无线电台暂行取缔规则》，对电台设置、执照、呼号、频率、内容以及处罚等进行严格规定，对外商电台的设立采取严格审批政策，而对已经存在的外商电台则采取了逐步取缔的做法。到 1937 年前这一阶段，在中国存在的外商电台数量逐步减少。

1936 年 2 月 20 日，国民党"中央广播事业指导委员会"正式成立并召开第一次会议。此后至 1946 年 9 月 17 日的十年间，该委员会共开会 30 次，订立了多种法规，其中重要的法规有：《全国广播电台系统及分配办法》（1937 年 3 月 13 日），它分为电台种类、电台区域、频率及呼号规定 4 项；《指导全国广播电台播送办法》（1936 年 10 月 28 日），它分为编排节目、节目内容、播送时间与附则 4 项；《播音节目内容审查标准》（1937 年 4 月 12 日），共 10 条，规定了各广播电台的演说、歌曲、唱词及广告等所有节目中所不得播放的内容；《民营广播电台违背〈指导全国广播电台播送办法〉之处分简则》（1937 年 4 月 12 日），明确规定电台警告、停播、取消执照的处分标准。此外，国民政府还通过实施了《征收收音机执照案》《收音机及零件自力供给案》《推进收音事业案》和《加强旧台电力、添建新台及抗御播音侵略案》等。

1935 年至 1936 年间，国民政府虽然加强了对广播事业的管理，但收效甚微。

民营电台处于无规划发展状态，仅上海一地中波频段就有数十座电台，造成电台之间因相互干扰而导致声音失真等现象。

当时的民营电台节目内容贫乏，竞相招徕广告而不惜以低级趣味迎合听众。外国人在租界内任意设置电台，常做损害我国国家利益、诋毁我国国民形象的负面报道。

1936 年 1 月，"中央广播电台管理处"扩大改组为"中央广播行业（事业）管理处"，负起政令传播、文化教育及新闻报道等任务。鉴于上述乱象，中央广播行业（事业）管理处函请行政院，通知各省市公、民营电台，从 4 月 26 日起，一律在规定的时间转播"中央电台"的节目，这是中国广播史上地方台转播中央台节目的开端。

1937 年七七事变之后，国民政府西迁重庆。

1938 年，日本侵略者在上海设立"广播无线电监督处"，勒令各民营电台进行登记。1942 年 12 月，日军进驻租界后，上海的民营电台均被查封。伪"广播事业协会"以每台 5000 至 1 万元不等的价格强迫收买，并通知凡有收音机者进行登记，按月缴纳收听费，并规定将收音机内接收短波的线路一律拆除。

1945 年 8 月 15 日，日本无条件投降，中国抗日战争取得全面胜利。国民政府派员来南京接收了汪伪中央广播电台，国民党中央广播电台于1946 年 5 月迁回南京。1946 年 12 月，中国广播公司成立，并于 1947 年起代政府行传播政令任务。

三、中华人民共和国成立之初中共中央发布的有关电台管理的法令法规

1948 年，中华人民共和国成立前夕，中共中央发布《对新解放城市中原有之广播电台及其人员的政策决定》，规定"新中国之广播事业，应归国家经营，禁止私营"，政府以赎买的方式消灭了私营广播。

1949 年 6 月 5 日，受中共中央宣传部领导的中央广播事业管理处成立，负责管理和领导全国广播事业。1949 年 12 月，中央广播事业管理处改组为中央广播事业局，成为中国广播事业长期的管理机构，职权主要是领导和指导全国各地广播电台。

1950 年，新闻总署召开京津新闻工作者会议，确立了中央人民广播电台"发布新闻、社会教育和文化娱乐为主"的发展方向。会议指出：全国与世界性重要新闻以新华社为主要来源，不得采用国外通讯社的消息；对全国、对国际的广播集中于中央人民广播电台。中央人民广播电台成为亿万人民了解国家大事以及党和国家大政方针、时政信息的重要来源。

1956 年 5 月 28 日，刘少奇在听取中央广播事业局工作汇报后，代表中央对广播事业发展规划提出了系统意见，主要是：依靠群众发展农村有线广播；加强对外广播；要尽快创办电视；降低收音机、广播喇叭、广播扩音器的售价；广播系统独立负责自己的技术工作，应采用新技术，培养专门人才；广播宣传要密切联系人民的思想和生活需要；等等。[①] 这次指示成为之后数十年广播电视发展的基本章程。

1958 年，第五次全国广播工作会议提出了广播的三大任务是宣传政治、普及知识、文化娱乐，鲜明地赋予了广播的意识形态属性。

1966 年 3 月至 4 月，第九次全国广播工作会议召开。中央几位主要领导到会讲话，强调确保广播电台的绝对安全，保证党对广播电台的绝对领导。

从 1949 年到 1966 年，中国虽经历了多次政治运动，但广播电视事业仍在曲折中发展。这 17 年里，共召开过 9 次全国性广播工作会议，每次会议都根据当时的政治形势和事业发展的需求，提出今后的工作重点。经年累积，我国逐步建立了相对完整的广播事业发展框架和管理体系，奠定了广播电视事业的发展基础。

当时的政策是：地方广播电台归各地方政府管理，但在大政方针、具体业务和事业建设方面接受中央广播事业局的领导。这些规定成为中国广播电视事业管理工作长期遵循的原则，也被称为"条块结合"的管理体制。

1966 年至 1976 年，我国广播电视事业受到重创，但技术事业的发展仍在缓步前行。在此期间，全国各省、自治区、直辖市都建立了电视台，并于 1973 年开播了彩色电视。

---

① 郭镇之著：《中外广播电视史》，上海：复旦大学出版社，2016 年，第 173 页。

四、改革开放后中共中央发布的有关广播电视管理的法令法规

1978年12月，中共中央第十一届三中全会召开，正式确立了以经济建设为中心的改革开放总方针。

1980年10月，在与第九次全国广播工作会议相隔14年后，中央广播事业局在北京召开了第十次全国广播工作会议。这次会议强调了广播电视宣传的中心任务是为经济建设服务，为四个现代化服务。会议还强调广播电视事业建设"要把加速发展电视放在优先地位"，同时决定发展中国的卫星转播。

1981年3月19日，中共中央书记处开会，讨论了对广播电视工作的指导方针，提出"不能搞精神污染"的要求。

1982年9月1日，从中国共产党第十二次全国代表大会开始，有关部门将重大新闻的发布从中央人民广播电台每晚8时首播的《各地人民广播电台联播》，提前到中央电视台每晚7时首播的《新闻联播》。这使电视的地位空前提高，使电视一跃成为发布重大国事新闻的第一媒体。

1983年3月，第十一次全国广播电视工作会议召开，确立了中央、省、地（市）、县"四级办广播，四级办电视，四级混合覆盖"的方针；并决定发射通信卫星，发展卫星广播及发展调频广播，把调频广播作为对内广播的主要覆盖手段。

"四级办"政策调动了全国各地方办广播电视的积极性，促进了广播电视事业的大发展。但接踵而来的是电视机构数量增多，继而凸显了电视节目制作能力的严重不足。基于此，部分基层广播电视机构在市场竞争的压力下，开始忽视对中央及省、自治区、直辖市级电视台节目的转播，而去播放有利可图的境外电视连续剧。广播电视播出机构出现了"小、散"的现象，播出节目出现了"滥"的现象，这就使管理工作变得日益复杂。"治散治滥"成为当时政府部门整治擅自建台、滥播滥放行为的行政手段。

1989年11月，广播电影电视部（编者注：1982年5月4日，中央广播事业局改称广播电视部；1986年1月20日，广播电视部又改称广播电影电视部；之后又几次易名。本文以下的称谓皆按当时的称谓）在上海召开了第一次全国广播电视监测工作会议，部署了全国广播电视监测发展规划，通过了《建立全国广播电视监测

网的决定》。

1995 年 9 月，第二次全国广播电视监测工作会议在北京召开。会议讨论通过了《全国广播电视监测网总体规划》，明确了监测工作的地位、性质和任务，并确定了 2000 年前要实现的目标。

1996 年，中共中央办公厅、国务院办公厅联合印发了《关于加强新闻出版广播电视业管理的通知》，为广播电视"治散治滥"定下了基调。从 1997 年开始，县级广播电视播出机构实现了广播电台、电视台、有线台的三台合并。

到 1998 年底，全国地市级以上广播电台有 298 座，电视台有 343 座，有线广播电视台有 217 座，县级广播电视台有 1287 座，教育电视台有 75 座，企业电视台全部改为广播电视站。[1] 到 1999 年，经广播电影电视总局检查统计，播出机构比治理前实际存在的数量减少了 68%。[2]

之后，广电总局进一步规定各省、自治区、直辖市的有线电视台和无线电视台合二为一，形成一个统一的播出实体。

1997 年 8 月 1 日，《广播电视管理条例》（国务院第 228 号令）颁布实施，明确规定各级广播电视台站禁止制作、播放"危害国家统一、领土完整；危害国家安全、荣誉和利益；煽动民族分裂、破坏民族团结；泄露国家秘密；诽谤、侮辱他人；宣扬淫秽、迷信及渲染暴力；现行法律、法规明令禁止"等内容的节目。

2001 年 7 月 1 日以后，我国在管理和技术体制上，实现了"广播电影电视三位一体、有线无线教育三台合并、省地（市）县三级贯通"的基本设想；在播出内容上实现了以中央节目为主、省级节目为辅、地（市）级节目少量存在及县级节目保留极小一部分的基本设想。

2001 年，国家广电总局通过了《2001 年至 2010 年广播影视事业发展计划纲要》，提出建立健全现代化的广播电视监测体系、网络安全保障和质量监督体系，要求制订并实施全国无线、有线、卫星广播电视监测网规划，建立以总局监测台为主体、地方监测台（站）为补充，本地与远程遥控相结合的我国广播电视监测网，

---

[1] 赵玉明主编：《中国广播电视通史》，北京：中国广播影视出版社，2014 年，第 370 页。
[2] 郭镇之著：《中外广播电视史》，上海：复旦大学出版社，2016 年，第 236 页。

对无线、有线、卫星等多种传输手段及对内、对外和外台对华广播电视节目进行全方位的监测。

这个时期，我国还编制了《全国广播电视监测网"十五"规划和2010年远景规划》，要求确保监测工作的独立性、公正性和权威性。监测台站由行政部门直接领导，不得附设于播出、传输和发射部门之内。

2004年至2011年，国家广电总局为加强广播电视广告的管理，相继发布了《广播电视广告播放管理暂行办法》（17号令，2004年1月1日起施行）、《广播电视广告播出管理办法》（61号令，2009年9月8日发布）及《〈广播电视广告播出管理办法〉的补充规定》（66号令，2011年11月25日发布）。这些政令对广播电视广告的播出起到了一定的规范和约束作用。

面对海量的广播电视节目，要将上述硬性规章制度落地抓实，单靠人工收听收看，效率非常低下。有些台站在节目内容上打擦边球，这是对管理部门在内容监管方面提出的挑战。针对不同时期的主要问题，国家出台了一系列监管规章，以求规范广播电视播出内容，使广播电视成为有社会主义特色的精神文明主阵地。

发展广播电视监测监管事业，已成为政府职能转变的重要承力点。监测和监管部门由裁判员兼运动员的角色向专职裁判员转变，将更有利于对广播电视行业进行公平、公正的监督和评价。

2009年12月4日，国家广电总局发布了《广播电视安全播出管理规定》（62号令）及10个专业实施细则，指出：广播影视行政部门要履行广播电视安全播出监督管理职责，设立广播电视监测、指挥调度机构，负责广播电视信号监测、安全播出保障体系建设、安全播出风险评估、安全播出日常管理及应急指挥调度的具体工作。广播电视监测、指挥调度机构应安排专人实行24小时值班，了解与安全播出有关的突发事件，及时向广播影视行政部门报告，以谋求处理措施及事故补救手段。要建立健全技术监测系统，避免漏监、错监；建立健全指挥调度系统，保证快速、准确地发布预警和调度指令。

与传统广播电视技术相比较，互联网技术更是发展迅速。自1994年中国全功能接入因特网，中国的信息化建设快速发展起来。1997年，门户网站的概念被引入我国，互联网正式成为一种独立的媒体。

2008 年 1 月 18 日，国务院办公厅转发国家发展和改革委员会等部门《关于鼓励数字电视产业发展若干政策的通知》（国办发〔2008〕1 号），鼓励广播电视机构利用国家公共通信网和广电网开展增值业务，鼓励国有电信企业参与数字电视基础网建设，为"三网融合"的发展提供政策支持。

2008 年 1 月 31 日，信息产业部（后被整合划入工业和信息化部）和国家广电总局联合发布《互联网视听节目管理规定》，成为网络电视在互联网传播的法律依据。这也是为促进"三网融合"所出台的法律法规。

第二节　我国广播电视监测事业的发展历程

侦听工作是监测工作的前身。早在 1931 年 1 月，中央苏区红军就利用反"围剿"中缴获的电台（收报机），每天侦听敌人电台通信情况，为当时的红军领导提供信息，供他们指挥战斗时参考。1945 年 8 月 10 日，国民党中央广播电台在重庆歇台子的收音站侦听到日本投降的决定，立即以最快的方式予以报道。这些都是监测系统得以实际应用的实例。

我国监测事业的兴起和发展是在中华人民共和国成立之后，是由建立广播监测台起步的。

一、建立广播监测台

1. 上海553台

1952 年 4 月，在国际广播组织（OIR）第 26 次理事会上，苏联代表向我国代表提出要在我国华南地区建第三区（亚洲、大洋洲）收测站的建议。相关部门进行实地考察，感到华南地区的建台条件和收测环境不如华东地区的南京、上海好，经请示周恩来总理并获得同意后，决定将收测站建在上海，定名为"15 号工地"。

该项目由苏联邮电部国家联合设计院进行整体设计。工程于 1952 年 9 月动工，1955 年 9 月竣工，建成后定名为"上海 512 广播监测台"（简称"512 台"）。该台的设备及维护经费均由国际广播组织提供，领导和管理则由我国中央广播事业局负责。

512 台自成立之日起,就执行国际广播组织交给的任务,定期为布拉格技术中心站和会员国提供相关的长、中、短波广播频率的稳定度、可听度、场强以及频谱负荷等收测资料。

512 台除定期完成国际广播组织交给的收测及资料汇集出版任务外,还完成中央广播事业局布置的收测任务:(1)每天收测中央台和国际台(对外名称为北京广播电台)的广播质量和收听效果,并测量两台的调幅度和频率稳定度及定期测量场强。如发现较大异常,便及时汇报中央广播事业局相关部门。(2)定期收测全国各地方广播电台的可听度、调幅度及频率稳定度,收测记录定期上报中央广播事业局无线电台管理处。如偏差过大,还要及时通知被测台。(3)每天收测中国台湾广播电台以及"美国之音"、BBC、境外华语广播电台的可听度、播音时间、使用频率,并定期测其场强。如发现问题及时上报中央广播事业局相关部门。

1957 年,该台还完成了收测苏联发射的第一颗、第二颗人造地球卫星信号的任务。

20 世纪 60 年代中期,中苏关系恶化。苏联对我国的俄语广播突然施加人为干扰,致使其不能在莫斯科地区落地。鉴于此,1965 年 5 月,借中苏广播合作协定期满之机,我方终止了 512 台承担的国际广播组织交给的收测任务。此后,512 台便以对国内广播的监测为主要任务,开始对中央各直属发射台全部频率的播出质量和收听效果进行监测。这时的 512 台已成为我国第一座完全独立自主的广播监测台,也是我国广播电视监测事业的肇始。

1965 年,根据中央广播事业局无线总处的通知,上海 512 广播监测台改名为"上海 553 广播监测台"(因该台是 1955 年第三季度启用的),简称"上海 553 台"。图 12-2 所示为上海 553 台建台之初的主体建筑。

图 12-2　上海 553 台建台之初的主体建筑

2. 北京 573 台

随着广播电视事业的发展和国际空间电磁波斗争的日益激烈,1955 年,中央广播事业局决定在北京建第二座广播监测台。经国务院和北京市相关部门的批准，台址选在离北京市区约 25 千米的昌平区白庙和半截塔之间，定名为"306 工地"。

1956 年 4 月中旬，306 工地开工。1957 年 9 月，工程竣工并投入使用。所建台被命名为"北京 612 广播监测台"，简称"北京 612 台"。

该台的主要任务是：（1）收测中央人民广播电台、中国国际广播电台和北京人民广播电台的播出质量和收听效果；（2）收测中国台湾广播电台以及美国之音、BBC、境外华语广播电台的播音时间、使用频率及所用语言等；（3）收测长、中、短波以太负荷；（4）收测与我国有广播资料交换的外国广播电台。

该台设 6 个工作室，即收转室、质量监测室、测频室、场强测量室、华语工作室和以太负荷工作室。各室按中央广播事业局无线总处下达的任务进行工作。1958 年北京电视台开播后，该台又负责起对电视收视效果的收测。由于当时没有相关的测试设备，所以电视收测只是用电视机收看，对播出效果打分，进行人为主观评价。

1965 年，北京 612 台依中央广播事业局无线总处的通知，更名为"北京 573 广播监测台"（因该台是 1957 年第三季度投入工作的），简称"北京 573 台"。图 12-3 所示为 21 世纪初北京 573 台的外景。

图 12-3 21 世纪初北京 573 台的外景

3. 国内其他监测站

除上述两个监测台外，中央广播事业局于 1962 年在乌鲁木齐市建了新疆广播监测站（西北监测站）；于 1974 年在黑龙江省哈尔滨市建了东北广播监测站。此外，在 1969 年以后，上海 553 台和北京 573 台还分别派人到海军驻海南岛大东海招待所进行季节性收测。该监测点在 1998 年被定名为"海南广播电视监测台"，并于 2002 年扩建。

20 世纪 70 年代中期，中央广播事业局还给各省、自治区、直辖市下达过监测任务。监测内容是境外电台（通称对象台）对当地广播的情况，包括频率、时间、可听度及频率变化规律等。监测结果直接上报中央广播事业局，为相关部门启动试验台的试验频率提供参考依据。

20世纪80年代以后，广播电影电视部也给各省、自治区、直辖市下达过监测任务，主要是收测中央人民广播电台在各地的覆盖效果以及境外台在各地区的渗透情况。要求相关省、自治区、直辖市不但在省会城市、首府城市、直辖市建监测台，还要在地级市建监测站，以便形成各省、自治区、直辖市的中、短波广播监测网。当时各省、自治区的地级市所建的监测站有些是临时的，只在广播电影电视部下达任务时才组织人力进行收测，平时并不保留一个固定机构。图12-4所示为当年某地级市的监测站和当时所用的监测设备。

图12-4　当年某地级市的监测站（左）和当时所用的监测设备（右）

当时国内各地方监测台(站)的具体监测任务虽各有差异,但总体任务是两大项:一是监测中央台、国际台、地方台的播出质量,内容包括覆盖效果、可听度、场强、调幅度及频率稳定度等;另一是监测境外台华语节目对我国的空间侵入,内容包括播出时间、播出内容、使用频率及所达到的场强等。

1986年10月，经莫斯科50监测站的汇报并经其他监测台的核实，苏联已停止对我国国际台俄语节目的干扰。基于此，我国也结束了长达22年的对苏反干扰的斗争，相关方面的监测工作也就此结束。①

---

① 刘洪才，邸世杰主编:《广播电视专业技术发展简史(上 广播电视)》,北京:中国广播电视出版社,2007年,第219页。

4. 国外广播监测站及流动收测

1964 年春，经外交部和我国驻苏联大使馆的同意，中央广播事业局在莫斯科建了莫斯科广播监测站，代号为 50 站。其任务是：（1）监测中国国际广播电台俄语节目在当地播出的质量、收听效果及所受干扰的情况；（2）收测中国国际广播电台对欧洲地区广播的播出质量和收听效果。该站于 1994 年关闭。

1964 年秋，中央广播事业局在阿尔巴尼亚建立监测站，代号为 51 站。其监测任务与 50 站相同。它是因中苏关系恶化，代替 50 站而建的。1978 年，该站因阿方原因关闭。

1972 年中美关系改善后，经外交部和我国驻美联络处的同意，1976 年，中央广播事业局在华盛顿建立美国广播监测站，代号为 52 站。该站的监测任务是：（1）监测中国国际广播电台对北美地区播出的英语、普通话和广州话节目的播出质量和收听效果；（2）收测中国国际广播电台经西班牙、法国、加拿大等国广播电台转播的对北美地区播出的英语、普通话和广州话节目的播出质量和收听效果（此为 1978 年之后加添的任务）；（3）定期收测北美地区短波广播频段频谱负荷，以了解北美地区广播频道状况。

1977 年 10 月，经外交部和我国驻赞比亚大使馆的同意，中央广播事业局在赞比亚首都卢萨卡建立广播监测站，代号为 53 站。1981 年 12 月，因赞比亚的原因，该站关闭。后经相关方面协商，53 站于 1984 年迁至尼日利亚首都拉各斯的我国驻尼日利亚大使馆。该站的监测任务是：（1）监测中国国际广播电台和马里转播台（1987 年 11 月开始）对非洲地区播出的英语、法语、斯瓦希里语、豪萨语、普通话和广州话节目的播出质量和收听效果，定期测量其场强；（2）在每年 5 月和 11 月，中国国际广播电台实施季节大换频前后，重点收测新换频率的广播质量和收听效果，并测量其场强；（3）定期收测该地区的短波广播频段频谱负荷。

1983 年 3 月，经外交部同意，中央广播事业局在秘鲁首都利马设广播监测站，代号为 54 站。该站的监测任务除涉及的区域及语种不同外，其余与上述台站基本相同。

在海外的收测，除建立上述固定站点外，我国还组织和开展过流动收测。20 世纪 70 年代末，随着我国改革开放政策的施行，涉外交往日益增多，这为海外收测带来了便利。如 1977 年 11 月，中央广播事业局就派监测人员随中国远洋运输公司上海分公司的远洋轮携带收测设备，沿途收测中国国际广播电台对亚、非地区播出的质量和收听效果。从 1977 年 11 月至 2002 年 1 月的 25 年中，中央广播事业局先后组织过 16 次远洋收测，收测地点遍布五大洲几十个大的港口。

从 1979 年起，中央广播事业局又先后派 28 位广播监测相关人员随我国商展团到亚洲、欧洲、非洲、南美洲的 14 个国家进行实地收测。除此之外，还经外交部和我国驻外使馆的同意，先后派广播监测相关人员去驻外大使馆临时收测。从 1976 年至 1999 年 7 月，就有 16 位广播监测相关人员到我国 13 个驻外大使馆实地收测中国国际广播电台对这些国家和地区的节目播出质量和收听效果。[1]

随远洋轮、商展团和到驻外使馆的流动收测，弥补了我国在国外所设监测站点少和因地理位置局限所造成的监测点位不足。

二、建立广播电视监测中心

随着广播电视事业的发展，广播电视的监测工作日益显得重要。1989 年，广播电影电视部在上海召开了第一次全国广播电视监测工作会议，会议总结了全国广播电视监测台（站）在广播电视监测中所取得的成绩和经验，提出了今后广播电视监测工作的任务。这次会议推动了我国广播电视监测事业的发展，为成立广播电视监测中心进行了舆论准备。[2]

1992 年 4 月，广播电影电视部科技司向中央机构编制委员会递交了《关于设立广播电视监测中心的请示报告》。1992 年 7 月，人事部做了"同意设立广播电影电视部广播电视监测中心"的批示。1994 年 11 月 27 日，经广播电影电视部批准，正式成立了广播电视监测中心（后文有时简称"监测中心"）。图 12-5 所示为监测中心大楼外景和内部的电视监视墙。

① 刘洪才、邸世杰主编：《广播电影电视专业技术发展简史（上 广播电视）》，北京：中国广播电视出版社，2007 年，第 224 页。
② 刘洪才、邸世杰主编：《广播电影电视专业技术发展简史（上 广播电视）》，北京：中国广播电视出版社，2007 年，第 219 页。

图 12-5 监测中心大楼外景（左）和内部的电视监视墙（右）

广播电视监测中心的成立，是我国广播监测史上的里程碑。它标志着广播电视监测监管工作进入了独立、全面发展的新阶段。

1995 年 9 月，第二次全国广播电视监测工作会议在北京召开。这次会议通过《全国广播电视监测网总体规划》，提出了"九五"规划的发展，推动了全国广播电视监测台（站）的建立。[1]

截止到 1995 年底，全国有 24 个省、自治区、直辖市广播电视厅（局）建立了 80 多个监测台站。

《全国广播电视监测网总体规划》要求：各级广播电视厅局必须提高对加强监测工作重要性的认识，监测工作要置于各厅局技术事业领导的直接管理之下，要像重视发展广播电视覆盖那样，重视监测台（站）的建设，以进一步发挥监测工作在保证优质播出和无线电管理工作中的重要作用。[2]

《全国广播电视监测网总体规划》还要求：各监测中心、台站监听监看当地可收到的全国各套广播、电视和有线电视节目，发现停播、劣播、错播和不按规定播

---

[1] 刘洪才、邸世杰主编：《广播电影电视专业技术发展简史（上 广播电视）》，北京：中国广播电视出版社，2007 年，第 219 页。

[2] 刘洪才、邸世杰主编：《广播电影电视专业技术发展简史（上 广播电视）》，北京：中国广播电视出版社，2007 年，第 227 页。

出节目的情况及时通知事故发生单位，并向主管单位报告。

2001 年，监测中心在北京召开了第三次全国广播电视监测工作会议。会议制订了《全国广播电视监测网"十五"计划和 2010 年远景规划》，使全国广播电视监测工作得到很大的加强。《全国广播电视监测网"十五"计划和 2010 年远景规划》要求：为确保监测工作的独立性、公正性和权威性，各级广播电视监测台（站）应独立设置，不得附设在播出、节目传送或发射部门内。[1]

在两次会议精神的指导下，到 2004 年 10 月，31 个省、自治区、直辖市广播电视厅（局）都有了自己的监测机构。[2]

三、建立全国广播电视监测网

早在 1989 年第一次全国广播电视监测工作会议上，就通过了《建立全国广播电视监测网的决定》。在监测中心成立后召开的第二、第三次全国广播电视监测工作会议上，又进一步将建设全国广播电视监测网的工作指导具体化。提出同步、独立、高科技的建网指导思想。所谓同步，就是在建设广播电视覆盖网的同时，要同步建设与之相匹配的广播电视监测网；所谓独立，就是广播电视监测网要独立于广播电视覆盖网之外，单独运行，彻底改变运动员与裁判员职能混淆的状况；所谓高科技，就是要在所建的监测网中尽量采用高新技术，以适应广播电视覆盖网种类繁多、技术不断创新的形势要求。

1. 对广播电视监测网的具体要求

对建网架构的要求是：建设以总局直属监测台站为主体，以省、自治区、直辖市的监测台站为基础，以地级市监测台站为补充的全国广播电视监测网。

对网络功能的要求是：全面、连续、准确、快捷。全面是指监测覆盖要全方位，连续是指监测时间要连续，两者综合起来就是在监测覆盖的空间和时间上不留空缺；准确就是监测数据要准确，能客观反映被测台站的实际工作情况和真实的覆盖

---

[1] 刘洪才、邸世杰主编：《广播电影电视专业技术发展简史（上 广播电视）》，北京：中国广播电视出版社，2007 年，第 227 页。

[2] 刘洪才、邸世杰主编：《广播电影电视专业技术发展简史（上 广播电视）》，北京：中国广播电视出版社，2007 年，第 228 页。

效果；快捷就是收集、整理数据，反馈信息，处理问题要快捷，使监测系统真正为覆盖系统的安全优质运行保驾护航。

对建网的时限要求是：2000 年以前各省级广电部门都要建立监测台站，成立省级监测中心。之后的 4 年内，广电总局直属监测台基本完成主要监测设备的更新改造及逐步实现监测自动化，在此基础上构建覆盖全国的广播电视监测网。

2. 21 世纪初我国建成的广播电视监测网

广播电视监测手段是与广播电视传输覆盖的形式相对应的。目前我国广播电视的传输形式有四种，即无线开路、有线闭路、卫星和互联网。每种传输形式都要传输广播和电视，而广播和电视又有模拟和数字之分，所以所对应的监测手段是多种多样的。因我国目前已形成规模的广播电视传输覆盖方式有三大类，即模拟开路广播电视（包括中短波广播、调频广播和电视）、有线数字广播电视和卫星数字广播电视，所以对应的监测网就是模拟开路广播电视监测网、有线数字广播电视监测网和卫星数字广播电视监测网。

20 世纪 90 年代以前，我国的监测系统尚未形成网的形式，只是点状布局，跟踪监测。1994 年广电总局成立监测中心之后，各省、自治区、直辖市的监测站点增多，逐渐由点扩展到面，逐步形成网的形式。到 21 世纪初，总局实施了西新工程。当时国务院有关领导曾明确指示：要对所有台（站）进行实时自动全天候的监测，不能靠拨电话更不能靠派人下去了解情况，要让各级领导和主管部门通过监测技术手段来全面了解广播电视播出、传输情况，来了解西新工程的投资效益情况。[1]

基于此，我国开始了大规模的广播电视监测网的建设。2001 年之后，广电总局监测中心先后在全国建起了无线广播电视监测网、有线广播电视监测网和卫星广播电视监测系统。

（1）无线广播电视监测网

该网建于 2001 年，它由遥控监测站、总局直属监测台和总局数据处理中心 w 三部分组成。

遥控监测站的设备有天线、接收机、工控机、数据采集测量板卡、UPS 电源等。

---

[1] 刘洪才、郎世杰主编：《广播电影电视专业技术发展简史（上 广播电视）》，北京：中国广播电视出版社，2007 年，第 236 页。

这类监测站是无人值守站点，它负责广播电视信号的数据采集、指标测量、音视频处理、频谱测量、越限报警等工作，并能将各种监测数据自动上报总局直属监测台或总局数据处理中心。图 12-6 所示为广播遥控监测站的设备。

　　总局直属监测台是承上启下的枢纽，是集监测和管理于一身的职能台站。它一方面要监测自己所负责台站的广播电视信号质量，分析和处理监测数据；另一方面又要掌握所辖遥控监测站的运行状况，及时处理这些站点的设备异态等。当时总局监测中心建的直属监测台有 201 台、202 台和 203 台。图 12-7 所示为总局某直属监测台的机房。

图 12-6　广播遥控监测站的设备　　　　　　图 12-7　总局某直属监测台的机房

　　总局数据处理中心是整个监测网的核心，它负责下达监测指令，对遥控监测站及直属监测台上报的监测数据进行统计分析，同时还负责监控全网的工作状态。

　　无线广播电视监测网的功能是：监测被测台站的实时运行状况，测量其指标参数及频谱占用情况，自动将监测数据录入数据库，并进行故障报警。

　　无线广播电视监测网是国内最先建成并具有国际先进水平的无线监测网，被认为是全国监测网的先导网、示范网。广电总局监测中心的"无线广播监测网"获国家广电总局 2003 年度科技创新奖一等奖，并获中国新闻技联 2004 年度"王选科学技术奖"一等奖；"广播电视监测系统"获得国务院颁发的 2005 年度国家科学技术进步奖二等奖。[1]

---

① 刘洪才、邸世杰主编：《广播电影电视专业技术发展简史（上 广播电视）》，北京：中国广播电视出版社，2007 年，第 240—241 页。

（2）有线广播电视监测网

该网建于 2002 年，它由国家广电总局有线电视监测中心，省、自治区、直辖市有线电视监测分中心和地级市有线电视监测前端三部分组成。有线电视监测前端设有遥控自动监测设备，能对有线电视前端的播出质量、播出内容及播出安全进行监测和数据采集，并能按要求将采集到的数据和图像实时发送到省、自治区、直辖市监测分中心和总局有线电视监测中心。省、自治区、直辖市监测分中心主要负责对所辖地级市监测前端采集的数据进行汇集、本地存储、本地预处理、本地报警获取及事故处理等，同时负责监督监测前端的运行状况及接收其报警信号。省、自治区、直辖市监测分中心的权限受广电总局有线电视监测中心的控制，不得查看和控制其权限范围外的监测前端。有线广播电视监测网的所有监测数据及指令皆通过全国有线广播电视传输网传输。广电总局有线电视监测中心负责对省、自治区、直辖市级有线电视监测分中心下达控制指令和收测任务，并接收省级分中心经过筛检的数据、故障报警、分析报表，借以对省级分中心进行管理。此外总局有线电视监测中心还负责协调完成整个系统的管理，所有数据的分析、处理、统计、存储，并负责集中监控全国监测终端的运行情况。其数据库中储存有全国监测点的关键数据和各类分析报表数据。图 12-8 所示为省级有线电视监测分中心的设备（左）和有线电视监测设备中的码流分析主板（右）。

图 12-8　省级有线电视监测分中心的设备（左）和有线电视监测设备中的码流分析主板（右）

有线广播电视监测网具有安全监测、质量监测和内容监测三大功能。其中安全监测是指通过对有线电视播出信号的实时监测，及时发现未经批准的播出和有害的干扰，并确定事故的准确位置，予以及时阻止及处置。质量监测是通过安装在有线电视分配网前端视频输出接口的自动监测设备和数据采集设备，对前端播出运行状况进行实时监测，并在线测量技术指标，以便及时发现重大停播事故和重大异态，并对其进行汇总分析及记录，供上级管理部门调用。内容监测是通过安装在有线电视分配网前端视频输出接口的远程遥控自动监测设备，对前端播出的各套节目进行轮回或锁定频道监测，必要时进行录像存储，实时上传到上级监测中心。

有线广播电视监测网是规模最大、覆盖范围最广、自动化程度很高的有线电视监测系统。它可对上万个频道、千余套有线电视节目进行监测。该项目获国家广电总局 2004 年度科技创新奖一等奖，并获中国新闻技联 2005 年度"王选科学技术奖"一等奖。[①]

（3）卫星广播电视监测系统

该系统于 2002 年建成。由于 2006 年我国停止了模拟广播电视信号的卫星传输，所以目前该系统只对卫星数字广播电视信号进行监测。该系统可实现对卫星数字信号的误码率、星座图、信噪比、频谱及信号电平的实时自动监测，并能进行越限自动报警。该系统建有庞大的数据库，采用 MPEG-4 数字压缩编码方式，利用存储容量大的全光纤磁盘阵列和 SAN（集中式管理的高速存储网络）存储结构，实现视音频信号及监测数据的大容量保存，提供跨域的媒体资源共享，做到数据交换及查询的快捷方便、稳定安全。

该系统全部采用 GPS 授时，所有设备系统的时间与 GPS 时间的误差小于 1 秒。该系统是一个具有监测、存储、交换的全数字化环境的智能化、自动化、数据化的监测网络系统。

卫星广播电视监测系统可对卫星传输的信号进行安全、质量和内容三方面的监测。安全方面是指及时发现恶意干扰；质量方面是指各项主要传输指标，如载频电平、信道功率、中心频率漂移、符号漂移等；内容方面是指图像及声音的内容，如

---

① 刘洪才、邸世杰主编：《广播电影电视专业技术发展简史（上 广播电视）》，北京：中国广播电视出版社，2007 年，第 241 页。

静帧、黑场、音频丢失等。

卫星广播电视监测系统是我国第一个卫星信号监测系统。其高科技含量大，实用程度高。该项目获国家广电总局 2003 年度科技创新奖二等奖，并获中国新闻技联 2004 年度"王选科学技术奖"一等奖。①

在建各类监测网的同时，广电总局监测中心又建立了广播电视监测数据处理中心。它与上述监测网（系统）及各省级广播电视监测中心共同构成了广播电视监测监管体系，构筑了一个广播电视监测信息集成和资源共享的技术平台。整个系统实现了对国家逐年投入建设的监测系统资源的全面整合，形成一个开放的、统一的广播电视监测信息综合服务平台。该平台能提供灵活、快捷、全面、有针对性的监测服务模式，使大量的监测信息和统计数据为广电总局职能部门和播出单位服务。广播电视监测信息综合服务平台对信息进行收集、自动处理和统一发布，为用户提供内容丰富的广播电视监测数据信息、音视频信息以及文字信息。整个系统综合应用了多种数据集成、数据处理、数据分析、信息发布及信息展示等技术，在保持各监测业务系统自治的基础上，实现了跨系统、跨平台的海量数据实时处理和发布。

在此阶段，各省、自治区、直辖市也建了覆盖各地市的广播电视监测网及能承载多种业务的 IP 数据宽带传输平台。该系统为广播电视相关部门和管理部门提供了一个多功能的服务平台。各省区所建的监测网及监测中心也都是基于计算机技术、网络技术所建的。系统采用 B/S（浏览器/服务器）与 C/S（客户机/服务器）相结合的架构，监测系统分为中心平台（集中监管平台）和分中心平台（远程监测前端）两大块，组成无线广播电视和有线广播电视两个监测网，实现了互联互通、资源共享、分级监测、统一管理的运行模式。

第三节 我国广播电视监测技术及设备的沿革

相对于传输覆盖技术，我国的监测技术起步较为滞后。但它总是不断地将新技术纳入自己的领域，到 21 世纪初，已形成一个与现代传输覆盖技术相匹配的现代

---

① 刘洪才、邸世杰主编：《广播电影电视专业技术发展简史（上 广播电视）》，北京：中国广播电视出版社，2007 年，第 240–241 页。

监测技术体系。就其发展过程讲，其设备也经历了由电子管到晶体管再到集成电路的更新换代；其处理方式也经历了由模拟技术到数字技术的转换；其操作流程也经历了由手动操作到智能化自动操作的跨越。随着事业的发展，我国监测系统完成了由监测站点到监测网的进化，其技术手段逐步由初级阶段发展到高级阶段。我们可沿时代前进的步伐去跟踪监测技术发展的足迹。

一、20世纪50年代至60年代的技术及设备

20 世纪 50 年代中期，我国相继建立了两座监测台。当时监测台的任务就是监测中、短波广播。监测的项目主要是可听度、场强、频率稳定度及频谱负荷等。

当时所用监测设备的来源有三个：一个是国产设备，一个是国际广播组织提供的苏联及东欧国家生产的设备，再一个就是中华人民共和国建立前遗留的或抗美援朝战争中缴获的一些欧美设备。

国产设备有：普通 5 灯收音机，56 型接收机（如图 12-9 所示），ICR-72 型接收机，用于测向的 423 型接收机，全波段 WS-430 收信机，钟声牌 810（如图 12-10 所示）、L-601、L-602 及 LY-635 等型号的录音机，TF-1 型及 TF-2 型调幅度测量仪，RC-11 型场强仪，PW-1 型波长表，频谱分析仪，测向仪（上海 553 台研制）等。国际广播组织提供的设备有：捷克产泰斯拉接收机，苏联产马格 8 型录音机、示波器调幅度测量仪、两次差频 пич-2 型测频仪，民主德国产场强仪及匈牙利产机械式场强仪等。遗留或缴获的设备有：美国产 AR-88D、AR-88L、X-42（如图 12-11 所示）等型号的接收机及韦伯斯特钢丝录音机，英国产马可尼场强仪等。

20 世纪 60 年代以前的监测设备皆为电子管设备，体积庞大又笨重，精密度不高且操作程序复杂。那时的收测、数据统计、资料分析整理以及资料的出版等全靠人工手动操作。

二、20世纪70年代至80年代中期的技术及设备

20 世纪 70 年代至 80 年代中期，监测工作仍以对中、短波广播的监测为主。

监测设备中已淘汰了国际广播组织提供的设备和遗留的欧美设备，国产设备也有所更新。当时被广泛应用的国产仪器有：北京无线电二厂生产的 ZN4140 型调制度测量仪，上海自动化仪表二厂生产的 XWX-2024 型便携式电子自动电位差计，上海553 台自行研制的 HFZ-Ⅰ型、HFZ-Ⅱ型场强电平分析仪，TF-3 型调幅度测量仪及 TF-4 型平均调幅度测量仪，南京 724 厂生产的频率合成器等。此外又进口了一批较先进的设备，其中接收机类有：日本产 7600D 收音机、全固态 R-1000 型接收机、带分离式控制器的 NRD-515 接收机、ERF-330K 带卡式录音机的高级收音机等，德国 R&S 公司生产的 EK-070 接收机等。录音机类有：德国产乌赫录音机，荷兰产飞利浦录音机，日本产夏普 CF-888 录音机等。场强仪类有：德国 R&S 公司生产的HFH-2 中短波场强仪，HFU-2 甚高频、特高频场强仪，及日本产 M-262 场强仪等。

1985 年前后，电子管设备基本被淘汰了。由于设备的进化，监测工作在操作步骤上也有所简化，但该时期仍以人工手动操作为主。

图 12-9 56 型接收机　　图 12-10 钟声牌 810 录音机　图 12-11 X-42 接收机

三、1985年至1995年的技术及设备

1. 电视及调频监测

1987 年，我国开始对地面开路模拟电视及调频广播进行监测。

1987 年 11 月 1 日，国家标准局颁布了《彩色电视图像质量主观评价方法》。该方法是依据对图像质量主观感觉的优劣程度，对受评图像质量进行五级评分，其标准是：5 分（优，十分满意）、4 分（良，比较满意）、3 分（中，尚可接受）、2 分（差，勉强能看）、1 分（劣，无法观看）。在相当长的时间内，基层监测台站由于缺乏测量仪器，所以只用电视机收视，依据该标准对电视信号的接收效果进行人为主观评分。

1993年1月21日,国家技术监督局颁布了国家标准《电视、调频广播场强测量方法》。该标准规定了30 ~ 1000 MHz的电视、调频广播的场强测量方法,并对必须配备的场强仪(含接收天线)和选择配备的仪器如记录仪、计算机、接收机等做了相应的要求。

以上两个标准,一直是广播电视监测部门尤其是基层台站对覆盖效果进行评价的依据。

当时对开路模拟电视的监测,除可对无图像、无伴音、同步丢失、静止画面等各种质量异态自动报警外,还可完成诸如微分增益、微分相位失真、亮度白电平等视频指标的测试。

当时图像记录是电视监测的重要手段。最初使用的就是普通家庭用录像机(VHS),到1995年,才开始用专业慢速录像机代替了普通家庭用录像机。

2. 中短波广播监测

在广播监测方面,进口接收机的性能也有较大进步。20世纪90年代初期,我国开始使用日本无线电公司生产的集控制器、存储器及音箱于一体的NRD-525型接收机;到90年代中期,又开始使用带RS-232接口(串行数据通信接口)、集成度高的NRD-535型三次变频的接收机及德国R&S公司生产的ESH3接收机。NRD-535型接收机具有优良的AGC(自动增益控制)特性,并可直接读出接收频率的调幅度值,在调幅度自动监测系统中被用作主用接收机。

为使NRD-535型接收机和国产TF-5型调幅度测量仪配套使用,人们对两者皆进行了改进。对TF-5型调幅度测量仪的改进是将其465 kHz中频接口去掉,增加98 kHz中频输入口;对NRD-535型接收机则是改善了AGC环路;两者可组合成测量广播调幅度指标的性能良好的测试系统。如用计算机控制NRD-535型接收机的频率,还可实现调幅度的快速测量,从而提高收测效率。图12-12所示为NRD-535型接收机。

图12-12　NRD-535型接收机

20 世纪 90 年代，随着计算机技术的应用，我国开始引进场强仪和频谱仪来测量信号电平（场强），并逐渐用它们取代了单一的场强仪和电平表。场强仪和频谱仪能自动记录、分析和打印场强值，并能绘出场强变化曲线。当时所用的场强仪主要有日本安立公司生产的带有 GPIB 计算机接口的 ML–428B 场强仪和德国 R&S 公司生产的 ESHS–10 场强仪。

ML–428B 场强仪可测量 9 kHz ~ 30 MHz 频率范围内的电场强度、电压信号和干扰波。图 12–13 所示为 ML–428B 场强仪。

ESHS–10 场强仪的频率范围也是 9 kHz ~ 30 MHz。其电路先进，测量精度高。该设备最多可储存 100 个任意频率，通过 GPIB 接口，存储系统可直接读出场强值。该设备使用直流电源，便于户外操作。

当时所用的频谱分析仪主要有美国产带 GPIB 接口的 HP8591E、HP8563 频谱分析仪和日本安立公司生产的带 RS232 接口的 MS2711D 便携式频谱分析仪等。

HP8591E、HP8563 是可扩展式频谱分析仪，具有扩展存储器，用一个按钮即可进行 FFT、TOI、ACP 等测量。该机被广泛地应用于场强、频谱、谐波失真和互调失真的测量。HP8591E 频谱分析仪如图 12–14 所示。

图 12–13　ML–428B 场强仪

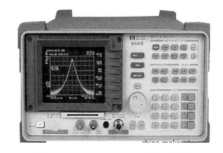

图 12–14　HP8591E 频谱分析仪

MS2711D 便携式频谱分析仪是一种自带电池、重量超轻并有加固耐用设施的便携式仪表。使用者可在任何地方、任意时间方便地进行频谱测量。

此阶段，数字式调幅度测量仪也取代了模拟调幅度测量仪。数字式调幅度测量仪采用 A/D 转换技术，实现了调幅度、载波频率的综合测试以及发射机播出异态的自动监测；还可以远程遥控测量调幅度。

此阶段的录音机使用的是日本索尼公司生产的 TCM–5000EV 便携式录音机和日

本泰斯康公司生产的202MK Ⅲ 型卡座式录音机。

3. 技术革新与改进

进入20世纪90年代，我国监测技术应用部门和相关企业联合攻关，积极探索，取得一系列技术成果。主要包括：场强测量标准天线自动转动平台、无线电测向仪、场强电平自动分析仪、场强自动记录仪、监测控制台及短波天线电子开关交换矩阵等。

在接收天线方面，中波全方位垂直阵子接收天线被改造为倒锥形宽带垂直极化天线；短波菱形、鱼骨形定向天线取代了固定和转动式的对数周期天线；接收天线的支撑桅杆也由木杆更新成轻型铁塔。图12-15所示为目前使用的信息采集天线。

图12-15　目前使用的信息采集天线

20世纪90年代以后，各种监测设备均已由电子管设备更新成以集成电路为核心的全固态设备。监测系统中大量使用数字技术并融入计算机技术，尤其在接收系统、测试数据处理系统及存储、传输系统中融入的新技术成分更多。这些新技术使监测工作逐步向自动化、智能化迈进。

四、1996年至21世纪初的技术及设备

1. 引进先进的监测设备

1996年以后，我国开始引进德国 R&S 公司生产的 ESVN-40 综合测试接收机。

该接收机的频率范围是 9 kHz ～ 2.75 GHz。它是集场强仪、测频仪、调幅度仪和频谱仪于一体的测试设备，既可手动操作，又可通过计算机控制进行自动测量，还可进行自动统计、分析及打印监测数据。

1999 年，我国又引进日本产采用 DSP（数字信号处理）技术的 NRD-545 接收机和德国 R&S 公司生产的 EK-895 型数字接收机。NRD-545 接收机主要用于中短波广播的接收，如果增加选件 CHE-199，频段可扩展到 2000 MHz，就能接收调频广播，并可存储 1000 个频道。EK-895 型数字接收机主要用于中短波广播的接收及场强和频谱的测量，可存储 1000 个频道，具有多种可编程自动扫描方式。该机主要特点是第三中频信号经过 16 位 A/D 转换器进行模数转换后获得中频数字信号，具有 13 种中频带宽可供选用。

此时的录音使用 DAS-2000 分布式数字录音系统，可一对一地实时开路接收中波和调频广播信号并录音，还可以进行记录、统计和分析声音中断情况。

2. 流动监测

随着广播电视无线台站数量的增加，为准确核查覆盖效果，除用监测台对覆盖本地区的台站进行固定监测外，流动监测也成了一项必要的监测手段。

1996 年 12 月 4 日，广电部有关部门与南京新兴电子系统公司联合研制成功的 GDJ-1 型广播电视流动监测专用车，通过了广电部的验收并投入使用。这是我国第一辆自主研制的广播电视监测专用车。该车除包括监测用的天馈线系统、测量系统、收听收看系统、电源系统外，还配备了电子地图和车载 GPS 系统。该车的测量系统由中短波、调频、模拟 / 数字电视监测模块以及相应的测试分析软件组成。每项功能都独立采集相对应的测试数据，通过数据线与监测控制主机相连。在计算机及相关软件的支持下，该车可执行自动测量任务，并可将测量结果按要求分类存储、打印，以便后期汇总和分析，同时还能在电了地图上实时显示测量地点的经纬度和测量车的行驶路线，绘制所测频率（频道）的场强覆盖图。该车机动灵活，可根据需要执行移动监测任务。如 1997 年 4 月，该车就完成了京津冀地区 DAB 试验系统的选频测试工作；7 月至 9 月，又完成了中央广播电视塔发射的电视（频道）、调频（频率）覆盖质量的测试。该监测专用车（"GDJ-1 型流动监测系统"）获国家广电总局 1999 年度科学技术进步奖三等奖。[1]

法国 Audemat 公司生产的遥控自动监测设备 FM-MC4 测试仪也适用于移动监测。它可作为移动式射频场强仪和调制分析仪，进行调频广播的移动收测。该设备由测量天线与测试接收机两大部分组成，收测频段为 87 ~ 108 MHz。该设备具有调频广播音频和调制分析、移动磁场强度测量、本地 FM 波段扫描、调频立体声解调等功能。用它可进行调频广播场强覆盖及多项技术指标的测量。该设备还可进行实时自动监测，连续监测 40 套调频广播的质量，并在发现异态时自动报警。其自动测量的参数包括：射频电平和射频干扰、调制信号电平（MPX）、音频电平（左右声道）、立体声状态、导频和 RDS（数据广播系统）副载波电平、RDS 参数 PI/PS/TA/AF/TMC/RDS 误码率、数据输入 / 输出等。这些测试数据可以存储，诸如射频、音频、导频电平和调制度等测试结果还可用图形方式显示。图 12-16 所示为法国产 FM-MC4 测试仪。

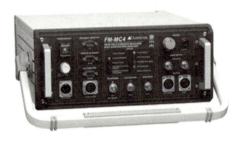

图 12-16　法国产 FM-MC4 测试仪

3. 逐步实现监测系统的自动化和智能化

早在 1997 年，国家广电总局直属监测台就开始进行自动化的研制开发。1998 年，广电总局 553 台和海南台率先实现了监测操作自动化和全台管理自动化。到 2000 年，广电总局直属的监测台站基本都实现了监测操作自动化。

2001 年，广电总局 553 台依靠自己技术力量研制开发了中短波广播监测系统，该系统具有自动测量和资料管理能力。它利用台内局域网，将技术和行政使用的计算机连接起来。服务器操作系统依职责、功能、任务等将网上计算机分为若干域，实现管理规范化。该系统还可以通过 PSTN 通信方式控制远程接收设备完成监测任务。整个系统拥有多种当时国际上处于先进地位的广播监测专用设备，这些设备自动化程度高，数据处理速度快。

从 2003 年开始，国家广电总局直属监测台站又着手研究开发智能化广播监测

① 刘洪才、郇世杰主编：《广播电影电视专业技术发展简史（上 广播电视）》，北京：中国广播电视出版社，2007 年，第 235 页。

系统。研制出的新系统可以在 3 秒内快速搜索中、短波全频段的频率，自动识别调幅广播信号，自动测量场强（电平）、频率、调幅度等，能进行无载波、有载波无调幅自动报警，并能对收听效果自动打分。[①]

这些研发成果的应用，使监测过程从离散的简单手工操作进步到自动化智能操作，极大地减轻了值班人员的劳动强度，提高了工作效率。智能化自动监测不但提高了广播电视监测的准确性，还便于实现监测资料的统计、分析、存储及出版的计算机网络化管理。

4. 应用最新技术组建监测网

2000 年至 2005 年是我国广播电视监测监管事业实现历史性跨越的时段。在此段时间内，借助广电总局实施西新工程、加强广播电视无线覆盖网之机，我国迅速建起了全国广播电视监测网、全国有线电视监测网和卫星广播电视监测系统。它们与总局监测中心共同构成了比较完善的广播电视监测监管体系。该体系的任务是技术监测、内容监管、调度指挥和保障信息安全。

我国在建设广播电视监测监管平台时，是以标准化为基础，以网络安全、中间件、数据库、数据传输、数据压缩和解压缩等技术为支撑的。

监测监管任务涵盖广播影视节目内容，节目播出、传输和发射质量，广播影视运行秩序和信息安全等多个方面。

监测网采用 C/S（客户机 / 服务器）与 B/S（浏览器 / 服务器）相结合的架构，由中心监管平台和监测前端两部分组成，可采用分布式部署。

监测前端采用 DSP（数字信号处理）技术，对采集到的各类广播电视信号进行解调、编码、监测，并可根据 CPU 指令将重新编码的视音频、报警信息等数据进行 IP 封装分发或送存储阵列存储。根据业务需求，监测前端可对 AM、FM、PAL、QAM、QPSK、SDI、ΛES、ΛSI、DTMB、CMMB 等广播电视信号进行监测。监测前端的设施主要包括：解调设备、转码设备、测量设备和主控设备等。

中心监管平台可实现对监测前端监测的各类广播电视音视频实时查询、录音录

① 刘洪才、邸世杰主编：《广播电影电视专业技术发展简史（上 广播电视）》，北京：中国广播电视出版社，2007 年，第 231 页。

385

像回放、报警信息实时查询、任意时间段指标测量；可下发录音录像、指标测量、运行图管理等监测指令；可对所有监测前端报警信息汇总并生成各类统计报表；还可以对包括监测前端在内的在网运行设备进行远程维护管理。中心监管平台的设施包括：总平台运行服务器、广播电视数据处理服务器、数据库服务器、存储阵列等。

我国全国性监测网的建成，标志着我国的监测系统已由点状布点发展到网状铺面，完成了由零散型向密集型的转变。在监测网布局改变的同时，又大量地融入计算机技术和网络技术，这些新技术的采用又促进了监测手段的改变。目前的监测设备已基本实现了数字化，监测手段也逐步实现了自动化和智能化。

第四节　新媒体时期的监管监测

一、三网融合

所谓三网融合，就是广播电视网、电信网、互联网在进一步发展的过程中，其技术功能渐渐趋于一致，可以实现网络的互联互通、资源共享。在为用户提供声音（广播）、图像（电视）和数据（信息）等多种服务方面，三网都有可靠的技术保障，业务范围界限逐渐消失。三网融合是将现代信息产业整合，充分发挥媒体资源效益的合理走向，是现代信息技术发展的必然趋势。"三网融合"将以三网的合力致力于信息产业、服务于人类，势在必行。

1994年，中国实现了与互联网全功能网络连接。自此，中国的信息化建设进入了快速发展阶段。

1996年12月，中央电视台在国内率先进入互联网，建立了"中央电视台国际互联网站"。到2003年，中央电视台已借助网络传播优势，将大量网民吸引到计算机屏幕前观看自己的节目，互联网成为广电节目传输新平台。2004年，电信运营商首次经营IPTV（网络电视），这是电信跨行业涉足广电传媒。随着技术的发展，三网很难各自保持完全独立，互相渗入是不可避免的。

实现三网融合关键是处理好经营理念、经营模式、经营范围、利益分配等问题。这需要三方各自大胆尝试、探求摸索，当然更需要相关政策的得力支持，同时还需要时间的磨砺。

2008 年 1 月 1 日，国务院办公厅转发的国家发改委等六部门《关于鼓励数字电视产业发展的若干政策》就是对"三网融合"的政策支持。

2009 年 5 月 19 日，国务院批转国家发改委提交的《关于 2009 年深化经济体制改革工作的意见》，要求落实国家相关规定，实现广电和电信企业的双向进入，使"三网融合"取得实质性进展。

2014 年 5 月 28 日，中国广播电视网络有限公司正式挂牌成立，标志着中国广电为"三网融合"做出了业态上的准备。

二、新媒体时期对监测系统提出新的要求

目前，互联网已成为一个独立的新媒体。这个新媒体是利用数字技术、网络技术，通过互联网、无线通信网、卫星等渠道，以及电脑、手机、数字电视机等终端，向用户提供信息和娱乐服务的传播形态。新媒体有互动性、即时性、便携性及个性化等特点，它迅速激发了人们参与的兴趣，越来越多的人尤其是年轻人迅速从传统媒体涌向新媒体，通过新媒体获取信息和进行娱乐。

互联网技术改变了传统传媒的结构，受众收听收看广播电视节目不再完全依靠收音机、电视机，计算机、手机、平板电脑、掌上电脑、PSP（多功能掌机系列）、移动视听设备（包括 MP3、MP4、MP5）等都是便捷的接收设备。

2005 年以后，国内互联网进入 Web 2.0 时代，用户不仅可以浏览互联网，而且可以创造信息内容，成为互联网传播内容的生产者。从此用户掌握了信息的主动权，满足了个性和互动的需求。许多新的媒体形态随之涌现，形成多种便于用户发布信息的平台，如微博、微信等。

与此同时，移动互联网也在迅速发展和普及。2009 年 1 月 7 日，支持多媒体业务的第三代移动通信业务牌照（3G 牌照）发放，人们进入移动互联网时代。2013 年 12 月 4 日，第四代移动通信业务牌照（4G 牌照）发放。4G 移动通信系统呈现速度快、频谱宽、智能化性能高等优势，逐步演变成大众媒体。现在的手机，已经具备了几乎所有的多媒体功能，成为新媒体产业的领军设备。之后，移动互联网

Mobile 2.0时代随之到来，这就催生了大量的新业态。尤其是在视音频节目制作方面，各种应用软件层出不穷，制作视音频节目不再需要专业设备和专业人才，每个人都可以通过适当的软件，将自己制作的信息借助互联网或者移动互联网进行发布、传播。此时的智能手机也不再是单纯的通信工具，而成了一个信息中心。无所不在的网络成为全民发布信息和言论的传播平台。

我们应该看到，由于这个新媒体形态很多是群众自发创建的，所以带有很大的盲目性和任意性。人们往往只凭个人兴趣行事，不顾社会影响。大量未经验证、质量参差不齐的信息被广泛传播。所播内容良莠不齐，如不正确引导，听之任之，将极大削弱广播电视这一主流媒体的喉舌作用。为此，新媒体业态对广电是一个巨大挑战，尤其对广播电视监测监管系统，挑战更是空前的。

早在IPTV刚出现之时，广电部门就按照监测网要与传输覆盖网同步规划、同步建设、同步运行的要求，将IPTV、手机电视业务纳入安全播出的管理范围。其中IPTV业务作为三网融合发展战略的先期业务形态，监测监管系统对它实行了"全程、全网、全内容"的监测监管。这个监测监管系统包括IPTV集成播控平台、业务运营服务平台、内容分发网络、用户终端等多级信息采集前端，实现对违规节目和安全播出事故的自动识别及报警功能。

对新媒体的监测监管模式，应归结为：宏观监管、具体监控、个人自觉、群众监督。所谓宏观监管就是制定相应的法律法规，用法律约束违法行为，杜绝影响国家安全、社会安定、人民团结及触犯法律、违背伦理道德的言论及音像信息。具体监控就是通过一定的技术手段进行筛查、过滤，将有害信息封杀。但最重要的还是启发民众的自觉性，引导民众自我约束，规范自己的言行。再就是发挥群众的力量，通过民众举报等方式及时发现违法违规信息。这几方面联合出手，远比固定模式的跟踪监测监管系统顶用得多。

在保证广播电视主流媒体的权威性方面，监测监管工作显得尤为重要。监测监管系统的职能就是保证广播电视的安全优质播出、不受恶意干扰和始终传播积极向上的正能量。只有监测监管工作到位，才能保证广播电视的正常运行，在传播质量、传播安全、传播内容上不出纰漏，永葆权威地位。

结　语

在广播电视新闻传播链路中，监管监测是一个不可或缺的环节，它能保障广播电视整个系统正常运行。监管监测分两大部分，一部分是监管，另一部分是监测。监管就是利用法律法规对整个广电系统进行管理；监测就是利用相应的技术手段对广播电视运行的各个环节进行跟踪监测。监管系统为监测系统提供监测项目，监测系统为监管系统提供实测数据作为其管理的依据。两者相辅相成。

广播电视自诞生之日起，因其具有广泛而强大的影响力，所以受到政府部门的严格管理。无论是清政府、北洋军阀政府还是国民政府，都有严厉的法律法规对无线电台加以严格管理。中华人民共和国成立后这种管理就更加严格：成立了专门机构，在不同时期，根据不同社会背景，及时颁布法令法规，使广播电视行业沿着国家指引的方向正常发展。

我国的监测事业起步于20世纪50年代。当时，我国为完成国际广播组织交给的监测任务而建了上海553台，之后又根据我国广播事业发展的需要，相继建了北京573台、新疆西北监测站、黑龙江东北监测站及海南监测台等。除建设国内几个固定监测站点外，我国还进行过国外流动接收。当时的监测任务主要是收测中央台和国际台的播出质量和收听效果；收测境外华语广播对我国境内渗透的情况和广播波段的以太负荷。

根据广播电视事业发展的需要，1994年广电总局成立了广播电视监测中心，统管全国的广播电视监测事业。21世纪初，我国又借助广电总局实施西新工程加强广播电视覆盖网建设之机，在全国建立起无线广播电视监测网、有线广播电视监测网和卫星广播电视监测系统。至此，我国的监测系统由点发展到面。当时的监测任务是：对广播电视整个传输覆盖系统进行质量监测、安全监测和内容监测。这些监测网利用先进的数字技术、计算机技术及网络技术，实时、连续、准确地采集数据、汇总分析、及时反馈，真正做到了为广播电视的安全播出保驾护航。

监测设备经历了电子管、晶体管、集成电路的更新换代，监测技术经历了由模拟到数字的转换，监测操作经历了由手动到自动又到智能的进化。目前，我国的监测系统已成为一个拥有数字化、计算机、网络、多媒体等多项现代化技术的体系。

其监测项目、监测手段、监测数据的准确度及操作智能化程度均已接近或达到国际先进水平。

当今新媒体的出现对广播电视监测系统提出巨大挑战。在媒体杂陈的今天，人人都可自成媒体，每部手机既是多媒体的终端又是节目发布之源。各类信息琳琅满目、鱼龙混杂。监测系统如对此逐一监测几乎是不可能的，但只要坚守如初，就是捍卫传统媒体权威性的中坚力量。

本卷结语
Conclusion

广播电视自问世以来，就成了传播新闻的得力工具。其原因首先是其传播速度快，符合新闻对时效性的要求；其次是其容易为大众所接受，无论文化程度高低，只要耳朵能听、眼睛能看就可获取新闻信息；最后就是其声像具备的生动性能给受众以亲临现场的真实感，增加了新闻的感染力。

把一个新闻事件变成广播电视节目，再传播出去为受众所接受，是一个复杂的系统工程。它既需要一个庞大的组织机构支撑，这就是电台、电视台等媒体机构；又需要经过一系列技术转换，这种转换不但需要有一套庞大的技术设备，而且需要有一套缜密的工艺流程。

随着科学技术的发展，上述转换过程的处理手段已由模拟技术进化到数字技术，所用设备的元器件也由电真空器件进化成固态化元器件，工艺流程则由传统的工艺进化到现代化工艺。目前呈现在听众、观众面前的广播电视节目，声音较原始信息更加悦耳动听，影像也较原始信息更加绚丽多彩。这是因为在上述转换过程中实施了各种技术手段，进行了艺术加工，所以呈现在听众、观众面前的声音及影像既源于现实又高于现实，可谓是一种技术与艺术的完美结合。

在中国，新闻传播有两种业态，一种是公益事业型，另一种是营利企业型。两种业态都在国家的严格掌控之下运作。对丁前者，国家给予政策和资金的支持，这在新闻传播中也算是一种中国特色。

随着数字技术、计算机技术、网络技术及通信技术的发展，传统广播电视的传播与接收模式正在改变。互联网技术使新闻传播的手段大为拓展，由此也产生了所谓"新媒体"。

目前每个人的手机、电脑及其他终端设备，既是新闻信息的接收设备，又是新闻信息的发布设备。每个人都可把身边发生的事件制作成新闻发布出去，形成所谓的"自媒体"。自媒体有其积极的方面，即拓展了新闻的搜集和发布渠道；也有其消极方面，即有些发布者只考虑个人的好恶，不顾及社会影响，这就使自媒体的新闻失去了代表性和严肃性。从自媒体产生之日开始，国家就制定法令法规来规范其行为，相关部门也对其加以正确引导，相信在不久的将来，自媒体中的消极因素会转化为积极因素。此外，保证主流媒体新闻的准确性、严肃性和权威性，也是抵御自媒体粗制滥造、不负责任的一种有力措施。

我们应该意识到，自媒体的作用是有限的，它代替不了主流媒体。自媒体对诸如宏观宇宙、微观粒子、战争、自然灾害及重大时局变化等方面的报道的能力是有限的，它只能算作一个补充，而主流媒体仍是新闻传播的中坚力量。

图例索引
Illustrations

第三章

第八章

第九章

第十章

第十一章

参考文献
Bibliography

一、图书

［1］《当代中国的广播电视》编辑部选编：《中国的广播电视技术》，北京：北京广播学院出版社，1988年。

［2］《当代中国的广播电视》编辑部选编：《中国广播电视大事记》，北京：北京广播学院出版社，1987年。

［3］《中国广播电视年鉴》编辑委员会编：《中国广播电视年鉴》，北京：北京广播学院出版社。

［4］陈福民主编：《科海圆梦·新中国60年科技发展辉煌历程》，杭州：浙江科学技术出版社，2009年。

［5］陈刚主编：《中国电视图史》，北京：中国传媒大学出版社，2019年。

［6］陈霖著：《新闻学概论》，苏州：苏州大学出版社，2007年。

［7］程曼丽著：《外国新闻传播史导论》，上海：复旦大学出版社，2007年。

［8］郭镇之著：《中外广播电视史》，上海：复旦大学出版社，2016年。

［9］胡兵编著：《数字媒体传播技术概论》，北京：清华大学出版社，2015年。

［10］胡耀亭、陈敏毅主编：《中央国际广播电台发展史·第一卷（1941—2000）》，北京：中国国际广播出版社，2011年。

［11］黄学友主编：《沈阳广播史话》，沈阳：沈阳出版社，2005年。

［12］金文中、李建新编著：《广播影视科技发展史概略》，北京：中国广播电视出版社，2013年。

［13］金文中主编：《内蒙古广播电视技术发展史》，呼和浩特：内蒙古教育

出版社，2012年。

[14] 李栋编著：《数字声音广播》，北京：北京广播学院出版社，2001年。

[15] 李建刚编著：《广播节目制作》，北京：高等教育出版社，2013年。

[16] 刘洪才、邸世杰主编：《广播电影电视科技发展历程回顾文选》，北京：中国广播电视出版社，2004年。

[17] 刘洪才、邸世杰主编：《广播电影电视专业技术发展简史（上 广播电视）》，北京：中国广播电视出版社，2007年。

[18] 刘长年、李明、职新卫、刘江静编著：《数字广播电视技术基础》，北京：中国广播电视出版社，2003年。

[19] 马光仁主编：《上海新闻史（1850—1949）》，上海：复旦大学出版社，1996年。

[20] 倪道善编著：《明清档案概论》，成都：四川大学出版社，1990年。

[21] 乔云霞主编：《中国广播电视史》，北京：中国广播电视出版社，2007年。

[22] 秦福祥、张纪仁主编：《上海电子仪表工业志》，上海：上海社会科学院出版社，1999年。

[23] 松鹰著：《莫尔斯 贝尔 贝尔德》，太原：希望出版社，2014年。

[24] 王庚年主编：《中国国际广播电台发展史·第二卷（2001—2011）》，北京：中国国际广播出版社，2011年。

[25] 王明臣编译：《彩色电视接收机原理》，北京：人民邮电出版社，1977年。

[26] 王子香著：《电工基础》，北京：电力工业出版社，1957年。

[27] 杨波主编：《中央人民广播电台简史》，北京：中国广播电视出版社，2010年。

[28] 杨沙林著：《用生命播音的人——忆齐越》，北京：中国广播电视出版社，1999年。

[29] 张文编：《无线电原理》，北京：高等教育出版社，1958年。

[30] 赵化勇主编：《中央电视台发展史（1958—1997）》，北京：中国广播电

视出版社，2008年。

［31］赵化勇主编：《中央电视台发展史（1998—2008）》，北京：中国广播电视出版社，2008年。

［32］赵玉明、艾红红著：《中国广播电视史教程》，北京：中国广播电视出版社，2009年。

［33］赵玉明主编：《中国广播电视通史》，北京：中国广播影视出版社，2014年。

［34］赵玉明主编：《中国广播电视图史》，广州：南方日报出版社，2008年。

［35］赵玉明著：《赵玉明文集（第二卷）》，北京：中国广播电视出版社，2014年。

［36］赵玉明著:《中国广播电视史文集（续集）》，北京：北京广播学院出版社，2000年。

［37］赵玉明著：《中国现代广播简史》，北京：中国广播电视出版社，1987年。

［38］郑志航主编：《数字电视原理与应用》，北京：中国广播电视出版社，2001年。

［39］中国社会科学院新闻研究所编：《中国共产党新闻工作文件汇编·中卷（1950—1956）》，北京：新华出版社，1980年。

［40］周友兵著：《中国信息产业简史》，北京：知识产权出版社，2017年。

［41］卓南生著：《中国近代报业发展史（1815—1874）》，北京：中国社会科学出版社，2002年。

［42］左漠野主编：《当代中国的广播电视》，北京：中国社会科学出版社，1987年。

二、期刊、报纸文章

［1］陈超英：《我国广播电视人口覆盖率的现状与展望》，《广播电视信息》，1995年第12期。

［2］陈丽芬：《西柏坡时期的新华通讯社》，《党史博采》，2002年第11期。

［3］杜春贵、崔玉方、刘斌：《数字电视机顶盒工作原理综述》，《电子报》，2011年5月8日。

［4］鄂岳、陈绍楚、王明照：《导频制调频立体声调制器研制情况介绍(上)》，《广播与电视技术》，1982年第1期。

［5］高少君：《中国卫星电视分配信道副载波传送NICAM-728数字立体声技术》，《广播与电视技术》，1995年第11期。

［6］韩伟：《自动屏调幅发射技术在我国的应用纪实》，《广播电视信息（下半月）》，2008年第10期。

［7］郝为民：《我国卫星通信产业发展概况及展望》，《国际太空》，2013年第8期。

［8］黄艾禾:《创建电波上的新中国》，《先锋国家历史》，2009年第10期。

［9］江澄、任祥麟：《参与331卫星工程的回顾：纪念我国卫星通信应用30周年》，《广播电视信息》，2014年第12期。

［10］金文中：《关于我区中波广播覆盖的现状及思考》，《内蒙古广播与电视技术》， 2000年第2期。

［11］李玲、李日勤：《纵观当前数字音频广播技术方式和特点》，《科技信息》，2007年第22期。

［12］李秋玥、洪如欣：《中国半导体产业发展态势分析》，《中国青年科技》，2007年第10期。

［13］李为丰：《调频同步广播是解决覆盖问题的好办法》，《广播电视网络技术》， 2002年第5期。

［14］谈黎红：《我国数字音频广播和数字多媒体广播的发展》，《广播与电视技术》，2006年第10期。

［15］万京华：《从红中社到新华社》，《百年潮》，2011年第8期。

［16］王光越：《宣统三年北京电话史料》，《历史档案》，1994年第2期。

［17］温济泽：《新华社在西柏坡的往事》，《神州》，2008年第7期。

［18］吴锡九、邓先灿：《纪念中国第一只晶体管诞生50周年》，《微纳电子技术》，2006年第11期。

［19］夏之平：《亲历第一天进入上海接管电台全过程》，《文汇报》，2013年9月4日。

［20］肖雷：《南京解放的信号最早从这里发出》，《扬子晚报》，2013年5月24日。

［21］杨威：《数字电视的发展及其给相关产业带来的机遇》，《广播与电视技术》，2001年第11期。

［22］应毓海、吕希才、洪雷：《中波同步广播单频组网的进展与应用》，《广播电视网络技术》，2002年第4期。

［23］张斌：《从中央台看中国广播改革创新的历史沿革》，《现代传媒》，2007年第4期。

［24］张海涛：《整体转换、因地制宜加快推进中国有线电视数字化进程》，《广播与电视技术》，2004年第11期。

［25］张建伟：《同文馆逸事》，《中国青年报》，2005年3月2日。

［26］中国机电商会视听产品分会：《我国彩色电视机出口情况和发展趋势》，《电子标准与质量》，1997年第4期。

三、其他

［1］国家广播电影电视总局规划财务司编：《全国广播电影电视业发展指标统计》，2008年。

［2］国家广播电影电视总局统计局：《广播电视统计年鉴》。

［3］国家新闻出版广电总局财务司编：《2015年全国广播影视发展情况统计摘要》，2016年。

图书在版编目（CIP）数据

中国新闻传播技术史.广电卷/韩丛耀主编；金文
中，杨志明编著.—南京：南京大学出版社，2024.3
ISBN 978-7-305-26215-9

Ⅰ.①中…Ⅱ.①韩…②金…③杨…Ⅲ.①广播电
视—新闻事业史—研究—中国 Ⅳ.①G219.29

中国版本图书馆CIP数据核字（2022）第203617号

出版发行　南京大学出版社
社　　址　南京市汉口路22号　　邮　编　210093

ZHONGGUO XINWEN CHUANBO JISHU SHI GUANG–DIAN JUAN
书　　名　中国新闻传播技术史·广电卷
主　　编　韩丛耀
编　　著　金文中　杨志明
责任编辑　杨天齐

照　　排　南京紫藤制版印务中心
印　　刷　南京新世纪联盟印务有限公司
开　　本　787 mm×1092 mm　1/16开　印张27.25　字数450千
版　　次　2024年3月第1版
印　　次　2024年3月第1次印刷
ISBN　978-7-305-26215-9
定　　价　198.00元

网　　址　http://www.njupco.com
官方微博　http://weibo.com/njupco
官方微信　njupress
销售咨询　（025）83594756